이 책은 성경 신학(biblical theology) 연구의 전문 학자인 제임스 해밀턴이 성경에 나타난 성령의 역할을 분석한 연구다. 특히 저자는 성령의 '내주하심'의 관점에서 구약 성경과 요한복음의 구원론을 다룬다. 저자는 성령의 능력으로 거듭나는 현상과 구원을 받은 신자에게 성령께서 내주하시는 현상을 구분한다. 이 책은 흔히 제기할 수 있는 문제에 대해 설득력 있는 대답을 제시한다. 예수 그리스도의 죽음과 부활로 보혜사 성령께서 신자에게 내주하신 이후의 신자는 그 이전의 신자와 어떤 점에서 차이점을 보이는가? 구약 성경에 나타난 언약의 중재자들이 경험한 성령의 임재를 어떻게 설명할 수 있는가? 구약 성경의 백성은 어떻게 하나님의 임재를 경험하고 성화를 이룰 수 있었을까? 구약 성경에서 예언한 새 언약과 성령의 내주하심의 관계를 어떻게 이해해야 하는가? 거듭난 제자들에게 성령께서 아직 계시지 않는다는 말씀(요 7:39)은 무슨 의미인가? 성경에서 성령의 임재를 '안에', '위에', '함께'라는 전치사로 구분하는 이유는 무엇인가? 이 책은 독자들이 성령의 내주하심이라는 관점에서 신자의 정체성, 구원론, 종말론, 성전 신학을 이해할 수 있게 돕는 흥미롭고 유익한 안내서다.

강대훈_ 총신대학교 신학대학원 신약학 교수

이 시리즈는 주석시리즈로 유명한 NAC를 보완하기 위해 만들어졌다. 본문 연구에 비해 특정 주제를 깊이 다루기 어려운 주석의 한계를 보완하려는 목적에 잘 부합하는 기획이라 생각한다.

이 책은 성령을 통해 일어나는 '중생'과 '내주하심'에 대해 요한복음을 중심으로 둘의 차이를 살피며 각각의 용어를 정의한다. '중생'과 '내주하심'이 구약의 신자들에게 어떻게 일어났는지를 살피는 부분이 특히 흥미롭다. 저자는 그리스도의 영광 받으심 이후에 신자들에게 경험되는 성령의 내주하심과 구약에서 특정한 상황에서의 특정 인물과 특정한 장소에서 일어나는 하나님의 임재(with, 함께하시는)를 구분하지만, 중생은 신약은 물론 구약의 신자들에게도 공통적으로 경험되는 것이라 주장하며 특별히 마음의 할례를 중생과 비견되는 구약의 은유로 제시한다. 저자는 대체로 요한복음을 중심으로 논의하지만, 출애굽, 성막, 성전, 새언약을 거쳐 신약의 예수님과 성령의 이야기로 이어가며 자연스럽게 구약과 신약을 연결하고 두 주제를 설명하고자 노력한다.

단, 중생과 내주하심이라는 이미 정의된 교리 안에서 본문을 살피는 방식이나, 대부분의 논의가 요한복음에 집중되어 구약의 다른 본문들과의 연관성을 좀 더 깊이 살피지 못한 점은 성서학, 특별히 구약학의 입장에선 다소 아쉬운 부분이다.
어떤 책이든 모든 독자를 만족시킬 순 없다. 바라기는 이 책을 통해 여러 질문과 생산적인 논쟁, 그리고 그로 인해 발견된 새로운 사실들이 교회에 유익이 되길 소망해 본다. 그런 의미에서 요한복음을 중심으로 구약과 신약을 연결하고 성령을 통한 '중생'과 '내주하심'을 다루는 본서는, 과도하게 세분화된 신학의 통합적 이해와 성경의 통전적 이해라는 측면에서 매우 유의미한 시도요 연구라 할 수 있겠다.

전원희_ 구약학 전문 유튜브 채널 '오늘의 구약공부' 운영자

성령에 대한 이야기는 차고 넘친다. 하지만 대다수의 장르는 부흥회에 가깝다. 경험을 이야기하고, 가슴을 뜨겁게 만든다. 반면 성령과 관련된 개념을 말끔하게 정리한 논의를 만나기는 어렵다. 성경이 말하고 있진 않을까? 막상 성경을 펼쳐보면, 성경이 성령에 대해 말끔하게 정리된 개념체계를 제공하지 않는다는 사실에 당황하게 된다. 이후 진지한 그리스도인들은 질문을 던지게 된다. 오순절에 성령이 강림하셨다고 하는데, 구약성경에 등장하는 성령은 무엇이란 말인가? 중생 이후 성령께서 우리 안에 머무신다고 하는데, 그렇다면 구약성경에 등장하는 믿음의 조상들은 중생을 경험했던 것일까? 성령이 그들 안에 머물렀을까? 『하나님의 내주하심』은 특별히 성령과 관련된 성경본문을 살피면서 구약과 신약 사이에 있는 '중생'과 '성령의 내주하심'의 문제를 풀어가는 정석을 보여준다. 또한 저자가 자신의 논지를 전개해 가는 방식을 통해 성경이 명확하게 말하지 않는 주제에 대해서는 어떻게 접근해야 하며, 어떻게 정리해 가야 하는지도 보여준다. 그의 꼼꼼한 논증을 고스란히 배우는 목회자들은 복이 있나니! 뿐만 아니라 저자는 '중생'과 '내주하심'의 문제 외에도 성령과 관련해서 연구한 다른 주제들을 부록으로 덧붙이고 있다. 사도행전 6장의 일곱 집사를 묘사하는 '성령의 충만'과, 사도행전 2장의 마가의 다락방에 임했던 '성령의 충만'은 다르다. 어떻게 다를까? 세 번째 부록이 해당 문제를 다루고 있다. 개인적으로는 가장 흥미로웠다.

홍동우_『교회답지 않아 다투는 우리』 저자

하나님의 내주하심
- 구약과 신약에 나타난 성령을 통해 살펴보는 중생과 내주하심 -

ⓒ 2006 by James M. Hamilton Jr.
Originally published in English as God's Indwelling Presence: The Holy Spirit in the Old and New Testaments
by B&H Publishing, Nashville, TN, U.S.A.
This Korean translation edition ⓒ 2024 by Jiwoo Publisher, Namyangju-si, Gyeonggi-do, Republic of Korea and Faithlife, LLC., 1313 Commercial St., Bellingham, WA 98225, U.S.A. This Korean edition is published by arrangement of B&H Publishing through Riggins Rights Management.
All right reserved.

이 한국어판의 종이책 저작권은 B&H Publishing과 독점 계약한 지우에 있습니다.
이 한국어판의 디지털 버전 저작권은 Faithlife, LLC(Logos 성경 소프트웨어 제작사)에 있습니다.
신저작권법에 의하여 한국 내에서 보호받는 저작물이므로 무단 전재와 무단 복제를 금합니다.

하나님의 내주하심

: 구약과 신약에 나타난 성령을 통해 살펴보는 중생과 내주하심

제임스 해밀턴 지음 | 김태형 옮김

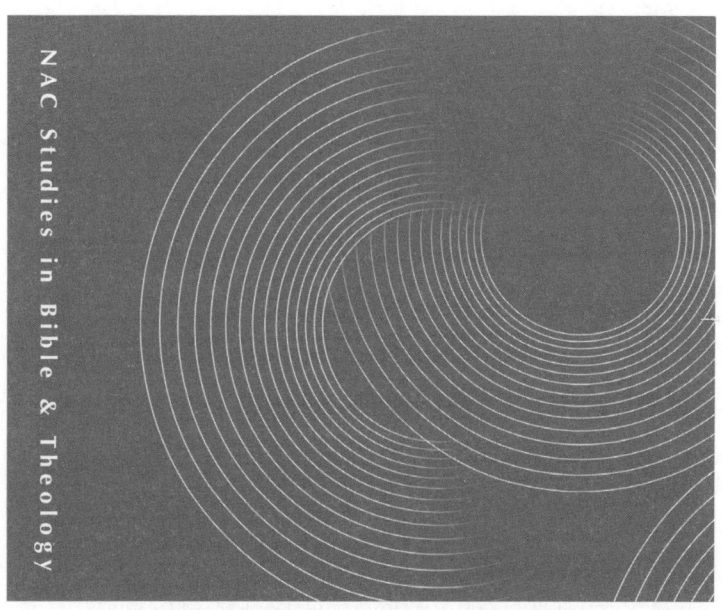

God's Indwelling Presence

: The Holy Spirit in the Old and New Testaments

◎ LOGOS　　　　지우

약어표	8
시리즈 서문	12
저자 서문	15
제 1 장 성령과 구약의 남은 자	19
제 2 장 성령의 내주하심에 대한 학자들의 다양한 견해	35
제 3 장 구약에 제시된 '속에'(IN)가 아닌 '함께'(WITH)	65
제 4 장 요한복음에 나타나는 성령	121
제 5 장 성령이 아직 그들에게 계시지 아니하시더라	195
제 6 장 요한복음에 나타나는 중생과 내주하심	241
제 7 장 결론 및 현대의 적용	301
부록 1 요한복음 20:22의 '엠푸사오' 용례	317
부록 2 "그는 너희와 함께 거하심이요 또 너희 속에 계시겠음이라?" 요한복음 14:17c의 텍스트	322
부록 3 강한 바람과 오르간 음악 : 사도행전에 나타난 누가의 성령 신학	334

차례

참고 문헌	368
인명 색인	386
성경 색인	392
주제 색인	402

[도표 1] 성령과 구약 신자들과의 관계에 관한 6가지 견해	62
[도표 2] 요한복음에 나타난 하나님의 사역	119
[도표 3] 요한복음 14:17c절 본문의 외부 증거	326
[도표 4] 겹치는 지점들의 표	359

약어표

ABD	*Anchor Bible Dictionary*
ANF	*The Ante-Nicene Fathers*
ASR	*Austin Seminary Review*
BA	*Biblical Archeologist*
BBR	*Bulletin for Biblical Research*
BDAG	Bauer, W., F. W. Danker, W. F. Arndt, and F. W. Gingrich. *Greek-English Lexicon of the New Testament and Other Early Christian Literature*. 3rd ed.
BDB	Brown, F., S. R. Driver, and C. A. Briggs. *A Hebrew and English Lexicon of the Old Testament*
Bib	*Biblica*
BJRL	*Bulletin of the John Rylands University Library*
BSac	*Bibliotheca Sacra*
BTB	*Biblical Theology Bulletin*
CBQ	*Catholic Biblical Quarterly*
CBQMS	Catholic Biblical Quarterly Monograph Series
CRINT	Compendia rerum iudaicarum ad Novum Testamentum
CTM	*Concordia Theological Monthly*
CTR	*Criswell Theological Review*
DBI	*Dictionary of Biblical Imagery*
DJG	*Dictionary of Jesus and the Gospels*
DOTP	*Dictionary of the Old Testament Pentateuch*
DPL	*Dictionary of Paul and His Letters*
EBC	*The Expositor's Bible Commentary*
Eng.	English Translation
EvQ	*Evangelical Quarterly*

ExAud	*Ex auditu*
ExpTim	*Expository Times*
GBH	P. Joüon, *A Grammar of Biblical Hebrew*, 2 vols. trans. and rev. T. Muraoka
GKC	*Gesenius' Hebrew Grammar*. Edited by E. Kautzsch. Translated by A. E. Cowley
HALOT	L. Koehler, W. Baumgartner, and J. J. Stamm, *The Hebrew and Aramaic Lexicon of the Old Testament*, trans. M. E. J. Richardson
Hb.	Hebrew
HeyJ	*Heythrop Journal*
HTR	*Harvard Theological Review*
ICC	International Critical Commentary
ISBE	*International Standard Bible Encyclopedia*
IVPNTC	IVP New Testament Commentary Series
JETS	*Journal of the Evangelical Theological Society*
JSNT	*Journal for the Study of the New Testament*
JSNTSup	Journal for the Study of the New Testament: Supplement Series
JSS	*Journal of Semitic Studies*
JTS	*Journal of Theological Studies*
LCL	Loeb Classical Library
LSJ	H. G. Liddell, R. Scott, H. S. Jones, *A Greek-English Lexicon*. 9th ed. with revised supplement
MM	Moulton, J. H., and G. Milligan. *The Vocabulary of the Greek Testament*
MT	Masoretic Text

NA²⁷	*Novum Testamentum Graece*, Nestle-Aland, 27ᵗʰ ed.
NAC	New American Commentary
NDBT	*New Dictionary of Biblical Theology*
Neot	*Neotestamentica*
NICNT	New International Commentary on the New Testament
NIDNTT	*New International Dictionary of New Testament Theology*
NIDOTTE	*New International Dictionary of Old Testament Theology and Exegesis*
NIGTC	New International Greek Testament Commentary
NIVAC	NIV Application Commentary
NovT	*Novum Testamentum*
NovTSup	Supplements to Novum Testamentum
NPNF¹	A Select Library of the Nicene and Post-Nicene Fathers of the Christian Church, Series 1
NPNF²	A Select Library of the Nicene and Post-Nicene Fathers of the Christian Church, Series 2
NTApoc	*New Testament Apocrypha*
NTS	*New Testament Studies*
OTL	Old Testament Library
OTP	*Old Testament Pseudepigrapha*
PNTC	Pillar New Testament Commentaries
RefR	*Reformed Review*
RevQ	*Revue de Qumran*
RTR	*Reformed Theological Review*
SBJT	*The Southern Baptist Journal of Theology*
SBLDS	Society of Biblical Literature Dissertation Series

SBET	*Scottish Bulletin of Evangelical Theology*
SBT²	Studies in Biblical Theology, Second Series
SBTS	Sources for Biblical and Theological Study
SJT	*Scottish Journal of Theology*
SNTA	Studiorum Novi Testamenti Auxilia
SNTSMS	Society for New Testament Studies Monograph Series
SP	Sacra Pagina
SwJT	*Southwestern Journal of Theology*
TDNT	*Theological Dictionary of the New Testament*
TDOT	*Theological Dictionary of the Old Testament*
Them	*Themelios*
TJ	*Trinity Journal*
TJT	*Toronto Journal of Theology*
TOTC	Tyndale Old Testament Commentaries
TynBul	*Tyndale Bulletin*
UBS⁴	*The Greek New Testament*, United Bible Societies, 4th ed.
VE	*Vox evangelica*
WBC	Word Biblical Commentary
WUNT	Wissenschaftliche Untersuchungen zum Neuen Testament
ZAW	*Zeitschrift für die alttestamentliche Wissenschaft*
ZNW	*Zeitschrift für die neutestamentliche Wissenschaft und die Kunde der teren Kirche*
ZTK	*Zeitschrift für Theologie und Kirche*

시리즈 서문

우리는 복음주의 학문의 전성기를 지나고 있다. 성경의 무오성을 고수하는 여러 훌륭한 신학 교육 기관에서 현재 다양한 학생들이 지역 교회에서 그리스도를 섬기고 세상에 복음을 전하기 위해 훈련을 받고 있다. 교회 지도자들과 신학 교수들은 중요한 쟁점들과 관련해서 하나님의 말씀을 능숙하고 대범하게 적용하고 있다. 그들은 성경을 통해 그러한 질문들에 답을 내놓을 수 있도록 새로운 의문을 제기하고 새로운 방법들을 고안한다. 그들은 새로운 유용한 자료들을 개발하고 생산하여 현재와 미래의 그리스도의 종들이 하나님의 온전한 일꾼들로 세워질 수 있도록 노력하고 있다.

하나님의 영광과 우리의 선을 위해 성경이 하나님의 성령의 검으로 사용될 때, 성경은 놀라운 진리의 원천이며 능력의 도구로 쓰이게 된다. 성경은 아무리 길어도 바닥을 드러내지 않는 우물이며 끝없이 펼쳐진 보물창고와도 같다. 마치 고대의 유적처럼 표면에서 흥미로운 발견이 있을 수도 있지만, 땅을 파고 들어갈수록 보다 더 흥미로운 것들을 발견할 수 있다. 『NAC 성경과 신학 연구 시리즈』(원제: NAC Studies in Bible and Theology)는 성경의 난점을 피하지 않고 오히려 그것을 각 논의의 시작으로 삼고 있다. 웨스트코트(B. F. Westcott)는 '과거의 모든 경험이 무가치한 것이 아닌 이상, 성경의 난제들은 신성한 깊음으로 안내하는 가장 유익한 길잡이'가 될 수 있다고 말했다.

이 새로운 시리즈는 복음주의 학자들의 연구를 교회에 효과적으로 전달하는 매개로 사용될 것이다. 여기에는 산상수훈 같은 핵심 구절들에 관한 상세한 주해적–신학적 연구, 그리고 성경신학 및 조직신학의 주제들에 대한 새로운 검증이 포함된다. 이 시리즈는 본래 『뉴아메리칸 주석』(원제: New American Commentary)을 보완하기 위해 기획된 것으로, 이미 많은 독자들이 NAC주석을 통해 여러 주해적 신학적 논의를 접하고 이해하는 유익을 경험한 바 있다. 이 시리즈는 주로 교회 지도자들과 그러한 리더십을 준비하는 사람들을 대상으로 기획 및 제작되었다. 모든 그리스도인들이 이 시리즈를 통해 개인 신앙에서 더 큰 믿음의 진보와 기쁨을 누리게 될 것으로 믿는다. 무엇보다도 이 시리즈로 유익을 얻은 모든 독자들을 통해 지역 교회가 그리스도를 더 정확하고 더 효과적으로 선포할 수 있기를, 그리하여 우리 주 하나님께 찬송과 영광을 돌리게 되길 간절히 기도한다.

이 새로운 시리즈를 저술한 훌륭한 학자들 뿐 아니라 이 시리즈를 통해 유익을 얻게 될 모든 독자들과 함께 하나님의 은혜 안에서 한 동역자가 될 수 있다는 것은 엄청난 특권이 아닐 수 없다. 그리스도께서 다시 오실 그날에, 우리가 "한마음으로 서서 한 뜻으로

복음의 신앙을 위하여 협력하는 것"을 보게 되길 소망한다(빌 1:27).

레이 클렌데넨(E. Ray Clendenen)
B&H Publishing Group

저자 서문

이 책은 본래 남침례 신학대학원(Southern Baptist Theological Seminary)에서 토머스 슈라이너(Thomas R. Schreiner) 교수의 논문 지도 당시 집필한 박사논문으로 시작됐다. 슈라이너 박사는 본서의 연구 범위를 넘어 필자에게 여러 면에서 지대한 영향을 주셨다. 그는 이미 이런 제자의 마음을 잘 알고 계시지만, 이번 기회에 지면을 빌어 다시 한번 감사의 마음을 표하고자 한다. 지도 교수로 수고하신 슈라이너 박사 외에, 그와 함께 심사위원으로 수고하신 교수진들, 로버트 스타인(Robert H. Stein) 박사, 윌리엄 쿡(William F. Cook) 박사에게도 감사를 표한다. 특히 스타인 교수 밑에서 논문을 쓰게 된 마지막 박사 후보자들 중 한 명이 된 것을 영광으로 생각한다.

또한 남침례 신학대학원과 같은 교육 기관들을 지금까지 후원하고 있는, 필자가 현재 섬기는 교회들로 인해 하나님께 감사를 드린다. 남침례 신학대학원이 루이빌(Louisville)의 비옥한 부지에서 학문에 전념할 수 있게 된 건 알버트 몰러(R. Albert Mohler Jr.) 총

장의 지도력 덕분이다. 우리는 몰러 박사를 비롯해 폴 프레슬러 (Paul Pressler)와 현재 남침례 신학대학원 총장을 맡은 페이지 패터슨(Paige Patterson) 등 학교의 운영진에게도 빚을 졌다. 패터슨 박사의 리더십 아래 모교에서 봉직할 수 있게 되어 학교 측에 감사드리며, 우리의 학장 크레이그 블레이징(Craig Blaising) 박사에게도 고마움을 표한다. 남침례교 총회 산하 교회들은 남침례 교단 신학교들(SBC seminaries)의 교수들과 학생들에게 경건한 신뢰를 주었고, 그들의 신뢰는 어떤 과부의 동전 몇 닢 정도에 그치지 않았다. 이 책이 신실하면서도 하나의 유익한 산물이 되길 소망한다. 이 책이 주께 영광을 돌리고 그분의 교회에 이로움이 되기를 바란다.

이 책의 연구는 2003년 봄에 완료되었다. 이 원고를 레이 클렌데넨(E. Ray Clendenen) 박사보다 더 신중하게 읽은 사람은 없다. 편집자로서 클렌데넨 박사의 엄청난 노고에 말로 다할 수 없는 감사를 전한다. 또한 『NAC 성경과 신학 연구 시리즈』 프로젝트 일환으로 본 연구를 흔쾌히 받아준 B&H Publishing Group에 감사를 전한다. 우리는 본래 박사논문이었던 본서를 신학생과 목회자 그리고 관심 있는 평신도들에게 도움이 될 만한 하나의 단행본으로 전환하기 위해 원고를 재검토했다. 하지만 필자는 다른 프로젝트들로 인해 2003년 이후로 출간된 학술 논문들을 본서의 연구에 포함시키지는 못했다. 주제 색인으로 수고해 준 제시 맥밀런(Jesse McMillan)에게도 고마움을 전한다. 나의 동료, 마일스 멀린(Miles Mullin)은 빠듯한 마감일에 맞춰 원고의 교정을 위한 수고를 아끼지 않았다.

한 일례로, 필자는 안드레아스 쾨스텐베르거(Andreas Köstenberger)

의 여러 저술에서 도움을 받았지만, 쾨스텐베르거의 BECNT 주석은 이 원고의 일정보다 너무 늦게 출간되어 결국 참고할 수 없었다. 크레이그 키너(Craig Keener)의 두 권짜리 요한복음 주석도 마찬가지다. 또한 그레고리 빌(Greg Beale)의 탁월한 저서, 『성전 신학: 하나님의 임재와 교회의 선교적 사명』(원제: 'The Temple and the Church's Mission' 새물결플러스 역간)에서 도달한 결론들은 본서에서 필자가 내린 결론들과 다소 유사해 보이는 부분들이 있다. 그러나 본서의 연구는 그레고리 빌의 책이 출간되기 전에 이미 완료된 것임을 미리 확인하는 바다.

본문에서 다른 언급이 없다면 이 책의 모든 성경 구절은 필자가 직접 번역한 사역으로 보면 된다.[1] 가능한 독자들에게 원어가 갖는 힘찬 목소리를 들려주고자 했기 때문에 저자의 사역은 대개 의도적인 문자 번역으로 이뤄졌다.

마지막으로, 나의 사랑하는 아내 질(Jill)은 이 프로젝트가 가능할 수 있도록 곁에서 헌신적으로 나를 도와주었다. 아내의 헌신은 내가 일일이 말로 다 할 수 없을 정도다. 장인어른과 장모님은 여러 다양한 방식으로 우리 부부에게 후원을 아끼지 않았다. 어릴 적부터 나에게 책 읽기에 대한 사랑을 심어주신 어머니, 집중해서 열심히 일하는 법을 가르쳐주신 아버지에게도 감사의 마음을 전하고 싶다.

"주 우리 하나님의 은총을 우리에게 내리게 하사 우리의 손이 행한 일

---

[1] 역자주: 이 책의 경우 저자의 사역과 크게 다르지 않는 한 최대한 개역개정을 인용하고, 필요하다고 판단되는 경우 맥락에 따라 저자 사역의 전체 또는 일부를 혼용한다.

을 우리에게 견고하게 하소서 우리의 손이 행한 일을 견고하게 하소서"(시 90:17)

제임스 해밀턴
2005년 크리스마스
미국 텍사스 휴스턴

제 1 장　　성령과 구약의 남은 자

NAC Studies in Bible & Theology

God's Indwelling Presenc

서론

성경은 세 개의 다른 언어로, 세 개의 다른 대륙에서, 약 1500년이 넘는 기간 동안 대략 40명의 저자들에 의해 기록되었다. 여러 인간 저자들을 통한 하나님의 자기계시는 점진적으로 발전되어 온 구원 역사 안에서 주어졌다. 계시의 그러한 점진적 특징은 우리의 성경 해석에 여러 도전들을 안겨준다. 그럼에도 불구하고 기독교 세계관은 만약 하나님이 말씀하셨고, 성경이 정말로 그분의 말씀이라면, 하나님은 모든 면에서 신실하시고 참되시기 때문에 성경 또한 모든 면에서 온전한 진리의 말씀이 될 뿐 아니라, 하나님은 일관성이 있으시기 때문에 성경 또한 일관성 있는 사고의 체계를 드러낸다는 이해를 갖는다.[1] 우리는 성경 안에서 서로 모순되지 않는 하나의 통

---

1   기독교 세계관에 대한 철학적 변론에 대해서는 다음을 보라. A. Plantinga, *Warranted Christian Belief* (New York: Oxford, 2000), 이 부분과 관련하여 특히, 12장, "Two

일된 신학을 기대할 수 있다.[2]

우리가 성경 안에 하나의 일관성 있는 신학이 담겨있다고 주장할 때 그것은 또 다른 수많은 질문을 불러일으킨다. 이 책에서는 그중 한 가지 질문에 대한 답을 제시하고자 한다. 그 질문은, '옛 언약 제도 아래에 있던 신자들 개인은 성령의 내주하심을 지속적으로 경험했는가?'이다. 요한복음의 일부 진술들은, 예수께서 영광을 받으시기 전까지는 신자들이 성령의 내주하심을 경험하지 않는 것처럼 암시한다(참고. 요 7:39; 14:16-17; 및 16:7).[3] 요한복음의 또 다른 진술들은 성령의 역사하심이 아니면 인간은 하나님의 자녀가 될 수 없고(요 1:13; 3:3,5-8; 6:63) 자녀의 신분도 유지될 수 없음(3:20-21; 8:34; 16:8)을 시사한다. 이 두 가지 주목할 만한 관찰 – 즉 요한이 성령의 내주하심을 오직 예수께서 영광 받으신 이후에 시작되는 것

(or More) Kinds of Scripture Scholarship" 374-421을 보라.

2   이 문단은 아돌프 슐라터(Adolf Schlatter)가 "신약 성경 그 자체에 의해 표현된 신학"을 언급했을 때 그가 신약에 적용했던 그 부분을 성경 전체에 적용하고 있다(*The History of the Christ*, trans. A. Köstenberger [Grand Rapids: Baker, 1997], 18). 성경에서 발견되는 통일성 있는 신학에 대한 통합적인 설명 및 성경신학은 성경 66권에 기초한다는 설득력 있는 주장에 대해서는 다음을 보라. C. H. H. Scobie, *The Ways of Our God: An Approach to Biblical Theology* (Grand Rapids: Eerdmans, 2003). 보다 요약된 형태로, 추가적인 유익을 위한 성경신학의 "중심성"에 관한 주장에 대해서는 다음을 보라. G. Goldsworthy, *According to Plan* (Downers Grove: InterVarsity, 2002).

3   사우스웨스턴 신학대학원(Southwestern Seminary)의 나의 동료, 존 타일러(John Taylor)는 기독교 믿음의 신봉자들을 "신자들"(believers)이라고 칭하는 것은 기독교와 함께 새로운 하나의 언어적 현상이라고 지적한다("Paul's Understanding of Faith" [Ph.D. diss., Cambridge University, 2004]). 그럼에도 불구하고 필자는 하나의 함축적 표현으로, 그리고 딱히 더 나은 용어도 없기에, 옛 언약의 남은 자들의 구성원들을 "신자들"(또는 '믿는 자들')로 지칭할 것이다. 갈 3:9에서 바울이 아브라함을 "그 믿는 자"('the believer', NASU, NET)로 언급한 것에 주목하라. 바울도 그랬던 것처럼 필자 역시 옛 언약의 신실한 자들을 믿는 자들 또는 신자들로 자유롭게 칭할 것이다.

으로 설명하고, 성령으로 말미암지 않으면 인간은 오직 마귀에게 속할 뿐이라고 묘사하고 있다는 점(요 8:44) - 은, 그렇다면 예수의 영광 받으심 이전에 살았던 신자들의 경우 그들은 어떻게 하나님의 자녀가 될 수 있었는지, 그리고 그들은 어떻게 하나님의 신실한 자녀로 남을 수 있었는지에 대한 질문을 유발한다.

요한복음의 어느 본문도 구약 성도들이 신자가 되는 방식과 그들이 신자로 유지되는 방식에 대한 질문을 직접적으로 다루고 있지는 않지만, 복음서는 이 질문을 분명히 함의하고 있다. 예수께서 높임 받으시기 전까지는, 믿는 자들이 성령을 받지 않는다고 한다면(요 7:39), 예수께서 니고데모에게 "물과 성령"(3:5)으로 거듭나야 한다고 하셨던 그 말씀이 의미하는 것은 무엇인가?[4] 우리가 요한복음에 기록된 사건들 전후의 이야기를 반영하는 성경적 자료들을 조사할 때, 이러한 질문은 심지어 더 분명해진다. 구약 본문은 옛 성도들 가운데 일부가 성령을 소유했다는 사실을 실제 언급하고 있지만(참고. 민 27:18), 그것이 옛 언약 안에 남아 있는 모든 하나님의 백성들이 경험한 것인지에 대해서는 결코 분명하지 않다. 반면, 신약 본문은 성령이 모든 신자들을 다시 살리며(즉, 중생시키며) 그들 안에 거하신다고 말한다(참고. 롬 8:9-11).

본 연구의 적절한 시점에서 필자는 요한복음에 나타난 중생과 내주하심의 차이점을 설명할 것이다(참고. 6장). 거기서 도출된 결론

---

4 이러한 고찰은 대개 구약 성도들에게 내주하심이 있었다고 생각하는 이들에 의해 제기된다. 예를 들어 다음을 보라. D. I. Block, *The Book of Ezekiel*, vol. 2, NICOT (Grand Rapids: Eerdmans, 1998), 360-61, 및 J. B. Payne, *The Theology of the Older Testament* (Grand Rapids: Zondervan, 1962), 241. 이 구절에 대한 제4장의 논의를 보라.

에 근거하여, 이 책에서는 중생이라는 용어를 인간으로 하여금 듣고, 깨닫고, 믿고, 순종하여, 하나님나라에 들어갈 수 있게 하시는 하나님의 사역으로 지칭할 것이다. "새로운 탄생"(거듭남)이라는 신약의 은유는 "마음의 할례"라는 구약의 은유와 견줄만하다. 즉, 이 책에서 우리는 마음의 할례를 중생과 동일한 경험으로 간주할 것이다(롬 2:29; 골 2:11-13). 실로 성령으로 인한 중생의 역사를 통해 임하는 하나님의 능력이 아니면, 인간은 죄의 종노릇에서 벗어날 수 없고(요 8:34) 마귀에게 속할 뿐이며(8:44), 바울의 표현대로 허물과 죄 안에서 죽은 시체에 불과할 뿐이다(엡 2:1; 골 2:13). 한편, 이 책에서는 성령의 중생하게 하시는 역사와는 또 다른 내주하심(indwelling)의 역사를, 성령을 통해 신자들 속에 임하는 하나님의 영속적이고 확정적인 언약적 임재를 의미하는 용어로 사용할 것이다. 본서의 연구는 예수께서 높임 받으시기 전과 후에 살았던 모든 신자들의 믿음에, 성령께서 어떠한 역할을 하셨는지 이해하고 설명하는 데 그 목적이 있다. 요한복음은 본서의 주제와 관련하여 특히 많은 정보를 제공하고 있기 때문에 이 책의 성경신학적 논의는 주로 요한복음을 중심으로 전개될 것이다.[5]

저자의 개인적 판단에 의하면, 요한복음은 성령의 지속적인 내주하심의 역사는 성부께서 맡기신 사역을 예수께서 완수하신 후에야 비로소 시작되었다고 가르치는 것으로 보인다(요 17:4). 이 주제에 대한 연구를 처음 수행했을 당시, 타락한 인류의 죄악상에 대한

---

5 바르(J. Barr)는 이렇게 서술한다: "사실, 자료, 해석, 관심사 등에서의 선택은 피할 수 없는 것이며 그것은 완전한 하나의 틀림없는 학문적 절차다"(*The Concept of Biblical Theology* [Minneapolis: Fortress, 1999], 341).

성경의 명백한 가르침으로 인해(예. 창 6:5; 렘 17:9; 요 8:34; 롬 3:10-18), 나는 구원하는 믿음은 성령으로 말미암는 중생과 내주하심의 역사 둘 다를 요구한다고 확신했었다. 하지만 연구를 통해 도달한 결론에는 차이가 있었다. 구약에서는 성령이 신자들의 마음에 지속적으로 거하신다는 확정적인 진술이 없었을뿐더러, 특히 요한복음 7:39, 14:17, 16:7과 같은 본문들을 고려할 때 옛 언약 안에 남은 일반 신자들에게 성령이 개인적으로 거하신다고는 단언할 수 없었던 것이다. 예수의 영광 받으시기 전과 후로, 성경은 성령이 신자들과 관계를 맺는 방식에 대해 무엇이라고 말하는가? 나는 예수께서 이미 이 질문에 대답하셨다고 믿는다: "그는 너희와 함께 거하심이요 또 너희 속에 계시겠음이라"(요 14:17).[6] 여기서 그리스도는 옛 언약과 새 언약의 신자들과 관련된 하나님의 거하심(dwelling)에 대한 성경의 가르침을 요약적으로 말씀하신다. 구약에서 하나님은 먼저 구름기둥과 불기둥을 동원하여 자기 백성이 머무는 자리에 함께 신실하게 거하셨고, 그 후로는 성막과 성전을 통해 그들 가운데 거처를 만드셨다. 한편 신약에서 성전이라 할 수 있는 유일한 곳은 믿음의 공동체 그 자체 밖에 없다. 하나님은 이 믿음의 공동체 가운데 신자들과 함께 거하실 뿐 아니라(마 18:20; 고전 3:16; 고후 6:16), 그 구성원 각 사람 안에 개별적으로도 거하신다(요 14:17; 롬 8:9-11; 고전 6:19). 이것이 이 책에서 확립하고자 하는 가장 중요한 논지다.

그런데 구약의 신자들에게 내주하심이 없었다고 단언할 경우, 그렇다면 그들이 어떻게 신자가 되었고 어떤 방법으로 신실한 믿음

---

6   요 14:17c의 본문 비평 문제에 대한 논의는 본서의 부록 2, "He Is with You and He Is in You? The Text of John 14:17c"를 보라.

안에 남게 되었는지에 대한 추가적 질문이 야기된다. 구약 신자들에게는 내주하심이 없었다는 기존의 주장들은 대개 이 중요한 문제를 다루는 데 실패했다. 옛 언약의 신자들 또한 우리처럼 믿음으로 말미암아 살도록 권능을 입었던 것이 분명하다(참고. 히 11). 그들이 그렇게 권능을 입었던 방식을 설명하기 위해 이 책에서는 내주하심이 중생의 경험과는 동일시될 수 없는 또 다른 현상임을 논증할 것이다. 그러한 차이를 구별하는 것은, 성령이 비록 당시 구약 신자들 가운데서 그들과 함께 거처를 마련하신 것은 아니라 할지라도, 구약의 신자들 또한 우리처럼 성령으로 말미암는 중생을 경험했을 가능성에 대해 열어둔다는 것을 뜻한다. 일부 학자들은 구약 신자들의 믿음과 관련하여 중생이란 용어의 사용을 주저하는 경향이 있다. 구약 성경은 신약에서 발견되는 "새로운 탄생"(new-birth) 또는 "살리심을 받다"(made-alive)와 같은 표현들을 사용하고 있지 않기 때문이다. 하지만 앞서 언급한 대로, 그런 표현에 상응하는 구약의 언어로 "마음의 할례"(circumcision of the heart)라는 은유적 표현이 있다. '중생'이나 '마음의 할례' 모두 죄로 인해 죽었던 사람들로 하여금 믿어 순종하게 하시는 하나님의 강권적인 역사를 의미하기 때문이다(참고. 렘 6:10; 롬 2:25-29). 나는 여기서 신약과 구약의 서로 다른 이 표현들을 사실상 기능적으로는 대등한 등가적 표현으로 간주하려 한다. 그렇다면 구약의 신자들은 비록 (성령의) 내주하심은 없었다 할지라도 (성령으로 말미암는) 중생을 경험한 자들로 묘사될 수 있을 것이다. 하나님의 영이 구약의 신자들을 강권하여 그들로 하여금 믿게 하셨을 때 그들은 신자가 될 수 있었다. 그리고 그들은 이스라엘 공동체와 함께 성전에 거하시는 하나님의 언약적 임재로 말미암아 믿음 안에 보전될 수 있었다.

이 논제를 뒷받침하는 중요한 근거는 신구약 성경 둘 다 영적 생명을 창조하시는 하나님의 말씀에 대해 언급한다는 것이다.[7] 또한 우리에게는 예수의 오심 이전이나 그 이후로도 오직 하나님의 영에 의해 하나님의 말씀이 효력을 발한다는 증거가 있다.[8] 따라서 하나님의 영이 성도들의 마음 안에 하나님의 선포된 말씀을 믿는 능력을 창조하셨을 때 구약 시대와 신약 시대 모두에서 중생의 역사가 일어나는 것으로 보인다(참고. 롬 4:16-18; 10:17).

이 책은 예수께서 영광 받으시기 전까지 하나님께서 신자들 **안에(in)** 계셨다기보다는, 그들과 **함께하시는(with)** 하나님의 임재하심으로 신자들을 성화시키셨다고 논증할 것이다. 대체로 구약은 하나님을 특별히 선택된 사람들과 함께 하시는 하나님으로 묘사한다.[9] 하나님은 옛 언약 백성에게 이같이 선포하셨다: "나는 너희를 거룩하게 하는 여호와이니라"(레 20:8; 21:8,15,23; 22:9,16,32). 하나님은 성막에서 그리고 이후로는 성전에 거하심으로 자기 백성을 거룩하게 하셨다(출 25:8; 40:34-38; 왕상 8:11,57-58). 그러한 방식으로 하나님은 자기 백성 곁에 머무르시며 개인적으로나 공동체적으로 그들과 함께 계셨다(신 31:6; 왕상 8:11; 왕하 13:23; 학 1:13; 2:5). 예수께

---

7   참고. 시 119:25; 사 53:3; 요 5:24; 6:63; 벧전 1:23.
8   참고. 느 9:20,30; 요 6:63.
9   에녹은 하나님과 동행했다(창 5:22,24). 노아도 하나님과 동행했다(창 6:9). 아브라함은 하나님 앞에서 행했으며 하나님이 그와 함께 하셨다(창 17:1; 21:22; 24:40). 하나님은 이삭(창 26:3), 야곱(창 28:15; 31:5), 요셉(창 39:2-3,21,23), 모세(출 3:12), 여호수아(수 1:5,9), 기드온(삿 6:12), 다윗(삼상 18:12,14), 히스기야(왕하 18:7)와 함께 하셨다. 필자의 다음 소논문들을 참고하라: "God with Men in the Torah," WTJ 65 (2003): 113-33, 및 "God with Men in the Prophets and the Writings," SBET 23 (2005): 166-93.

서 영광 받으신 후 약속된 "그날"이 도래함에 따라(요 14:20), 하나님께서는 하나님 자신의 영으로 각 신자들을 거듭나게 하시고 그들 안에 내주하심으로 신자들에게 새로운 탄생과 순종을 가져오셨다(요 3:3-6; 6:63; 7:37-39; 14:17; 20:22). 그러므로 중생과 내주하심은 성령의 구별된 사역이지만 믿는 모든 자들에게 일제히 경험되는 성령의 역사라 할 수 있다.

아버지께서 아들을 보내실 때 하라고 명하셨던 그 일의 완성과 함께 구원-역사의 중대한 전환이 일어났다. 이제 하나님의 영은 새로운 성전에 거하게 되었다. 성령은 이처럼 믿는 자들 안에 계시며 마지막 날까지 영원토록 그들과 함께 하신다(요 14:16-17). 이러한 사실은 옛 언약 시대에서의 성령의 사역과 비교할 때 더 명확하게 드러난다. 예수께서 사역을 완수하시기 이전까지 하나님은 성전에 거하셨다.[10] 구약에서는 하나님이 그분의 택한 백성과 **함께**(with) 그들 **곁에**(near) 계시고, 특별한 임무를 위해서는 특정 인물들 **안**(in)에만 계셨던 것으로 묘사된다. 신약 시대에 있을 성령의 새로운 사역에 대한 예수의 선언(요 14-16장), 그리고 제자들의 성령 받은 사건(요 20:22)은 추후 신자들과 교회를 지칭해 '산 돌'로 세워진 신령한 집, 곧 성전으로 언급될 것을 기대하게 한다(고전 3:16; 6:19; 엡 2:21-22; 벧전 2:5). 성령의 내주하심은 예수께서 성전을 대체하심으로(요 2:13-22) 예배가 특정 장소를 중심으로 국한되지 않게 된 결과와 연관된다(참고. 요 4:21, 신 12:5). 믿는 자들은 이미 예수 "**안**(in)" 있기 때문에 더 이상 성전이 필요 없어진 것이다(요 14:20). 예

---

10 예수께서 성전을 정화하셨을 때, 그곳을 "내 아버지의 집"으로 언급하신 것에 주목하라(요 2:16, HCSB).

수 그리스도는 십자가의 죽음을 통해 자신을 내어주심으로 희생 제사의 마침표가 되셨다(히 10:10-18; 참고. 요 19:30). 삼위 하나님은 더 이상 예루살렘 성전에 거하지 않으시며, 대신 온 세상에 흩어진 믿는 신자들 안에 거하신다(참고. 요 14:23).

연구 방법

우리는 특정 질문을 가지고 관련 본문에 접근할 것이다: 예수의 영광 받으심 이전과 이후로 성령과 신자들 사이의 관계는 어떠한가? 우리는 관련 본문들에 대한 주해를 종합하는 과정을 통해 성경적 진술들을 형성하는 사고의 구조를 추적하고자 한다. 이러한 작업에 대해 슐라터(Schlatter)는 다음과 같이 서술한 바 있다:

> 오늘날 신약신학의 중요한 의미는 그것이 단순히 통계학처럼 자료를 수집하는 것만으로는 만족하지 않는다는 사실에 의거한다. 신약신학은 신약 성경에서 발견되는 확신과 신념이 어떻게 생겨났는지에 대해 의문을 제기하는 것을 그 주요한 과제로 삼는다. 단지 파악하고 이해하는 것만이 아니라 해명하고 설명하는 것에도 관심을 기울인다는 것이다 … 그것은 곧 신약 성경에서 발견되는 사상의 발전에 단초가 된 것은 무엇인가와 관련된 질문이다.[11]

11　A. Schlatter, "The Theology of the New Testament and Dogmatics," in *The Nature of New Testament Theology*, ed. and trans. R. Morgan, SBT2 25 (Naperville, IL: Allenson, 1973), 136.

이 책의 연구 방법은 피터 스툴마허(Peter Stuhlmacher)의 방식을 따르고자 한다: "이 명칭에 걸맞은 신약의 성경신학은 반드시 성경 본문과 해석학적으로 일치해야 한다. 즉, 구약과 신약의 전통이 바라는 방식의 본문 해석을 꾀해야 한다는 것이다."[12] 따라서 스툴마허는 우리가 본문을 올바르게 이해하려면 그것에 동조하는 방식으로 읽어야 한다고 주장한다.[13]

스툴마허의 이러한 통찰은 마이클 호튼(Michael Horton)이 주장한 원칙과도 일면 유사하다. 호튼은 "신학 방법이 그 체계의 내용에 의해 결정되는 신학 활동"에 대해 논한 바 있다.[14]

우리는 본문을 있는 그대로 받아들이고 본문 스스로 말할 수 있도록 해야 한다. 라이트(N. T. Wright)의 표현을 빌리면, 우리는 "사랑의 해석학"(hermeneutic of love)을 추구해야 한다.[15] 본 연구는 예수의 영광 받으심 전후로 신자들의 삶에 영향을 끼친 성령의 역할

---

12 P. Stuhlmacher, *How To Do Biblical Theology*, trans. J. M. Whitlock, Princeton Theological Monographs 38 (Allison Park, PA: Pickwick, 1995), 1.

13 안타깝게도, 스툴마허는 요한복음에 공관복음 전통의 우선권을 부여함으로 자신의 원칙을 깨뜨리는 우를 범했다. 그의 관점에 의하면 이 네 번째 복음서의 "언어와 내용은 오직 요한 공동체의 부활절 이후에 그들이 받았던 것과 유사한 흔적"을 갖기 때문이다. 하지만 이 결론에 반하는 강력한 증거가 존재한다. 요한복음은 예수께서 말씀하고 행하신 것들에 대한 기사임을 주장한다. 그리고 스툴마허의 원칙에 따르면, 이 복음서는 그 자체로 해석되어야 한다. 요한복음은 부활 이후의 통찰이 주어질 때면 독자들에게 그것을 통보하고 있다(예, 2:22; 12:16; 20:9). 그러나 이러한 본문을 제외하면 요한복음은 그 자체로 예수께서 말씀하시고 행하신 것들에 대한 하나의 기사다. 그 내용은 선별적으로 택해졌지만(참고. 20:30; 21:25), 요한은 그 증언이 참된 것이라고 주장한다(21:24).

14 M. Horton, *Covenant and Eschatology* (Louisville: Westminster John Knox, 2002), 1.

15 N. T. Wright, *The New Testament and the People of God*, Christian Origins and the Question of God 1 (Minneapolis: Fortress, 1992), 64.

에 관한 네 번째 복음서의 가르침을 이해하고자 한다.[16] 이 목표는 우리가 요한복음을 "본문이 요구하는 해석 방식대로" 읽을 때 가장 훌륭하게 달성될 수 있다.[17]

각 장의 내용

제2장에서 우리는 이 연구에서 제기되는 질문에 답을 얻기 위해 학자들이 수행해 온 방식을 조사할 것이다.[18] 이 특별한 과제를 해결하고자 본문에 어떤 내용이 언급되었고 그 본문이 어떻게 다뤄졌는지에 대해 살피는 것은 본 연구의 중요한 명확함을 제시한다.

제3장에서는 옛 언약의 남은 자들이 그들 각자의 삶에서 성령의 내주하심을 지속적으로 경험했는지가 구약 본문에서 명백히 드러나지 않는다는 사실에 대해 관찰하고자 한다. 먼저는 이스라엘의 지도자들 **위에**(upon) 혹은 그들 **안에**(in) 하나님의 영이 임했다고 언급된 본문들을 조사할 것이고, 그 후 성막과 성전 안에 거하시며

---

16 참고. U. Schnelle, "Johannes als Geisttheologe," *NovT* 40 (1998): 17.
17 본 연구의 목적은 요한복음의 신빙성 증명을 위한 것이 아니다. 필자는 "네 번째 복음서의 역사성을 모두 상당 부분 변론하는 것으로 보이는, 최근 홍수처럼 쏟아진 요한복음에 대한 소논문 분량의 연구서들과 본격적인 주석들"에 기반하고 있다(C. Blomberg, *The Historical Reliability of John's Gospel* [Downers Grove: InterVarsity, 2001], 21; 블롬버그는 1981년과 1999년 사이에 출간된 24개의 연구서들을 언급한다). 표준적인 논의들을 다루고 요한복음의 모든 관련 구절의 역사성을 조사한 후, 블롬버그는 다음과 같이 결론한다: "혹자는 상당한 확신을 갖고서 요한복음이 참된 것임을 단언할 것이다 – 단지 신학적으로만이 아니라(예. Barrett 및 Lindars) 역사적으로도 말이다"(ibid., 294).
18 나의 다음 소논문을 요약한 것이다: "Old Covenant Believers and the Indwelling Spirit: A Survey of the Spectrum of Opinion," *TJ* 24 (2003): 37-54.

이스라엘과 함께 하신 하나님의 임재에 대해 다룰 것이다. 제3장은 새 언약의 예언에 관한 두 본문, 예레미야 31장과 에스겔 36장에 대한 논의로 결론을 맺는다.

제4장에서는 요한복음 1-12장에 나타난 성령에 관한 진술들을 조사한 후에, "보혜사"와 관련된 본문을 더 자세히 살펴볼 것이다. 성령에 관한 요한복음의 가르침을 주해적으로 확립시키는 것이 이 장의 목표이다. 그러한 주해적 작업은 제5-6장에서의 성경적-신학적 결론의 토대를 마련해 줄 것이다. 따라서 제4장은 본 연구에서 가장 전문성을 요하는 단락이 될 것이며 여기서 독자들이 곤란해하지 않길 바란다. 전문성을 필요로 하지 않는 독자들은 이 부분을 큰 부담 없이 한번 훑어봐도 좋을 것이다. 몇 군데 어려운 내용 때문에 책 전체를 내려놓기보다는 차라리 그 부분은 건너뛰고 끝까지 읽을 것을 권한다. 이 책의 마지막 세 장(제5-7장)들과 함께 제4장의 마지막 단락은 본 연구에서 가장 중요한 주제를 다루고 있다.

제5장에서는 요한복음 7:39에 나오는 복음서 기자의 언급은 옛 언약의 신자들에게 성령의 내주하심이 아직 임하지 않은 것을 의미한다고 주장할 것이다. 이 장에서의 목적은 구약의 선지자들이 하나님의 영으로 기름부음 받는 메시아에 대해, 그리고 하나님의 백성에게 하나님의 영이 부어질 미래의 한 날에 대해 묘사했음을 보여주는 데 있다. 요한복음은 그러한 예언의 완성이자 성취하시는 자로서 예수를 묘사한다. 요한복음에 따르면, 오직 그리스도의 십자가 사건 후에, 비로소 하나님은 모든 신자들 안에 거하신다(참고. 요 4:21-24; 7:39; 14:17, 23; 20:22). 제5장은 이러한 요한복음의 가르침을 성령의 내주하심에 관한 나머지 신약 본문의 진술들과 비교함

으로 결론을 내린다.

제6장은 요한복음의 진술을 통해 중생과 내주하심이라는 성령의 이 두 사역이 서로 구분될 수 있음을 논증할 것이다. 요한복음에서 중생은 내주하심과 동일한 것이 아님을 논증한 후, 옛 성전을 대체하는 참 성전으로서 예수가 제시되고 있음을 주장할 것이다. 예수 그리스도는 내주하시는 성령을 제자들에게 주시며 그들에게 성전의 축복을 집행할 권한을 부여하신다. 따라서 예수께서 하늘로 승천하심에 따라 제자들은 참 성전이신 예수의 역할을 대신하게 된다. 그러므로 성령의 내주하심은 이제 하나님의 새로운 거처인 신자들이 성전의 순기능을 대신한다는 측면에서 이해된다.

제7장에서 우리는 이 책의 논의를 요약한 후에, 교회의 훈육(또는 징계) 및 모든 신자들의 제사장직(만인제사장주의)과 관련하여 오늘날 교회 생활에 이 책의 결론을 적용하고자 한다. 또한 본서의 주장이 검증된다면, 구약과 신약에 반영되는 다양한 측면에도 불구하고, 예수의 영광 받으심 전과 후의 신자의 삶에서 성령의 역할에 대해 성경이 일관된 견해를 제시하고 있음을 간접적으로 증명할 수 있을 것이다. 이 연구가 성공한다면 우리는 성경에 담긴 성령의 신학에 대한 이해에 한걸음 더 가까이 다가갈 것이다.

제 2 장   성령의 내주하심에 대한
          학자들의 다양한 견해

God's Indwelling Presenc

서론

우리는 옛 언약의 남은 자들에게 성령의 내주하심이 개별적으로 있었는지 여부에 대한 여섯 가지 견해들의 차이를 구분해 보고자 한다.[1] 이 가운데 다섯 번째 견해를 지지하는 학자는 사실상 없는 것으로 알려져 있지만, 해당 견해를 지지한다는 비난을 받은 이들이 있었기에 여기서는 그 견해도 포함시켰다. 무엇보다 본 주제에 대한 각각의 견해들은 신구약 성경 전체를 이해하는 데 있어 최선을 다한 결과들이며, 성경 본문의 가르침에 충실하면서도 본문이 제시하는 어려운 난제와 씨름하기 위해 애써온 내용들임을 밝힌다.[2]

---

1 이 챕터는 필자가 저술한 다음 소논문의 개정판이라고 할 수 있다: "Old Covenant Believers and the Indwelling Spirit: A Survey of the Spectrum of Opinion," *TJ* 24 (2003): 37–54.

2 필자는 다음 소논문에 의해 제기된 성령에 대한 구약의 가르침과 관련한 "조급함"이나 또는 그것에 대한 "터무니없는 태만"을 발견하지 못했다: D. I. Block, "The

여기서의 논의는 여러 문헌에서 나타나거나 제시되었던 여섯 가지 입장을 중심으로 구성된다. 초기 교부들은 성령의 내주하심에 대해 거의 언급하지 않았다. 초대 교회에서는 주로 삼위일체 교리에 대한 적절한 설명과 표현의 문제가 토론의 주류를 이루었다. 그리스도의 성육신 이전의 성령의 존재와 활동에 대한 확언은 흔한 주제였지만, 성령의 내주하심에 관한 질문은 거의 제기되지 않았다.[3] 일부 교부들의 경우 일종의 불연속적인 측면을 인정하는 것 같지만 해당 논의는 루터와 칼빈에게 뿌리를 둔 현대의 논의로 보인다.

오늘날 세대주의자들은 두 언약 사이의 구분을 강조한다는 점에서 루터와 비슷하다. 현대의 언약 신학자들은 에덴동산에서 처음으로 수립되었다가 현재까지 이어지는 은혜 언약의 연속성에 관한 자신들의 이해에서 칼빈으로부터 받은 영향을 보여준다. 다양한 견해들에 대한 우리의 조사는 대표성과 공평성을 추구하고 있지만 그럼에도 불구하고 여기서는 간략한 개관만 제시될 것이다. 각 분류에는 미묘한 차이가 있으며,[4] 객관성을 위해 어떤 추론도 최대한

Prophet of the Spirit: The Use of RWH in the Book of Ezekiel," *JETS* 32 (1989): 27.

3 이와 관련하여 다음을 보라: Athanasius [c. 296-383], *Four Discourses Against the Arians*, 1.48 (trans. J. H. Newman, rev. A. Robertson, in St. Athanasius, NPNF2 4:334); *St. Cyril of Jerusalem* [318-386], *Catechetical Lectures*, 16.26-27 (trans. J. H. Newman, rev. E. H. Gifford, in *S. Cyril of Jerusalem. S. Gregory Nazianzen*. NPNF2 7:122); Ambrose [340-397], *On the Holy Spirit*, 2.1 (trans. H. De Romestin, in *St. Ambrose*, NPNF2 10:115).

4 프레드릭스(G. Fredricks)는 그 전망의 윤곽들을 지나치게 간소화하고 있다. 해당 질문에 단 두 개의 대답만 있을 뿐이라 주장하는 것이다: '내주가 있었다' 또는 '내주가 없었다'("Rethinking the Role of the Holy Spirit in the Lives of Old Testament Believers," *TJ* [1988]: 81). 이것은 지나치게 단순화한 것인데 프레드릭스가 중생과 내주를 대등하게 보고 있지만(85-87), 이후 보게 되듯이, 모두가 그런 입장을 취하는 것은 아니다.

피하고자 노력했다.

그 여섯 가지 주장들은 다음과 같다: (1) 완전 연속성 입장(complete continuity); (2) 불연속성보다는 연속성 입장(more continuity than discontinuity); (3) 일부 연속성 및 일부 불연속성 입장(some continuity, some discontinuity); (4) 연속성보다는 불연속성 입장(more discontinuity than continuity); (5) 완전 불연속성 입장(complete discontinuity); (6) 모호한 불연속성 입장(vague discontinuity). 첫 번째 견해와 다섯 번째 견해는 서로 상반된 극단의 견해를 대변한다. 나는 여기서 규정되고 있는 다섯 번째 견해를 확언하는 저자는 찾을 수 없었다. 이 내용은 〈도표 1〉의 "성령과 구약 신자들과의 관계에 관한 6가지 견해"를 통해 보다 간략히 정리했다.

1. 완전 연속성 입장

이 입장에서는 구약과 신약에 나타난 성령의 활동에서 근본적인 연속성을 발견하며, 구약의 신자들 또한 성령의 중생과 내주하심을 경험한 것으로 단언한다.

구약 신자들 안에도 성령의 내주하심이 있었다는 종교개혁 시대의 관점은 아마도 인간의 능력과 관련된 구원론적 질문에서 파생된 것으로 보인다. 아우구스티누스와 펠라기우스의 논쟁을 통해 인간의 능력과 무능력에 대해 더 정확히 이해하게 되었고, 이는 루터와 칼빈에게 지대한 영향을 끼쳤을 뿐만 아니라, 그들의 후계자들에게도 구원을 위해선 구약 시대에도 성령의 능력이 필요함을 보게 했다. 이와 관련해 토머스 굿윈(Thomas Goodwin)과 존 오웬(John Owen)은 개혁파의 관점에서 주장하는 입장을 가장 잘 대변한다.[5] (아우구스티누스와 칼빈은 두 번째 견해를 가장 잘 대표한다)

존 오웬의 방대한 저서들은 3세기가 지난 지금까지도 널리 읽히고 있으며, 일부는 존 오웬의 성령에 대한 저술을 여전히 타의 추종을 불허하는 작품으로 간주한다.[6] 오웬은 신자들의 믿음의 인내를 다루면서 성령의 내주하심에 관해 다음과 같이 기록했다:

> 그분이 **성도들 안에 거하시며** 그들과 함께 계신다는 긍정적인 확언은 우리가 주장하는 진리의 두 번째 근거가 된다. 나는 그런 종류의 증언을 한두 개 언급하고자 한다: 다윗은 "주의 성령을 내게서 거두지 마소서"(시 51:11)라고 말한다. 다윗이 여기서 하나님과 논하는 것은 예언이나 다른 어떤 은사의 측면이 아니라 성화와 관련한 성령과 그분의 임재인 것이다.[7]

---

5 지면 상의 이유로, 이 논의에서는 오웬만 인용될 것이다. 구약의 성도들에게 내주하심이 있었다는 언급들에 대한 굿윈 저술[1600-1679년]의 사례는 다음을 보라: *The Work of the Holy Spirit in Our Salvation*, vol. 6 of *The Works of Thomas Goodwin* (n.p.: James Nichol, 1863; reprint, Edinburgh: Banner of Truth Trust, 1979), 8. 조나단 에드워즈의 신학적 입장에서 추론하면 그도 여기에 포함될 것이다. 그러나 에드워즈의 경우, 그는 성화가 항상 성령에 의한 것임을 단언하면서도, 내주라는 단어 혹은 관련 용어는 사용하지 않는다. 참고. *Treatise on Grace*, ed. Paul Helm (Cambridge: James Clark & Co. Ltd., 1971), 55-56. *A History of the Work of Redemption*에서 에드워즈는 성경에 나타난 "하나님의 성령의 놀라운 부으심"을 강조한다(vol. 9 of The Works of Jonathan Edwards, ed. J. F. Wilson [New Haven: Yale University Press, 1989], 142, 192, 233).

6 이와 관련한 다음 문헌의 언급을 보라. C. C. Ryrie, *The Holy Spirit* (Chicago: Moody, 1965), 118.

7 John Owen, *The Doctrine of the Saints Perseverance Explained and Confirmed* [1654], vol. 11 of *The Works of John Owen*, ed. W. G. Gould (London: Johnstone & Hunter, 1850-53; reprint, Edinburgh: Banner of Truth

위의 인용에서 강조처리 된 문구는 한편으로는 오웬이 구약 시대에 왕에게만이 아니라 일반 성도들에게도 성령의 내주하심이 있었다고 판단했음을 암시한다.

보다 최근의 논의에서는 성령의 내주하심이 일종의 종말론적 복(eschatological blessing)이라는 인식이 널리 인정되고 있다. 이 점에서 싱클레어 퍼거슨(Sinclair Ferguson)도 예외가 아니며, 성령에 관한 퍼거슨의 연구는 우리에게 제법 유용하다.[8] 퍼거슨은 예수 그리스도의 완성된 사역의 결과에 따른 "새로운" 본질을 강조하지만, 그렇다고 해서 요한복음 14:17 때문에 구약 신자들 안의 성령의 지속적인 내주하심이 부정되는 것은 아니라고 논한다. 그러나 이러한 진술은 해당 구절에 대한 다소 혼란스러운 해석을 초래한다:

> 비록 널리 지지를 받는 관점이긴 하지만, 사실 해당 본문은 신약 신자들 '속에'(in)는 거하면서 구약 신자들과는 단지 '함께'(with) 계셨던 성령의 차이에 관해 말하려는 것이 아니다 … 그리스도의 임재 안에서 그들과 '함께' 하셨던 그분은 이제 성육신하시고 높임 받으신 그리스도의 영으로 그들 '속에' 계실 것이다. 여기서의 대조는 그분의 거하시는 방식이 아니라 그분의 내주하시는 능력(capacity)에 있다.[9]

Trust, 1965), 331 (강조 추가).

8   다음 문헌의 중생에 대한 명료한 논의를 보라. S. Ferguson, The Holy Spirit (Downers Grove: InterVarsity, 1996), 116-30. 특히 저자의 다음 논의를 보라: "New Creation," 118-19.

9   Ibid., 68

요한복음 14:17에 대한 이러한 해석이 퍼거슨으로 하여금 구약 신자들에게도 성령의 내주하심이 있었음을 긍정할 여지를 남긴 것으로 보인다. 퍼거슨은 성령께서 그들과 '함께' 하는 상태와 그들 '속에' 있는 상태의 차이를 거의 인정하다가도, 예수께서 의도하신 뜻은 사실 성령의 거하시는 "방식"보다는 성령의 거하시는 "능력"과 관련된 것이라 주장함으로써 곧바로 그 차이를 부정한다. 하지만 퍼거슨은 성령께서 성도들 안에 내주하시는 그러한 "능력"의 변화에 대해 더 이상 자신의 이해를 상술하지 않고 있기 때문에, 그의 설명은 만족스럽다고 평가하기 어렵다.

또한 요한복음 7:39은 예수 이전과 이후 성령의 활동 사이에 연속성을 단언하는 이들에게도 문제를 유발한다. 다니엘 풀러(Daniel Fuller)는 다음과 같이 설명함으로써 요한복음 7:29의 말씀을 자신의 입장과 일치시키려 하고 있다:

> 부패한 인간이 하나님을 기쁘시게 하는 마음을 갖고 그런 태도와 행동을 취할 수 있는 유일한 방법은 성령의 내주하심(중생)을 경험하는 것 외에는 없다 … 그러나 구약 성도들이 거듭났다고 말하는 것에 대한 가장 큰 장애물이 요한복음 7:39의 진술에 있다: "예수께서 아직 영광을 받지 않으셨으므로 성령이 **아직 그들에게 계시지 아니하시더라**"(was not yet). 많은 사람들은 이 구절을 근거로 하여, 예수 그리스도께서 오시기 전까지는 아무도 성령의 내주하심을 받거나 중생하지 못했다는 결론을 내렸다. 하지만 구약 성경에는 그런 주장과 반대되는 증거가 워낙 많기 때문에, 우리는 요한의 '아직 … 아니'(not yet)라는 표현이 아담 이래로 사람들의 마음 안에서 역사해 오셨던 성령께서 이제 예수를

영화롭게 하시는 일종의 추가적 기능을 갖게 될 순간을 의미하는 것으로 이해한다.[10]

풀러는 중생과 내주하심을 동일시하는 것이 분명하지만, 요한복음 7:39에 대한 그의 독법은 설득력이 부족하다(아래를 보라).

완전 연속성을 지지하는 학자들로 언급될만한 다른 저자들로는 모티어(J. A. Motyer), 페인(J. B. Payne), 워필드(B. B. Warfield), 우드(L. Wood) 등이 있다.[11] 이 저자들의 논증을 요약하자면, 그들은 옛 언약의 일반 성도들에게 성령이 주어졌다는 사실이(제3장을 보라) 명확하게는 진술되지 않는 시편 51:11에 근거해 호소하거나, 혹은 이스라엘 회중과 '연관하여' 하나님의 영에 대해 언급하는 구약 본문을 증거로 인용하기도 한다. 레온 우드는 다음과 같은 진술을 통해 자신의 주장이 일종의 신학적 추론임을 인정한다. "[하나님은] 내주하

---

10 D. P. Fuller, *The Unity of the Bible* (Grand Rapids: Zondervan, 1992), 229–30. 풀러가 괄호로 처리한 "was not yet"와 관련해서 우리는 NIV역의 "had not been given"의 번역에 대한 그의 문자적 표현으로 이해해야 하는 것이 분명해 보인다. 일부는 그가 헬라어 본문에서 빠진 그 무엇을 보완하고 있는 것으로 생각할 수 있지만, 사실 해당 구절에는 두 개의 "not yet"이 들어 있다(부사 '우포'와 '우데포'). 아직 일어나지 않았던 그것은 믿는 자들에 의한 성령의 수납이었다. HCSB역에 주목하라: "성령이 아직 수납되지 않았기 때문에"('for the Spirit had not yet been received') 이러한 개념이 바로 앞의 문구에서 함의되고 있다: "이것은 그가 그를 믿었던 자들이 곧 받게 될['람바네인'] 성령에 대해 말씀하신 것이라." "성령은 아직 아니었기에"('for the Spirit was not yet', 헬. '우포 가르 엔 프뉴마')라는 어구는 예수께서 성령의 수납을 미래의 한 사건으로 말씀하실 수 있는 이유에 대해 설명한다.

11 J. A. Motyer, *Isaiah*, TOTC (Downers Grove: InterVarsity, 103 n. 1); J. B. Payne, *The Theology of the Older Testament* (Grand Rapids: Zondervan, 1962), 174–75, 241; B. B. Warfield, "The Spirit of God in the Old Testament," in *Biblical Doctrines* (New York: Oxford University Press, 1929; reprint, Edinburgh: Banner of Truth Trust, 1988), esp. 121–28; L. J. Wood, *The Holy Spirit in the Old Testament* (Grand Rapids: Zondervan, 1976), 70, 85–86.

심으로 신약의 성도들을 보전하시기 때문에 … 구약의 성도들 또한 같은 방식으로 보전하셨을 것으로 믿는 것이 합리적으로 보인다."[12]

2. 불연속성보다는 연속성 입장

이 두 번째 견해에 따르면, 신약과 비교할 때 구약 시대에도 성령의 활동에는 사실상 '근본적 차이가 없다'. 하지만 그 활동을 묘사하는 방식에 있어서는 서로 다른 언어가 사용될 수 있다. 이들은 구약 신자들에게 성령의 내주하심이 있었음을 다양한 방식으로 긍정하면서도, 자신들의 신학을 성경 말씀에 순응시키려는 노력의 일환에서 자신들의 그러한 입장을 제한한다.

이 문제와 관련된 아우구스티누스의 사상은 첫 번째와 두 번째 입장 간의 적절한 차이에 대한 설명을 제공한다. 아우구스티누스는 요한복음 14:15-17 설교에서 이같이 진술한다: "그러므로 이미 제

---

[12] Wood, *The Holy Spirit in the Old Testament*, 70. 예수의 영화 전에는 성령의 수납 경험을 신약 자체가 부인하는데 이러한 추론이 가능한 것인가(요 7:39)? 이 질문과 함께 우리는 다음 챕터에서 다루게 될 한 가지 질문을 더 추가할 수 있다: 구약은 그 신자들에게 성령이 지속적으로 내주하셨다고 주장하는가? 만약 구약은 읽었지만 신약은 읽지 않은 사람에게 하나님이 어디 거하시는지 물어본다면, 그 사람은 하나님이 성전에 거하신다고 대답하지 않겠는가? 이러한 인상은 매우 강력하다고 할 수 있는데, 많은 그리스도인들이 교회가 모이는 장소를 가리켜 "하나님의 집"으로 칭하지만, 신약은(십자가 사건 이전을 배경으로 하는 복음서를 제외하고) 건축물을 하나님의 거처로 지칭하지 않는다. 하나님의 백성의 성화에 대한 구약의 이해는 하나님이 그들 안에 거하심을 통해 이뤄진다는 개념이 아닌 것처럼 보인다. 오히려 그것은 이스라엘 백성 한가운데(즉 그들과 함께) 있는 그 성전에 하나님이 거하심을 통해 이뤄지는 것처럼 보인다(참고. 왕상 8:57-58). 따라서 신구약 전체에서 하나님의 사역의 연속성을 보려는 시도 속에서, 구약과 신약이 옛 언약에 대해 실제로 말하는 내용들이 간과된 것일 수 있다.

자들에게는 주께서 약속하신 그 성령이 있었는데, 그분이 함께 하지 아니하고서는 그들이 그리스도를 주로 부를 수 없었을 것이기 때문이다. 그러나 그들에게 성령은 아직 주께서 약속하신 바대로는 주어지지 않았다 … 이후에 성령께서 그들에게 임하셨던 것과 동일한 수준으로는 아직 그들에게 임하지 않았던 것이다."[13] 아우구스티누스의 표현대로, 성령을 소유하는 "수준"이라는 한정된 조건은 결국 두 번째 입장을 제안해 낼 수밖에 없게 한 요인이 되는 것이다. 이러한 제안은 하나님의 백성 가운데서 성령의 활동의 '범주'와 관련된 것이 아니라,[14] 제자들에게 주어지는 성령의 경험의 '질적' 측면과 관련된다.

존 칼빈 또한 이 부류에 속한다. 칼빈은 "모든 족장들과 맺었던 언약은 그 본질과 실재 면에서 우리의 그것과 같아서 그 둘은 사실상 하나이며 동일한 것이다"[15]라고 적었기 때문에, 혹자는 칼빈이 완전 연속성의 입장일 것으로 예상할 수도 있을 것이다. 하지만 칼빈은 구약이 신약과는 차별되는 다섯 가지 방식에 대한 자신의 계속된 논의에서 다음과 같은 진술을 이어간다:

---

13 Augustine, *Homilies on the Gospel of John* [ca. 416], 74.2 (trans. J. Gibb and J. Innes, in *Augustin*, NPNF1), 7:334.

14 반 펠트(M. Van Pelt), 카이저(W. C. Kaiser Jr.), 블록(D. I. Block)의 주장대로, "[에스겔의] 환상과 관련해 새로운 것은 이스라엘 민족의 물리적 경계선이 마침내 그것의 영적 경계와 완전히 겹치게 될 것이라는 점이다"("רוּחַ" in *NIDOTTE*, 3:1077). 스콧 하프만(Scott Hafemann)과 이 문제에 대해 논의했을 때 그 역시 이러한 견해를 피력했다.

15 John Calvin, *Institutes of the Christian Religion*, ed. John T. McNeill, trans. Ford Lewis Battles, Library of Christian Classics, vols. 20-21 (Philadelphia: Westminster, 1960), 429 [2.10.2].

하지만 우리의 반대자들이 다음과 같은 반론을 제기한다고 가정해 보라. 이스라엘 백성 가운데서 거룩한 족장들은 예외였다는 것인데, 그들은 분명 '우리와 같이 동일한 믿음의 성령을 부여받았기에', 그들이 동일한 자유와 기쁨을 누리게 되었다는 주장인 것이다 … 우리는 '그들에게 그렇게 자유의 영과 확신이 부여되어' 그들이 율법에서 파생되는 두려움과 속박을 어느 정도 '경험하지 않게 되었다는 주장을 거부한다' … 우리가 주께서 당시 이스라엘 백성을 다루실 때의 일상적 경륜을 고려한다면, 그들은 우리와는 상반되게 속박과 두려움의 성약 아래 있었다고 충분히 말할 수 있는 것이다.[16]

칼빈의 이러한 진술은 그가 옛 언약과 새 언약의 신자들 사이에 존재하는 일부 불연속성을 간파했음을 보여준다. 하지만 요한복음 7:39에 대한 칼빈의 해석에 따르면, 그가 예수께서 영광 받으시기 전에도 그들이 성령을 소유했다는 사실을 분명히 염두하고 있음을 보여준다. 칼빈은 다음과 같이 설명한다:

바로 그 시기에, '제자들이 성령의 첫 열매들을 받았다는 것에는 의심의 여지가 없다'; 성령으로부터가 아니면 믿음이 어디서 왔겠는가? 그러므로 복음서 기자는 그리스도의 죽음 이전의 신자들에게는 성령의 은혜가 제공되지 않았고 수여되지 않았다고 절대적으로 단언하는 것이 아니라, 당시에는 '아직 그 이후처럼 밝고 선명하지 않았다는 것'이다.[17]

16　Ibid., 458-59 [2.11.9] (강조 추가).

17　John Calvin, *Commentary on the Gospel according to John* [1553], trans. W. Pringle, in Calvin's Commentaries (Edinburgh: Calvin Translation Society,

여기서 칼빈이 구약의 성도들에게도 성령의 내주하심이 있었음을 직접적으로 언급하고 있지는 않지만, 그는 (해당 구절은 그들이 곧 받게 될 성령에 대해 말하고 있음에도 불구하고) 그들이 "성령의 첫 열매들을 받았다는 것에는 의심의 여지가 없음"을 피력했다. 여기서 우리는 조건부로 한정적이던 성령의 내주하심이 예수께서 영광 받으신 후로는 더 강력한 성령의 경험으로 이어질 것이라는 그의 해석을 추론해 볼 수 있다.[18] 아우구스티누스와 마찬가지로 칼빈에게 있어서 이 부분에 대한 쟁점은, 언약 공동체 가운데 행하시는 성령의 사역의 범주가 아니라 성령 체험의 질적인 측면에 있었다.

오늘날 이 두 번째 입장을 지지하는 가장 저명한 학자들로는 다니엘 블록(D. I. Block),[19] 죠지 래드(G. E. Ladd),[20] 웨인 그루뎀(W. Grudem)이 있다. 특히 그루뎀의 논의는 대표적인 것으로, 여기서 지면을 할애해 인용할 가치가 있다:

1847; reprint, Grand Rapids: Baker, 1979), 17:310 (강조 추가).

18 칼빈은 롬 8:9-11에 대한 자신의 주석에서 성령을 "중생의 성령"으로 언급하여 그가 내주하심을 중생과 동일시하고 있음을 암시한다(*Commentary on the Epistle of Paul the Apostle to the Romans* [1540], trans. J. Owen, in Calvin's Commentaries, 19:291).

19 참고. D. I. Block, *The Book of Ezekiel*, 2 vols., NICOT (Grand Rapids: Eerdmans, 1997, 1998), 2:360-61. 여기에 블록을 포함시킨 것은 그가 "영적 수여"(spiritual endowment)와 "영적 고취"(spiritual infusion) 사이의 차이를 인지하는 것처럼 암시하고 있기 때문이다(Ezekiel, 360). 그는 이러한 표현에 대해 자세히 설명하지 않고 있다.

20 래드는 예수께서 약속하시는 것의 새로움에 주목한다. 그러나 그는 시 51:10-11이 진정한 의미에서 구약 성도들에게 내주하심이 있었음을 보여주는 것이라고 여긴다(G. E. Ladd, *A Theology of the New Testament*, rev. ed. [Grand Rapids: Eerdmans, 1993], 325-26).

우리는 구약의 백성들 안에는 성령의 역사하심이 없었다고 하는 간혹 들려오는 소리에 주목할 필요가 있다. 그러한 생각은 대개 요한복음 14:17에서 예수께서 제자들에게 하신 말씀에서 추론된 것이다: '그는 너희와 함께 거하심이요 또 너희 속에 계시겠음이라.' 그러나 우리는 이 한 구절에서 오순절 이전 사람들 안에는 성령의 역사하심이 없었다고 결론 내려서는 안 된다. 비록 구약 성경이 그들 안에 성령을 소유했던 사람들 또는 성령으로 충만했던 사람들에 대해 자주 언급하고 있지는 않지만, 몇 가지 사례들이 분명 존재한다: 여호수아는 성령이 그 안에 머무는 사람이었고(민 27:18; 신 34:9), 에스겔(겔 2:2; 3:24), 다니엘(단 4:8-9, 18; 5:11), 미가(미 3:8) 역시 마찬가지로 묘사된다. 이것이 함의하는 바는, 예수께서 제자들을 향해 성령이 "너희와 함께[with] 거하심이요 또 너희 속에[in] 계시겠음이라"(요 14:17)고 말씀하셨을 때, 그것이 옛 언약과 새 언약 시대의 성령의 역사하시는 방식에 '내적-외적'(within/without)의 선명한 차이가 존재한다는 의미일 수 없다는 것이다. 마찬가지로, 요한복음 7:39("예수께서 아직 영광을 받지 않으셨으므로 성령이 아직 그들에게 계시지 아니하시더라")의 말씀도 오순절 성령 강림 사건 이전의 하나님의 백성의 삶에는 성령의 활동이 전무했다는 의미가 아닌 것이다. 두 본문 모두, 오순절 이후의 삶에 특징이 될 더 강력하고, 더 충만한 성령의 역사가 아직은 시작되지 않았다는 점을 각기 다른 방식으로 진술한 것임에 틀림없다.[21]

---

21 W. Grudem, *Systematic Theology* (Grand Rapids: Zondervan, 1994), 637 (저자의 강조). 비슷한 견해로 다음 문헌을 보라. G. W. Grogan, "The Experience of Salvation in the Old and New Testaments," VE 5 (1967): 23.

그루뎀은 성경이 일부 구약 성도들 안에도 성령이 계셨던 것으로 기록하고 있음을 옳게 지적한다. 그러나 그가 실례로 언급한 각 인물은 국가적 지도자이거나 혹은 선지자이거나 아니면 매우 예외적인 특별한 사례이다. 심지어 월부어(J. F. Walvoord)와 찰스 라이리(C. C. Ryrie) 같은 고전적 세대주의 저자들은 성령의 내주하시는 사역의 그러한 측면을 인정하면서도 구약에서 발견되는 성령의 내주하심은 해당 인물과 관련해서는 '선택적'이고 지속기간으로 보면 '일시적'인 것에 불과하다고 주장한다.[22] 반면, 예수께서는 제자들에게 성령이 그들과 영원히 함께 하실 것을 약속하셨다(요 14:16). 비록 그루뎀의 그러한 견해는 "구약 백성들 가운데서는 성령의 역사가 없었다"[23]는 관점에 대한 반응인 것으로 보이지만 필자는 그런 관점을 주장하는 학자는 한 명도 찾지 못했다.[24]

많은 이들은 옛 언약의 신자들이 새 언약의 신자들과 같은 방식으로 지속적인 성령의 내주하심을 경험하지는 못했다고 단언한다. 하지만 본서에서 곧 증명할 것이지만, 성령으로 말미암는 중생의 역사가 성령의 지속적인 내주하심을 필히 수반하는 것은 아니다(시 119:25; 사 53:3). 성령의 지속적인 내주하심을 부정한다고 해서 신자 안에서 역사하는 성령의 모든 내밀한 사역과 내적인 사역을 부정해야 하는 것은 아니다. 세대주의자들 가운데 일부는 구약의 신자들 또한 중생을 경험했다고 단정하는 듯 보인다. 새 언약 시대의

---

22 Ryrie, *The Holy Spirit*, 41–42; J. F. Walvoord, *The Holy Spirit* (Wheaton, IL: Van Kampen, 1954), 71–73.
23 Grudem, *Systematic Theology*, 637 (저자의 강조).
24 그루뎀에 대해 공평하게 말하자면, 일부 세대주의자들은 이러한 방식으로 해석되는 것에 스스로 개방적이다. 아래의 "Complete Discontinuity" 내용 참고.

성령의 사역과 관련해 더 강력한 "권능"과 "충만함"이 전망되고 있다는 점에서 그루뎀의 지적이 틀린 것은 아니다. 다만 그루뎀은 구약 신자들의 삶에 보편적이고 지속적인 성령의 내주하심의 역사를 인정하지 않는다는 것이다.

그루뎀의 입장을 이 같은 방식으로 정리하면, 블록이 세 번째 견해보다는 첫 번째 견해에 더 가까운 것처럼, 그루뎀은 첫 번째 견해보다는 세 번째 견해에 더 가깝다고 할 수 있다. 이러한 논의에서 이같이 다양한 의견의 스펙트럼이 결코 보기 드문 것은 아니다. 그럼에도 불구하고, 첫 번째와 두 번째 입장을 견지하는 학자들은 구약 신자들이 적어도 어느 정도로는 성령의 내주하심을 경험했다는 점에 모두 동의한다. 그러나 그들이 요한복음 7:39, 14:17, 16:7의 본문을 과연 충실하게 다룬 것인지에 대해선 여전히 의문이 남는다.[25] 그들이 구약 신자들에게 성령의 내주하심이 있었다고 단정하는 부분적인 이유는 대부분이 중생과 내주하심 사이의 경계를 허물고 있기 때문이다. 그러면서 그들은 중생이 없이는 모든 사람이 허물과 죄 가운데서 죽을 수밖에 없다는 정당한 추론을 하고(엡 2:1), 성령으로 중생한 모든 사람은 성령의 내주하심 또한 경험한 것으로 결론 내린다. 아마도 이러한 판단은 성령의 새 언약 사역에 대한 요한의 가르침을 훼손하지 않으면서도 다뤄질 수 있는 문제로 보인다. 우리는 제6장에서 다시 이 주제를 다룰 것이다.

---

25 제1장에서 주지한 바와 같이, 필자가 이 프로젝트를 계획했을 당시, 나도 처음에는 구약 신자들에게도 성령의 내주하심이 있었음을 주장하려고 했다. 나는 요 7:39, 14:17, 16:7을 그러한 해석에 끼워 넣고자 최선의 노력을 다했지만, 그 반대되는 확실한 증거로 인해 나는 기존의 입장을 포기해야 했다.

3. 일부 연속성 및 일부 불연속성 입장

이 견해는 모든 가능한 관점들의 중간 지점이라고 할 수 있다. 이 세 번째 입장을 대표하는 학자들은 옛 언약의 신자들이 비록 성령으로 중생하긴 했지만 성령의 내주하심은 받지 못했다고 주장한다.

밀라드 에릭슨(Millard Erickson), 제임스 패커(J. I. Packer), 브루스 웨어(Bruce Ware), 윌리엄 반게메렌(Willem VanGemeren) 등이 이 부류에 속한다.[26] 반게메렌의 경우는 그가 구약에서의 성령의 사역 방식과 관련해 보다 세부적으로 다루고 있는 만큼, 필자는 여기에서 그의 주장을 인용하고자 한다. 반게메렌은 다음 두 개의 의미심장한 단락을 통해 성령의 사역과 관련한 성경의 기록들이 그리는 궤적을

---

26 M. Erickson, *Christian Theology*, 2nd ed. (Grand Rapids: Baker, 1998), 992-95. 패커(Packer)의 관련된 저술들 가운데 다음 문헌들을 보라: *Keep in Step with the Spirit* (Grand Rapids: Revell, 1984), 및 그의 소논문, "The Holy Spirit and His Work," *Crux* 23.2 (1987): 2-17. 프레드릭스는 구약 신자들에게 내주하심이 있었다고 주장하는 입장의 학자들과 함께 패커를 잘못 분류한다("Rethinking," 82); 그는 몇 가지 가설로 억측한 것으로 보인다: (1) 패커는 칼빈주의 신학자이다; (2) 그는 성령이 구약 신자들의 신실한 삶에 일부 역할을 했음을 확언한다; (3) 그러므로 그는 그들에게 성령의 내주하심이 있다고 생각할 것이다. 하지만 이것은 패커 자신이 단언하는 바가 아니다. 논의를 위해 다음 문헌을 참고하라. J. M. Hamilton Jr., "Old Covenant Believers and the Indwelling Spirit: A Survey of the Spectrum of Opinion," TJ 24 (2003): 46-47 n. 26. 웨어(Ware)는 Evangelical Theological Society의 전국 집회에서 발제한 자료에서 이 입장을 주장한다(B. A. Ware, "Rationale for the Distinctiveness of the New Covenant Work of the Holy Spirit," November 1988), 7. 참고. G. F. Oehler, *Theology of the Old Testament*, trans. G. E. Day (Clark's Foreign Theological Library, 1883; reprint, Grand Rapids: Zondervan, n. d.), 141-42; L. D. Pettegrew, *The New Covenant Ministry of the Holy Spirit* (New York: University Press of America, 1993), 13-14; J. Rea, "The Personal Relationship of Old Testament Believers to the Holy Spirit," in *Essays on Apostolic Themes*, ed. P. Elbert (Peabody, MA: Hendrickson, 1985), 특히. 94, 96, 102-3; 및 P. Toon, *Born Again* (Grand Rapids: Baker, 1987), 61.

제시하는데 이것은 함께 살펴볼만한 가치가 있다:

> 하나님은 이스라엘에게 그분의 영광스러운 임재를 계시하셨다. 에덴에서 아담이 추방된 이후 하나님은 사람들을 그분의 임재에서 멀어져 있게 했고 에덴으로 들어가는 길목에 그룹(cherubim)들을 배치하심으로 재출입의 불가능성을 상징적으로 극화하셨다(창 3:24). 그러나 여호와께서 이스라엘 백성 가운데 거하게 되셨을 때, 그분은 이스라엘 백성으로 하여금 금으로 그룹들의 형상을 만들게 하셨고 그것들을 언약궤 위로 배치하여 덮게 하셨다. 그리하여 '셈의 장막 안에서'의 하나님의 임재와 대제사장의 사역을 통한 하나님의 영광으로의 출입 가능성을 상징적으로 나타내셨던 것이다.
> 하나님의 임재는 그리스도의 성육신을 통해 더 완전하게 실현되었고, 이제 그분은 각 신자들 안에서 영광의 영으로 거하신다. 성령은 우리 마음 안에서, 새 하늘과 새 땅, 곧 새 예루살렘에서 모든 하나님의 자녀들을 기다리고 있는 위대한 영광에 대해 증언하신다. 그때에 성삼위 하나님은 새롭게 회복된 인류 가운데 다시 거하실 것이다(계 21:3).[27]

여기서 반게메렌이 암시하는 바는 상당히 매력적이다. 그는 구원 역사 전반에 드러난 자기 백성과 함께 하시는 하나님의 임재의

---

[27] W. A. VanGemeren, *The Progress of Redemption* (Grand Rapids: Baker, 1988), 81-82. 그는 옛 언약의 신자들이 중생했다는 점을 명확히 밝힌다: "하나님은 구약 백성에게 오늘날 우리에게 기대하시는 것과 다르지 않은 기대를 하셨다. 그 성도들은 마음의 할례를 받은, 또는 '중생'한 자들이었다"(p. 167). 하나님의 처소와 관련한 그의 인용문은 그가 구약 성도들에게 내주가 있었다고 생각하지는 않았음을 암시한다.

본질에 관한 궤적을 간략하게 추적하고 있다: 그는 에덴에서의 완전한 출입을 시작으로, 일부 저자들의 관점에 따르면 에덴에서 상실했던 것을 되찾고자 했던 하나의 시도인, 성전에서의 하나님의 임재를 추적한다.[28] 이후 자기 백성 가운데 거하셨던 그리스도의 성육신의 장막에 관해, 그리고 신자들 안에서의 성령의 내주하심에 관해 언급하고, 마지막으로 새 하늘과 새 땅에서 하나님이 자기 백성과 함께 거하실 때 재개될 하나님께로의 완전한 출입이라는 전체 개관을 마무리한다. 그 저서의 범위(약 500페이지에 걸쳐 전개되는 – '창조에서 새 예루살렘으로 가는 구원의 이야기'라는 해당 저서의 부제목대로) 때문에, 반게메렌은 그러한 이해가 예수 그리스도 이전과 이후의 신자들에 대한 성령의 사역에 어떤 관련이 있는지에 대해서는 더 이상 세부적으로 다루지 않는다.

4. 연속성보다는 불연속성 입장

이 학자들은 세 번째 입장의 학자들과 매우 유사한 위치에 있다. 그들은 여호와께서 옛 언약의 신자들에게도 역사하셨다는 사실에 동의하며 성령을 통해 그렇게 하셨을 것이라 추정한다. 그럼에도 불구하고 그들 대부분은 구약 신자들이 성령으로 말미암아 중생했다고까지는 언급하지 않으며, 성령께서 구약 신자들 안에도 내주하

---

28 E.g., G. K. Beale, *The Temple and the Church's Mission: A Biblical Theology of the Dwelling Place of God*, NSBT (Downers Grove: InterVarsity, 2004), 66–80; R. E. Averbeck, "Tabernacle" in DOTP, 815–18.

셨다는 주장에 대해서는 거부한다.

초기 기독교의 교부 가운데 한 명인 노바티아누스(Novatian, AD 210-280년)가 이러한 관점을 지녔던 것으로 보인다. 노바티아누스는 자신의 동시대인들과 마찬가지로 성령의 신성에 대해 관심을 가졌지만, 성령을 주제로 하는 자신의 저술에서 성령의 내주하심과 관련해서는 분명하게 불연속성을 표명했다:

> 옛 언약의 신자들에게는 성령이 그들 안에 항상 있는 것이 아니지만, 새 언약의 신자들에게는 성령이 그들 안에 항상 거하시고, 전자에서는 조건부로 분배되었으나, 후자에서는 모두에게 부어졌고, 전자에서는 드물게 주어졌지만, 후자에서는 자유롭게 부여되었으며, 주의 부활 전에는 아직 드러나지 않았다가, 부활 이후에 주어졌다.[29]

마틴 루터 또한 아래 논의에서 불연속성에 대한 자신의 판단을 설명했다. 예수께서 성전 된 자기 육체를 가리켜 말씀하셨던 요한복음 2:21-22에 대한 해설에서 루터는 이렇게 말한다. "이때까지 하나님은 그분의 임재를 예루살렘의 성전 안으로 제한하셨는데, 이제 그것에 종지부를 찍게 된 것이다."[30] 그리고 요한복음 7:39에 이르러, 루터는 자신이 간파한 불연속적인 특징에 대해 계속해서 다음과 같이 설명한다.

---

29 Novatian, *Treatise Concerning the Trinity* [256], chap. 29 (trans. R. E. Wallis, in *Fathers of the Third Century*, ANF 5:640).

30 Martin Luther, *Sermons on the Gospel of John*, trans. M. H. Bertram, ed. J. Pelikan, vol. 22 of Luther's Works (St. Louis: Concordia, 1957), 248. 또한 참고. 249.

혹자는 그리스도께서 죽은 자 가운데서 부활하실 때까지 성령이 창조되지 않았다는 어리석은 생각에 빠지지 말아야 한다. 다만 이 본문은 성령께서 아직 주어지지 않았음을 진술한다. 즉, 그분은 아직까지는 자신의 직분을 완수하고 있지 않으셨던 것이다. 옛 교훈과 율법이 여전히 효력이 있었다. 이런 이유로 우리는 대개 율법과 복음을 반드시 구분해야 한다고 말하며 그렇게 가르친다 … 그러나 사람이 율법을 어떻게 지킬 수 있을 것인지에 대해, 또는 그 명령을 준행하지 않은 저들이 어떻게 구원을 받을 수 있었고 선한 행실이 없는 것에 대해 어떻게 자랑할 수 있는지, 그런 것들에 대해서는 아무도 알지 못했다. 이는 아직 그들에게 성령이 주어지지 않았고, 그리스도께서 아직 영광을 받지 않으셨기 때문이다.[31]

루터는 구약의 신자들이 어떻게 율법을 지킬 수 있었는지에 대한 무지를 고백한다. 여기서 일부 독자들은 그러한 루터를 "모호한 불연속성" 입장으로 구분해야 하는 것은 아닌지 고민할 수 있을 것이다. 그러나 그 범주는 구약 성도들의 신실함에 대해 의문을 제기하지 않는 자들에게 해당되는 것으로, 추후에 따로 구분해 논할 것이다. 루터는 질문을 던지긴 했지만 다소 혼동되는 부분이 역력하다. 그러나 잘 알려진 야고보와 바울에 관한 루터의 딜레마를 통해 해결점을 찾을 수 있듯이, 이 질문에 대한 하나의 해법도 성경에서 찾아볼 수 있다. 더 나아가, 요한복음 7:39이 유력하게 설명될 수 있는 답변 또한 제시될 수 있다(제5장을 보라).

31　Martin Luther, *Sermons on the Gospel of John*, trans. M. H. Bertram, ed. J. Pelikan, vol. 23 of Luther's Works (St. Louis: Concordia, 1959), 278.

최근까지 이 입장을 지지하는 저명한 이들로는 루이스 체이퍼 (L. S. Chafer),[32] 크레이그 블레이징(C. Blaising), 데릴 벅(D. Bock),[33] 블러쉬(D. Bloesch),[34] 마이클 그린(M. Green) 등이 있다.[35] 카슨(D. A. Carson)은 요한복음의 주석가들 가운데서는 다소 예외적인 저자라 할 수 있다. 대부분이 시간적 제약과 지면상의 한계로 요한복음 7:39 혹은 14:17에 대한 더 광범위한 신학적 함의들을 고려하지 못하고 있는 가운데서도 카슨은 다음과 같이 관찰한다:

> 그러나 이 본문의 예수의 가르침에서 가장 놀라운 측면 가운데 하나는 예수의 제자들 안에 거하시는 그분은 '성삼위 하나님'이시라는 사실이다. 이것은 피할 수 없는 진리다: '내가 아버지께 구하겠으니 그가 또 다른 보혜사를 너희에게 주사 영원토록 너희와 함께 있게 하리니—진리의 영 … 구약의 저자들은 하나님이 사람과 함께 거하실 것에 대해 생각했다(왕상 8:27; 겔 37:27; 슥 2:10). … 요한은 그리스도의 성육신

---

[32] A. H. Lewis ("The New Birth under the Old Covenant," EvQ 56 [1984]: 36) 및 M. Erickson (*Christian Theology*, 992–93) 둘 다 쉐퍼가 구약 신자들이 중생했다고 생각하지 않은 것으로 결론한다. 그들의 결론에 대한 문제들에 대해 다음 문헌을 보라. Hamilton, "Old Covenant Believers and the Indwelling Spirit," 49–50 n. 35.

[33] 블레이징과 벅은 이렇게 진술한다: "우리는 하나님이 그의 백성의 마음을 전에는 결코 조건화하지 않았고, 그의 성령이 예전에는 그들에게 결코 내주하지 않았으며, 혹은 그들의 죄를 전혀 사하지 않았다는 식으로 추측해서는 안 된다. 그러나 새 언약은 이러한 복들을 하나님의 자기 백성과의 관계에 구성적으로 내재된 특징으로 만든다. 그 모든 요소가 하나님의 모든 백성에게 주어질 것이며('작은 자로부터 큰 자까지', 렘 31:34) 그것은 영원할 것이다('이제부터 영원하도록', 사 59:21)" (C. A. Blaising and D. L. Bock, *Progressive Dispensationalism* [Wheaton, IL: Bridgepoint, 1993], 156 [emphasis theirs]).

[34] D. G. Bloesch, *The Holy Spirit*, Christian Foundations (Downers Grove: InterVarsity, 2000), 297.

[35] M. Green, *I Believe in the Holy Spirit* (Grand Rapids: Eerdmans, 1975), 25–26.

을 통해 그 일이 역사적으로 일어났다고 주장하는 것이다: '말씀이 육신이 되어 우리 가운데 거하시매'(1:14). 그런데 이제 우리는 심지어 더 진전되는 상황을 맞게 된다: 바로 이 하나님께서 신자들에게 개별적으로 자기 자신을 계시하시고 각 신자 안에 거주하시겠다는 것이다(고후 6:16; 레 26:12; 렘 32:38; 겔 37:27; 엡 3:16,17a; 계 3:14-21).[36]

옛 언약의 성도들의 삶에서 성령이 행하신 역할이 무엇인지에 대한 질문에 답을 추구하는 우리의 연구에서 이러한 통찰은 결코 과소평가될 수 없다. 구약 성경은 그 시대 하나님의 백성들이 어떻게 해서 믿는 신자가 되었고 그들이 어떻게 신실한 믿음 안에 머물 수 있었는지에 대한 설명을 제공한다. 그러나 새 언약 시대의 신자들 안에 거하시는 성령의 지속적인 내주하심에 관한 현실이 구약으로 다시 돌아가서 이해되어야 하는 것은 아니다. 요한복음 7:39, 14:17, 그리고 16:7은 바로 그것을 위한 해석의 길목에 위치해 있는 것이다. 하지만 이것은 성령께서 구약 성도들의 삶에는 전혀 관여하지 않았다는 의미가 아니다. 그런 주장은 완전한 불연속성의 주장이 될 것이고 우리가 다음으로 살펴볼 견해이기도 하다.

---

36 D. A. Carson, *The Farewell Discourse* (Grand Rapids: Baker, 1980), 46-47. 카슨의 다른 적절한 진술들은 다음 문헌을 참고하라. *The Gospel According to John*, PNTC (Grand Rapids: Eerdmans, 1991), 195, 329. 카슨이 이 부류에 속한다는 주장에 대해서는 다음 문헌을 참고하라. Hamilton, "Old Covenant Believers and the Indwelling Spirit," 50-51 n. 39.

5. 완전 불연속성 입장

이 입장은 옛 언약 아래 살았던 자들의 신실함과 관련하여 성령은 전혀 상관이 없다는 주장을 견지한다. 특히 세대주의자들 같은 특정 저자들은 이 사안들을 제대로 다루는 데 실패했고 그리하여 오해를 불러일으킨 면도 사실이지만, 필자는 성령께서 구약 신자들의 마음에 역사하지 않으셨다고 주장하는 단 하나의 확언도 찾아내지 못했다.[37]

예를 들면, 라이리(Ryrie)는 "구약의 사람과 관련한 성령"에 대한 자신의 논의에서, 구약 신자들의 중생 혹은 성화에 관한 질문을 제기하지 않는다. "죄의 억제"라는 표제의 간략한 단락이 하나 있음에도 불구하고[38] 이후 라이리의 "중생"에 관한 논의는[39] 구약 신자들이 중생을 경험했는지에 대한 질문을 다루지 못하고 있다. 라이리는 일부 구약 인물들에게는 성령의 내주하심이 있었지만 지속적

---

37 참고. Fredricks, "Rethinking," 87: "우리에게는 두 선택지 가운데 하나가 주어진다. 첫째는 노아, 아브라함, 요셉, 욥 같은 구약 신자들 – 그들에게 성령이 있었다는 점에 대해서는 아무런 언급이 없는 자들 – 이 죄의 노예로 살았다는 것이다 … 두 번째 선택 안은 이러한 구약 성도들이 성령의 능력을 통해 그들의 삶을 살 수 있게 되었다는 것이다." 프레드릭스는 구약 신자들에게 내주하심이 없었다고 주장하는 학자들은 성령이 그들의 신실함과 전혀 무관하다고 결론한 것처럼 추정한다(만약 그들에게 성령이 없었다면, 그들은 "죄의 노예로 살았을 것이다"라는 식으로). 하지만 이러한 관점은 아무도 확언한 것이 아니다. 게다가 그는 또다시 사안을 지나치게 단순화시키고 있다. 몇몇 저자들은 한편으론 구약 신자들에게 성령의 내주하심은 없었다고 주장하면서도, 그들의 삶에 내재된 성령의 역할에 대해서 명확한 어조로 언급하고 있다(비교. 세 번째와 네 번째 입장의 저자들). 참고. 상기 그루뎀의 논의 및 Block, "The Prophet of the Spirit," 40 n. 38, Walvoord 인용.

38 Ryrie, *The Holy Spirit*, 42.

39 Ibid., chapter 11, 64-66.

이진 않았다고 단언한다.⁴⁰ 라이리는 자신이 함구하고 있는 것을 통해, 일부 믿는 이스라엘 백성들은 성령에 따라 행하지 않았음을 함의하는 것으로 보인다. 사적인 대담(2002년 6월 10일)에서 라이리 박사는 자신이 신약을 구약으로 해석해서 읽어야 하는 경우도 있을 수 있지만, 구약 성도들은 "우리가 중생이라고 부르는 것의 열매들을 보여준다"는 자신의 생각을 피력했다. 그는 구약 신자들의 중생과 관련하여 요한복음 3장을 증거 본문으로 언급하기도 했다. 결국 라이리는 블록 및 몇몇 학자들과 동일한 방식으로 추론했다: 예수께서 니고데모가 이해하기를 기대하셨던 것으로 보인다는 것이다. 라이리는 성경이 말하고 있지 않는 부분에 대해서는 자신도 논하지 않았던 것이라고 생각했다.

6. 모호한 불연속성 입장

다수의 저자들은 구약 신자들이 어떻게 믿음을 갖게 되었고 어떻게 순종의 삶을 살게 되었는지에 대한 의문 제기 없이, 단지 성령이 새 언약 시대에 새로운 뚜렷한 방식으로 작용하신다고 단정하기도 한다. 대부분의 요한복음 주석가들은 물론 요한복음의 성령에 관해 저술한 다른 저자들도 이 부류에 속한다.⁴¹ 통상적으로 그런 저

---

40 Ibid., 41-42.
41 예. C. K. Barrett, *The Gospel according to John*, 2nd ed. (Philadelphia: Westminster, 1978); id., "The Holy Spirit in the Fourth Gospel," JTS 1 (1950): 1-15; R. E. Brown, *The Gospel according to John*, 2 vols., AB (New York: Doubleday, 1966, 1970); id., "The Paraclete in the Fourth Gospel," *NTS* 13 (1967): 113-

자들은 요한복음 7:39 혹은 14:17에 관한 해설에서, 예수께서 영광 받으신 후에 신자들이 새로운 방식으로 성령을 경험한다는 식으로 단언한다. 그들은 옛 언약의 신자들이 어떻게 믿게 되었는지 그리고 어떻게 그 믿음 안에 신실하게 머물게 되었는지 조사하려 하지 않는다.

우리가 지금까지 살펴본 6가지 입장과 각 지지자들의 위치를 〈도표 1〉 "성령과 구약 신자들과의 관계에 관한 6가지 견해"에서 확인할 수 있다.

결론적 고찰

종교개혁 이래로, 루터를 추종했던 자들보다는 칼빈의 후계자들이 신구약 사이의 연속성을 더 강조해 왔다. 그러한 연장선상에서, 언약 신학자들은 대체로 구약 신자들에게 성령의 내주하심이 있었음을 단언하지만 대부분의 세대주의자들은 그렇지 않다고 주장한다. 물론 여기에는 예외적인 경우도 존재한다. 블록과 우드는 연속성의 입장에 있지만 그들은 언약 신학자들이 아니다. 노바티아누스와 루터는 불연속성을 주장했지만 그들이 세대주의적 사상을 지닌 것은 아니었다. 또한 불연속성을 단정한다고 해서 낮은 죄관(low view of sin)으로 이어지거나, 혹은 인간의 능력을 높이 평가하는 인간관(즉, 자유의지론적 사상)을 반드시 수반하는 것은 아니다. 그런 사례들이 전혀

32; and G. M. Burge, John, NIVAC (Grand Rapids: Zondervan, 2000); id., *The Anointed Community* (Grand Rapids: Eerdmans, 1987).

없는 것은 아니지만, 구약 신자들이 성령의 내주하심을 경험한 것은 아니라고 단언하는 모든 학자들이 구원론과 관련한 그들의 생각에서 반드시 칼빈주의적 이해와 대립되는 것은 아니다(예: 카슨, 웨어).

연속성에 대한 일부 확언은 언약 신학보다는 오히려 세대주의에 대한 반발에 덕을 보는 것처럼 보인다. 구약 시대에는 성령의 "내적" 사역이 없었다고 주장하거나 혹은 성령이 구약 신자들의 중생과 성화에는 관여하지 않았다고 주장하는 자들에 관한 언급이 있다면, 아마도 그것은 세대주의자들에 관한 언급일 것이다. 일반적으로는 신약 시대의 성령의 활동에 새로운 성격을 강조하는 경향이 있지만, 저명한 세대주의 학자들, 예를 들면 블레이징, 벅, 웨어 같은 점진적 세대주의자들, 혹은 라이리, 월부어, 체이퍼 같은 보다 고전적/수정적 세대주의자들 모두 성령께서 구약 신자들의 신실한 삶에 다양한 수준으로 연관되어 있음을 암시한다. 따라서 소위 완전한 불연속성 입장의 유무는 사실상 허상으로 보인다.

한편, 일부 구약 학자들은 신약에서 발견되는 모든 것이 구약에도 존재했다고 확언되길 열망하는 것처럼 보인다. 예를 들면, 카이저(Kaiser)와 블록은 신약이 구약보다 더 "나은" 것으로 인지될 수 있는 가능성에 반대하는 것으로 보인다.[42]

필자의 개인적 판단으로는, 연속성을 단정하는 입장이 지나치게 많은 말을 했다면, 불연속성을 단정하는 입장은 지나치게 함구했다고 볼 수 있겠다. 필자는 구약이 그 자체로 하나님에 의해 정해지고 하나님에 의해 감동된 신자들을 위한 중생과 성화의 수단을

---

42 하지만 이 점은 신약 본문, 예를 들어, 요 1:18, 고후 3-4장, 히 1:1-2에 의해 주장되고 있는 것으로 보인다.

지니고 있음을 증명하고자 할 것이다. 그것은 다름 아닌 옛 언약의 신자들에 대한 성령의 활동을 가능케 하는 하나의 방편이며, 또한 요한복음 7:39, 14:16-17, 그리고 16:7의 온전한 해석이 성립될 수 있게 한다.

[도표 1]

입장	\: 성령과 구약 신자들과의 관계에 관한 6가지 견해					
	1. 연속성	2. 불연속성보다는 연속성	3. 일부 연속성, 일부 불연속성	4. 연속성보다는 불연속성	5. 불연속성	6. 모호한 불연속성
주장 내용	중생과 내주하심이 있었다.	차이가 인정되지만, 근본적인 차이로 보기는 어렵다.	중생은 있었으나 내주하심은 없었다.	하나님에 의해 이행되었고, 그분의 성령으로 말미암은 것이 추론되나, 내주하심은 없었다.	성령은 옛 언약의 신자들의 신실함과는 무관하다.	내주하심은 부정되며, 중생에 대한 의문은 제기되지 않는다.
	각 시대 지지자들					
초기 교회		아우구스티누스 (Augustine)		노바티아누스 (Novatian)		오리게누스 (Origen), 이레나이우스 (Irenaeus), 테르툴리아누스 (Tertullian), 크리소스토무스 (Chrysostom)

종교개혁	존 오웬 (J. Owen), 토머스 굿윈 (T. Goodwin)	존 칼빈 (J. Calvin)		마르틴 루터 (M. Luther)			
현대	싱클레어 퍼거슨 (S. Ferguson), 프레드릭스 (G. Fredricks), 다니엘 풀러 (D. P. Fuller), 월터 카이저 (W. C. Kaiser), 알렉 모티어 (J. A. Motyer), 존 바톤 페인 (J. B. Payne), 벤자민 워필드 (B. B. Warfield), 우드 (L. Wood)	다니엘 블록 (D. I. Block), 그로건 (G. W. Grogan), 웨인 그루뎀 (W. Grudem), 죠지 래드 (G. E. Ladd),	에릭슨 (M. Erickson), 욀러 (G. F. Oehler), 제임스 패커 (J. I. Packer), 래리 패티그루 (L. D. Pettegrew), 존 레아 (J. Rea), 피터 툰 (P. Toon), 윌리엄 반게메렌 (W. A. VanGemeren), 브루스 웨어 (B. A. Ware),	루이스 체이퍼 (L. S. Chafer), 블레이징과 벅 (Blaising and Bock), 돈 카슨 (D. A. Carson), 마이클 그린 (M. Green),		찰스 바레트 (C. K. Barrett), 레이몬드 브라운 (R. E. Brown), 게리 버지 (G. M. Burge), 찰스 라이리 (C. C. Ryrie), 월부어 (J. F. Walvoord),	

제 3 장 구약에 제시된 '속에'(IN)가 아닌 '함께'(WITH)

NAC Studies in Bible & Theology

God's Indwelling Presenc

서론

구약 성경은 옛 언약의 남은 자들이 각기 개별적으로 성령의 내주하심을 경험했다고 말하지 않는다. 이 장에서 우리는 그 부분에 대해 살펴보고자 한다. 구약은 하나님께서 새 언약에서처럼 하나님의 백성 안에 거하시기보다는 오히려 성전 안에서 그들 가운데 그들과 함께 계셨음을 가르친다. 구약에는 하나님(또는 그분의 "이름")이 대개 각 개인보다는 성막(예. 출 25:8; 29:42-45; 신 12:11), 그리고 이후에는 시온(시 74:2; 사 8:18; 욜 3:17,21), 혹은 성전(왕상 8:13)과 같은 특정한 장소에 계시는 것으로 제시된다(참고. 신 31:11). 구약에서는 언약 공동체의 구성원 각자가 개인적 차원으로 성령을 소유하는 것보다는 국가적 차원에서 이스라엘 민족과 함께 하시는 하나님의 임재가 더 주요한 관심사다. 흥미로운 사실은, 심지어 성전 파괴 사건 후에도 우리는 "내주하심의 신학"을 (신약에 이를 때까지는) 발견하지

못한다는 것이다. 다만 우리가 구약에서 목격할 수 있는 것은 "쉐키나-신학"이다.[1]

따라서 혹자는 이스라엘의 역사 전반에서 하나님의 성령이 하나님의 백성과 항상 함께 하셨다는 적절한 결론을 내릴 수 있을 것이다(참고. 요 14:17).[2] 그렇다고 해서 이것이 새 언약 시대의 개인 신자들에 대한 성령의 내적 사역을 배제하는 것은 아니다. 하나님은 구약 시대에는 자기 백성들 안에 지속적으로 거주하지 않으셨을 가능성도 있지만, 그럼에도 불구하고 하나님은 다른 수단들을 통해서 얼마든지 그들의 마음을 움직이시며 역사하실 수 있었다. 옛 언약 시대에도 성령께서는 내적 사역을 행하셨으며, 그런 가운데 자기 백성과 함께 하신 하나님의 임재는 그들에게 성화의 효력을 나타냈다. 이 장에서 우리는 그 사실에 대해 논증할 것이다. 중생과 내주하심의 차이에 대한 증거는 이 장에서 뿐만 아니라 6장에서도 다시 논의될 것이다.

우리는 몇몇 특정 인물들에 대해 성령께서 비범한 관계를 맺고 계심을 보여주는 구약의 본문을 먼저 조사하고자 한다. 일각에서는 그런 본문들이 옛 언약의 신자들 안에 보편적으로 경험되었던

---

1   참고. B. Janowski, "Ich will in eurer Mitte wohnen: Struktur und Genese der exilischen Schekina-Theologie," in *Jahrbuch für Biblische Theologie*, Band 2, *Der eine Gott der beiden Testamente*(Neukirchener: Verlag, 1987), 189.

2   "고대 근동의 신적 임재의 모티브"(Motifs of Divine Presence in the Ancient Near East)와 관련해서는 다음 문헌을 보라. T. W. Mann, *Divine Presence and Guidance in Israelite Traditions*, Johns Hopkins Near Eastern Studies (Baltimore: Johns Hopkins University Press, 1977), 27-117. 만(T. W. Mann)은 "신적인 전위적 모티브"(divine vanguard motif)가 자신이 조사한 고대 근동 자료의 신적 임재 묘사에 대한 일반적 방식임을 발견한다. 이것은 하나님이 자기 백성과 '함께' 거하신다는 개념, 그러나 그들 '안에' 거하신 것은 아니라는 개념과 어울린다.

성령의 내주하심을 암시하는 것이라 주장하기도 했다. 그러나 반대로, 구약에서 누군가를 성령을 소유한 자로 묘사할 때마다, 그것은 옛 언약의 다른 신자들로부터 해당 인물을 구분하기 위한 목적을 갖는다.³ 그 특정 인물들이 성령과 갖는 특별한 체험은 그들에게 섬길 수 있는 권능을 수여한다. 통상적으로 그들의 그러한 활동은 민족의 지도자 또는 선지자직 등의 형태를 취한다. 이처럼 매우 특별하게 성령이 임하는 이러한 체험이, 그리스도의 십자가 이전에 아브라함의 믿음의 발자취를 따르던 모든 믿는 자들에게 영광스럽게 공유되지는 않았다.

두 번째 단계에서는 하나님이 자기 백성들과 함께 하셨다는 구약의 진술들을 살펴볼 것이다. 그 당시 하나님의 거룩한 신적 임재는 새 언약 시대의 내주하심의 경험과는 현격한 차이가 있는 것으로 보인다. 구약은 하나님께서 각 신자들 안에 개별적으로 계시기보다는 특정 장소나 거처에 거하심으로 자기 백성과 함께 하신다는 사실을 명확히 한다. 따라서 이 단락에서는 하나님께서 성막/성전에 거하시는 것에 대해 논할 것이고, 또한 하나님께서 이스라엘 백성 "가운데"('in the midst of' 또는 'among', 예. 학 2:5, "나의 영이 계속하여 너희 가운데에 머물러 있나니[히. '베토켐']) 계셨다는 진술들은 하나님의 성막/성전 임재를 배경으로 해석되어야 함을 논증할 것이다.⁴

세 번째 단계로, 우리는 예레미야 31장과 에스겔 36장에서 약

---

3 H. D. Preuss, *Old Testament Theology*, 2 vols., trans. L. G. Perdue, OTL (Louisville: Westminster John Knox, 1995, 1996), 1:160.

4 G. W. Grogan, "The Experience of Salvation in the Old and New Testaments," VE 5 (1967): 14.

속된 새 언약에 관해 살펴볼 것이다.[5] 예레미야와 에스겔은 둘 다 언약이 파기되었던 시대에 사역했던 선지자들이다. 예레미야는 예루살렘 성전 파괴를 직면했고, 에스겔은 하나님의 영광이 성전을 떠나는 것을 목격했다. 둘 다 하나님께서 이 비극적 상황을 치유하실 새로운 날에 대해 설교했다. 예레미야는 율법이 새겨질 새로운 수단에 관한 약속을 전했고, 에스겔은 성전의 회복과 하나님의 영광의 복귀에 관한 약속을 전했다. 관련 본문들은 각 신자들에 대한 하나의 종말론적 복으로서 성령의 내주하심 혹은 "부어지심"(pouring out)을 제시한다.[6] 그러나 옛 언약의 신자들에게 성령의 내주하심이 있었다는 암시는 제공하지 않는다. 이는 새 언약 시대에 실현될 실재가 무엇인지를 묘사하는 것이 그들의 목적이기 때문이다. 개인적으로 필자는 블록의 다음과 같은 주장에 대해서는 수긍하기가 어렵다: "문제는 삶을 변화시키는 성령의 [내주하심의] 부재가 아니라, 그 일이 국가적 규모로는 발생하지 않았다는 것에 있다. 여기서의 쟁점은 [있고 없고의 문제가 아닌] 규모 또는 범위에 관한 것이다."[7]

---

5 대부분의 주석가들은 비록 에스겔이 해당 구절에서 "새 언약"이란 표현을 사용하지는 않고 있지만, 렘 31장과 개념상으로 평행을 이루고 있으며 따라서 새 언약을 다루고 있다는 점에 동의한다.

6 W. A. VanGemeren, "The Spirit of Restoration," *WTJ* 50 (1988): 82: "하나님의 성령의 사역 그 자체는 종말론적이다." 참고. 사 32:15; 44:3; 겔 39:29; 욜 2:28-29; 슥 12:10; 행 2:17-18,33; 10:45; 롬 5:5; 딛 3:6

7 D. I. Block, "The Prophet of the Spirit: The Use of RWH in the Book of Ezekiel," *JETS* 32 (1989): 41. 프레드릭스는 블록의 관점에 동의한다: "Rethinking the Role of the Holy Spirit in the Lives of Old Testament Believers," *TJ* 9 (1988): 103.

옛 언약 시대에 성령으로 충만했던 사람들

옛 언약 시대에 개별적으로 성령을 경험했던 사람들은 주로 하나님의 언약의 중재자들 – 즉 정치 지도자들과 선지자들 – 이었다.[8] 이 단락에서는 특별히 성령으로 권능을 입었던 구약의 인물들에 대해 살펴볼 것이다. 이 단락의 기본 논제는 하나님의 영이 임재하신 모든 사례가 특정 인물을 나머지 일반 백성들로부터 **구별**해 낸다는 것이다.[9] 그렇게 함으로 그에게[10] 하나님나라를 위한 대변인으로서의 역할을 수행할 자격을 부여한다는 것이다.[11] 우리는 선지자들을 고려하기 전에 먼저 국가 지도자들에 대해 다룰 것이다.

---

8   모세와 사무엘 같은 일부 사례에서, 이 두 역할은 중첩된다. 더 나아가 우리는 세공 브살렐(그리고 오홀리압?)에게 성령이 충만하여져 그가 성막 제작과 관련된 자신의 일을 능숙하게 감당했다는 보고를 두 차례나 듣게 된다(출 31:1-5; 35:30-35). 이후 성전이 건축되었을 때, 두로의 히람은 "모든 놋 일에 지혜와 총명과 재능을 구비한 자[충만해진 자]"라고 묘사된다(왕상 7:14). 본문은 히람이 성령으로 충만했다고 직접 말하지는 않는다. 그러나 이 본문들은 서로 평행되는 것으로 보인다. 또한 참고. L. Wood, *The Holy Spirit in the Old Testament* (Grand Rapids: Zondervan, 1976), 42. 특정 임무를 위해 개인에게 능력을 주시는 성령의 역사에 대한 그러한 묘사들은 규범적이기보다는 예외적인 것으로 보인다.

9   R. S. Cripps, "The Holy Spirit in the Old Testament," *Theology* 24 (1932): 275.

10 비록 사사 시대에 드보라가 민족의 지도자이자 여선지자로 역할을 했지만, 구약에서 여성 인물은 성령을 소유한 것으로 묘사되지 않는다(참고. 삿 4-5장). 사사기의 저자는 성령이 그녀에게 "내리셨다"고 기술하지 않는다.

11 참고. I. F. Wood, *The Spirit of God in Biblical Literature* (New York: Armstrong, 1904), 25. Similarly W. J. Dumbrell, "Spirit and Kingdom of God in the Old Testament," *RTR* 33 (1974): 1.

국가 지도자들

구약이 기술하는 바에 따르면, 약 2,000년의 이스라엘 역사 전체를 통틀어 상대적으로 극소수의 지도자들만이 하나님의 성령이 기름부으심(즉, 내주하심)을 경험했다. 우리는 이 사실에 특히 주목할 필요가 있다. 요셉을 시작으로 다윗 왕에 이를 때까지 계속해서 이스라엘 백성의 구원자들에게 성령이 임했던 것으로 전해진다. 그러나 다윗 이후로는, 이스라엘의 어느 왕도 – 심지어는 솔로몬조차 – 성령이 임했다고 전해지지 않는다.[12]

비록 우리가 구약에서 다윗 이후로는 더 이상 하나님의 영에 사로잡힌 지도자를 만나보지 못하지만, 선지자들(여호와의 영으로 충만했던; 참고. 미 3:8)은 하나님의 영이 이스라엘 백성을 완전히 떠난 것이 아님을 그들에게 확인시킨다(학 2:5). 또한 선지자들은 여호와께서 자기 백성을 위해 한 메시아를 일으키실 것을 선포하는데, 성령으로 기름부음 받은 그 메시아는 이스라엘의 옛 지도자들에게 하나님의 영이 임한 것과 유사하면서도 그보다 더 뛰어날 것이다(사 11:2; 42:1; 48:16; 61:1; 참고. 제5장).

---

12 이것은 솔로몬이 성령을 받지 않았다고 말하는 것이 아니다. 그러나 왕상 1:38-40을 다윗의 기름부음을 묘사한 삼상 16:13과 비교해 보라. 만약 솔로몬이 전통적으로 그의 저술로 여겨지는 구약의 글들을 실제 기록한 것이 맞다면, 우리는 성경 저자로서 솔로몬이 그 특별한 사명을 위해 성령의 능력을 받았다고 충분히 추론할 수 있을 것이다. 이것은 확실한 것으로, 신약은 성경 저자들이 성령의 감동하심으로 성경을 기록했음을 지적한다(딤후 3:16; 벧전 1:11; 벧후 1:21). 신구약 중간기 유대 문헌에도 그러한 인식이 있었는데, 그 저자들은 권위적 말씀의 선포에 합당한 성령-감화된 선지자들이 당시에는 부재했다는 사실을 인지했다(70인역의 단 3장에 추가로 삽입된 구절들 가운데, 단 3:38; 또한 참고. 1 Macc 4:46; 9:27; 14:41).

창세기 41:38에서 이집트의 바로는 요셉을 "하나님의 영에 감동된 사람"(히. '이쉬 아쎄르 루아흐 엘로힘 보')으로 묘사한다.[13] 대부분의 영역본에서는 이 부분을 소문자, "spirit"('영')으로 표기하지만(NAS역은 "a divine spirit"/'신성한[거룩한] 영'), ESV역과 몇몇 영역본(KJV, CEV역)에서는 "the Spirit of God"('하나님의 영[성령]')으로 번역한다. 우리는 이 진술을 바로의 다신론 사상을 반영한 것으로 이해할 것인지, 아니면 신적으로 영감 된 저자의 유일신 사상을 반영한 것으로 이해할지 단정할 수 없다. 그러나 이 표현은 구약의 다른 본문에서 성령이 사람들 "안에"(in) 혹은 "위에"(on)[14] 임했음을 표현할 때 사용된 언어와 유사해 보인다. 요셉이 그 누구도 감히 상상 못 할 일을 능히 행할 수 있는 모습은 그에게 하나님의 영이 임했음을 보여주는 증거가 된다(창 41:38의 바로의 진술에 주목해 보라: "이와 같이 하나님의 영에 감동된 [또 다른 한] 사람을 우리가 어찌 찾을 수 있으리요"). 따라서 요셉이 경험하는 성령의 충만은 일반적으로 제시되지 않는다.

광야에서 이스라엘 백성이 끝없이 원망하고 불평하자, 모세는 자신이 홀로 이 백성을 감당할 수 없음을 여호와께 부르짖는다(민 11:14). 이에 여호와께서는 모세에게 칠십 명의 장로들을 선발할 것을 명하시고(11:16) 이렇게 말씀하셨다: "내가 강림하여 거기서 너와 말하고 네게 임한 영을 그들에게도 임하게 하리니 그들이 너와 함께 백성의 짐을 담당하고 너 혼자 담당하지 아니하리라"(11:17).

---

13   또한 "신들의 영"('a spirit of the gods')의 표현으로도 번역 될 수 있다(참고. 단 4:8).
14   다른 것보다도, 접두사를 이루는 히브리어 전치사 '베'는 "in" 또는 "on"의 의미일 수 있다(BDB, 88-91; HALOT, 103-05).F

이러한 일이 있은 후, 본문은 다음과 같이 기술한다: "영이 임하신 때에(히. '와이히 케노아흐 알레헴 하루아흐') 그들이 예언을 하다가 다시는 하지 아니하였더라"(민 11:25). 칠십 인의 장로들 가운데 두 명은 진영에 머물렀던 것이 분명하지만,[15] 그 둘에게도 영이 임하여 그들 또한 예언을 하게 된다(11:26). 대부분의 주석가들은 이 장로들을 백성의 지도자로 삼았음을 인증하기 위해 하나님의 영이 칠십 명의 장로들 "위에 임한"('rested upon') 것이라고 결론짓는다.[16] 이스라엘의 모든 회중이 이처럼 성령의 임재를 체험하게 되길 바라는 모세의 발언에서 우리는 그러한 경험이 칠십 인의 장로들에게만 있었던 제한된 경험이었음을 확인할 수 있다: "여호와께서 그의 영을 그의 모든 백성에게 주사 다 선지자가 되게 하시기를 원하노라(히. '알레헴')"(민 11:29).[17]

---

15 Keil, *Pentateuch*, 698. Against P. J. Budd, *Numbers*, WBC (Waco, TX: Word, 1984), 128. 그는 엘닷과 메닷은 칠십인에 포함되지 않았다고 여긴다. "엘닷과 메닷에 관한 비화의 추가는 성령의 활동을 공식 채널에 국한하려는 시도를 막으려는 목적으로 보인다"는 공론적 제언은 다음 문헌을 보라. G. T. Montague, *The Holy Spirit* (Peabody, MA: Hendrickson, 1976), 15; and Budd, *Numbers*, 130.

16 R. B. Allen, "Numbers," EBC, 2:794; Budd, *Numbers*, 128; L. Neve, *The Spirit of God in the Old Testament* (Tokyo: Seibunsha, 1972), 23; Z. Weisman, "The Personal Spirit as Imparting Authority," *ZAW* 93 (1981): 225-34.

17 여기서 필자는 민 14:24의 갈렙에 대한 묘사는 다루지 않았다: "그러나 내 종 갈렙은 그 마음이 그들과 달라서['루아흐 아헤레트 임모'] 나를 온전히 따랐은즉 그가 갔던 땅으로 내가 그를 인도하여 들이리니 그의 자손이 그 땅을 차지하리라." 이 구절은 (여호수아는 제외한) 다른 정탐꾼들의 태도와 대비되는 갈렙의 다른 태도 혹은 정신에 관한 언급으로 보인다. 구약은 종종 '루아흐'를 이런 방식으로 사용하기도 한다(예. 출 35:21; 민 16:22; 27:16; 삿 15:19; 왕상 21:5). 만약 이것이 갈렙과 함께 하신 하나님의 성령에 대한 언급이라고 할지라도, 전치사 'with'의 차용에 주목하라. 또한 이것이 만약 성령을 지칭한 것이고 갈렙의 태도가 아니라면, 그것은 갈렙을 특별하게 구별하는 표이고, 그에게 지도자의 권능을 주는 것이며, 따라서 여기서 논증하는 것과도 들어맞는다. 참고. D. Rys, *Rûach: Le Souffle dans L'Ancien Testament* (Paris: Presses Universitaires de France, 1962), 211: "il s'agit de distinguer Caleb des autres Israélites."

여호와께서 모세가 약속의 땅에 들어가지 못하고 죽게 될 것(민 27:12-14)을 선고하시자, 모세는 자기를 대신해 이스라엘 회중을 목양할 한 사람을 세워줄 것을 간청한다(27:15-17). 이에 여호와께서는 모세에게 명하여 여호수아를 백성의 지도자로 위임하게 하신다(27:18-19). 민수기 27:18에서, "그 안에[in/on] 영이 머무는 자"(히. '이쉬 아셰르 루아흐 보')라는 여호수아에 대한 특징적 묘사는 창세기 41:38의 요셉에 대한 유사한 표현을 상기시킨다. 여기서도 여호수아 안에 또는 그 위에(in/on) 하나님의 영이 계신 것이 여호수아로 하여금 하나님의 백성을 이끌 지도자 자격을 부여하기 때문에 이러한 진술이 성립되고 있다.[18] 모세가 죽은 후에도 이 같은 요지의 진술이 이어진다: "[이제] 눈의 아들 여호수아에게 … 지혜의 영이 충만하니"(신 34:9).[19] 이처럼 성령으로 충만한 여호수아의 모습이 구약 신자들의 보편적 경험의 본으로 제시되는 것은 아니다.

여호수아 때부터 사울 왕 이전까지는 계속해서 등장한 사사들이 이스라엘 백성을 이끌었다. 사사기 2:18은 그들의 경험을 다음과 같이 요약한다: "여호와께서 그들을 위하여 사사들을 세우실 때에는 그 사사와 함께 하셨고(히. '임') 그 사사가 사는 날 동안에는 여호와께서 그들을 대적의 손에서 구원하셨으니."[20] 그런 일부 사사

18　R. Koch, *Der Geist Gottes im Alten Testament* (Frankfurt am Main: Peter Lang, 1991), 53-54. 네베(Neve)는 여호수아가 민 11:25의 성령을 받았던 칠십인 장로들 가운데 하나였다고 제언한다(*The Spirit of God in the Old Testament*, 87).

19　J. H. Tigay, *Deuteronomy*, JPS Torah Commentary (Philadelphia: Jewish Publication Society, 1996), 338에 따르면, 여기서 수여되는 그 실체는 "이스라엘을 다스리게 하는 신적 지혜의 선물이다."

20　이 구절의 요약적 성격은 일시적인 '웨하야'를 계속하는 반복적인 '와우-카탈티' 형에서 볼 수 있다(GBH §119u-v; §166n-o; GKC §112e; §164d).

들과 관련해, 여호와께서 그들과 함께 하시는 경험은 여호와의 영이 그들에게 강림하여 권능을 입히시는 형태를 취한다. 이때 사용되는 어법은 조금씩 차이가 있지만, 그런 다양한 표현의 의미는 일반적으로 중첩된다고 볼 수 있다.

사사기 3:10은 옷니엘의 경험과 관련하여, "여호와의 영이 그에게 임하셨으므로"(히. '왓테히 알라이우 루아흐 예흐와')라고 진술하며, 11:29은 "여호와의 영이 입다에게(히. '알') 임하시니"라고 말한다. 기드온의 경험도 이와 유사하다. 비록 여호와의 영이 기드온에게 일종의 의복처럼 그에게 입혀진 것인지 혹은 잠시 걸쳐진 것인지 즉, 기드온에게 영이 들어간 것인지 혹은 그를 충만하게 채운 것인지와 관련해서는 정확히 판단할 수 없지만, 이 같은 기드온의 성령 체험은 옷 입혀짐의 심상을 통해 묘사된다: "여호와의 영이 기드온에게 임하시니['입혀지니' 또는 '걸쳐지니']"(삿 6:34).[21] 블록은 성령께서 그분의 것으로 점유하셨다는 면에서 기드온의 경험을 옷니엘과 입다의 경험과 대등한 것으로 이해한다.[22] 한편, 삼손과 관련해서는 다른 표현들이 사용되고 있다: "여호와의 영이 그를 움직이기 시작

---

21   *HALOT* 사전은 "소재로서 의복의 재료"로, 본 구절, 대상 12:19; 대하 24:20를 제외하고, 칼형에서 לבשׁ의 의미를 "스스로 옷 입다. [겉옷]을 걸치다"로 읽는다. 참고. ESV, NJB "옷입다"(clothed), JPS, NAB "감싸다"(enveloped), 및 KJV, ASV, NKJV, NASB "임하다"(came upon). 그러나 E. Jenni ("לבשׁ" TLOT: 2:642–44)에 따르면 이 구절들에서 히브리어 동사 לבשׁ는 의미상 변화가 없다; 오히려, 그것들은 "한 사람에 대한 하나님의 성령의 활동을 묘사한다. 마치 사람이 겉옷 안에 있듯이 성령이 그 사람 안에 거하는 모습으로 … 따라서 여기서 לבשׁ는, 다른 본문에서처럼, '스스로 …으로 옷 입다'의 의미이지 그 반대인, '누군가에게 옷 입히다'가 아니다. 그러면 성령이 그 사람의 겉옷 역할을 하는 방식이 될 것이다." 유사한 방식으로 BDB사전은 "[여호와]의 영이 기드온으로 친히 옷 입었다. 즉, 그의 몸을 점유했다"로 번역한다. 참고. NLT, NRSV, REB, RSV "…를 점유했다"('took possession of').

22   D. I. Block, *Judges, Ruth*, NAC (Nashville: Broadman & Holman, 1999), 272.

하셨더라[stir him]"(13:25), "여호와의 영이 삼손에게 강하게 임하니 [rushed upon]"(삿 14:6,19; 15:14; 이런 표현은 사울과 다윗에게도 사용된다).²³ 이러한 기사에서 여호와의 영의 강림은 특정 임무의 수행을 위해 사사에게 권능을 입히고 있다.²⁴ 해당 인물을 뚜렷하게 구별해 내고 있는 것이다.²⁵ 그러므로 구약의 이런 본문들은 옛 언약 구성원들의 남은 자들, 그들 각 사람에게 모두 성령의 내주하심이 있었다는 개념을 전혀 지지하지 않는다.

사무엘이 사울을 이스라엘의 왕으로 기름 부을 때(삼상 10:1), 사무엘은 사울에게, "네게는 여호와의 영이 크게 임하리니[rush upon]"(10:6, 삼손 때와 똑같은 표현)라고 말하며, 그 일은 실제로 곧 이뤄진다(10:10). 이 본문은 (비록 6절에서 사무엘이 사울을 향해, "너도 … 변하여 새 사람[another man]이 되리라"라고 말하고 있긴 하지만) 사울의 회심을 상술하는 것은 아니다.²⁶ 구약에서 누군가에게 하나님의 영이 "강하게 임하는"(rushing upon) 사례를 언급하는 것은 그 사람의 회심 경험을 설명하기 위한 것이 아니다(예. 아브라함이나 라합에 대해서는 그런 표현이 사용되지 않는다). 오히려 그것은 백성을 구원할 지

---

23 히브리어는 동사 '살라흐'("돌진하다"/rush)를 사용하며, 전치사 '알'("~위로"/upon)를 덧붙이고 있다.
24 참고. Dumbrell, "Spirit and Kingdom of God in the Old Testament," 4.
25 또한 참고. D. I. Block, "Empowered by the Spirit of God: The Holy Spirit in the Historiographic Writings of the Old Testament," *SBJT* 1 (1997): 45.
26 대조. J. Rea, "The Personal Relationship of Old Testament Believers to the Holy Spirit," in *Essays on Apostolic Themes*, ed. P. Elbert (Peabody, MA: Hendrickson, 1985), 93. 참고. Keil, *Joshua, Judges, Ruth, 1 and 2 Samuel*, vol. 2 of Commentary on the Old Testament, 431; 및 R. W. Klein, *1 Samuel*, WBC (Waco, TX: Word, 1983), 94, 그는 이것을 사울이 왕직을 위한 권능을 입는 것으로 해석한다.

도자들에게 성령이 특별한 권능으로 임하는 것을 나타내기 위한 묘사인 것이다. 이처럼 사무엘이 사울을 왕으로 기름 붓고 이후 사울이 즉시 백성을 구원하게 되는(삼상 11:1-11) 그런 문맥을 고려할 때, 사울은 이스라엘 백성을 이끌도록 성령에 의해 특별하게 구별되었던 것이 분명해 보인다. 그런데 동일한 표현이 사무엘상 11:6에서 또 한 번 반복된다. 이것은 앞서 사울이 예언하길 마쳤을 때(참고. 삼상 10:13) 당시 사울이 경험했던 성령의 강한 임재도 그 즉시 중단되었을 것을 암시한다. 사울이 다시 새롭게 권능을 입어야할 상황이 발생할 때, 하나님의 영이 그에게 또다시 강력하게 임했던 것이다(11:6). 이것은 성령이 사울에게 계속 내주하신 것이 아니라, 사울이 주기적으로 성령의 능력을 받았다는 것을 의미할 수 있다. 하나님의 영이 삼손에게 임했던 그 방식대로 사울에게도 임했던 것이다. 또한 하나님의 영이 강림할 때 모세와 함께 있던 칠십 인의 장로들이 예언했던 것처럼, 사울도 예언하게 되었던 것이다(10:10-13).

여호와께서 부리신 악령이 사울에게 이른 사건은, 성령이 누군가에게 "강하게 임하는" 것은 권능을 위한 일시적 사례임을 입증하는 또 하나의 증거가 된다. 사울을 괴롭히는 악령이 그에게 임했다가 다시 그에게서 떠났다(삼상 16:23). 때론 여호와의 영이 사람들에게 임할 때 사용되던 동일한 표현이 사울에게 악령이 임할 때 똑같이 사용되기도 한다. 예를 들면 사무엘상 18:10은, "하나님께서 부리시는 악령이 사울에게 힘 있게 내리매['rushed to']"라고 말한다. 여기서는 삼손과 사울에게 사용되었던 것과 동일한 동사가 사용되지만 전치사는 다르다. 그런데 이것은 사무엘상 16:13에서 다윗에게 여호와의 영이 임했을 때 사용된 문구와 동일하다: "이 날 이후로 다윗이 여호와의 영에게 크게 감동되니라['rushed to']."

사울이 성령을 받았던 경험은 특히 그의 왕직과 관련된다. 사무엘이 다윗을 왕으로 기름 붓자 하나님의 영이 다윗에게 강하게 임했다(삼상 16:13). 그런 직후, 바로 다음 구절은 이렇게 말한다: "여호와의 영이 사울에게서(히. '메임') 떠나고"(16:14). 사울이 엔돌의 신접한 여인을 통해 사무엘을 불러냈을 때 그는 다음과 같은 선고를 듣게 된다: "여호와께서 너를 떠나['departed from upon you', 히. '메알레이카', 참고. 10:6] … 나라를 네 손에서 떼어 네 이웃 다윗에게 주셨느니라"(28:16-17). 이 두 본문을 함께 보면, 하나님의 성령이 임하는 자에게 왕권이 넘어가게 된다는 사실을 함의하고 있음을 알 수 있다.

사무엘상 16:13은 다윗이 왕으로 기름부음을 받았을 때, "다윗이 여호와의 영에게 크게 감동되니라"[여호와의 영이 다윗에게 강하게 임했다, rushed to]고 기록한다.[27] 그러나 이 문장에 추가된 어느 한 요소가 성령이 다윗에게 임했을 때와 사울에게 임했을 때의 두 진술 사이에 중요한 차이를 만들고 있다. 즉, "다윗이 여호와의 영에게 크게 감동되었다"는 진술에 "이 날 이후로"라는 글귀가 붙어서 문장을 수식하고 있다. 삼손과 사울의 사례에서 성령이 그들에게 반복적으로 "강하게 임했다"라고 묘사되는 것을 감안할 때(삿 14:6,19; 15:14; 삼상 10:10; 11:6), 다윗의 경험은 다윗 자신이 기름부음 받은 날부터 그의 생의 마지막 때까지 주기적으로 성령의 권능을 입었다는 의미에서는 계속 진행 중이었던 것으로 보인다. 하지만

---

[27] 여기서 유일한 유의미한 차이는 '살라흐'("돌진하다")와 함께 사용된 전치사가 '알'("upon")이 아니라, '엘'("to")이라는 점이다.

다시 말하면 다윗 또한 성령이 계속적으로 그에게 강력하게 머물러 있는 체험 속에 항상 살았던 것은 아닌 것으로 보인다.[28] 이제 여호와는 사울과 함께 하지 아니하시고(삼상 16:14), 오히려 다윗과 함께 계신다(삼상 16:18). 이제는 다윗이 기름부음 받은 왕이기 때문에 더 이상 사울에게는 성령께서 강한 권능으로 임하지 않으신다(16:13).

이러한 배경에서 시편 51:11(히브리 성경 51:13)의 다윗의 기도문, "주의 성령을 내게서 거두지 마소서"가 설명될 수 있는 것으로 보인다. 다윗은 사울이 죄를 범했을 때 성령이 그에게서 떠나가고 왕권이 이양되는 것을 목격했다. 다윗은 자신에게도 똑같은 불행한 결과가 발생하지 않길 간구했던 것이다.[29]

구약의 이런 사례들에서 국가 지도자들은 자신들이 위임받은 직책의 임무수행을 위해 성령의 권능을 입었다. 반면, 특별한 위임을 받지 않는 일반 사람에게 성령이 내주하셨다는 암시는 찾을 수 없다. 오히려 성령은 위임된 자들이 임무수행을 할 수 있도록 그들에게 권능으로 임하시고 지도자들을 나머지 백성들과 특별하게 구분하셨다. 지금까지 살펴본 본문에 따르면, 옛 언약 시대의 일반 신

---

28 대조. Block, "Empowered by the Spirit of God," 52-53. 필자의 관점에 대한 근거는 성령이 삼손, 사울, 다윗에게 "급히 임했다"(rushing upon)고 했을 때 사용된 어구의 유사점에 있다. 성령의 강림을 묘사하기 위해 동사 '살라흐'가 사용될 때 그것은 일종의 반복적인 측면을 갖는 것으로 보인다(참고. 삿 14:6,19; 15:14; 삼상 10:10; 11:6; 18:10; 또한 참고. 암 5:6, "여호와를 찾으라 그리하면 살리라 그렇지 않으면 그가 불 같이 … 임하여['이슬라흐']." 비교. M. Dreytza, *Der theologische Gebrauch von RUAH im Alten Testament*(Giessen: Brunnen, 1990), 170.

29 Dumbrell, "Spirit and Kingdom of God in the Old Testament," 5. 추가로, 시 51편이 다윗의 밧세바와의 죄와 관련 된다는 강력한 증거에 대해서는 다음 문헌을 보라. P. D. Miller, "Trouble and Woe: Interpreting Biblical Laments," *Interpretation* 37 (1983): 37.

자들에게 성령의 내주하심이 있었다는 증거는 보이지 않는다.

선지자들

민수기 11:25-26에서 칠십 인의 장로들이 예언하게 된 후, 하나님의 영이 사람에게 임하여 예언적 활동으로 감화한 그다음 사례는 발람에게 나타났다. 민수기 24:2-3에 따르면, "하나님의 영이 그 위에 임하시니라(히. '왓트히 알라이우')[30] 그가 예언을 전하여 말하되…." 하나님의 영이 발람에게 임하자 그 결과 발람은 진실된 발언을 하게 된다. 그러나 성령께서는 분명 발람에게 무기한으로 머물러 계시지 않았다. 발람이 하나님의 백성과의 전쟁 중에 사망했다는 점(민 31:8), 그리고 신약 성경이 그를 정죄한다는 점을 감안할 때(유 11), 그런 성령의 감화하심에도 불구하고 발람에게 회심의 역사는 일어나지 않은 것 또한 분명해 보인다.

구약 성경은 선지자들이 하나님의 성령으로 감화하였음을 빈번하게 언급한다.[31] 신약 성경 또한 그러한 현상에 대해 인식하며 심지어 선지자들 속에는 그리스도의 영이 있었다고 진술하기도 한다(벧전 1:11). 그러나 선지자들, 성막 기술자들, 왕들이 아닌 일반 신자

---

30 이러한 언어적 표현은 삿 3:10; 11:29; 삼상 16:16; 19:20,23; 대하 15:1; 20:14 와 일치한다.

31 다윗(삼하 23:2); 아마새(대상 12:18); 아사랴(대하 15:1); 야하시엘(대하 20:14); 스가랴(대하 24:20); 이사야(사 59:21?); 에스겔(2:2; 3:12, 14, 24; 8:3; 11:1, 5, 24; 37:1; 43:5); 다니엘(단 4:8,9,18; 5:11,14); 미가(미 3:8). 심지어 성령은 사울과 그의 사람들에게도 임하여 그들은 예언을 하게 되었다(삼상 19:20-24).

들은 개별적으로 성령의 지속적인 내주하심을 경험하지 않았다.[32]

일부 학자들은 구약에 나타난 "특별한 임무수행 혹은 직무행사"를 위한 성령의 능력 주심을 제외하면, "변화를 불러일으키는 성령의 내적 임재"는 오직 새 언약의 신자들에게만 속한 경험은 아닌지 질문한다.[33] 요엘 선지자는 예언의 보편적 은사의 측면에서 미래에 있을 성령의 부어주심에 대해 언급한다. 하나님의 성령은 더 이상 선별적인 선지자들만을 위해 예비되지 않으며, 오히려 모든 만민, 즉 아들들과 딸들, 늙은이들과 젊은이들, 남종들과 여종들 모두가 성령을 경험하고 예언하게 될 것이다(욜 2:28-29 [히브리 성경 3:1-2]). 요엘은 당대의 실제 현실과는 다른 특별한 경험에 대해 이야기하고 있다. 주석가들은 이러한 요엘의 예언에 대해, "여호와께서 그의 영을 그의 모든 백성에게 주사 다 선지자가 되게 하시기를 원하노라"는 모세의 옛 소원이 장차 성취될 것을 함의하는 것으로 이해한다(민 11:29).[34] 요엘의 예언에 표현된 언어들은 당시로서는 개별 신자들 안에서 일하시는 성령의 역사가 제한적이었음을 암시한다.

이러한 본문들에 대한 조사는 특별한 임무 또는 직책을 수행하기 위해 신적으로 택함을 받고 성령의 권능을 입었던 인물들조차 반드시 성령의 내주하심을 경험한 것은 아님을 암시한다. 분명

32　참고. M. Green, *I Believe in the Holy Spirit* (Grand Rapids: Eerdmans, 1975), 25; B. Baloian and J. E. Hartley, "The Spirit of God in the Old Testament," in *The Spirit and the New Age*, ed. R. L. Shelton 및 A. R. G. Deasley (Anderson, IN: Warner, 1986), 3–32.

33　M. V. Van Pelt, W. C. Kaiser Jr., 및 D. I. Block, "רוּחַ", in *NIDOTTE*, 3:1076.

34　J. Barton, *Joel and Obadiah*, OTL (Louisville: Westminster John Knox, 2001), 93: "이러한 신탁의 모음집은 … '다가올 시대'와 관련된다." 비교. Keil, *The Minor Prophets*, vol. 10 of *Commentary on the Old Testament*, 139.

개별 신자들에게는 이러한 체험이 더욱 부족했을 것이다.[35] 필론 (Philo)은 적어도 헬레니즘 시대의 후기 유대인의 이해를 이렇게 반영하고 있다: "하나님의 영이 인간의 영혼에 머무는 것은 가능할 수 있지만, 그 영이 영원히 머무는 것은 불가능하다"(Gig., 7 [28]). 그러나 여기서 필자는 구약의 하나님의 백성에게 성령의 감화가 전혀 없었다고 주장하려는 것이 아니다. 성령께서 선지자들을 통해 하나님의 백성의 삶에 역사하셨던 일들 외에도(느 9:20,30), 경건한 하나님의 백성들은 성령께서 자신들을 의의 길로 인도해 주시길 기도하며 인내의 믿음으로 살았다(참고. 시 143:10, "주의 영은 선하시니 나를 공평한 땅에 인도하소서"). 다음 단락에서 우리는 옛 언약의 제도 가운데서도 하나님께서 그의 성령으로 임하셨음을 암시하는 구약의 본문들을 살펴보고자 한다.

이스라엘 가운데 거하신 하나님

구약 성경은 하나님이 개별 신자들 속에서가 아니라 특정한 장소 안에 거하셨다고 말한다. 이러한 모습은 하나님은 특정 장소에 거하시는 분이 아니라 오히려 사람 안에 거하시는 분이라는 신약의

---

35 우드(L. Wood)도 동의하지만 그는 옛 언약의 신자들에게 내주하심이 있었다고 믿는다: "그들에게 임한 것이든 혹은 그들에게서 떠난 것이든 구약의 한 명 또는 그 이상의 인물들이 성령을 경험했다고 말하는 본문의 모든 사례는 … 임무를 위한 권능 수여의 측면과 관련이 있으며, 어떤 사례도 영적 갱생과는 연관이 없어 보인다"(*The Holy Spirit in the Old Testament*, 64). 비교. W. Hildebrandt, *An Old Testament Theology of the Spirit of God* (Peabody, MA: Hendrickson, 1995), 61.

가르침과 상반된다(참고. 요 4:21-24). 옛 언약의 성도들은 하나님의 영의 사역을 통해 죄로 인한 사망 가운데서 건짐을 받긴 했으나, 그들을 믿음 안에서 보전하기 위해 성령께서 그들 안에 자신의 거처를 삼지는 않으셨다. 비록 성령이 구약 성도들 '안에' 계셨다고 볼 수는 없지만, 성령은 분명 그들과 '함께' 계셨다. 하나님은 성막 안에, 이후 성전 안에 거하심으로 그들과 함께 계셨고, 그런 특정 장소 안에서의 하나님의 임재가 주의 장막을 사랑스럽게 만들었다(시 84:1 [히브리 성경 84:2]).

하나님의 거하시는 장소

구약 성경은 하나님이 성막에 거하시고 나중에는 성전에 거하심으로 옛 언약의 백성들과 함께 계셨던 것으로 묘사한다.[36] 6장에서는 이러한 개념들이 예수 안에서 믿는 자들은 새로운 성전이 된다는 신약의 가르침, 즉 그리스도인 안에 성령께서 내주하신다는 가르침에 기본 토대가 됨을 보여줄 것이다.

성막. 여호와는 모세에게 다음과 같이 명하셨다: "내가 그들 중

---

[36] 이 단락은 나의 다음 소논문의 논점들을 요약한다: "God with Men in the Torah," *WTJ* 65 (2003): 113-33, 및 "God with Men in the Prophets and the Writings: An Examination of the Nature of God's Presence," *SBET* 23.2 (2005): 166-193. 또한 참고. M. L. Coloe, God Dwells with Us: Temple Symbolism in the Fourth Gospel (Collegeville, MN: Liturgical Press, 2001), 31-63; S. Terrien, The Elusive Presence (San Francisco: Harper & Row, 1978); R. E. Clements, God and Temple (Oxford: Basil Blackwell, 1965); 및 P. Hoskins, "Jesus as the Replacement of the Temple in the Gospel of John" (Ph.D. diss., Trinity Evangelical Divinity School, 2002), 48-156.

에 거할 성소를 그들이 나를 위하여 [짓게 하라]"(출 25:8). 이 진술에는 특정 장소에서 자기 백성 가운데 거하시며 그들과 만나시길 바라는 하나님의 열망이 표현되고 있으며 이를 위해 하나님은 자신의 거할 처소를 준비할 것을 명하신다.[37] 하나님은 이스라엘 백성이 그분을 위해 특별히 지은 장막 안에 거하실 것이다.

성막에 관한 이러한 진술에 앞서, 하나님의 집(창 28:17; 출 23:19), 산(출 4:17), 혹은 성소(출 15:17)에 대한 이전의 언급들은 하나님에게 어떤 지리적인 한계가 정해진 것은 물론 아니지만,[38] 하나님의 임재 앞에서 그분과 대면할 수 있는 특정 장소들이 존재했음을 암시한다(참고. 민 17:4). 성막 건설이 완공되고 여호와의 영광이 성막을 충만하게 채웠을 때(출 40:34-38), 하나님의 임재가 알려졌던 이전의 그 모든 다양한 방식들이 비로소 한 군데로 모아졌다.[39] 실제로, "이스라엘 백성이 출애굽 했던 궁극적인 목적은 하나님께서 자기 백성 한가운데 거하시기 위함이었다. 새롭게 건축된 성막에 하나님의 영광스러운 임재가 충만하게 임하는 장면은 출애굽기 전체 이야기의 정점을 이루고 있다(출 40:34)."[40]

성막 안에서 자기 백성 가운데 거하신 여호와는 그 장막을 통해 그들로 하여금 하나님의 임재 앞으로 출입하게 했을 뿐 아니라 그들을 성결한 백성이 되게 하셨다. 자기 백성 가운데 거하시는 하나

37　참고. R. E. Averbeck, "Tabernacle," in *DOTP*, 807-12.
38　여호와는 만유의 주시다. 창조 기사는 그가 만물의 주권자이심을 보여준다(창 1-2장). 그리고 여호와께서 이집트 영토에 재앙을 내리심으로 전쟁에 승리하시는 모습은 (출 1-12장) 그가 단지 어느 제한된 영토를 주관하는 부족의 신이 아님을 보여준다.
39　D. Sheriffs, *The Friendship of the Lord* (Carlisle, UK: Paternoster, 1996), 67.
40　B. T. Arnold and B. E. Beyer, *Encountering the Old Testament* (Grand Rapids: Baker, 1999), 114. 비교. Averbeck, "Tabernacle," 815.

님의 임재는 백성들에게 정결하고 경건한 생활을 요구하시며 또한 그들 안에 그러한 삶을 창조하신다. 따라서 하나님은 이렇게 선포하신다: "나는 너희를 거룩하게 하는 여호와 … 라"(출 31:13).[41] 크레이그 쾨스터(Craig Koester)의 설명대로, "성막 안에 거하시는 하나님의 임재는 하나님께서 그들과 맺은 언약, 그리고 그분의 계명에 대한 신실한 순종의 중요성을 이스라엘 백성에게 계속해서 상기시켰다(레 26:9-13; 민 9:15-23)."[42] 결국 이러한 본문들은 하나님께서 사실상 성막 안에 자신의 거처를 삼으셨고(출 40:34-35)[43] 그곳에 지속적으로 거하셨다는 결론을 내릴 수 있게 한다(40:36-38).[44]

성전. 신명기 12장은 이스라엘에 여호와께서 자기 이름을 두시려고 택하신 곳, 즉 예배를 위한 한 장소가 있을 것을 명하고 있다.[45] 후에 여호와는 자기 이름을 둘 장소로 예루살렘의 여부스 사

---

41 S. J. Hafemann, *The God of Promise and the Life of Faith* (Wheaton, IL: Crossway, 2001), 192; J. J. Niehaus, "Theophany, Theology of," in *NIDOTTE*, 4:1248.

42 C. R. Koester, *The Dwelling of God: The Tabernacle in the Old Testament, Intertestamental Jewish Literature, and the New Testament*, CBQMS 22 (Washington, DC: Catholic Biblical Association of America, 1989), 8.

43 Averbeck, "Tabernacle," 815, 825.

44 참고. T. N. D. Mettinger, *The Dethronement of Sabaoth*, trans. F. H. Cryer, Coniectanea Biblica, Old Testament Series 18 (n.p.: CWK Gleerup, 1982), 89.

45 비평 학계는 신명기의 저작 연대를 요시아 시대로 간주한다. 요시아의 개혁이 중앙화에 대한 요구를 만들어내게 한 것으로 생각하기 때문이다. 이러한 추론은 결과와 원인을 뒤바꾸는 것이다. 논의를 위해 다음 문헌을 참고하라. G. J. Wenham, "Deuteronomy and the Central Sanctuary," in *A Song of Power and the Power of Song*, ed. D. L. Christensen (Winona Lake: Eisenbrauns, 1993), 94-108; J. G. McConville, *Grace in the End: A Study of Deuteronomic Theology* (Grand Rapids: Zondervan, 1993); S. Westerholm, "Temple," in *ISBE*, 4:759; G. E. Wright, H. H. Nelson, and L. Oppenheim, "The Significance of the Temple in the Ancient Near East," BA 7 (1944): 41-88.

람 아라우나의 타작마당을 택하셨다(삼하 24:16-25).⁴⁶ 솔로몬은 성전을 건축했고(왕상 5-9장), 성막에 여호와의 영광이 충만했던 것처럼(출 40:34-38) 여호와의 영광이 성전을 가득 채우는 것으로 성전 건축 기사가 정점에 이른다(왕상 8:10-11). 이와 관련한 필립 컴포트(P. W. Comfort)의 언급은 정확하다: "AD 70년 이전 유대교에서, 성전은 그 택함 받은 백성들 가운데서 유일무이하게 존재할 곳으로 하나님께서 정하신 한 장소를 상징했다."⁴⁷

여호와는 성전을 통해 자기 백성과 함께 계셨다. 하나님은 "내가 또한 이스라엘 자손 가운데에 거할 것이다[히. '베토크']"라고 약속하셨다(왕상 6:13). 성막 안에 거하시는 하나님의 임재가 이스라엘에게 하나님의 백성을 성화시키는 능력으로 다가왔던 것처럼, 성전 안에 거하시는 하나님의 임재는 백성들을 순종으로 이끌게 했다.⁴⁸ 성전 완공 후 솔로몬은 다음과 같이 봉헌 기도를 올린다: "우리 하나님 여호와께서 우리 조상들과 함께 계시던 것 같이 우리와 함께 계시옵고(히. '임마누') 우리를 떠나지 마시오며 버리지 마시옵고 우리의 마음을 주께로 향하여 그의 모든 길로 행하게 하시오며 우리 조상들에게 명령하신 계명과 법도와 율례를 지키게 하시기를 원하오며"(왕상 8:57-58). 솔로몬은 여호와께서 자기 백성들과 함께 하시는 그분의 임재를 통해 백성들의 마음을 언약 준행의 신실함으로 인도해 주시길 간구한다. 솔로몬이 성전 봉헌 기도를 올리는 이러한 배

---

46 Westerholm, "Temple," in *ISBE*, 4:760.
47 P. W. Comfort, "Temple," in *DPL*, 923.
48 대조. Wood, *The Holy Spirit in the Old Testament*, 86, who says that "구약 또는 신약 어느 본문도 성령이 구약 성도들 안에 함께 계심으로가 아닌, 단지 그들 곁에 가까이에 계심으로 그들에게 사역했다고 말하지 않는다."

경 가운데, 백성들과 함께 하시는 여호와의 임재는 그분이 친히 성전 안에 거하시는 낮아지심의 형태를 취한다.[49]

성전 건축은 이스라엘 백성의 거국적 삶에 최고의 정점을 이룬 사건이었다. 그러나 이스라엘은 민족 역사의 이러한 전성기에서 자신들의 이웃, 이방 나라들의 모습으로 전락하고 말았다. 성전의 완공과 봉헌이 두드러졌던 열왕기상 5-9장의 주요 기사를 감안할 때, 그 후로 열왕기상 15:18에서 열왕기하 11:3까지 성전 관련 언급이 부재한 것은 놀라운 사실이다. 성전은 이스라엘의 국가적 쇠퇴 이야기의 일부가 아닌 것이다. 대략 열일곱 장들에서 여호와께서 자기 이름을 두시기 위하여 택한 장소에 관한 언급은 단 한 마디도 찾을 수 없다.

이 "신명기 역사서"(신명기적 사관의 역사서, deuteronomistic history)에 열거되는 후대 왕들의 통치가 부분적으로는 예루살렘 성전에 대한 그들의 충성도를 기준으로 평가될 정도로 이스라엘에게 성전은 매우 중요한 의미를 갖는다. 비록 여호와 보시기에 정직히 행하며 우상숭배에 관용을 베풀지 않은 왕이라 할지라도, 만일 그가 산당들을 제거하는 데 실패한 왕이라면 여전히 비판의 대상이 될 수 있었다(왕하 12:2-3; 14:3-4; 15:3-4, 34-35). 그런 산당들은 아마도 다른 이방 신들을 섬기는 곳이기보다는, 백성들이 여호와를 경배하기 위한 예루살렘 성전 이외의 장소였을 것으로 추정된다.[50] 그렇다면 성 위의 유다 백성들이 듣는 데서, 히스기야가 "그분의('His'. 개

49　참고. Mettinger, *The Dethronement of Sabaoth*, 23.
50　참고. G. von Rad, *Old Testament Theology*, 2 vols., OTL, trans. D. M. G. Stalker (Louisville: Westminster John Knox, 1962, 1965), 1:336.

역개정. '그들의') 산당들과 제단을 제거했기 때문에 여호와께서 그들을 구원하지 않으실 것"(왕하 18:22)이라고 조롱했던 랍사게의 말도 설명이 된다. 요아스 왕과 요시야 왕은 둘 다 성전의 유지 보수에 관심을 가졌던 것으로 인해 긍정적 평가를 받고 있다(왕하 12:4-16; 22:4-7).[51]

이러한 성전 중심적 사고는 시편에서도 자명하다.[52] 시편은 도처에서 예루살렘, 시온 산, 성전에 관한 언급들이 현저하기 때문에 일부 학자들은 "예루살렘 신학"(theology of Jerusalem)"을 인정한다.[53] 여호와는 시온에 거하시며(시 9:11 [히브리 성경 9:12]), 그분의 거룩한 성전에 계시고, 그 보좌는 하늘에 있다(11:4).[54] 하나님의 도움은 성소로부터, 심지어 시온으로부터 온다(시 20:2 [히브리 성경 20:3]). 성소로 들어가는 것은 곧 하나님의 임재로 들어가는 것이며, 그렇게 할 때 옛 언약의 신자들에게 성화의 효과가 있었다(73:17). 여호와께서 그곳에 계시기 때문에 성전 뜰('temple courts', 개역개정. '주의 궁정')에서의 한 날이 다른 곳에서의 천 날보다 낫다고 고백한다(84:10 [히브리 성경 84:11]). 여호와는 이스라엘의 찬송 가운데 좌정하시는데

51　참고. W. Eichrodt, *Theology of the Old Testament*, 2 vols., trans. J. A. Baker, OTL (Philadelphia: Westminster, 1961, 1967), 1:107.

52　참고. Westerholm, "Temple," in *ISBE*, 4:764.

53　T. L. Brensinger, "Jerusalem," in *NIDOTTE*, 4:772-6; J. T. Strong, "Zion, Theology of," ibid., 4:1314-21; W. J. Dumbrell, *The Search for Order* (Grand Rapids: Baker, 1994), 75-95; Preuss, *Old Testament Theology*, 2:39-51.

54　참고. Averbeck, "Tabernacle," 825; W. Brueggemann, *Theology of the Old Testament* (Minneapolis: Fortress, 1997), 655; Mettinger, *The Dethronement of Sabaoth*, 31, 37; Wenham, "Deuteronomy and the Central Sanctuary," 103; I. Wilson, *Out of the Midst of the Fire: Divine Presence in Deuteronomy*, SBLDS 151 (Atlanta: Scholars Press, 1995), 217. Against Preuss, *Old Testament Theology*, 1:251, 2:43.

(22:3 [히브리 성경 22:4]) 이는 그들이 그분의 성소에서 여호와를 찬양하기 때문이다(150:1). 또한 시편 기자는 자신을 복 있는 자로 여기는데 이는 그가 여호와의 집에 영원히 거할 것이기 때문이다(23:6).[55]

예루살렘은 구약의 신자들에게 아름다운 장소로 여겨졌는데 이는 거기에 성전이 자리해 있기 때문이고, 또한 그들에게 성전이 사랑스러웠던 이유는 그곳에 하나님이 계셨기 때문이다. 이스라엘의 사고에 하나님과 성전 사이의 연관성이 매우 높다 보니 그들은 또한 하나님이 하늘에 계신 분임을 반드시 기억해야 할 정도였다(왕상 8:27, 30). 예레미야는 백성들이 성전을 더 의지하고 하나님을 신뢰하기를 잊은 것에 대해 책망해야 했다. 성전의 중요성에도 불구하고 그것은 그들의 안전을 보장하는 부적 같은 마법의 장소가 아니었다(렘 7:4,14-15).[56] 어쨌든 이제 성전이 완공된 이후로 이스라엘은 그 외에 다른 곳이 아닌 오직 예루살렘에서 여호와를 경배해야 했다.[57]

이스라엘 백성 가운데 계신 성령

구약 성경은 이스라엘 백성 "한가운데" 혹은 그들 "중에" 계시는 성령을 몇 차례 언급하기도 한다. 앞 단락에서 살펴본 내용, 즉 여호와께서 백성들 가운데 성전에 거하신다는 점을 감안하면, 이 같은

---

55 참고. R. J. McKelvey, *The New Temple: The Church in the New Testament* (Oxford: Oxford University Press, 1969), 179-80.
56 참고. E. A. Martens, *God's Design* (Grand Rapids: Baker, 1981), 227.
57 참고. Preuss, *Old Testament Theology*, 2:50.

진술들은 다름 아닌 성전 안에 계신 여호와의 성령을 가리키는 것이 분명해 보인다. 이러한 사실은 이사야 63장과 학개 2장을 통해 더 구체적으로 드러난다.

이사야 63:11은 여호와께서 이스라엘 백성을 이집트로부터 구원하신 사건, 특히 홍해를 갈랐던 사건을 환기하고 있다: "백성이 옛적 모세의 때를 기억하여 이르되 백성과 양 떼의 목자를 바다에서 올라오게 하신 이가 이제 어디 계시냐 그들 가운데에 (히. '베키르보') 성령을 두신 이가 이제 어디 계시냐?"[58] 이사야는 하나님께서 홍해에서 이스라엘을 건지셨던 때에 하나님 자신의 성령을 그들 가운데에 두셨다고 선언한다. 하지만 여기서 관찰되는 것은 성령께서 이스라엘 사람 각 개인에게 그 거처를 취하시는 모습이 아니다. 사실상 이 본문에서 언급되는 성령은 아마도 이스라엘 백성을 홍해 앞까지 인도했다가 이스라엘과 이집트의 진 사이로 옮겨 섰던 그 불 기둥, 구름 기둥과 동일한 성령일 것이라 짐작할 수 있다(참고. 출 14:19-20). 이사야와 출애굽기 두 본문 모두 한 특정한 천사(사자)를

---

[58] 필자는 단수 대명사적 접미사를 '소노'("그의 양 떼")를 지칭하는 것으로 여긴다(참고. GBH §149b 여성 선행사가 있는 남성 대명사의 용례). 그러나 칼빈은 그 대명사적 접미사를 모세를 지칭하는 것으로 여긴다(*Isaiah* [1551], trans. W. Pringle, in *Calvin's Commentaries* [reprint, Grand Rapids: Baker, 1979], 8:350). 덤브렐 또한 유사한 방식으로 사 63:11에서 백성 가운데 계신 성령에 대한 언급이 모세를 전망한 것이라고 주장한다("Spirit and Kingdom of God in the Old Testament," 2). 또한 참고. F. Delitzsch, *Isaiah*, vol. 7 of *Commentary on the Old Testament*, 602; and D. Hill, *Greek Words and Hebrew Meanings*, SNTSMS 5 (Cambridge: University Press, 1967), 211. J. N. Oswalt, *The Book of Isaiah*, NICOT, 2 vols. (Grand Rapids: Eerdmans, 1986, 1998), 2:608에서는 다음과 같이 언급한다: "단수 대명사 'him'이 성령의 수납자로서 모세 한 사람을 지목하는 것처럼 보일 수 있으나, 그들의 지도자들 아래 있는 이스라엘 백성이 지칭되는 것일 가능성도 존재한다(비교. 민 11:17; 느 9:20; 학 2:5)." 사 63:11의 성령에 관한 언급이 모세에게 임한 성령을 배제하는 것은 아니지만, 이스라엘 백성 한가운데 있는 불과 구름 기둥이 더 직접적으로 전망되는 것처럼 보인다.

언급한다. 출애굽기 14:19은 이스라엘 진영 선두에 가다가 "그들의 뒤로 옮겨 갔던" "하나님의 사자"(히. '말라크 하엘로힘')에 대해 언급한다. 그런 후, 전형적으로 후속 사건을 묘사하는 구문을 사용해, "[그러자] 구름 기둥도 앞에서 그 뒤로 옮겨"라고 진술한다. 따라서 "하나님의 사자"와 "구름 기둥"은 서로 별개의 실재인 것처럼 보인다. 비슷한 방식으로, 이사야 63:9은 이스라엘 백성을 건져내고 구속했던, 그리고 그들을 들고 안으셨던, "자기 앞의 사자"(히. '말라크 파나이우')에 대해 언급한다. 그런데 10절에 따르면 이스라엘은 "반역하여 주의 성령을 근심하게 하였다"(비교. 시 106:33). 이 구절에서 이사야는 출애굽기 14:19을 환기하는 것으로 보인다. 따라서 이사야가 언급한 "자기 앞의 사자"는 곧 출애굽기에 언급된 "하나님의 사자"에 상응하고, 이사야 63:10-11의 "주의 성령"은 출애굽기 14:19의 "구름 기둥"에 상응하는 것이다.

이처럼 하나님의 성령이 이스라엘 백성 한가운데 계셨는데 이는 불과 구름 기둥이 그 성막에 있었기 때문이다(민 9:15-16). 하나님은 자기 백성과 '함께' 거하셨다. 그러나 그 백성들 '안에' 개별적으로 계셨던 것은 아니다.[59] 출애굽기 29:42-46에서 여호와는 회막에서 "이스라엘 자손 중에[가운데] 거할 것"과 거기서 그들과 "만나실 것"을 약속하신다. 모티어의 지적대로, "여기서 언급되는 것은 성막 안에 거하시는 여호와 자신의 내주하심이다."[60]

먼 훗날, 이스라엘 자손이 바벨론 포로생활에서 돌아온 이후,

---

59 대조. J. Goldingay, "Was the Holy Spirit Active in Old Testament Times?" *ExAud* 12 (1996): 21.
60 J. A. Motyer, *Isaiah*, TOTC (Downers Grove: InterVarsity, 1999), 388 (강조 추가).

학개의 사명은 성전 재건을 완수하도록 백성들을 독려하는 것이었다. 비록 재건된 성전이 옛 성전에 비하면 "보잘것없어" 보일 수 있지만(학 2:3), 그럼에도 불구하고 여호와는 이스라엘 지도자들에게 스스로 굳세게 하여 일할 것을 명하신다(2:4). 하나님은 재건된 성전을 거부하지 아니하실 것이며, 오히려 이스라엘 백성을 위해 그들의 조상들과 맺었던 약속을 이루실 것이다: "너희가 애굽에서 나올 때에 내가 너희와 언약한 말과 나의 영이 계속하여 너희 가운데에 머물러 있나니(히. '웨루아히 오메데트 베토케켐') 너희는 두려워하지 말지어다"(학 2:5). 여호와께서는 재건된 성전을 영광으로 충만하게 하실 것을 약속하신다. 심지어 그 나중 영광은 옛 성전에서 경험했던 이전 영광보다 더 큰 영광이 될 것이다(2:7-9). 비록 솔로몬이 지었던 옛 성전만큼 위대해 보이지 않지만, 여호와께서는 이 재건된 성전을 받아들이시고 마치 솔로몬 성전에서 거하셨던 것처럼 그 안에 거하실 것이다. 또한 하나님의 영은 이미 그 백성들 가운데 "머물러"(standing) 계신다." 물론 그들 각 사람 안에 개별적으로 거하시는 것은 아니지만 그들을 이집트에서 구해내셨을 때와 마찬가지로 그들 가운데 계시는 것이다.[61] 한 가지 흥미로운 부분은, 출애굽기 14:19 등의 본문에서 "기둥"(히. '암무드')의 의미로 사용된 단어가 "머물다"(또는 '서 있다')로 번역되는 학개 2장의 동사(히. '아마드')와 같은 어원에서 유래한다는 사실이다.

하나님은 옛 언약 시대에 특정한 언약 중보자들에게 하나님의 성령으로 능력을 입히셨다. 성령은 이스라엘의 그러한 지도자들

61　참고. Dumbrell, "Spirit and Kingdom of God in the Old Testament," 9.

을 통해 나머지 백성들에게 사역하셨다(예. 느 9:30). 그분의 성령으로 말미암아, 하나님은 성막 안에 그리고 후에는 성전 안에 자신의 거처를 삼으셨다. 성전 안에 거하시는 하나님의 임재는 구약 성도들에게 그들을 위한 성화와, 보존의 효과를 발휘했다. 시편 73편의 기자 아삽은 자신이 시험에 들어 악을 행하는 자들을 부러워할 처지에 놓인 상황에 대해 설명한다. 아삽은 자신이 하나님의 성소로 들어갈 때까지 그 일이 자신에게 큰 고통이었다고 말한다(16절). "하나님의 성소에 들어갈 때에야 그들의 종말을 내가 깨달았나이다"(17절). 그는 악인을 부러워하고 의로운 삶이 헛되다고 생각함으로 믿음을 저버릴 뻔했다. 그런데 그가 성전으로 들어간 것이 하나님의 백성을 배반하는 죄에서 시편 기자 자신을 보전했던 것이다(13-15절). 이처럼 아삽은 성전 안에 계시는 하나님의 임재로 인하여 믿음 안에 보전될 수 있었다(23, 28절). 즉, 성전 안의 하나님의 임재를 통해 아삽은 하나님께서 악인들을 반드시 심판하실 것을 상기하게 되었던 것이다(18절). 성전을 통해 전달되는 하나님 임재 의식이 시편 기자를 믿음으로 인내하도록 감동시켰던 것이다.

결국, 언약을 파기한 백성들에 대한 여호와의 인내도 끝나고, 하나님은 자기 이름을 두셨던 그 성전과 택하셨던 예루살렘을 물리치신다(왕하 23:27). 하나님은 이스라엘 안에 있던 자신의 거할 처소를 버리셨고(렘 12:7), 결국 하나님의 영광도 예루살렘 성전에서 떠나간다(겔 8-11장).

새 언약의 약속

구약의 몇몇 본문들은 하나님의 백성들이 그분의 성령을 더 강력하게 경험할 미래의 한 날에 대해 이야기한다(사 32:15; 44:3; 겔 36:27; 37:14; 39:29; 욜 2:28-29).[62] 예레미야 31장은 직접적으로 성령을 지칭하지는 않지만, 하나님의 법을 위한 새로운 장소를 가져올 새 언약에 대해 언급한다(렘 31:31-32). 그것은 성전 안의 돌 판이 아니라 하나님의 백성의 마음이다(31:33). 에스겔 36:26 또한 하나님의 백성에게 주어지는 새 마음에 대해 말하고 있으며, 해당 구절은 대체로 예레미야 31장과 개념상 유사한 의미로 해석된다. 여기서 에스겔이 성령의 내주하심에 대해 이야기할 때, 그는 "그때까지 개인적인 지식이나 체험이 전혀 없었던 어떤 현상에 대해 예견한 것"이 아닌 것으로 제기되어왔다.[63] 선지자로서 에스겔은 그전에 이미 성령과의 특별한 관계를 경험했기 때문이다(겔 2:2; 벧전 1:11). 그러나 에스겔이 과연 여기서 자신이 예언하고 있는 미래의 그 일을 이미 경험했는가? 또한 에스겔 당대의 독자들은 과연 그런 비슷한 현상이라도 경험했는가? 예레미야 31장과 에스겔 36장, 이 두 본문들은 각 선지자들 후대에 있을 한 날, 즉 하나님께서 더 이상 성전에 거하지 아니하시고 성령으로 자기 백성 안에 거하실 그날을 바라보고 있다.

---

62   참고. W. E. March, "God with Us: A Survey of Jewish Pneumatology," *Austin Seminary Bulletin* 83 (1967): 8. 또한 참고. *Pss. Sol.* 17:39-42, T. *Jud.* 24:2-3, and 1QS 4:18b-21.

63   Block, "The Prophet of the Spirit," 40.

예레미야 31:31-34

예레미야는 자신의 신탁을 분명히 미래에 고정시키며 시작한다: "보라 날이 이르리니…"(31:31). 예레미야는 이런 표현을 써서 자신이 곧 전할 내용은 당시 현재 일어나고 있는 일이 아니라 훗날에 일어날 일임을 청중에게 알리고 있다. 바인펠트(Moshe Weinfeld)가 진술한 대로, "이러한 형태의 도입부를 사용하는 예언들은 주로 이스라엘의 원수들에게 집행될 보복 및 … 포로 귀환, 예루살렘 재건, 다윗의 가지 등과 관련된 것들이다."[64] 그리고 예레미야 31:31의 나머지 부분은 여호와께서 이스라엘 집과 유다 집에 새 언약을 맺으실 것을 선언한다.

이 새 언약은 모세 언약과는 구별되는 특징을 갖는다: "이 언약은 내가 그들의 조상들의 손을 잡고 애굽 땅에서 인도하여 내던 날에 맺은 것과 같지 아니할 것이다"(32절).[65] 이스라엘이 옛 언약을 깨뜨렸기 때문에 새 언약이 필요해진 것이다(32b절). 33절은 먼저 여호와께서 무엇을 행하실 것인지에 대한 측면에서 새 언약을 설명하고, 남은 33-34절에서는 새 언약의 결과에 대해 설명한다.

33a절, "그날 후에 내가 이스라엘 집과 맺을 언약은 이러하니"[66]

64　M. Weinfeld, "Jeremiah and the Spiritual Metamorphosis of Israel," *ZAW* 88 (1976): 18-19. 또한 참고. C. L. Feinberg, *Jeremiah*, in *EBC*, 6:574-75.

65　이것은 옛 언약과 "같지 않은" "새" 언약이기 때문에 필자는 "그러므로, 본질이 다른, 두 은혜 언약이 있는 것이 아니라, 하나의 동일한 언약이 있다"는 웨스트민스터 신앙고백 제7장 6항의 주장을 납득하기 어렵다.

66　그 백성은 31절에 "이스라엘의 집과 유다의 집"으로 묘사되고 있지만, 32절에서 여호와께서 "그들의 조상"이라고 말씀하실 때 그 둘은 한 덩어리로 다뤄진다. 이러한 표현은 여호와께서 "그들의 손"을 잡고 "그들을" 이집트에서 이끌어내신 것에서 그리고 "그들이" 언약을 깨뜨린 후에도 여전히 여호와께서 "그들에게" 남편이 되신 것

에서 새 언약의 미래적 성격이 재차 언급되고 있다. 여호와께서는 새 언약을 설명하기 위해 옛 언약의 심상을 사용해, "내가 나의 법[토라]을 그들의 속에 둘 것"이라 말씀하시고 이어지는 문장에서, "그들의 마음에 [그것을] 기록할 것"(33b절)임을 명확히 밝히신다. 십계명이 기록된 증거판은 언약궤 안에 두어졌고, 언약궤는 하나님의 거하시는 곳인 성막(이후에는 성전) 안에 보관되었다(출 25:16; 비교. 24:12; 40:20; 신 10:5; 왕상 8:9). 그리고 율법책은 언약궤 곁에 두어졌다(신 31:26). 그런데 "예레미야 3:16은 예루살렘 성이 회복되는 미래의 그날에는 언약궤가 쓸모없게 될 것을 약속하고 있다."[67] 바인펠트의 설명대로, "우리가 언약궤의 어떠한 필요성도 부인하게 된다면, 우리는 자연스럽게 언약의 돌판(증거판)의 어떠한 필요성도 부인하게 된다."[68]

그렇다면 이것은 율법(토라)이 더 이상 성전의 언약궤 안에 존재해 있지 않게 될 것을 말하는 것처럼 보인다. 여호와는 하나님의 법이 새로운 매개체를 갖게 될 것, 즉 더 이상 돌판이 아닌 마음에 기록될 것과, 새로운 거처를 취하게 될 것, 즉 이제는 성전의 언약궤 안이 아니라 하나님의 백성 안에 존재해 있을 것을 약속하신다(렘 31:33).[69]

에서 계속 볼 수 있다(렘 31:32). 이렇게 처음에는 이스라엘과 유다로 묘사된 이 백성이 32절에서는 하나의 연합체로 제시되고 있다. 따라서 33절에서 "이스라엘 집과" 언약을 맺는다고 했을 때는(31:33) 재결합된 하나의 백성이 전망되고 있다.

67 G. L. Keown, P. J. Scalise, and T. G. Smothers, *Jeremiah 26–52*, WBC (Dallas: Word, 1995), 133.

68 Weinfeld, "Jeremiah and the Spiritual Metamorphosis of Israel," 26.

69 참고. Keil, *Jeremiah, Lamentations*, vol. 8 of *Commentary on the Old Testament*, 282: "['베키르밤', '그들 한가운데/그들 안에 함께]라는 어구는 ['나탄

그런 후에, 이 새 언약의 세 가지 결과들이 진술된다. 첫째, 여호와께서 그들의 하나님이 될 것이며 그들은 여호와 하나님의 백성이 될 것이다(렘 31:33). 둘째, 여호와를 알기 위한 지식의 가르침이 이제는 꼭 필수적이지 않게 될 것이다(34a절). 셋째, 악행이 사하여지고 과거의 죄악이 더 이상 기억되지 않을 것이다(34b절). 제사장직의 책무가 토라를 가르치는 것임을 감안하면,[70] 이 구절은 새 언약 시대에는 제사장들의 그런 역할이 불필요하게 될 것임을 함의한다. 더 이상 토라에 접근하기 어렵다는 이유로 하나님의 말씀을 대하는 일이 제한되지 않을 것이다. 또한 죄의 문제가 해결되고 나면, 반복되는 희생 제사의 종교가 더 이상 필요하지 않게 될 것이다(참고. 히 9:6-10:18). 이와 관련해 덤브렐(Dumbrell)은 이렇게 진술한다: "구약에서 죄 사함은 보통 희생 제사 제도를 통해 주어졌다 … 예레미야 31:34의 맥락에서 하나님이 '다시는 그 죄를 기억하지 아니할 것'의 의미는, 새로운 시대에 들어서면 죄에 관해서 어떤 행동도 더 이상 취해질 필요가 없을 것이란 의미다."[71] 카일(Keil)은 다음과 같이 설명한다:

옛 언약의 제도에서는 여호와를 아는 지식이 제사장과 선지자들의 중보 사역에 연계되어 있었다 … 개인들이 스스로 여호와께 가까이 갈 수 없었고, 그분의 은총은 오직 인간 중재자들의 중보 사역을 통해서만 얻

리프네헴', '그들 앞에']와 상반되며 그것은 시내 산 율법의 문맥에서 지속적으로 사용된다. 참고. 9:12, 신 4:8; 11:32, 왕상 9:6; 그리고 '마음에 기록하다'는 돌 판에 기록하는 것과 반대된다."
70 참고. 렘 18:18; 겔 7:26; 22:26; 호 4:5-6; 미 3:11; 학 2:11; 말 2:6-7.
71 W. J. Dumbrell, *The End of the Beginning* (Grand Rapids: Baker, 1985), 93-94.

을 수 있었다. 그러나 이제 호의를 입은 죄인이 성령으로 말미암아 하나님과의 즉각적인 관계에 놓이게 된 만큼, 새 언약 시대에는 그런 옛 제도의 상태가 폐지되었다.[72]

단언컨대, "하나님께서 토라('율법, 교훈')를 사람들의 마음에 기록하실 때면, 중재자들과 기록된 문서의 한계는 대체될 것이다."[73]

예레미야 31:31-34은 새 언약 시대에 성령께서 신자들 안에 내주하실 것을 직접적으로 진술하지는 않는다. 그러나 그러한 방향을 암시하는 요소들이 있다. 예전에 토라가 성전을 거처로 삼아 그 안에 자리 잡고 있었던 것처럼, 이제 토라는 신자 개인을 거처로 삼아 그들 속에 자리 잡을 것이다.[74] 하나님에 대한 지식과 죄 용서의 복이 성전에서 제사장들을 통해 중재되었던 것처럼, 새 언약 시대에는 그러한 것들을 모든 신자들이 경험할 것이다(참고. 요일 2:1-2, 20, 27). 이러한 변화는 이제 하나님의 백성이 성전을 대체하는 존재가 되었음을 가리킨다. 이것이 곧 새 언약이 가져오는 새로움이다. 하나님의 백성을 하나님의 성전으로 세워지게 하는 것은 다름 아닌 성령의 내주하심 때문이다(참고. 제6장).

우리는 예수 그리스도, 스데반 집사, 바울 사도에게 각각 성전을 모독했다는 혐의가 제기되었다는 사실을 생각할 필요가 있다(마 26:61; 행 6:13; 21:28). 그런 고소와 비난은 예루살렘 성전이 대체되었고 더 이상 그 성전 건물이 하나님의 백성에게 본질적인 것이 아

72　Keil, *Jeremiah, Lamentations*, 283-84.
73　Keown, Scalise, and Smothers, *Jeremiah 26-52*, 133.
74　참고. Dumbrell, *The End of the Beginning*, 91-92.

니라는 초대 교회의 선포에서 비롯된 것일 수 있다. 정확히 이런 표현으로 진술되었는지 여부는 알 수 없지만, 초대 교회가 모든 신자들 안에 계신 성령의 내주하심(요 14:17,23; 롬 8:9-11; 고전 6:19) 그리고 하나님의 새로운 성전으로서의 신자들의 역할과 기능(예. 고전 3:16; 6:19)을 선포했던 것은 분명하다. 그리고 그들은 예수께서 희생 제사 제도를 폐하셨음(예. 히 10:12)과, 이제 신자들은 예수 그리스도를 힘입어 성령으로 말미암아 하나님께 직접 나아갈 수 있음(예. 히 4:14-16; 10:22; 12:28; 요일 3:24; 4:13)을 선포했다. 이런 주장들은 1세기의 환경에서 다수의 사람들에게, 특히 성전에서의 역할과 지위에서 자신들의 명성과 걸출함을 드러냈던 자들에게 심각한 불쾌감을 주었을 것으로 보인다.

새 언약의 시대에서는 하나님께서 나머지 백성들에게 봉사하도록 제사장 지파를 따로 구별해 두지 않으실 것이다. 오히려 하나님의 백성 전체가 제사장 나라가 될 것이다(참고. 출 19:6; 벧전 2:9; 계 1:6).[75] 그런 측면에서 보면, 옛 언약과 새 언약 사이에 불연속성이 존재한다고 말할 수 있을지 모른다. 그러나 새 언약과 옛 언약 시대의 모든 신자들의 삶 속에 성령께서 역사하셨다는 점에서 두 언약 사이에는 연속성이 존재한다.[76] 옛 언약 제도 아래 살던 당시 신자들은[77] 구약 시대에도 성령께서 내적인 사역을 수행하셨음을 증명

---

75 본서의 논문이 "침례교도가 된다는 것의 의미에 정곡을 찌르고 있다"고 관찰한 카슨(D. A. Carson)에게 감사를 표한다. 모든 신자들의 만인제사장직은 새 언약 시대의 당면한 현실이다.

76 참고. Grogan, "The Experience of Salvation in the Old and New Testaments," 23.

77 구약 신자들은 하나님을 사랑하였고 그분께 순종했다. 비록 바울은 하나님이 광야 세대의 그들 "다수"를 기뻐하지 않으셨다고 언급하지만(고전 10:5), 그러한 세대 가운데도 하나님의 은혜로운 택하심에 따라 남은 자들이 존재했다(롬 11:5). 적어

하는 자들이다.[78] 따라서 옛 언약의 신자들은, 비록 그것이 내주하심의 경험은 아닐지라도, 자신들의 마음에 할례를 받았다(즉, 그들은 중생했다).

예레미야는 하나님의 백성의 마음에 율법이 기록되는 사건을 미래의 일로 다루고 있는 반면(렘 31:31,33), 마음의 할례에 대해서는 자신의 동시대 사람들이 경험했을 법한 어떤 것으로 언급하고 있다: "보라 날이 이르면 포피에 할례 받은 자[개역개정, '할례 받은 자와 할례 받지 못한 자']를 내가 다 벌하리니", 렘 9:25 [히브리 성경 9:24]). 여기서 예레미야는 할례를 받았지만 여전히 포피가 남아 있는 자신의 동시대인들에게 여호와께서 벌을 내리고자 하심을 선언하고 있다. 이러한 모순어법은 "할례 받지 않은 할례자들"[79]로도 번역될 수 있고, 이어지는 구절에서 "이스라엘은 마음에 할례

도 갈렙과 여호수아는 하나님의 은총을 입은 광야 세대 백성들을 대표하는 자들이다. 약속의 땅에 들어가지 못하고 제외되는 것(예. 모세) 자체가 믿는 남은 자들의 무리에서 배제되는 것을 필히 의미하는 것은 아니다. 일부 이스라엘 백성은 "여호와께서 우리와 함께 하신다!"는 선포를 믿음으로 들었을 것이다(민 14:9; 비교. 롬 10:17). "이스라엘의 하나님을 대면"하며 "먹고 마셨다"고 기록된(출 24:10-11) 칠십인의 장로들은 아마도 믿는 남은 자들의 무리에 속했을 것이다. 이처럼 바울이 언급한 그 "다수"는 모든 백성들을 의미하지 않는다. 모세, 여호수아, 갈렙, 아론, 미리암 같은 예외들이 분명히 존재했다(아론과 미리암 참조. 미 6:4). 요 6:40,63에 따르면, 하나님의 계시[그리스도]를 보고 믿는 자는 영생을 얻으며 성령이 그를 살리신다. 본서 제6장에서 필자는 성령의 이러한 생명 주시는 사역이 요 3장에 언급된 성령으로 새로 태어남과 연결됨을 주장할 것이다. 그리고 신약은 이러한 성령의 사역을 그 내주하심과는 달리, 예수의 영광 받으심 이후 시대로만 국한시키지 않는다(요 7:39).

78 느 9:20,30에 따르면, 성령은 백성들을 가르치셨고 경고하셨으며, 그들의 마음과 생각 속에 역사하셨다. 그러한 내적 사역은 내주 사역과 동일한 것이 아니다. 성령은 사람을 거처로 삼지 않으면서도 그 마음을 움직이며 일하실 수 있다.

79 Keil, *Jeremiah, Lamentations*, 120. 비교. ESV: "단지 육체에 할례를 받은 자들." HCSB: "할례 받았으나 여전히 무할례인." NIV: "오직 육신에 할례 받은." NRSV: "단지 포피에 할례 받은."

받지 못하였다"는 표현으로 그 의미가 설명된다(비교. 레 26:41; 신 10:16; 30:6; 행 7:51; 롬 2:29).[80] 이와 관련해 우드브리지(Woodbridge)는 이렇게 말한다: "예레미야 9:25-26은 단순한 물리적 행위[육신의 할례]의 한계를 드러내고 있다 … 마음에 할례를 받지 못한 유대인들은 할례의 관습을 지닌 또 다른 민족의 이방인들과 전혀 다를 바 없다."[81]

예레미야 9:25-26의 "날이 이르고 있다"('days are coming', 개역개정. '날이 이르면')는 표현은 예레미야 31:31처럼 심판 이후에 있을 회복의 날을 가리키는 것이 아니라, 예레미야의 동시대인들에게 곧 임할 임박한 심판 그 자체를 지칭하는 것이다. 명백하게도 그들은 스스로 지혜 있고, 용맹하며, 풍족하다고 자부했다. 그러나 예레미야는 그런 것이 전혀 자랑할 근거가 되지 않는다며 반박한다. 오히려 자랑하고자 하는 자는 오직 여호와를 아는 것으로 인해 자랑해야 할 것이다(렘 9:23-24 히브리 성경 9:22-23). 그러나 그들은 여호와 알기를 거부했고, 따라서 예루살렘은 폐허가 될 것이며, 예레미야는 그들의 살육당한 것으로 인해 애통하게 될 것이다. 예레미야 9:24의 '여호와를 아는 것'에 대한 언급 직후에, 그 뒤를 곧장 이어, 9:25-26에서 '마음에 할례를 받지 못한 자들'이란 표현을 사용하고 있다. 예루살렘의 약탈과 멸망은 유배의 결과를 가져올 것이다(9:16). 이러한 예루살렘 성의 파괴는 마지막 때에 있을 종말론적 심판의 한 모형이기도 하지만 실제로 그들의 멸망은 머지않은 장래에 이뤄질 것이었다. 만약 이 논리가 옳다면, 예레미야의 생애 동안

---

80 참고. Weinfeld, "Jeremiah and the Spiritual Metamorphosis of Israel," 33-34.
81 P. D. Woodbridge, "Circumcision," in NDBT, 412.

일어날 것으로 예견된 그 심판은 결국 그 당시 마음에 할례를 받지 못한 자들에게 임하는 심판이었던 것이다. 만약 예레미야의 동시대 인들 중에, "너희는 스스로 할례를 행하여[82] 너희 마음 가죽[포피]을 베고 나 여호와께 속하라"(렘 4:4)는 말씀에 믿음으로 반응한 자들이 있다면, 그들은 비록 심판의 고난은 겪게 될지라도 그것을 통과해 구원받은 남은 자들이 되었을 것이다. 예레미야 시대의 그러한 남은 자들은 예루살렘의 멸망 가운데서 생존했던 것으로 보인다(참고. 렘 23:3; 31:7; 40:11; 42:2,19).

한편, 마음에 기록된 율법은 성전의 언약궤에 보관되던 율법을 대체할 것이지만 영적인 할례, 즉 마음의 할례의 경우 그것이 어떤 식으로든 성전을 대체할 것이라는 암시는 없다. 하지만 그럼에도 불구하고 마음의 할례는 하나님을 사랑하고 생명을 얻게 하는 '능력'을 가져왔던 것으로 보인다(신 30:6). 이러한 영적 할례(마음과 귀의 할례)는 그것을 받은 사람들로 하여금 여호와께로 향하도록 그들에게 '힘'을 준다. 여호와께서는 예레미야 6:10을 통해 다음과 같이 선포한다: "내가 누구에게 말하며 누구에게 경책하여 듣게 할꼬. 보라 그 귀가 할례를 받지 못하였으므로 듣지 못하는도다(히. '웰로 유켈루 레하크시브'). 보라 여호와의 말씀을 그들이 자신들에게 욕으

---

82 니팔 명령형 '힘모루'는 대개 재귀의 의미로 번역된다("너희 스스로 할례하라." 참고. ESV, HCSB, NIV, NRSV). 하지만 그것은 수동의 의미("할례를 받다")일 수도 있다. 신 10:16에서 백성들은 마음의 할례를 받으라는 명령을 듣지만, 신 29:4는 여호와께서 그들에게 깨닫는 마음, 보는 눈, 듣는 귀를 주시지 않았다고 진술한다. 그리고 30:6에서 그들은 여호와께서 그들의 마음에 할례를 베푸실 것을 듣게 된다. 마찬가지로 바울이 엡 5:18에서 성령으로 충만하라고 명할 때, 그것은 우리 스스로 행할 수 없는 것에 대하여 하나님께서 우리를 위해 친히 행해 주시도록 부르짖으라는 영적 할례의 명령인 것이다.

로 여기고 이를 즐겨하지 아니하니." 여기서 "할례 받지 못한 귀"는 여호와의 말씀에 스스로 아무런 관심도 갖지 못하는 그들의 '무능함'을 지적하는 표현이다. 6장에서 필자는 위로부터 새로 태어남, 즉 중생은 영적 할례가 그렇듯이 그것을 경험한 자들에게 듣고 믿는 새로운 능력을 가져온다고 주장할 것이다. 만약 옛 언약 시대의 믿는 신자들, 곧 그 남은 자들에게 여호와의 말씀을 들을 수 있고 믿을 수 있는 능력이 주어졌다면, 그들은 신약에서 "거듭난" 또는 "살려진" 것으로 묘사된 자들에게 주어진 능력과 똑같은 능력을 받았던 것이다(요 3:3-8; 엡 2:5; 벧전 2:24). 또한 예레미야 9:25(히브리 성경 9:24)에서 예상해 보건대, 마음에 할례를 받은 자들은 다른 백성들이 심판을 받게 되었을 때 구원을 받았을 것으로 보인다.

따라서 마음의 할례는 중생과 대등한 경험처럼 보인다. 반면 율법이 마음에 기록되는 경험은 그 수혜자 자신이 영적 성전이 되게 하는 사건으로, 그것은 성령의 내주하심과 관련된 것으로 보인다. 마음의 할례는 예레미야와 동시대인들에게도 가능했지만, 하나님의 백성의 마음에 율법이 기록되는 일은 새 언약의 새로운 시대를 기다려야 했을 것이다. 비록 옛 언약의 남은 자들, 즉 구약 신자들에게 내주하심의 경험은 없었지만(하나님의 성령은 그분의 토라처럼 성전 안에 거하셨다), 그럼에도 그들은 중생을 경험했다(그들은 마음의 할례를 받았다). 이에 대해 루이스(A. H. Lewis)는 다음과 같이 진술한다: "그러므로 우리는 하나님의 성령에 의해 사용된 하나님의 말씀은 옛 언약 시대에도 개인의 구원으로 나온 모든 사람에게 '새로운 생명'을 가져온다고 결론지어야 할 것이다."[83]

적어도, 내주하심을 연상시키는 예레미야 31:31-34의 표현, 즉 율법이 마음에 기록될 것에 대한 주제는 먼 미래에 일어날 사건으로 고정되어 있다. 해당 본문은 구약의 신자들에게 성령의 내주하심이 있었다고 말하지 않는다.

에스겔 36:26-27

이 단락은 세 가지 요점에 중점을 둘 것이다. 첫째, 가장 중요한 것으로, 해당 본문에서 이스라엘에게 약속된 종말론적 복에 관한 주제다. 둘째, 우리는 에스겔의 최초 독자들이 에스겔의 예언을, 에스겔 8-11장에서 여호와께서 자신의 영을 떠나게 하신 이후, 여호와께서 다시 그분의 성령을 성전에 두시는 것으로 이해했을 것이라는 주장에 대해 고려해 볼 것이다. 셋째, 필자는 에스겔 36:26이 중생을 그리고 27절은 내주하심에 대해 약속하고 있음을 주장할 것이다. 두 번째와 세 번째 요소들은 비록 이 책이 그것들을 의존하고 있는 것은 아니지만, 도움이 될만한 해석의 가능성들이다. 이제 본문에 나타난 약속이 종말론적이라는 점부터 살펴보고자 한다.

에스겔은 유배된 자들 가운데 한 사람으로서 이 예언을 기록하고 있으며(겔 1:1), 하나님의 영광이 성전을 떠나는 환상을 보았던

---

83 A. H. Lewis, "The New Birth under the Old Covenant," *EvQ* 56 (1984): 44, (emphasis his). 비교. Rea, "The Personal Relationship of Old Testament Believers to the Holy Spirit," 94.

인물이다(겔 8-11장). 에스겔 36장은 여호와께서 이스라엘을 유배된 땅에서 돌아오게 하실 날을 고대한다: "내가 너희를 여러 나라 가운데에서 인도하여 내고 여러 민족 가운데에서 모아 데리고 고국 땅에 들어가서"(36:24).

이스라엘이 고국으로 귀환하는 날에, 그들은 자신들의 부정한 행위 때문만이 아니라 이방의 영토에서 거주했던 세월로 인해 자연히 부정한 상태에 놓여 있을 것이다. 그러나 여호와께서 그들을 불러 모으실 때에 그들은 자기 스스로 정결해지려고 할 필요가 없다. 여호와께서 친히 그들을 씻기실 것이기 때문이다: "맑은 물을 너희에게 뿌려서 너희로 정결하게 하되 곧 너희 모든 더러운 것에서와 모든 우상 숭배에서 너희를 정결하게 할 것이며"(겔 36:25). 여기서 에스겔은 신적으로 완성되는 하나님의 백성의 완전무결한 혹은 대대적인 죄로부터의 정화 작업을 묘사하기 위해 다양한 정결 예식들을 겹겹이 상기시키고 있다.[84] 28-30절은 여호와께서 자기 백성들을 불러 모으실 그 풍요로운 땅에서 그들에게 허락하실 번영과 축복의 삶을 이야기한다. 그 백성은 회개할 것이며(겔 36:31), 성읍들이 재건될 것이고(36:33), 황폐된 땅이 다시 경작되어(36:34) 마치 에덴동산처럼 될 것이다(겔 36:35; 비교. 사 51:3).

그렇다면 에스겔 36:26-27은 종말론적 무대를 배경으로 말하는 것이다. 덤브렐은 이 그림에 대한 적절한 설명을 제공한다: "[에스겔]이 강조하는 바는 … 예레미야의 그것과는 조금 다르긴 하지만, 에스겔의 목적은 분명 동일하다. 그것은 새 창조 안에서 새로운

---

[84] 참고. D. I. Block, *The Book of Ezekiel*, 2 vols., NICOT (Grand Rapids: Eerdmans, 1997, 1998), 2:354 n. 87; 또한 2:355.

생명의 경험이다. 28-38절에서 우리는 창세기 2장의 그 동산을 무대로 실질적으로 귀환하고 있기 때문에 이것이 바로 에스겔 36장의 지향점인 것이다."[85] 이 본문은 하나님의 백성의 회복을 전망하고 있다(참고. 겔 37장).[86]

에스겔이 이 예언을 했을 당시 그 백성들은 포로로 잡혀간 상태에 있었다. 하나님은 자신이 거하시던 처소를 물리치신 상태였다. 그럼에도 불구하고 에스겔은 이 백성들에게 소망을 제시하고 있다. 그들의 하나님께서 그 백성들에게 주셨던 땅으로 그들을 다시 불러 모으실 것이다. 그리고 하나님은 자기 영을 다시 그들의 한가운데에 두실 것이다. 그분의 성령을 "너희[복수] 속에[가운데]"(히. '베키르베켐', 36:27) 두실 것이라는 여호와의 약속은 에스겔 8-11장에서 하나님의 영광이 성전을 떠나는 환상에 맞대어 이해되었을 가능성이 있다. 이러한 해석은 문맥상으로 맞을 뿐 아니라 문법적으로도 개연성이 있다. "너희 모두의 한가운데"(in the midst of you all)와 대등한 이 같은 표현이 구약에 등장할 때마다, 매번 그것은 공동체 안의 각 개인 속에 있는 그 무엇을 의미하는 것이 아니라, 오히려 공동체 집단의 한가운데에 있는 그 무엇을 의미한다.[87] 만약

---

85 Dumbrell, *The End of the Beginning*, 96. 대조. 부네(R. J. Boone)는 프레드릭스를 따라서, 겔 36:26-27을 제2성전 건축가들에게 내주하심이 있었다는 증거로 삼는다("The Role of the Holy Spirit in the Construction of the Second Temple," in *The Spirit and the Mind*, ed. T. L. Cross and E. B. Powery [Lanham, MD: University Press of America, 2000], 55). 학 2:5의 진술에 따라서 필자는 부네의 해석을 거부한다. 해당 구절에 대한 상기 필자의 논급들을 보라.

86 R. H. Alexander, *Ezekiel*, in *EBC*, 6:922.

87 민 11:20; 14:42; 신 1:42; 수 3:5,10; 4:6; 18:7; 24:23; 렘 29:8. 참고. A. Even-Shoshan, ed., *A New Concordance of the Old Testament* (Jerusalem: Kiryat Sefer, 1997), 1033.

에스겔 36:26과 27절에서의 이러한 용례가 해당 용법에 대한 구약의 사용 패턴에 유일무이한 예외가 된다고 한다면, 그것은 매우 놀랄만한 일이 될 것이다.

따라서 이 본문에서 하나님의 영을 그들의 "한가운데"(개역개정. '속에')에 두신다는 표현은, 여호와께서 전에 버리셨던 성전에 자신의 영을 다시 두신다는 것으로 자연스럽게 이해될 수 있다는 것이다. 클레멘츠(Clements)는 다음과 같이 언급한다: "포로기 당시 에스겔은 백성들에게 여호와께서 단지 일시적으로 그분의 임재를 거두신 것이며, 새롭게 재건된 예루살렘으로 돌아오실 것이라고 가르쳤다."[88] 이러한 해석은 여호와께서 다시 그 백성 가운데 거하실 것을 약속하시는 인접 문맥을 통해서도 뒷받침된다:

"내가 그들과 화평의 언약을 세워서 영원한 언약이 되게 하고 또 그들을 견고하고 번성하게 하며 내 성소를 그 가운데에(히. '베토캄') 세워서 영원히 이르게 하리니 내 처소가 그들 가운데에(히. '알레헴')있을 것이며 나는 그들의 하나님이 되고 그들은 내 백성이 되리라 내 성소가 영원토록 그들 가운데에(히. '베토캄') 있으리니 내가 이스라엘을 거룩하게 하는 여호와인 줄을 열국이 알리라 하셨다 하라"(37:26-28)

우리는 이러한 진술들과 함께, 하나님의 영광이 다시 충만한, 즉 하나님의 성령이 다시 거하시는(겔 43:1-9) 새로운 성전에 대한 환상을 덧붙여 읽을 수 있을 것이다(겔 40-48장).

88　Clements, *God and Temple*, 137.

에스겔 36:27의 "내 영을 너희 가운데 둘 것이다"('And my Spirit I will put in your midst', 개역개정. '내 영을 너희 속에 두어')라는 진술을 하나님께서 다시 성전으로 복귀하신다는 진술로 이해하는 해석은 에스겔 37:1-14과의 비교를 통해 지지될 수 있다. 이 본문에서 에스겔은 마른 뼈들에 대한 자신의 환상을 기록하는데, 이때 그는 하나님의 영이 그 뼈들"의 한가운데로"(into the midst of) 또는 뼈들 "사이로"(among) 들어간다고 (히브리어 전치사 '베케렙' 또는 '베토크'를 사용하여) 말하지 않는다.[89] 오히려 여기서 에스겔은 하나님의 영이 그 '뼈들에게' 또는 '뼈들 속으로' 들어간다('into the bones')고 말한다. 하나님은 에스겔 37:14에서 이렇게 말씀하신다: "내가 나의 영을 너희 속에 둘 것이다"('I will put my Spirit in you', 개역개정. '내 영을 너희 속에 두어', 히. '바켐'; 비교. 겔 37:5-6의 "너희에게/너희 속에"[in you], 히. '바켐' 및 겔 37:10의 "그들에게/그들 속에"[in them], 히. '바헴').[90] 여기서 사용된

---

89 '베키르베켐'과 '베토캄'은 동의어로 사용된다. '베토캄'과 관련하여 다음 문헌을 보라. S. S. Tuell, "둘 이상일 때, 그것은 '사이/중에'[among]를 의미한다(예, [출] 25:8, 여호와께서 이스라엘 백성 '중에'[among] 거하시는; NRSV역은 이 문맥에서 '그들 한가운데'[in the midst of them]라는 더 전통적 독법을 사용한다)" (NIDOTTE, 4:280). BDB 사전은 '베키르베켐'에 대해 유사하다, "사람들의 수와 관련하여, קֶרֶב는 'in the midst', 'among'의 의미로 사용된다"(899, 1.f.). 또한 다음 문헌에서 '베케렙'과 동의어로 열거된 10회에 걸친 '베토크-'의 용례와도 관련된다: Even-Shoshan, *A New Concordance of the Old Testament*, 1221-22. 참고. 같은 항목의 '베키르보', '베케렙'과 동의어로서 '베톡' 목록에서 '케렙'(1032-33).

90 이 구절의 '루아흐'가 "성령" 또는 "생명의 숨"으로 이해되어야 하는 것인지 여부를 판단하기는 어렵다. 폭스(M. V. Fox)는 다음과 같이 제안한다: "그것은 하나님 외부의 어떤 실재, '그 바람'(1-10절)으로서, 그것은 말을 걸거나 소환 가능한 대상이 될 수 있다. 그러나 마지막 부분에서(14절) 하나님은 회복된 이스라엘에게 '루히'('나의 영')을 두실 것을 약속한다 … 이스라엘은 평범한 생기가 아니라 하나님의 영을 얻는 것이다"("The Rhetoric of Ezekiel's Vision of the Valley of the Bones," in *The Place Is Too Small for Us*, ed. R. Gordon, SBTS 5 [Winona Lake, IN: Eisenbrauns, 1995], 190).

전치사 '베'("in/at/with")의 사례는 복합 전치사 '베케렙' 또는 '베토크'의 앞의 용례와는 다르게, 에스겔이 하나님의 영이 마른 뼈들의 각 개체로 들어가고 있음을 묘사하려 했던 것으로 보인다.

혹자는 신약만 아니라면 하나님의 영이 백성들 가운데 다시 계실 것이란 이 예언이 곧 내주하심으로 해석되는 것은 아닌지 의문을 가질 수 있을 것이다. 여호와의 성소가 그 백성 가운데 다시 있게 될 것이라는 에스겔의 선포(겔 37:26-28), 그리고 새로운 성전에 대한 여호와의 주된 관심(참고. 겔 40-48장)을 감안할 때,[91] 하나님께서 앞서 그 성전을 떠나신 것을 에스겔이 보았던 만큼(10:18), 그 후 하나님께서 자기 백성 '가운데' 거하기 위해 다시 돌아오시는 환상을 그가 보는 것으로 보인다.[92]

이스라엘이 포로로 유배 중인 당시에 에스겔이 선포했던 이 약속들은 그들의 포로생활이 완전히 끝나는 그날에 대한 약속이다(36:24). 하지만 한편으로, 에스겔 36:27의 약속에 대한 부분적인 성취가 학개 2:5에서 발견된다: "나의 영이 계속하여 너희 가운데

---

91 메팅거(Mettinger)는 다음과 같이 서술한다: "에스겔의 '하나님에 관한 환상들'(40-48장)의 세 번째 부분은 이러한 진행의 완결된 모습을 보여준다; 여기서 그 영광은, 그것이 떠났을 때 사용했던, 그 동일한 루트를 통해 다시 새로운 성전으로 들어간다. 즉 그것은 동쪽 문이다(겔 43:1-5)." (The Dethronement of Sabaoth, 108). 필자는 겔 36:27 또한 이 귀환을 지적함을 제언한다.

92 빌(G. K. Beale)은 다음과 같이 서술한다: "겔 37:26-28의 이스라엘에 대한 동일한 약속이 *Jub.* 1:17에 인용된다('내가 나의 성소를 그들 한가운데 세울 것이며, 내가 그들과 함께 거할 것이다. 그리고 나는 그들의 하나님이 되고 그들은 내 백성이 될 것이다') … 겔 37:26-28은 하나님의 이 최종적인 자기 백성 가운데 거하심을 추후에 임할 그 성소와 동일시하며, Jub. 1:17, 29; 고후 6:16; 계 7:15; 21:3a, 22도 그대로 따른다"(*The Book of Revelation*, NIGTC [Grand Rapids: Eerdmans, 1999], 1046-47).

에 머물러 있나니"⁹³ 에스겔의 청중들이 아마도 고대했을 그것 – 바로 그 백성 한가운데 자신의 성전에서 거하시는 하나님의 임재 – 은 궁극적으로 완성의 때에 실현될 것이다: "보라 하나님의 장막이 사람들과 함께 있으매 하나님이 그들과 함께 계시리니 그들은 하나님의 백성이 되고 하나님은 친히 그들과 함께 계셔서"(계 21:3).⁹⁴

에스겔 36:27의 진술을 하나님께서 남은 자들의 각 사람 안에 내주하실 것이란 약속이 아닌 하나님의 성령이 그 회복된 성전에 거하기 위해 돌아오실 것이란 약속으로 이해하는 것은 이 책에서 필수적인 것은 아니다. 그러나 이러한 해석은 문법적으로나 문맥상으로도 적절할 뿐 아니라 흥미로운 사실을 제시해 준다.

에스겔 이전의 어느 구약 본문에도 개별 신자 안에 내주하시는 하나님의 성령이라는 개념이 알려지거나 또는 그것이 예견된 현상이라는 암시는 없다.⁹⁵ 또한 에스겔 이후, 그 누구도 에스겔이 소개했던 이 새로운 개념을 더 발전시켰다는 증거도 없다.⁹⁶ 에스겔 36:27이 어떤 방식으로 적용되든 간에,⁹⁷ 이러한 약속들은 결국

---

93 참고. R. Mason, "그는 회복된 성전이 성전 안에 거하시고 열국을 다스리기 위한 여호와의 임재의 귀환 장소가 될 것이라는 약속으로 그들을 위로한다 … 예루살렘과 성전으로 여호와의 영광이 귀환할 것이라는 에스겔의 약속(겔 43:1-5)은 성취될 것이다"("Haggai: Theology of," in *NIDOTTE*, 4:692).

94 참고. Beale, "겔 40-48장의 성전 관련 언급들이 [계] 21:9-22:5의 해석에 조명됨에 따라 겔 43:7의 약속이 [계] 21:3에서 환기된다: 마지막 때의 성전은 하나님이 이스라엘 자손 가운데 영원히 '거하실'(κατασκηνώσει) '장소'가 될 것이다"(*Revelation*, 1046 [저자 강조]).

95 참고. Dumbrell, *The End of the Beginning*, 95-96.

96 이러한 "성경 내적 해석"(inner-biblical interpretation)의 유형에 대한 논의 참고. J. Day, "Inner-biblical Interpretation in the Prophets," in *The Place Is Too Small for Us*, 230-46.

97 여기서 제시된 겔 36:27의 이해에 도전하는 몇몇 요소들이 있다. 첫째, 탈굼(타르굼)의 에스겔에서는 여기서 제언된 방식대로 해당 구절을 해석하는 것으로 보이지

종말론적 약속들이라는 사실만큼은 유효하다.[98] 그러므로 에스겔 36:26-27은 내주하심에 관한 것일 수 있으나 그렇다고 해서 구약 시대의 남은 자들에게 내주하심이 있었다고 진술하는 것은 아니다.

또한 우리는 성령의 두 가지 사역이 전망되고 있다는 가능성에 대해서도 고려해야 한다: 에스겔 36:26은 하나님의 백성을 위한 새로운 마음에 대해 이야기하지만(비교. 18:31), 반면 이어지는 구절은 하나님의 내주하시는 임재에 대해 언급한다(성전 안에 혹은 개인 신자들 안에). 따라서 이 두 구절들 안에서 중생과 내주하심을 서로 구분하는 것이 가능해 보인다.

에스겔은 이 예언의 한 측면(36:26)을 자신의 동시대인들에게 약속하고 다른 한 측면(36:27)은 미래에 두고 있는 것이 아니다; 그 예언의 두 약속 모두 미래에 관한 것이다. 그러나 에스겔의 청중 가운데 믿음이 있던 남은 자들은, 비록 성령의 개별적인 내주하심의 경험이 그들에게는 낯선 것이라 할지라도, 그들도 '마음의 변화'(마음의 할례/중생, 36:26)를 경험했을 수 있고 하나님께서 '성전 안에' 거하실 것을(시 132:7; 내주하심, 겔 36:27) 시편 기자와 함께 기뻐했을 수 있다. 이 약속들은 하나님의 백성이 궁극적으로 회복될 때에 하나님께서 자기 백성을 위해 행하실 그 무엇과 관련되는 것들이다. 필자

않는다(참고. S. H. Levey, *The Targum of Ezekiel*, The Aramaic Bible, vol. 13 [Wilmington, DE: Michael Glazier, 1987], 102). 둘째, 아직 필자는 성령이 다시 성전에 내주하실 것이라 약속하는 겔 36:27을 겔 8-11장에 대한 하나의 답으로 취하는 에스겔 주석가를 지목할 수 없다. 이러한 요소들에도 불구하고 필자는 상기 제시된 증거가 설득력 있다고 여긴다.

98 겔 37:1-14에 관한 논급에서 호튼(M. S. Horton)은 다음과 같이 서술한다: "신약의 관점으로 해석될 때, 이것은 오순절 사건 때까지 이스라엘 역사의 추후 어느 시대에도 성취되지 않았다." (*Covenant and Eschatology* [Louisville: Westminster John Knox, 2002], 267).

의 제안은 이렇다. 여기서 중생과 내주하심이 비록 대등하기는 하지만 서로 구별되어 제시되고 있다는 것이다. 비록 주해적으로 다소 빈약한 요점이라 할 수도 있겠지만, 이 같은 관점은 분명 호소력이 있으며 옛 언약의 신자들에게 내주하심은 없었으나 중생은 있었다는 논제를 뒷받침하고 있다.

하나님의 백성의 회복은 그들의 변화도 함께 포함한다. 에스겔을 통해 여호와께서는 자신이 그 백성들을 다시 모으실 때 무슨 일을 행하실 것인지에 대해 다음과 같이 선언하신다:

26a) 내가 너희에게 새 마음을 줄 것이다.
26b) 내가 너희 가운데 심지어 새 영을 둘 것이다.
26c) 내가 너희 육체에서 돌 같은(굳은) 마음을 제거할 것이다.
26d) 내가 너희에게 살 같은(부드러운) 마음을 줄 것이다.
27a) 내가 나의 영을 너희 가운데 둘 것이다.
27b) 내가 너희로 나의 율례를 따르게 할 것이다.
27c) 그리고 너희는 나의 규례들을 지킬 것이며 그것들을 행할 것이다
　　(겔 36:26-27).

26절은 주로 개인에게 주시는 새로운 생명의 선물과 관련된 것으로 보인다. 26a절, "내가 너희에게 새 마음을 줄 것이다"는 26c-26d절에서 더 자세히 상술된다. 새로운 마음의 선물은 돌 같이 굳은 옛 마음의 제거와 살 같이 부드러운 새 마음의 공급을 통해 이뤄진다. 이 '새로운 마음'의 선물은 '마음의 할례'라는 심상과 개념적으로 짝을 이루는 것처럼 보인다. 그러나 에스겔은 마음의

할례라는 심상을 전혀 차용하지 않는 것으로 보인다. 그러므로 이러한 두 은유들의 연관성에 대해 확신하기는 어려워 보인다. 그러나 바인펠트는 이렇게 서술한다: "마음의 할례란 표현이 에스겔에 직접적으로 등장하는 것은 아니지만, 그것은 다음과 같은 구절 안에 이미 함축적으로 포함되어 있다: '내가 너희 육신에서 굳은 마음을 제거하고 부드러운 마음을 줄 것이다'(겔 11:19; 36:26)."[99]

26b절은 아마도 같은 맥락인 것으로 보인다. 이 부분에서 언급되는 "새 영"(new spirit)은 27a절에서 언급되는 '여호와의 성령'("나의 영"[My Spirit])과 반드시 동일한 실체는 아니며, 오히려 새로운 마음가짐/태도(참고. 민 14:24)란 의미에서의 '새 영'일 수 있다. 영어 번역본들에 의해서도 이런 사실이 대부분 인정되고 있다. 따라서 26절의 "spirit"의 "s"는 소문자로 쓰지만, 27절의 "s"는 대문자로 쓰는 것이다(ESV, HCSB, NAS, NIV). 여러 해석가들이 동의하는 바대로, 26절의 "새 마음"과 "새 영" 사이의 평행은 두 개념이 서로 동의어라는 사실을 결정적으로 암시한다.[100] 이러한 평행은 교차대구법 배열(chiastic arrangement)에 의해 강조된다. 26a-26b절의 어순은 동사-명사, 명사-동사이다(이것은 위에 제시한 문자적 번역에 따른 것이다).[101] 그렇다면 26b절은 26a절의 관점에서 해석될 수 있다. "새 영"

---

99   Weinfeld, "Jeremiah and the Spiritual Metamorphosis of Israel," 35. 참고. Block, *Ezekiel*, 2:355.

100 D. Lys, *Rûach*, 140-41; H. Schüngel-Straumann, *Rûah bewegt die Welt*, Stuttgarter Bibelstudien 151 (Stuttgart: Verlag Katholisches Bibelwerk, 1992), 48,51,62. 후자는 그들이 "거의 동의어처럼 사용된다['ja fast synonym gebraucht werden'] (11,19; 18,31; 36,26)"고 주장한다(p. 51).

101 대조. Block, *Ezekiel*, 2:355-56은 그것이 정확하게 평행되지 않는다고 지적한다(다른 전치사들로). 그는 "새 영"(26b절)이 여호와의 성령으로(27a절) 규명된다고 결론한다.

은 회복된 이스라엘 백성 각 개인 안에 두시는 여호와의 영이 아닌 것이다. 오히려 하나님께서 그분의 백성들에게 새로운 마음과 새로운 태도를 허락해 주실 것이란 의미인 것이다.[102] 위에서 언급한 것처럼, 여기서 우리는 중생으로 비견될 수 있는 마음의 할례에 근접해 있다. 바인펠트는 이렇게 서술한다: "에스겔은 … 뚜렷하게 제의적인 방식으로 이스라엘의 중생 과정을 묘사하고 있다. 하나님은 이스라엘에게 새 마음을 주시기에 앞서, 그들에게 먼저 맑은 물을 뿌리시며 그들을 정결하게 하신다."[103]

새 마음과 새 영의 선물과 함께, 에스겔 36:27은 여호와의 임재의 선물 또한 묘사하고 있다. 비록 성전은 버려지고 백성들은 유배되었으나 여호와께서는 그 백성이 회복되는 날에, 하나님의 성령이 그들 가운데 거하심을 저들이 다시 경험하게 될 것이라고 약속하신다.[104] 본문의 이러한 해석에 따른다면, 결국 26절은 중생과 비슷한 그 무엇에 관해 진술하는 것이고, 27절은 내주하심과 비슷한 그 무엇에 관해 진술하는 것이다. 이 같은 관찰은 두 문장의 문법적 구조에 의해 지지된다. 26절에서, 하나님의 백성들은 주동사의 행동에 따른 결과대로 된다 – 즉, 그들은 새 마음과 새 영을 받게 된

---

102 드레이차(Dreytza)는 겔 36:26을 '루아흐'의 신학적 용례보다는 일종의 인류학적 용례로 구분하는 것으로 보인다(즉, 하나님의 성령이 아닌 사람의 영). 이는 그가 '루아흐'의 신학적 사용 차트에서 이 구절을 인용하지 않기 때문이다(*Der theologische Gebrauch von RUAH im Alten Testament*, 248).

103 참고. Weinfeld, "Jeremiah and the Spiritual Metamorphosis of Israel," 32. 바인펠트는 아마도 "중생"이라는 용어를 필자의 의도와 정확히 같은 의미로 쓰지 않는 것처럼 보인다. 그는 만물의 종말론적 회복을 염두에 둔 것으로 보인 반면, 필자는 우리가 여기서 예전에는 반항했던 사람들에게 복종적이고, 믿음 있는, 순종의 영이 선물로 주어졌음을 볼 수 있다고 주장하는 것이다.

104 VanGemeren, "The Spirit of Restoration," 90.

다. 27절에서, 여호와의 영은 주동사의 행동에 따른 결과대로 된다 – 즉, 그분께서 그 백성들 "가운데" 계시게 된다. 이 두 약속은 모두 미래에 관한 것들이다. 그러나 하나님께서 성전을 그분의 처소로 삼으셨을 때 이스라엘이 하나님의 임재를 경험했던 것처럼, 아마도 그들은 중생과 매우 유사하다고 할 수 있는(만약 그것과 똑같지 않다면), 마음의 변화를 경험했을 수 있다.

우리가 모든 사람이 허물과 죄로 죽었다는 사실에 동의한다면(엡 2:1), 하나님을 믿는 자는 누구든 그런 죽음과 무반응의 상태에서 하나님께서 나를 다시 살리셨음이 틀림없다는 사실에도 동의할 수밖에 없을 것이다.[105] 요한복음은 이러한 능력을 위로부터의 새로운 탄생(new birth from above)이란 개념으로 다루고 있다. 필자는 성령의 이러한 사역은 새 언약 시대에만 국한된 것이 아니라고 주장할 것이다(참고. 제6장의 요한복음 3장에 대한 논의). 반면, 요한은 성령을 받는 것을 예수께서 영광 받으신 이후 시대의 경험으로 제한한

---

105   바울은 "죄와 허물로 죽은" 상태(엡 2:1)에 대해, 그것은 곧 사탄의 영향력 아래 세상의 영을 따르는 것이며(엡 2:2), 육체의 욕심을 따라 살면서 타락한 마음의 뜻대로 행하는 것을 의미한다고 부연한다(2:3). 이러한 진술에 따르면 사람들은 자신들의 죄악된 욕망을 충족시키기 위한 선택을 할 뿐이다. 바울은 이러한 인간의 고질병이 하나님의 값없이 베푸시는 무한한 사랑과 긍휼하심으로 치료될 수 있음을 본다. 하나님은 그리스도 안에서 그들을 다시 살리신다(엡 2:4-5). 데머레스트(B. Demarest)는 다음과 같이 설명한다: "죄가 그들 존재의 모든 측면을 부패한 상태로 만들었다: 마음, 의지, 감정, 관계, 행동. 하나님을 대적하는 그들의 악한 본성과 죄성으로 인해, 그 중생하지 않은 자들은, 은혜로써가 아니면, 도저히 하나님께로 돌아갈 수 없고, 하나님을 기쁘시게 할 수 없으며, 스스로 구원에 이를 수도 없다 ··· 자신들의 자력에 그대로 내버려진 채, 죄인들은 그 악한 상태에서 갈수록 더 퇴보하여질 뿐이다(롬 1:26-32). 계시와 인생의 경험을 통해 폭넓게 증언 되는 인간의 이러한 참담한 상태는 놀랍게도 하나님의 신비로운 은혜를 드러내는 무대로 작용된다." (The Cross and Salvation, [Wheaton: Crossway, 1997], 75). 참고. 렘 13:23; 요 12:37-40; 14:17; 롬 8:7-8; 고전 2:14; 고후 4:3-4.

다(요 7:39; 참고. 제5장).

결론

지금까지 우리는 구약 성경이 당시 신자들 안에 성령이 내주하시는 것으로 제시하지 않는다는 주장을 전개했다. 국가 지도자, 성막과 성전의 일꾼들, 선지자들 같은 언약의 중재자들은 성령의 비상한 체험을 경험할 수 있었다. 성령은 그런 특정 인물들에게 임하여 그들을 나머지 백성에게서 구별했고, 그들의 주어진 임무를 위해 그들에게 특별한 능력을 입히셨다. 구약 성경은 성전 안에 거하시는 하나님의 성령의 임재를 통해 하나님이 고대 이스라엘 백성 가운데 함께 하시는 그림을 제시한다.[106] 마지막으로, 예레미야 31장과 에스겔 36장의 새 언약의 약속은 구약 시대 신자들에게 성령의 내주하심이 있었다고 암시하지 않는다.

구약 본문이 옛 언약의 모든 신자들에게 개별적으로 성령의 내주하심이 있었다고 명확하게 진술하고 있지 않는 만큼,[107] 구약 신자

---

[106] 제6장에서는 요한복음의 내주하심은 하나님이 거하시는 성전의 개념에서 전개됨을 주장할 것이다. 클레멘트(Clements)는 이렇게 서술한다: "하나님이 자기 백성과 함께 거하실 것이라는 고대의 약속은 그리스도인들에 의해 열정적으로 받아들여졌고, 성령의 임재를 통해 하나님이 거하시는 그리스도의 몸, 교회로 적용되어졌다. 새로운 성취와 옛 약속 사이의 주된 차이는 구약이 사람들 중에서의 하나님의 처소를 이야기했다면, 신약은 사람들 속에 성령으로 말미암은 하나님의 처소를 말하고 있다는 것이다"(*God and Temple*, 139; 강조 추가).

[107] 구약에서 '루아흐'의 각 용례에 대한 구분과 관련해서는 다음 문헌의 부록을 보라. "The Semantic Range of *ruah* in the Old Testament," in Hamilton, "God with Men in the Torah," 131–33. 창 2:7에 대한 논의는, 본서의 부록 1을 보라: "The Use of *emphusao* in John 20:22."

들에게도 성령의 내주하심이 있다는 주장은 신약의 내용을 토대로 제기된 것임이 틀림없다.[108] 본서 5장에서 우리는 요한복음 7:39에 의거해, 예수께서 영광 받으시기 전까지는 내주하시는 성령이 신자들에게 임하지 않았다고 논증할 것이다.[109] 그러나 4장에서 우리는 먼저 성령에 관한 요한의 가르침을 개괄적으로 살펴보고자 한다.

---

108 프레드릭스는 다음과 같이 주장한다: "새 언약과 관련한 구절들 속에 약속된 각 항목들에 대한 신중한 연구는 그 항목들 거의 대부분이 옛 언약 시대에 살았던 자들에게도, 만약 그들이 주 안에서 믿음과 순종으로 행하기만 했다면, 사실상 가능한 것이었음을 드러낸다." ("Rethinking the Role of the Holy Spirit in the Lives of Old Testament Believers," 102). 하지만 그는 이러한 주장에 대해 본문상의 증거를 인용하지 않고 있다. 프레드릭스는 또한 그러한 약속들의 종말론적 맥락에 대해 답하지 않는다. 그는 언약에 대한 순종이 가능했다는 자신의 관점을 피력하며 다음과 같이 반문한다: "만약 회복된 '이스라엘'에게 능력을 주어 '내 율례를 행하고' '내 규례를 지키게' 하는 이가 바로 성령이시라면(겔 36:27), 새 언약 시대의 개막 이전에 살았던 자들 또한 내주하시는 성령을 받았다고 생각하는 것이 지나친 것인가? 그분의 명령을 준행하도록 그들에게 능력을 주시는 이가 그들에게 내주하신 것이 아닌가? 만약 그들이 성령의 능력이 가용되지 않았고 따라서 그것을 소유할 수 없었다면, 그들에게 있었던 것은 무슨 다른 능력이란 말인가?" (ibid., 102-3). 하지만 이러한 수사적 질문들은 본문의 증거가 부재한 상태에서, 옛 언약의 신자들이 순종하기도 했던 만큼 그들에게도 성령의 내주하심이 있었다는 식의 추론을 독자들에게 요구한다. 프레드릭스의 질문에 대한 답변으로 필자는 이렇게 대응하고자 한다. 첫째, 요 7:39의 관점에서, 그리고 구약의 명확한 증거 본문의 부재를 감안할 때, "새 언약 시대의 개막 이전에 살았던 자들 또한 그들에게 능력 주시는 성령의 내주를 받았다" 추론은 지나친 면이 있다. 둘째, 그들이 받았던 "다른 능력"은 (1) 마음의 할례, 즉, 성령으로 말미암은 중생이었다 – 그것은 죄와 허물로 죽었던 자들을 살리는 힘이다(참고. 제6장); 그리고 (2) '성전에서' 그들과 '함께' 거하시는 하나님의 임재의 성화적 효력이 그들에게 있었다(예. 왕상 8:57-58; 시 73:17).

109 또한 참고. Rea, "The Personal Relationship of Old Testament Believers to the Holy Spirit," 99-103. 이 부분에서 초기 유대교와 기독교 사이의 대조점을 관찰한 마르크(March)의 언급은 유효하다: "유대 공동체에 있어서 성령의 충만은 아직 실현되지 않은 것이었다. 하나님의 백성을 구원하기 위하여 메시아가 출현하게 될 때, 비로소 성령의 능력이 온전히 드러나게 될 것이었다 … 성령의 강림은 미래에 대한 기대의 일부분이다. 당시 이러한 기류와 반대로, 초기 그리스도인들은 메시아가 이미 출현했음을 인지했다" ("God with Us," 13).

[도표 2] 요한복음에 나타난 하나님의 사역

성부, 성자, 성령의 공동 사역			
사역	성부	성자	성령
생명을 수여하심	5:21; (6:33); 7:3	5:21,25-26,40; 6:33; 17:3	3:6,8; 6:63
장래의 일을 선포하심	1:33	13:19,26,36-38; 14:3,29; 16:1-4, 16-28,32; 20:18	16:13
신자들에게 내주하심	14:23	14:20,23; (15:4-7); 17:23,26	14:17
가르치심	6:45; 7:16,17; 8:28	7:14; (8:2); 8:20; 13:13-14	14:26
예수를 증언하심	5:32; 6:27; 8:18	8:12-14,18	15:26
예수를 영화롭게 하심	5:22-23; 8:50,54; 13:31-32; 17:1,22	(1:14); 2:11; 13:31-32; 17:5,24	16:14

성부와 성자의 공동 사역		
사역	성부	성자
아버지를 영화롭게 하심	4:23; 12:28; 13:31-32	(2:16); (9:3-4); 11:40; 12:28; 13:31-32; 14:13; 17:1,4-5
성령을 수여하심	3:34; 14:16	(4:10-14); (7:37-39); 20:22
성령을 보내심	14:26	15:26; 16:7

성자와 성령의 공동 사역		
사역	성자	성령
아버지에 의해 주어지심	3:16	(4:10-14); 14:16
아버지에 의해 보냄 받으심	3:17; 4:34; 5:23-24,36; 6:29,57; 7:28-29,33; 8:16,26,29,42; 9:4; 10:36; 11:42; 12:44-45; 13:20; 15:21; 17:3,8; 17:18,23,25; 20:21	14:26; 15:26
스스로 말씀하지 않으심	(5:19); 5:30; (6:38); 7:16;12:49-50	16:13
친히 들은 것만 말씀하심	3:32; (3:34); (5:30); 8:26,40; 12:50; 15:15	16:13
깨우치심	3:19-20; 4:16,18; (5:27); (8:7); 8:34,40; 11:40; 12:7-8; 13:8	16:7-11
영접되심	1:12 (cp. 1:10-11)	7:39 (cp. 14:17)
하나님께 속한 것을 드러내심	1:18	16:13-14

제 4 장 요한복음에 나타나는 성령

God's Indwelling Presenc

서론

사도 요한이 제시하는 성령론(Johannine pneumatology)의 구체적 특징을 고려하기에 앞서, 이 장에서는 이후 논의들을 위한 기초 작업으로 요한복음의 성령에 대해 조사할 것이다. 여기서 우리는 요한복음에 기록된 성령에 관한 모든 언급들을 다루고자 한다.[1] 첫째, 요한복음 1-12장에서 성령에 관한 각 언급들이 간략하게 논의될 것이며, 그중에 몇몇 구절들은 추후 다른 장에서 더 상세하

---

1 본 연구에 있어 요한문헌 전체에 대한 포괄적 조사가 유의미하다고 할 수는 있으나 여기서 우리는 요한복음에 중점을 두고자 한다. 요한복음에서 '프뉴마'('영'/'spirit') 이라는 용어는 성령에 대한 다음 본문들의 언급에 사용되고 있다(덧붙여 표기된 숫자는 해당 구절에서 용어의 다수 사용을 의미한다). 1:32,33 (2x); 3:6,8,34; 6:63; 7:39 (2x); 14:17,26; 15:26; 16:13; 20:22. 성령에 대한 이러한 명백한 언급들에 더해서, '프뉴마'는 육과 반대되는, 성령의 특징으로서의 영에 대한 구분으로도 사용된다. 참고. 3:5, 6; 4:23, 24 (2x); 6:63. 요 3:8에는 바람이, 그리고 예수의 (인성으로서의) 영이 11:33; 13:21; 19:30에서 각각 전망된다. '파라클레토스'('보혜사/Paraclete')와 관련하여 아래를 보라.

게 논의될 것이다. 이 자료는 세 개의 항목으로 구분해 다뤄질 것이다: 성령과 메시아; 생명의 수여자로서 성령(life-giving Spirit); 그리고 성령의 활동 범주가 각 표제에 해당한다. 그다음 주제는 '보혜사(Paraclete)' 성령의 종말론적 선물이다. 이 두 번째 단락에서 우리는 특히 고별강화의 '보혜사' 본문 주해를 통해(14:15-17,26; 15:26; 16:7-11,13-15) 헬라어 '파라클레토스'의 의미를 탐구할 것이며, 마지막으로 요한의 논리 전개에 따라서, 종말론적 선물인 보혜사 성령을 허락하시는 시점에 대한 논의에 들어갈 것이다.

요한복음 1-12장의 성령

요한복음의 처음 열두 장은 구원 역사에서 성령과 그분의 사역에 관한 진술들을 포함한다. 구원사와 연관하여 성령을 받는 사건이 본서 5장과 6장의 중심 논의인 만큼, 그 주제와 관련하여 독자들은 이후의 논의들을 참고하면 될 것이다. 이 단락에서는 성령에 관한 요한의 가르침, 먼저 성령께서 메시아와 관계를 맺는 방식, 그리고 생명을 주시는 이로서의 성령에 대해 간단하게 개관하고자 한다. 마지막으로 우리는 "성령의 영역"(sphere of the Spirit)이 존재함을 암시하는 언급들에 대해 논의할 것이다.

성령과 메시아

요한복음에 나타나는 성령에 대한 첫 언급은 요한복음 1:32-33에서 찾아볼 수 있다.[2] 성령이 예수께 강림한 사건은 세례 요한에게 예수가 곧 메시아임을 의미했다. 에비온파(Ebionite)와 양자론주의(Adoptionist) 이단들은 성령이 예수께 강림했을 때 인간 예수가 존재론적으로 변화를 겪었다고 주장했다. 그러나 성령께서 예수를 존재론적으로 바꾸신 것이 아니다. 세례를 받으시고 성령으로 기름부음 받기 전에 이미 예수는 본래 하나님과 함께 계셨던 그 말씀이었으며(요 1:1-3) 그런 그가 육신으로 오신 것이었다(1:14).[3] 성령은 예수께 머무르셨을 뿐 아니라(1:32-33), 예수께서 하나님의 말씀을 증언하도록 권능으로 임하신다(3:34).[4] 성령으로 말미암아 예수께서는 영이요 생명인 그 말씀을 전하신다(6:63). 성령께서 오실 때에 그가 예수 그리스도를 영화롭게 하실 것이며(16:14), 이 세상과 신자들에 대한 성령의 사역이 함께 동반될 것이다. 한편 예수는 성령으로 세례를 베푸실 메시아시다(1:33).

---

2 해당 본문은 본서의 제5장에서 더 자세히 다룰 것이다. 요한은 구약이 기대한 성령의 기름부음 받은 메시아의 성취로서 예수를 제시하고 있다고 주장할 것이다(참고. 예. 사 11; 48:16; 61:1-3).
3 예수께서 성령으로 기름부음 받으셨을 때 그가 직무상 메시아로 임명되었다고 말하는 것은 적법한 것이다. 이와 관련한 유용한 논의는 다음 문헌을 참고하라: O. Skarsaune, *In the Shadow of the Temple* (Downers Grove: InterVarsity, 2002), 309-12.
4 이 본문의 논의는 제5장을 보라.

생명 수여자이신 성령

요한복음의 세 본문에서 성령의 사역을 새로운 생명의 창조와 연결하고 있다. 니고데모와의 대화에서 예수는 새로운 탄생의 필요성을 선언하시고(요 3:3), 그것을 육체적 생명의 개념으로 착각한 니고데모의 관점을 수정해 주신다(3:4-5). 그리고 이같이 말씀하신다:[5] "육으로 난 것은 육이요 영으로 난 것은 영이니"(3:6). 이 말씀에서 육체의 생명은 성령으로 말미암은 새로운 생명과 대조된다. 이러한 새 생명의 필요성에 대해 니고데모가 놀라서는 안 되는 것이다(3:7). 성령의 활동은 마치 바람의 움직이는 것과 같다: "성령으로 난 사람도 다 그러하니라"(3:8). 새로운 탄생은(3:6,8) 육신의 생명을 가져오는 자연적 탄생과 대조를 이루며(3:4,6), 하나님나라에 들어가기 위해서는 성령으로 말미암는 새로운 탄생이 필수적이다(3:3,5).[6]

이후에도 요한복음에서 예수는 생명을 주시는 성령의 사역에 대해 언급하실 것이다: "살리는 것은 영이니 육은 무익하니라 내가 너희에게 이른 말은 영이요 생명이라"(요 6:63). 이 생명은 오직 성령만이 주실 수 있는 생명이다 – "육신"은 이 생명을 얻게 하는 일에 전

---

5 "요한이 보도한 대로 예수께서 정확히 말씀했다는 사실을 부정할 이유는 없다"는 강력한 주장에 대해서는 다음 문헌을 보라. D. Wenham, "A Historical View of John's Gospel," *Them* 23 (1998): 18. 이 같은 맥락에서 블롬버그는 이렇게 서술한다: "요한복음에 나오는 예수의 담론이 다른 곳에서의 요한의 내러티브 문체와 완전히 구별되지 않는다는 주장은 사실과 다르다. 요한복음에 예수께서 사용하신 자그마치 145개 이상의 단어들이 복음서 기자의 내러티브 자료 어느 곳에도 나타나지 않고 있다. 이 가운데 여럿은 우리가 이미 다른 곳에서도 예상할 수 있을 만큼 그 의미가 충분히 보편적이다"(*The Historical Reliability of John's Gospel* [Downers Grove: InterVarsity, 2001], 52).

6 구원 역사 안에서 성령께서 이러한 새로운 생명을 창조하신 시점에 대한 추가 논의는 제5,6장을 보라. 새 생명의 본질에 대한 추가 논의는 제6장을 보라.

혀 도움을 줄 수 없다(비교. 3:6).

성령의 영역

특히 요한복음은 뚜렷하게 구별된 "성령의 영역"⁷을 묘사하는 것처럼 보인다. 예수는 다음과 같이 선언하신다: "영으로 난 것은 영이니"(3:6), "내가 너희에게 이른 말은 영이요 생명이라"(6:63). 성령으로 태어나 그로 인해 영이 된 존재는 육신으로 태어나 그로 인해 육인 존재와 대조된다(3:6). 예수의 말씀, 곧 생명이 되는 그 말씀은 "무익한" 육과 대조된다(6:63). 두 사례에서, "육"(flesh)은 자연계의 질서를 의미하는 것으로 보이고, 반면에 "영"(spirit)은 "위로부터"(from above)의 또 다른 질서에 상응하는 것으로 보인다. 예수께서, "내가 … 이른 말은 영이요"(6:63)라고 선언하실 때 그 의미는 예수의 말씀들이 성령 자체를 전한다기보다는, 비록 이 두 개념이 상호 배타적이지는 않지만, 오히려 예수의 말씀들이 성령의 영역에 속한다는 의미로 볼 수 있다.⁸ 예수의 말씀은 분명 성령의 영역에 속한다. 그리고 성령은 예수의 말씀을 취하여 그 말씀으로 말미암

---

7 다음에 주목하라: 요 3:6, "영으로 난 것은 영이니"(τὸ γεγεννημένον ἐκ τοῦ πνεύματος πνεῦμά ἐστιν); 4:23, "아버지께 … 예배하는 자들은 영과 진리로 예배할"(προσκυνήσουσιν τῷ πατρὶ ἐν πνεύματι καὶ ἀληθείᾳ); 4:24, "하나님은 영이시니"(πνεῦμα ὁ θεός); 6:63, "내가 … 이른 말은 영이요 생명이라"(τὰ ῥήματα … πνεῦμά ἐστιν καὶ ζωή ἐστιν); 및 7:39, "성령이 아직 … 계시지 아니하시더라"(οὔπω γὰρ ἦν πνεῦμα).

8 요 6:63에서 예수께서 그의 말씀으로 성령을 전달하신다는 관점은 다음을 참고하라. F. Porsch, *Pneuma und Wort* (Frankfurt: Knecht, 1974), 211.

아 사람들을 살려내신다(요 6:63).[9]

버나드(Bernard) 또한 이같이 언급한다: "그리스도의 ῥήματα(레마타)는 하나님의 말씀이며(요 8:47; 17:8), 따라서 영적 실제의 영역에 속하는 것이다."[10] 이와 비슷하게, 슈바이처(Schweizer)는 다음과 같이 서술한다:

> 만약 3:6이 γεννηθῆναι ἐκ τοῦ πνεύματος ["being born from the Spirit"; '성령으로부터 태어난']을 말하는 것이라면, 3:3과 1:13은 γεννηθῆναι ἄνωθεν ["being born from above"; '위로부터 태어난'] 또는 ἐκ θεοῦ ["from God"; '하나님으로부터']에 대해 말하고 있다. εἶναι ἐκ τοῦ θεοῦ ["being from God"; '하나님으로부터 존재하는']은 εἶναι ἐκ τῶν κάτω ["being from below"; '아래로부터 존재하는'], ἐκ τοῦ διαβόλου ["of the devil"; '마귀에게서'], ἐκ τοῦ κόσμου ["of the world"; '이 세상의']와 대조를 이룬다. 또한 유사한 방식으로, 3:6의 γεγεννημένον ἐκ τοῦ πνεύματος ["having been born of the spirit"; '영에서 태어난']은 γεγεννημένον ἐκ τοῦ τῆς σαρκός ["having been born of the flesh"; '육에서 태어난]과 반대된다. 따라서 πνεῦμα ["spirit"; '영'], ἄνω ["above"; '위에/하늘에'], θεός ["God";

---

[9] 비교. R. E. Brown, *The Gospel according to John*, 2 vols., AB (New York: Doubleday, 1966, 1970), 131, 141. R. Schnackenburg speaks of "존재의 두 영역, '사르크'[육]와 '프뉴마'[영]" (*The Gospel according to St. John*, 3 vols., trans. K. Smith [New York: Crossroad, 1968, 1979, 1982], 1:371). 또한 참고. D. Guthrie, *New Testament Theology* (Downers Grove: InterVarsity, 1981), 528.

[10] J. H. Bernard, *The Gospel according to St. John*, 2 vols., ICC (Edinburgh: T&T Clark, 1928), 218; 및 p. 106. 또한 참고. G. M. Burge, *The Anointed Community* (Grand Rapids: Eerdmans, 1987), 168–69.

'하나님']은 같은 영역에 속한 대등한 표현들이며, 다른 한편으로 σάρξ ["flesh"; '육체'], κάτω ["below"; '아래에/땅에'], διάβολος ["devil"; '마귀'], κόσμος ["world"; '세상']은 서로 또 다른 영역에 속한 표현들이다.[11]

이러한 "성령의 영역"은 참된 예배자들은 "영으로"('in spirit'; '영 안에서', 요 4:21-23) 예배한다는 것이 무엇을 의미하는지를 이해하도록 돕는다. 그 장소가 예루살렘이든 또는 그리심 산이든, 특정 지역에서의 예배는 "영과 진리로"(즉, '영과 진리 안에서', 4:24) 드리는 예배로 대체될 것이다. 이것은, 그 진리가 사람의 진리가 아니듯, 예수께서 사람의 영과 관련하여 말씀하는 게 아님이 분명하다.[12] 오히려, 그 "영"은 자연적 질서와 상반되는 하나님의 질서를 의미하고, 그 "진리"는 하나님의 현실에 상응하는 그 무엇을 의미하는 것으로 보인다. 또한 그 "진리"는 진리 되시는 예수 그리스도(14:6), 그리고 진리의 영이 되시는 성령을 함의한다(예. 요 14:17).[13] 그러나 예수께서 우리에게 "영과 진리로 드리는 예배"를 요구하신 것을 진정한 예배의 시작에 대한 의미로 해석해서는 안 된다. 여호와께서 자기 이름을 두기 위해 택하신 장소에서 드리는 예배는 메시아가 오시기 이전 시대까지 신적으로 제정된 합법적인 제도였다(참고. 신 12:5). 그 예배 또한 진정한 예배였던 것이다. 그러므로 여기서 그리스도는 장소적 개념의 예배가 성령의 주권적 영토 안에서, 즉 영과 진리 안에서 이

---

11   E. Schweizer, "πνεῦμα" in *TDNT*, 6:438.
12   대조. L. Morris, *Jesus is the Christ: Studies in the Theology of John* (Grand Rapids: Eerdmans, 1989), 146.
13   참고. D. E. Holwerda, *The Holy Spirit and Eschatology in the Gospel of John* (Kampen: Kok, 1959), 60.

뤄지는 예배로 대체될 것을 의미한 것이 분명하다.¹⁴ 요한복음 4장에서 예수께서 사마리아 여인에게 하신 말씀은 "초기 기독교 믿음과 실천의 모든 측면에 내재해 있던, 성령의 영역과 그분의 시간 속에 살아간다고 믿는 그리스도인들의 강한 자의식"의 토대를 제공한다.¹⁵

또한 이러한 '성령의 영역' 개념은 요한복음 4:24의 "하나님은 영이시니"라는 진술에도 해석적 실마리를 제공한다. 사실 이 구절의 의미에 대해 합의된 견해는 없다. 그 의미에 대해 모리스(Morris)는, "하나님의 근본적 본성은 영이다"라고 말하며, 아마도 "하나님의 생명을 수여하시는 활동"을 암시하는 것일 수 있다고 언급한다.¹⁶ 여기서 예수는 하나님에 대한 어떤 물리적 이해에 대해 반론하는 것이 아니라, 성령의 영역이 곧 하나님의 영역임을 설명하는 것처럼 보인다. 따라서 성령의 영역은 국한된 장소에서 드리는 예배가 속한 지상의 영역(earthly sphere)과는 대조되는 것이다.¹⁷ 하나님은 성령의 영역에 거하시기 때문에, 하나님의 참된 예배자들은 반드시 성령의 영역과 일치하는 영역에서 그것에 상응하는 방식으로 하나님을 예배해야 한다는 것이다.

이같이 묘사된 성령의 영역은 예수께서, "사람이 '물'과 '영'[개역개정. '성령']으로 나지 아니하면…"이라고 말씀하신 요한복음 3:5에서 볼 수 있다. 이것은 별개의 요소들: (1) '물', 그리고 (2) '성령'(the

---

14 요 4장의 구원 역사적 함의에 대한 논의는 제5장을 참고하라.
15 Skarsaune, *In the Shadow of the Temple*, 374.
16 L. Morris, *The Gospel according to John*, rev. ed., NICNT (Grand Rapids: Eerdmans, 1995), 271-72.
17 비교. D. A. Carson, *The Gospel according to John*, PNTC (Grand Rapids: Eerdmans, 1991), 225.

Holy Spirit)에 대한 언급일 가능성도 있다. 그러나 "물"과 "영"(spirit)
은 둘 다 동일한 전치사에 지배되고 있으며, 이는 그들이 함께 묶이
는 것임을 암시한다.[18] 만약, 마치 별개의 실체들로서, '물로부터 난
것' 그리고 '성령으로 난 것'으로 보였다면, 우리는 다른 문법적 구조
를 예상해야 했을 것이다. 그러나 여기서 "물과 성령"은 강조를 위
한 중언법(重言法)적 표현이며, 따라서 두 요소는 동일한 하나의 실
상을 가리키고 있다. 이 문구에서 서술된 새로운 탄생은, '물'이란
표현에서 암시된 바대로, 맑은 물이 뿌려져 깨끗하게 된 탄생이며,[19]
또한 '영'이란 표현에서 암시된 바대로, 생명을 주시는 성령에게서
난 탄생이다. 이와 관련해 카슨은 다음과 같이 서술한다:

> 간단히 말해서, '물과 영[spirit]으로 태어난다'는 것은 (NIV역에서 정관
> 사 및 대문자 'S'는 생략되어야 한다: 여기서 초점은 성령 그 자체가 아
> 니라, '영'이신 하나님의 본성[참고. 4:24]이 수여되는 것에 있다) 정결하
> 게 하고 갱생하는 새로운 태어남, 새로운 출생, 구약 선지자들을 통해
> 약속된 종말론적 정화와 회복을 상징한다 … 개인들의 중생이 전제되
> 고 있는 것으로 보인다.[20]

카슨이, "여기서 초점은 성령 그 자체가 아니라, '영'이신 하나님

---

18 M. J. Harris, "Appendix: Prepositions and Theology in the Greek New Testament," in *NIDNTT*, 3:1178; L. Belleville, "'Born of Water and Spirit:' John 3:5" *TJ* 1 (1980): 135–36; Brown, John, 131.

19 Belleville, "Born of Water and Spirit," 140.

20 Carson, *John*, 195 (이탤릭체와 괄호의 언급은 저자의 표기); 비교. Belleville, "Born of Water and Spirit," 140–41.

의 본성이 수여되는 것에 있다"고 했을 때, 그는 요한복음 3:5에서 내주하심이 아니라 중생을 전망하고 있는 것으로 보이며, 이는 필자의 의견과 일치한다.

성령의 영역에 대한 마지막 한 가지 언급은 요한복음 7:39에서 볼 수 있다. 해당 절에서 요한은 예수를 믿었던 자들이 아직 성령을 받지 못했던 상황을 기술하고 있다: "성령이 아직 … 계시지 아니하시더라"('For it was not yet spirit'). 그러나 이 경우는, 당시 예수를 믿는 자들의 성령 받는 것 자체에 관한 쟁점이라고 할 수 있기 때문에, 아마도 해당 진술은 성령의 영역에 관한 것이 아니라 성령을 주심에 대한 언급일 것이다. 따라서 여기서의 요점은 "성령이 아직 주어지지 않았다"는 것인 만큼, "성령의 영역이 아직 실효 중이지 않았다"는 개념은 아마도 아닐 것이다.[21]

모리스는 요한복음 7:39을 "성령의 시대"(the era of the Spirit)에 관한 언급으로 간주하고 있지만, 다음 글에서 모리스의 논증 방식은 다소 어긋난 듯 보인다:

> 내가 제시한 문구인 '아직 성령이 계시지 않았다'('it was not yet Spirit')는 대개 '아직 성령이 주어지지 아니했기에'('as yet the Spirit had not been given')의 의미로 이해되고 있다 … 그러한 해석들과 관련된 난점은, 이미 성령이 주어졌고 성령이 계셨다는 사실에 있다. 요한은 예수께 강림하신 성령에 대해 진술했고(1:32), 그는 예수께서 성령으로 세례를 베푸실 것에 대해 언급한 바 있다(1:33).[22]

---

21 요 7:39에 대한 추가 논의는 제5장을 보라.
22 Morris, *Jesus is the Christ*, 153.

모리스의 설명이 갖는 문제는, 지금 요한은 "그를 믿는 자들이 받을 성령"에 대해 말하고 있다는 점이다(7:39). 성령의 존재나 예수께서 성령을 받으신 것에 대한 언급은 없다. 성령이 아직 주어지지 않았다는 것은, 예수께서 영광 받으시는 때에 '신자들'이 성령을 받을 것이라는 의미이다. 요한복음 14:17과 20:22에 비추어 읽어보면, '성령을 받음'(reception)은 내주하시는 성령을 받는 것으로 보인다(이에 관한 주장은 제5장을 참고하라). 예수 이전의 진술들(남은 자들 모두에게 내주하시는 성령에 관한 언급은 전혀 없다)과 예수 이후의 진술들(신자 안에 내주하시는 성령에 관한 언급들, 참고. 롬 8:9-11; 고전 6:19)을 서로 비교하면, 이러한 이해가 확고해진다. 그러나 예수께서 영광 받으신 후에 성령을 받게 되는 시대가 열릴 것에 대한 모리스의 강조는 옳다.

요약

요한복음 1-12장은 메시아 예수께 하나님의 말씀을 전하도록 성령께서 그에게 기름부음과 권능으로 임하셨음을 말하고 있다(1:32-33; 3:34). 성령은 새로운 생명을 수여하며(3:6,8; 6:63), 성령의 영역은 하나님에게서 멀어진 자연적 질서의 영역과 대조된다(3:6; 4:23-24; 6:63).

보혜사의 종말론적 선물

고별강화에서, 예수는 성령을 가리켜, '호 파라클레토스'로 네 차례 호칭한다(요 14:16,26; 15:26; 16:7).[23] 이 단어의 선택은 상당한 논의를 불러일으켰다.[24] 요한이 사용하는 "보혜사"(파라클레토스)라는 용어를 더 명확히 이해하기 위해, 우리는 연관된 사전적, 배경적 지식을 먼저 살펴볼 것이고, 그런 후에 요한복음에서의 그 용례를 고려해 볼 것이다. 마지막으로 우리는 요한복음에서 예수의 영광 받으시는 때가 어느 때를 말하는 것인지, 그리고 어느 때에 신자들에게 보혜사/성령의 종말론적 선물이 주어지는지를 밝히고자 할 것이다.

'호 파라클레토스'의 의미에 대한 사전적, 배경적 고찰

사전적 고찰. 우리는 먼저 '파라클레토스'의 형태론적 유래를 고찰하여 단어의 의미를 확정할 것이며, 그 후 관련된 적절한 용례를

---

23 헬라어 단어 '파라클레토스'가 예수의 입에서 실제로 나온 것인지 혹은 요한복음의 저자에게서 나온 것인지 여부를 확정적으로 단정하는 것은 불가능하다(아람어를 사용하지 않으셨는가?). 저자는 예수께서 아람어로 하신 말씀을 그리스어로 번역하면서 이 단어를 택한 것일 수 있다. 신약에서 이 단어의 다른 유일한 용례는 요일 2:1에서의 예수에 관한 언급이다. LSJ사전은 이 단어의 형태를 '파라클레시스'의 파생어로 열거하며 단어에 해당하는 의미의 범위를 다음과 같이 설명한다: "I. 1. *어떤 사람의 도움으로 요청되다*, 법정에서: 대안적으로, *법률 조력자, 변호사*… 2. *소환되다*… II. *중재자*" (LSJ, 1313). '파라클레토르'의 형태에 대해 LSJ사전은 다음과 같은 해설을 붙인다: "*격려하는 자, 위로자*" (ibid. [이탤릭체는 원본을 따른다]).

24 '파라클레토스'에 대한 광범위한 참고 문헌은 다음을 보라. J. M. Hamilton, Jr., "He Is with You and He Will Be in You: The Spirit, the Believer, and the Glorification of Jesus" (Ph.D. diss., The Southern Baptist Theological Seminary, 2003), 76 n. 30.

살펴볼 것이다. 마지막으로, 고별강화에서 이 용어가 어떻게 번역되어야 할지에 관한 제안들을 검토할 것이다.

비록 이 헬라어 단어 '파라클레토스'는 명사로 쓰이지만 형식적으로는 "나는 위로/격려한다"란 의미의 동사 '파라칼레오'와 관련된 일종의 동사적 형용사이다. 일부는 '파라클레오'의 완료 수동 분사형 '파라클레메노스'에서 그 의미를 이해한다.[25] 따라서 이 용어는 "곁에 소환된/초청된 자" 같은 의미로 수동태의 뉘앙스를 갖는다.[26] 세속에서 '파라클레토스'의 용례는 사법적 의미를 함축한 것으로 보인다. 따라서 LSJ는 그것이 명사로 사용될 때의 적절한 해석으로 "법률 조력자"와 "변호자/대언자"를 제시한다.[27]

그러나 "비록 이 단어의 형태가 … 아마도 일종의 피동적 의미를 지칭하는 것일 수 있지만 … '상담자', '위로자'와 같은 능동적 의미도 완전히 배제할 순 없다"[28]는 주장도 제기되어 왔다. 더욱이 바우어 헬라어 사전에 따르면, "παρακεκλῆσθαι의 피동적 개념["위로되었다"]은 점점 배후로 물러났고, παρακαλεῖν의 능동적 개념["위로

---

25 J. Behm, "παράκλητος," in *TDNT*, 5:800.

26 웨스트콧은 같은 어원의 단어들에 주목한다: κλητός, "called;" ἀνάκλητος, "called back to service;" ἀπόκλητος, "chosen out;" ἔγκλητος, "liable to a charge;" ἐπίκλητος, "called upon;" σύγκλητος, "called together"(LSJ사전의 해설). 이 단어들을 열거한 후, 웨스트콧은, "능동태(중간태) 의미로 사용된 유사한 형태의 사례는 제시될 수 없다" (*The Gospel According to St. John*, 2 vols. [London: John Murray, 1908], 2:189).

27 LSJ, 1313; 또한 참고. MM, 485. 그러나 그레이스톤(K. Grayston)은 다음과 같이 결론한다: "랍비 문헌의 차용어로서, 고전-헬레니즘 그리스어 내에서 그리고 교부 문헌에서의 '파라클레토스'의 출현에 대한 증거의 전체적 범주는 그것이 법적 활동에서 파생된 용어라는 주장을 거부한다"("The Meaning of PARAKLĒTOS," *JSNT* 13 [1981]: 79).

28 J. Ashton, "Paraclete," in ABD 5:152. Against Morris, *John*, 589-90.

하다"]이 대신 그 자리를 차지하게 되었다."[29]

'파라칼레오'의 사전적 의미의 범위는, "누군가의 편으로 [돕기 위해] 소환하다"의 의미를 포함한다. 그렇다면, '파라클레토스'를 "누군가의 편으로 [돕기 위해] 소환된 사람"으로 생각하는 것도 무리가 없을 것이다. 그러나 동사 '파라칼레오'는 또한 "호소하다," "애원하다," "위로하다/격려하다"[30]를 뜻할 수 있고, 그 동사적 형용사는 이러한 의미들을 받아들였을 수 있다. 하나님 앞에서의 대언자는 그가 대변하는 대상을 대신해 하나님께 호소하는 것으로 추정되기 때문이다(참고. m. Abot 4:11). 곤경에 처한 상대를 상담하고자 하는 사람은 추정하건대 그를 '위로'하고 '격려'하고자 할 것이다(참고. 아퀼라와 테오도티온의 욥 16:2 번역). 데이비스(J. G. Davies)는 "παράκλητος란 용어는 παρακαλεῖν의 의미에서, 그것의 형태와는 관계없이, 그 주된 의미가 파생되었을 것으로 충분히 고려할 수 있을 것이다"라고 주장한다.[31]

그러나 이것으로 문제가 해결되는 것은 아니다. 일부 학자들은 여전히, "헬라어 '파라칼레인'의 가능한 의미들 중 어느 것도, 그것이 능동태이든 혹은 수동태이든, 복음서에 사용된 '파라클레토스'의 특징적인 다양한 기능들과 정확히 일치하지는 않는다"라고 주장한다.[32] 요한일서 2:1("아버지 앞에서 우리에게 대언자[Advocate]가 있으

---

29 BDAG, 766.
30 BDAG, 764-65.
31 J. G. Davies, "The Primary Meaning of *ΠΑΡΑΚΛΗΤΟΣ*," *JTS* 4 (1953): 37. Against Behm, "παράκλητος," in *TDNT*, 5:803.
32 J. Ashton, "Paraclete," in ABD, 5:152; A. L. Mansure, "The Relation of the Paraclete to the Spiritual Presence of Jesus in the Fourth Gospel" (Ph.D. diss., Boston University, 1950), 135.

니")에서 그 단어의 용례는 대부분이 예상하는 해당 단어의 의미에 가장 들어맞는다.³³ 그러나 고별강화에서 이 단어의 용례는 오히려 "조언자" 혹은 "위로자"라는 예상에서 다소 벗어난 지향점을 보이고 있다(참고. 특히 그 문맥상의 관점에서 요 14:16).

유대교 랍비들은 '파라클레토스'란 단어를 일종의 차용어('페라클레트')로 받아들였고, 그들의 문헌에서 그것은 "항상 하나님 앞에서의 대언자/변호자를 의미했다"(예. m. 'Abot 4:11).³⁴ 사전에서는 이렇게 기술한다: "그리스도 이전의 그리고 기독교 이외의 문헌에 이 단어가 발견되는 몇몇 글귀에서 … 대부분의 경우에 그것은 보다 더 일반적인 의미를 갖는다: 다른 사람을 위해 출두하는 사람, 매개자, 중재자, 조력자."³⁵ "조력자/돕는 자"라는 번역과 관련하여 필론은 창조 사역에서 하나님은 어떠한 '돕는 자'(helper, '파라클레토스')도 필요로 하지 않으셨다고 말한다(Philo, Opif., 6 [23]).

---

33 바나바 서신(The Epistle of Barnabas) [ca. AD 70–130]은 πλουσίων παράκλητοι ("부자들의 변호인들/advocates of the wealthy"; *Barn.* 20:2)에 대해 언급한다. 클레멘스 2서(2 Clement)는 다음과 같이 질문한다: "아니면 누가 우리의 변호자가 될 것인가[παράκλητος 만일 우리가 거룩하고 의로운 행위로 발견되지 않는다면"(2 Clem. 6:9). 유세비우스(Eusebius)의 *Historia Ecclesiastica* 5.1.10는 에파가투스(Vettius Epagathus)라는 인물에 대해 말한다: "그리스도인들의 파라클레토스로 칭하여진, 그 자신 속에 파라클레토스, 사가랴의 영[Spirit of Zacharias]을 지닌"(παράκλητος Χριστιανῶν χρηματίσας, ἔχων δὲ τὸν παράκλητον ἐν ἑαυτῷ, τὸ πνεῦμα τοῦ Ζαχαρίου). 에파가투스가 박해를 받는 그리스도인들을 위해 중재하는 그 문맥 때문에 대부분은 여기서의 παράκλητος를 "변호인/advocate"으로 번역한다(또한 Westcott, *John*, 2:190). 그러나 로엡 판(Loeb edition)에서 레이크(K. Lake)는 두 사례를 모두 "위로자/Comforter"로 번역한다 (K. Lake, trans., *Historia Ecclesiastica*, 5.1.10 [LCL 153] [1926]: 411).

34 Behm, "παράκλητος" 5:802; 또한 BDAG, 766. 베흠은 פְּרַקְלִיטָא, 및 פְּרַקְלִיטָא 형태 또한 나타나는 것에 주목하고, παράκλητος가 συνήγορος, "변호인단/counsel"– סְנֵיגוֹר와 동의어로 보이며, 그 반의어는 κατήγορος, "고소자/accuser"– קַטֵיגוֹר라고 언급한다("παράκλητος," 5:802).

35 BDAG, 766; 비교. K. Grayston, "The Meaning of PARAKLÉTOS," 75.

이 단어의 다른 용례에서는 그것이 능동적 의미("위로자", "조언자")로 해석되고 있음을 보여준다. 아퀼라(Aquila, fl. 약 AD 130년)와 테오도티온(Theodotion, AD 2세기 후반) 둘 다 욥기 16:2의 "재난을 주는 위로자들"('골치 아픈 안위자들', 히. '메나하메 아말')이란 문구를 "파라클레테스"('파라클레토이')로 번역한다.[36] 여기서 복수형은 "위로"(히. '나함')를 의미하는 히브리어 용어(피엘 분사 복수형)를 표현한 것이다.[37] 두 번역자 아퀼라와 테오도티온이 이 용어('메나헴'은 '나함'의 피엘 분사형으로, 명사적으로 사용되어 "위로자"란 의미를 지닌다)를 "파라클레테스"로 번역했다는 사실을 감안할 때, 브라운이 "면밀한 연구는 '파라클레토스'가 명확한 번역어로 사용되는 히브리어 혹은 아람어 명칭을 아직까지 제시하지 못했다"[38]라고 서술한 것은 다소 의아한 점이 있다. 하지만 그의 생각과 정반대로, 헬라어 '파라클레토스'는 분명히 해당 히브리어 분사('메나헴')에 대한 번역어다. 심지어 아퀼라와 테오도티온의 번역이 기독교의 용례에서 영향을 받은 것이라고 할지라도,[39] 이것은 AD 2세기 초엽의 중동 지역에서 '파라클레토스'란 단어가 "위로자"의 뉘앙스를 내포했을 가능성을 암시한다(아퀼라는 예루살렘에서, 테오도티온은 에베소에서 활동했다[40]).

---

36 랄프스(Rahlfs)의 원문은 παρακλήτωρ "격려하는 자, 위로자" (LSJ, 1313)에서 παρακλήτορες를 취한다.

37 피엘형에서, םחנ는 "위로자"의 뉘앙스를 갖는다. 참고. BDB, 636-37; *HALOT*^{SE}, 688-89. 데이비스(Davies)의 결론에 따르면, "70인역에서 παρακαλεῖν의 의미는 … 주로 םחנ, 즉 위로하다 또는 위안하다의 의미를 갖는다" (Davies, "The Primary Meaning of ΠΑΡΑΚΛΗΤΟΣ," 37).

38 Brown, *John*, 1136.

39 또한 Behm, "παράκλητος," 5:805 n. 39; Hastings, "Paraclete," 3:666.

40 K. H. Jobes and M. Silva, *Invitation to the Septuagint* (Grand Rapids: Baker, 2000), 38-42.

아퀼라와 테오도티온의 자료에서 발견되는 이 증거는 '파라클레토스'에 관한 문헌에서 상대적으로 거의 주목을 받지 못하는 실정이다. 베흠(Behm)은 해당 용어의 이러한 사용은 "유대인들의 용례에서 생소한" 모습이며, 이것은 "해당 단어의 역사만으로는 거의 설명하기 어려운 예외적인 것"이라고 말한다. 그러면서 그는 해스팅스(Hastings)에 의해 제기된 요한문헌의 영향에 관한 추측에 지지할 것을 호소한다.[41] 해당 용례가 얼마나 특이하게 보이든 상관없이, 이렇게 몇몇 안 되는 증거로 우리에게 보존되었다고 할지라도, 그 단어가 "위로자"라는 의미와 함께 흔하게 사용되었을 가능성은 여전히 존재한다. 아퀼라와 테오도티온은 그것이 적절한 번역이라고 보았고, "적어도 히브리 성경의 일부분에서는 테오도티온의 번역과 매우 유사한 번역이 BC 1세기에 이미 사용되었다."[42]

요한복음에서 "위로"의 의미가 내포된 이 단어의 용례는 그 이전에는 그런 함축적 의미를 갖지 않았음을 함의하는 것일 수도 있다.[43] 기독교에서의 용례가 이 단어의 의미의 범주에 결정적인 영향을 주었는지 여부에 대해서는 판단하기 어렵다. 욥기 16:2의 번역에서 볼 때, 그리고 고별강화에서 "위로자"의 뉘앙스가 담긴 이 단어에 대한 일반적인 이해를 감안할 때, 단지 단어의 형태론적 특징에 따라서, 즉 "대언자/변호자" 등으로 항상 번역해야 한다는 주장은 상책이 아닌 것으로 보인다.[44] 추가적인 증거 없이는, '파라클레

---

41   Behm, "παράκλητος," 5:801, 803, 805; 또한 참고. Hastings, "Paraclete," 3:666-68.
42   Jobes and Silva, *Invitation to the Septuagint*, 42.
43   참고. H. N. Ridderbos, *The Gospel according to John*, trans. J. Vriend (Grand Rapids: Eerdmans, 1997), 503.
44   See A. J. Köstenberger, *John*, in vol. 2 of *Zondervan Illustrated Bible Backgrounds*

토스'란 단어가 지닌 뉘앙스와 관련하여 더 정확하게 논의하기는 어렵다. 그러나 이 단어는 분명히 위로자들/조언자들(욥 16:2, 아퀼라와 테오도티온의 번역)을 의미하기 위해 사용된 적이 있다.

오리게네스[Origin, 약 AD 185-253/4년]는 요한복음 고별강화의 '파라클레토스'를 "위로자"(comforter)로 그리고 요한일서 2:1에서는 그것을 "대언자"(advocate)로 이해했던 요한복음 최초의 주석가인 것으로 보인다.[45] 제임스 헤스팅스(James Hastings)는 이 단어가 해석되어 왔던 방식과 관련해, 아래와 같은 유용한 설명을 개괄적으로 제시한다:

(1) 라틴어 번역본에서는 해당 서신서에 대한 모든 사본에서 '아드보카투스'라고 적는다; 그리고 해당 복음서에서는 '아드보카투스' ⋯ 그리고 '파라클레투스' 또는 '파라클리투스'* 사이의 변형들이 사용된다⋯.
(2) 시리아어 번역본에서는 원어 '파라클레토스'를 모든 절에서 그대로 유지하는 것으로 보인다⋯. (3) 아라비아어, 에디오피아어, 멤피스어 [Memphitic, 하下이집트의 콥트어 방언–옮긴이]] 번역에서도 '파라클레토스'를 그대로 유지한다. 테베어[Thebaic, 또는 사히드어. 상上이집트의 콥트어 방언–옮긴이]] 역본에서는 그 복음서에서 '파라클레토스'를 사용하지만, 서신서에서는 '우리를 위해 기도하시는 분' ⋯ 이라고 쓴다.
(4) 불가타역은 복음서에서는 '파라클레투스' ⋯ 그리고 서신서에서는

Commentary, ed. C. E. Arnold (Grand Rapids: Zondervan, 2002), 140.
45 Origin, De principiis, 2.7.4. 다음 문헌에서 오리게네스와 함께 두 의미를 모두 택한 교부들, 그리고 둘 중 하나를 택한 교부들의 논의를 참고하라. A. Casurella, The Johannine Paraclete in the Church Fathers, Beiträge zur Geschichte der biblischen Exegese 25 (Tübingen: Mohr Siebeck, 1983), 141-43.

'아드보카투스'로 번역한다. (5) 위클리프(Wyclif)와 퍼비(Purvey)는 불가타역의 '파라클레투스'를 복음서에서는 '위로자'(Comforter)로 … 그리고 서신서에서는 '아드보카투스'(Advocatus)를 그대로 받아서 '대언자'(Advocate)라고 번역한다 … 마찬가지로 루터는 요한복음에서는 '위로자'(Tröster) 그리고 요한일서에서는 '대변자'(Fürsprecher)로 번역하고 있다. 틴데일(Tindale) 또한 복음서에는 'Comforter' 그리고 서신에서는 'Advocate'를 해당 표현으로 채택했고, 이 번역어들이 모든 영어 번역본으로 전수되었다….[46]

해스팅스는 옛 역본들에서 해당 용어가 대부분 단순히 음역되었다는 사실을 보여주며, 또 한편으론 여러 번역에서 이 단어의 뉘앙스를 복음서와 서신서에서 각각 구분하고 있음을 보여준다. 다음 현대 영어 번역본들은 추가적인 사례들을 제시한다:

ESV: 복음서: "Helper," 서신서: "Advocate."

HCSB: 복음서: "Counselor" 서신서: "Advocate"

KJV: 복음서: "Comforter," 서신서: "Advocate."

NAB: 복음서: "Advocate," 서신서: "Advocate."

NAS: 복음서: "Helper," 서신서: "Advocate."

NIV: 복음서: "Counselor," 서신서: "One who speaks … in our defense."

NJB: 복음서: "Paraclete," 서신서: "Advocate."

---

46 Hastings, "Paraclete," 3:667.

NKJV: 복음서: "Helper," 서신서: "Advocate."

NRSV: 복음서: "Advocate," 서신서: "Advocate."

REB: 복음서: "Advocate," 서신서: "One who will plead our case"

RSV: 복음서: "Counselor," 서신서: "Advocate."[47]

이제 현대 영역본에서는 이 단어에 대한 음역은 흔하게 사용되지 않는 모습을 보인다. 이 11개의 영역본들에서 오직 NJB역만 그러한 음역을 택하고 있다. NAB, REB, NRSV역은 "위로자/상담자"의 의미를 거부하고 복음서와 서신서에서 서로 동일한 번역을 택하고 있다. 반면 다른 8개의 영역본들은 복음서와 서신서에 사용된 용법을 구분하고 있다.

원어의 의미의 폭을 포착하기 위해 다양한 동의어들이 제시되었다. 위클리프의 "comforter"(위로자)라는 단어 선택은, 일각에서는 이것을 "빈약하고 오해의 소지가 있는" 번역[48]으로 생각하지만, 그 본래의 의미는 위클리프 당대의 역사적 배경에서 이해되어야 한다: "그 단어[comforter]의 최초의 의미는, 그것의 어원이 되는 라틴어 '콘포르타레'('con-fortare', 강조 접두사 'con' 그리고 '강한'[strong]이란 의미의 'fortis'의 합성어)에서 보듯이, '강화하다'/'힘

---

47 이 영역본들 모두 요한복음의 파라클레토스 본문 전반에서 일관성 있게 동일한 어휘를 차용한다.

48 G. Braumann, "παράκλητος" in *NIDNTT*, 1:91 (편집자 주). 카슨은 다음과 같이 주장한다: "오늘날 독자들에게, '위로자/Comforter'는 마치 포근한 이불 혹은 감상적인 박애주의자 같이 들릴 수 있으며, 대부분의 영어를 모국어로 쓰는 사람들을 위해서 폐기되어야 한다"(*John*, 499). 이것은 다소 과장된 진술로 보인다. 욥을 괴롭게 했던 친구들도 본래는 그를 위로하고자 했음을 상기할 필요가 있다(참고. 욥 16:2, Aquila and Theodotion). 영어권 사람들은 성령과 이불을 구별할 수 없을 정도로 감각이 둔다하는 말인가?

을 북돋는다'(strengthen)는 것이다."⁴⁹ 그러나 '위로/위안'이란 의미에서 "Comforter"(위로자)란 표현이 데이비스(J. G. Davies)와 뮐러(U. B. Müller)의 지지를 받고 있다.⁵⁰ 일부는 "Helper"(돕는 자/조력자)⁵¹란 번역을 선호하고, 스나이스(Snaith)는 그것을 "'Convincer'(깨닫게 하는 자/확신시키는 자), 즉 하나님에 관한 것을 사람들로 하여금 깨닫게 하고, 그들 속에 마음의 변화를 이루시는 분"으로 주장한다.⁵² 한편, 모리스는 해당 용어의 사법적 배경이 유지된다고 할 경우, "friend"(친구/지지자. 즉, 전문적인 훈련을 받지 않았지만 법적으로 필요하다면 기꺼이 도울 수 있는 친구/증인의 의미-옮긴이)라는 표현을 선호한다.⁵³ 다른 학자들은 "advocate"(변호자/대리인) 또는 "intercessor"(중재자)가 최선의 표현일 것이라 여긴다.⁵⁴ 던(Dunn)은 RSV역의 "Counselor"(법률 고문/상담자)를 "충분히 정확하면서도 충

---

49 Hastings, "Paraclete," 3:667.

50 데이비스(J. G. Davies)는 70인역에서, "The Primary Meaning of ΠΑΡΑΚΛΗΤΟΣ," 35-38를 논증하고, 뮐러(U. B. Müller)는 고별 담화의 문학 장르에서 요한의 ὁ παράκλητος가 묵시 문헌의 ὁ παρακαλῶν와 대등하며 그러할 경우 "위로자/comforter"라는 능동의 의미를 취한다고 주장한다("Die Parakletenvorstellung im Johannesevangelium," ZTK 71 [1974]: 31-77). 리젠펠트(H. Riesenfeld)는 "위로자/Comforter"가 구약의 의인화된 지혜의 형상(잠 8:4) 그리고 종말론적 위로의 어조, 예를 들어 사 40:1에 기초한다고 주장한다("A Probable Background to the Johannine Paraclete," in Ex orbe religionum, 2 vols. [Leiden: Brill, 1972], 1:266-74).

51 G. Braumann, "παράκλητος," in NIDNTT, 1:91 (조력자[helper]로의 해석에 대한 선호가 편집자 주에서 표명되고 있다); B. M. Newman and E. A. Nida, A Translator's Handbook on the Gospel of John (London: United Bible Societies, 1980), 466-67.

52 Snaith, "The Meaning of 'The Paraclete,'" 50. 비교. J. Giblet, 그는 파라클레토스가 그리스도의 판례를 변호한다고 주장한다("Les Promesses de L'Esprit et la Mission des Apôtres dans les Evangiles," Irenikon 30 [1957]: 34).

53 Morris, John, 576,590.

54 Behm, "παράκλητος," in TDNT, 5:814.

분히 포괄적인" 번역으로 간주한다.[55] 존스턴(Johnston)은, "헬라어 παράκλητος의 모든 의미를 포괄적으로 수용할 수 있는 영어에서 가장 유용한 어휘는 'representative'(대표자/대행자/대리인)"라고 주장한다.[56] 바레트(C. K. Barrett)는 "'파라칼레인'과의 관련성에서 해당 의미는 exhortation"(권유/권고)의 의미로 조금씩 변했을 것이라 믿는다.[57] 이러한 의미상의 여러 뉘앙스 때문에 일부 학자들은 다른 어휘들(예, apostle/사도, Christ/그리스도, deacon/집사)처럼, '파라클레토스'라는 음역도 일종의 차용어(외래어)처럼 받아들여져야 한다고 주장한다.[58] 하지만 다른 학자들은 이 용어가 "고대 그리스의 배경이 알려지지 않는 이상 중립적이고 무의미한 것"이라는 정당한 주장을 제기한다.[59]

일부 학자들은 "comfort"(위로하다)의 개념이 단지 요한복음의 고별강화 문맥에서만 발생하는 것이라는 입장을 견지한다.[60] 하지만

---

55 J. D. G. Dunn, "πνεῦμα," in *NIDNTT*, 3:704 (article reproduced in *The Christ and the Spirit*, vol. 2, *Pneumatology* [Grand Rapids: Eerdmans, 1998], 3–21).

56 Johnston, *The Spirit-Paraclete in the Gospel of John*, 87 (저자 강조). 그러나 존스턴은 그 문맥을 고려할 때 "위로자/Comforter"가 적절하다는 것에 동의한다 (90).

57 C. K. Barrett, "The Holy Spirit in the Fourth Gospel," *JTS* 1 (1950): 14–15; id., *The Gospel according to St. John*, 2nd ed. (Philadelphia: Westminster, 1978), 462.

58 E.g., G. R. Beasley-Murray, *John*, 2nd ed., WBC 36 (Nashville: Nelson, 1999), 242; Brown, *John*, 1137; Hastings, "Paraclete," 3:668; W. B. Simon, "The Role of the Spirit-Paraclete in the Disciples' Mission in the Fourth Gospel" (Ph.D. diss., The Southern Baptist Theological Seminary, 2002), 130–31.

59 G. Braumann, "παράκλητος," in *NIDNTT*, 1:91 (편집자 주).

60 Hastings, "Paraclete," 3:667.

그러한 '위로'/'위안'의 개념은 데이비스가 제시한 증거를 통해 뒷받침되는 것으로 보인다.[61] 그리고 비록 요한복음 이후의 후대 자료이기는 하지만, 욥기 16:2에 대한 아퀼라와 테오도티온의 번역 또한 그러한 해석을 지지하고 있다. 요한복음의 저작 연대는 일반적으로 AD 60년에서 AD 95년 사이로 추정되고 있다. 아퀼라의 번역은 아마도 AD 150년까지는 완성되었던 것으로 보인다. 만약 예수께서 아람어로 말씀하셨고, 이후 AD 1세기 중후반에 요한이 '파라클레토스'란 단어를 선택했다면, 거의 동일한 시대에 "위로"란 의미가 함축된 이 단어를 사용했을 것이란 추측이 불가능한 것은 아니다

요약하면, 요한복음의 고별강화에서 파라클레토스를 "위로자/돕는 자"로 그리고 요한일서 2:1에서는 "대언자/중재자"로 번역하는 방식이 현대의 영역본에서는 확고하게 자리를 잡은 것으로 보인다. 고별강화의 '파라클레토스'가 사용된 문맥, 욥기 16:2의 번역 사례, 랍비 문헌에서의 용법 등을 감안할 때, 그러한 현대의 번역은 수긍할 만한 것이다.[62] "위로자/상담자"는 고별강화의 '파라클레토스'에게 귀속된 모든 기능들을 망라하지 못하기 때문에[63] 원어를 그대로 음역하는 것이 차라리 더 나은 것일 수 있다. 이렇게 하면 파라클레토스의 역할을 그 호칭(또는 직함, title)으로 밝힐 수 있을 것이다.[64] 물론, 오늘날에 직함을 가진 사람들은 대개 그들의 직함에 사용된 용어의 본래 뜻에 포함되지 않는 일들을 수행한다(예. 미국의 "국

---

61 참고. Davies, "The Primary Meaning of ΠΑΡΑΚΛΗΤΟΣ," 36-38.
62 또한 참고. Schnackenburg, *John*, 3:75; 3:413 n. 91.
63 참고. Ashton, "Paraclete," in *ABD* 5:152; Brown, *John*, 1137; Ridderbos, *John*, 501, 503;
64 참고. Ashton, "Paraclete," in *ABD* 5:152.

무 장관"[the 'secretary' of state]). 번역의 본질적인 특징은 어떤 번역도 완벽하게 명료하지 않다는 사실에 있다. 그러면서 여러 부분에서 항상 다양한 설명을 요구한다는 것이다(이러한 사실은 목회자들과 교수들에게 성경의 원어를 능숙하게 다룰 수 있어야 한다는 동기를 부여한다). 이제 우리는 요한 자신의 '파라클레토스' 이해에 영향을 미쳤을 것으로 제기되는 개념들과 주제(모티브)들에 관해 살펴볼 것이다.

배경적 고찰. 요한의 '파라클레토스' 본문에 관한 설명들은 만데아 영지주의(Mandean Gnosticism);[65] 쿰란 문헌(Qumran literature);[66] 구약 성서와 쿰란 문헌 그리고 조로아스터 문헌(Zoroastrian Literature)의 조합;[67] 구약 및 중간기 문헌의 다양한 주제;[68] 요한 공

---

65 참고. R. Bultmann, *The Gospel of John*, trans. G. R. Beasley-Murray (Philadelphia: Westminster, 1971), 566-72; H. Windisch, *The Spirit-Paraclete in the Fourth Gospel*, Biblical Series 20, trans. J. W. Cox (Philadelphia: Fortress, 1968).

66 참고. Betz, *Der Paraklet*; A. R. C. Leaney, "The Johannine Paraclete and the Qumran Scrolls," in John and Qumran, ed. J. H. Charlesworth (London: Chapman, 1972), 38-61.

67 참고. Breck, *The Spirit of Truth*. 아이흐로트(W. Eichrodt)는 성령에 관한 유대인들의 사고에서 조로아스터교의 영향 가능성에 대해 논한다: "그 개연성의 균형은 그러한 가정에 반하고 있다 … 조로아스터교에서 그러한 개념의 역사는 … 그 유대적 관념의 발달에 정확히 반대되며, 따라서 이러한 사실은 페르시아와 유대의 성령 개념 사이에 인과관계를 찾으려는 경향에 대해 부단한 경종을 울리는 것이 되어야 한다"(*Theology of the Old Testament*, 2 vols., OTL, trans. J. A. Baker [Philadelphia: Westminster, 1961, 1967], 2:68).

68 참고. G. Bornkamm, "Der Paraklet im Johannesevangelium," in *Festschrift Rudolf Bultmann* (Stuttgart: Kohlhammer, 1949), 12-35; E. Franck, *Revelation Taught: The Paraclete in the Gospel of John*, Coniectanea Biblica, New Testament Series 14 (Lund: Gleerup, 1985); N. Johansson, *Parakletoi. Vorstellungen von Fürsprechern für die Menschen vor Gott in der alttestamentlichen Religion, im Spätjudentum und Urchristentum* (Lund: Gleerup, 1940); S. Mowinckel, "Die Vorstellungen des Spätjudentums vom heiligen Geist als Fürsprecher und der johanneische Paraklet," *ZNW* 32 (1933): 97-130.

동체(Johannine community) 자료;[69] 또는 예수 그리스도의 행하심[70]과 심지어 그분의 말씀[71] 자체에 의존해 왔다. 이 가운데 일부 해설은 다른 것들보다 더 분명하게 이해를 돕는다. 또한 그들 모두가 예수께서 실제로 존재하시는 하나님의 성령에 대해 말씀하는 것임을 부인하지는 않는다.

이러한 여러 제안들과 관련하여, 루돌프 슈나켄부르크(Rudolph Schnackenburg)는 다음과 같은 말로 신중하게 단언한다: "비록 전통들의 역사를 살피고 주변 정황에 의해 발휘된 영향들을 분명히 감안하더라도, '파라클레토스'라는 용어의 명확한 기원을 완벽하게 탐구하는 일은 단념해야 한다."[72] 헤르만 리델보스(Herman Ridderbos)의 결론도 요한복음에 중점을 둔 점에서 조금 더 구체적이긴 하지만 유사하다고 할 수 있다: "요한복음 14-16장의 '파라클레토스' 호칭의 구체적 용법과 의미에 대해서 우리는 관련 본문 자

---

69 예. Barrett, "The Holy Spirit in the Fourth Gospel."

70 참고. Brown, "The Paraclete in the Fourth Gospel," *NTS* 13 (1967): 126-28; Burge, *Anointed Community*, 41; M. Turner, "Holy Spirit," in *DJG*, 349. 이 학자들은 다른 이들과 함께 요한복음에서 예수의 사역과 성령의 사역 사이의 평행 관계에 주목했다. 그러나 자주 언급되지 않은 것은 그러한 사역의 유사점이 예수와 성령에게만 국한되지 않는다는 점이다. 아버지 또한 아들과 성령이 행하는 많은 일들을 행하신다. 아버지와 아들과 성령은 생명을 주시며(요 5:21; 5:25; 6:63), 장래 일을 선포하시고(1:33; 13:19; 16:13), 예수의 영화 이후 신자들 안에 내주하시고(14:23; 14:20; 14:17), 가르치시고(6:45; 7:14; 14:26), 예수를 증언하시며(8:18; 15:26), 예수를 영화롭게 하신다(5:22-23; 17:24; 16:14). 일부 사역들은 아버지와 아들에 의해 공유되며, 일부 활동들은 아들과 성령에 의해(또는 아들과 성령에게) 행해진다. 이러한 정보는 도표, "God's Actions in John"에서 요약된다.

71 참고. Behm, "παράκλητος," in *TDNT*, 5:812-13; J. Kremer, "Jesu Verheissung des Geistes: Zur Verankerung der Aussage von Joh 16:13 im Leben Jesu," in *Die Kirche des Anfangs*, Erfurter Theologische Studien 38, ed. R. Schnackenburg, J. Ernst, and J. Wanke (Leipzig: St. BennoVerlag, 1977), 247-76.

72 Schnackenburg, *John*, 3:148.

체에 의존할 수밖에 없으며, 다른 2차 자료들의 상상적이고 짐작어린 표현들에 기초해서 우리의 결론을 도출해 낼 수는 없다."[73] 스미스(D. M. Smith)도 비슷한 취지로 이렇게 서술한다: "'파라클레토스'의 이해를 위한 가장 확실한 안내문은 복음서 자체에 기술된 그 기능들에 대한 묘사이다."[74] 이 같은 조언들에 따라서 이제 우리는 요한복음의 '파라클레토스' 본문에 우리의 이목을 집중하고자 하며, 필요시에는 추가적인 배경 지식도 제공할 것이다.[75]

요한의 서술에 따른 '호 파라클레토스'의 의미

요한복음에서 '파라클레토스'는 다양한 역할을 수행하는 분이다. 그는 예수 그리스도의 제자들에게 하나님의 임재를 경험하게 한다(요 14:15-17); 또한 예수 그리스도의 제자들을 가르친다(14:26; 16:13-15); 그리고 예수 그리스도에 관해 증언하며(15:26); 이 세상을 책망한다(16:7-11); 이 모든 일에서 그는 무엇보다 예수 그리스도의 영광을 나타낸다(16:14).

예수께서는 이제 자신이 떠나실 것과 제자들이 그를 따라올 수

---

73 Ridderbos, *John*, 503.

74 D. M. Smith, *The Theology of the Gospel of John* (Cambridge: Cambridge University Press, 1995), 140. Likewise S. S. Smalley, "'The Paraclete': Pneumatology in the Johannine Gospel and Apocalypse," in *Exploring the Gospel of John*, ed. R. A. Culpepper and C. C. Black (Louisville: Westminster John Knox, 1996), 291.

75 파라클레토스 문헌에 관한 포괄적 논의는 특히 다음 자료를 보라. Burge, *Anointed Community*, 6-43. 파라클레토스와 관련해 제시된 배경들에 대한 브라운의 요약 또한 유용하다("The Paraclete in the Fourth Gospel," 119-26).

없음을 선언하시고, 이에 근심하는 제자들을 향해 고별강화를 전하신다(요 13:33,36).[76] 베드로는 자신이 주를 위해 목숨까지 버릴 준비가 되었다고 주장하지만(13:37), 예수께서는 베드로가 곧 예수를 부인하게 될 것을 예고하신다(13:38). 그럼에도 불구하고, 그리스도는 제자들에게 하나님을 신뢰할 것과 그리스도 자신을 신뢰할 것을 당부하시며(14:1),[77] 그들이 그렇게 신뢰할 수 있는 이유에 대해 밝히신다.

비록 예수께서는 제자들을 떠나시지만, 그들을 위한 거처를 예비해 놓을 것이며 또한 그들을 위해 다시 돌아올 것이다(14:2-3). 제자들은 예수 그리스도를 아는 자들이기 때문에, 하나님 아버지도 아는 자들이다(14:4-11). 제자들은 예수의 사역을 이어갈 것이며, 심지어 그보다 더 큰 일도 행할 것이다. 그리고 예수께서 아버지께로 가기 때문에 제자들은 오히려 예수의 이름 안에서 하나님의 영광을 더 크게 누릴 것이다(14:12-14). 여기서 우리는 예수께서 떠난 후에도 제자들이 하나님의 신적 임재를 계속해서 경험할 것에 대해 확신을 주는, 첫 번째 '파라클레토스' 본문(요 14:15-17)과 마주하게 된다.

요한복음 14:15-17의 하나님의 임재. 육신으로 그들과 함께 하신 예수의 임재를 통해 제자들은 하나님의 신적 임재를 누릴 수 있었다. 요한복음 14:9에 예수께서 이같이 말씀하신다: "나를 본 자는 아버지를 보았거늘." 이때 예수께서는 '파라클레토스'가 그 제자들에게 임하실 것과, 그리하여 그들이 하나님의 임재를 더 심화된

---

76 참고. Schnackenburg, *John*, 3:74.

77 요 14:1의 πιστεύετε 두 차례 용례는 직설법으로 분해될 수 있지만("너희가 [복수형] 믿는다"), 문맥을 고려할 때 둘 다 명령법일 가능성이 더 크다("믿으라!").

방식으로 영원히 누리게 될 것을 약속하신다(14:16-17).

만일 제자들이 예수를 사랑한다면[78] 그들은 예수 그리스도의 계명을 지킬 것이다. 그리고 예수께서는 위로자(개역개정. '보혜사')이신 진리의 성령을 제자들에게 보내시도록 아버지께 간구할 것이다. 제4복음서의 이 시점, 유다가 나가고 없는(참고. 요 13:30-31) 바로 이 시점에는 제자들이 예수를 진심으로 사랑하고 있다는 암시가 농후하다. 제자들은 예수께서 메시아이시며(요 1:41), 모세가 기록한 그 분이시고(1:45), 하나님의 아들이심(1:49)을 이미 고백했다. 그들은 예수께서 나타내신 그의 영광을 보았고 예수를 믿었다(2:11). 제자들은 심지어 다소 의아한 정황 속에서도 예수의 의중을 신뢰했다(4:27). 그리고 다른 사람들이 예수의 곁을 떠날 때에도 제자들은 오직 예수에게만 영생의 말씀이 있기에 자신들에게는 다른 선택이 없음을 깨달았다(6:66-68). 그들은 예수께서 하나님의 거룩한 자이심을 믿었다(6:69). 오해나 착오가 있었을지는 몰라도, 이 제자들은 분명 위험을 무릅쓰고 예수를 따랐던 자들이다(11:16; 13:37).[79] 이러한 제자들은 예수께서 하나님 아버지께로부터 오신 분임을 믿는 자신들의 믿음을 고백한다(16:30). 그리고 예수께서도 제자들의 믿음을 인정하신다(17:8). 이러한 모든 정황은 우리로 하여금 그 제자들이 예수를 진정 사랑하고 있다고 여길만한 충분한 근거가 된다.

특히, 요한복음 14:17에서 예수는 제자들을 세상의 상반되는 모습과 비교하시며 세상과 달리 제자들은 이미 진리의 영, '파라클레토스'를 알고 있으며, 이는 그가 그들과 함께 거하시기 때문이라 말

---

78 이 조건절의 명제는 Ἐὰν ἀγαπᾶτέ με, "만약 너희가 나를 사랑하면"이다.
79 제자들의 실수와 넘어짐은 예수께서 영광 받으신 후에도 지속되었다; 참고, 갈 2:11-14.

씀하신다(14:21-24). 예수께서는 그들이 보이는 사랑의 순종이, 그가 자신을 제자들에게는 나타내시고(헬. '엠파니조') 세상에게는 그렇게 하지 않는 이유임을 설명하실 것이다. 그렇게 본다면, 요한복음 14:15에 예수께서 제자들에게 "너희가 나를 사랑하면"이라고 말씀하실 때, 복음서 기자는 당시 제자들이 실제로 예수를 사랑했다는 점을 독자들에게 강조하면서 그들이 이 사실을 깨닫길 바라는 뜻으로 말한 것일 수 있다(참고. 요 16:27, "이는 너희가 나를 사랑하고 또 내가 하나님께로부터 온 줄 믿었으므로 아버지께서 친히 너희를 사랑하심이라").[80]

"너희가 나를 사랑하면"이라는 조건은, "그리고"에 의해 연결된 두 개의 직설법 미래 시제 동사로 구성된, 이중의 결과를 가져온다[81]: "너희가 나의 계명을 지킬 것이다; 그리고 내가 아버지께 구할 것이다"(개역개정. '너희가 … 나의 계명을 지키리라. 내가 아버지께 구하겠으니' 요 14:15-16). 다시 말해서, 예수를 향한 제자들의 사랑은 제자들이 행하게 될 어떤 일(즉, 그의 계명을 지키는 일), 그리고 예수께서 행하실 어떤 일(즉, 또 다른 '파라클레토스'를 보내도록 아버지께 구하는 일)의 두 가지 일로 귀결된다.

이러한 문법 구조를 제대로 파악하지 못한 서몬드(J. J. Suurmond)는 다음과 같이 서술한다: "나는 도덕적 삶이 성령을 받는 일에 필수적으로 선행되어야 한다는 해석을 받아들일 수 없다 … 그러므로 내가 생각하기에 15절의 조건절, 즉 '너희가 나를 사랑하면'의 의미는, '성령-파라클레토스'의 사역이 우리의 삶에 충만하게 운영

80　또한 참고. F. J. Moloney, *The Gospel of John*, SP 4 (Collegeville, MN: Liturgical Press, 1998), 402.
81　참고. Barrett, *John*, 461; Carson, *John*, 498-99; Westcott, *John*, 2:176.

되기 전에 '우리가 먼저 그리스도를 기꺼이 사랑하고 그리스도께 기꺼이 순종하려고 해야 한다'는 의미인 것이다."[82] 여기서 서몬드는 성령의 선물이 "도덕적 생활"에 의한 것으로 잘못 가정하고 있다. 오히려 예수께서는 성령의 선물을 받는 조건을 도덕성 또는 "자발적 의지"(willingness)가 아닌 '사랑'에 두고 있다. 이 사랑은 결국 순종과 윤리적인 삶으로 나타날 것이다. 필자가 주장하고자 하는 바는 이러한 열망이 곧 중생에서 온다는 점이다. 그리고 제자들은 이미 성령으로 말미암는 새로운 탄생을 경험한 상태였다. 똑같은 방식의 오독으로 인해 NASB(New American Standard Bible)의 편집자들은 문단을 구분한 뒤, 15절과 16절 사이에 접속어 "and"를 생략하고 오히려 하나의 표제를 삽입했다(실제로 NASB는 'Role of the Spirit'이라는 표제를 두 구절 사이에 쓰고 있다-옮긴이). 두 구절 사이에 "그리고"를 삭제하다 보니, "내가 아버지께 구하겠으니…"라는 독립된 문장으로 16절이 새로 시작하는 것처럼 보이게 되었다. 이러한 방식의 문장 전개는 본문에서 신학적 긴장이 고조될 가능성을 다소 완화시킬 수는 있지만 해당 구절의 문법 구조에 정면으로 위배된다.

제자들은 예수의 계명을 지킬 것인데 이는 그들이 예수를 사랑하기 때문이다. 예수는 아버지께서 다른 '파라클레토스'를 제자들에게 주시도록 간구할 것인데, 이 또한 그들이 예수를 사랑하기 때문이다. 제자들이 예수를 사랑한 결과로 아버지의 선물 '파라클레토스'가 주어진 것이 아니다. 오히려 예수께서 아버지께 요청하심으로 인해 그들에게 주어진다는 것이다. 예수께서 구하실 그 요청은

---

82 J. J. Suurmond, "The Ethical Influence of the Spirit of God" (Ph.D. diss., Fuller Theological Seminary, 1983), 241.

제자들이 그의 계명을 지켜서가 아니라 제자들이 예수를 사랑하기 때문에 이뤄질 될 것이다. 또한 제자들이 장차 성령을 받을 것이기 때문에 예수의 계명을 지키게 될 것이라는 의미도 아니다(물론 이 사상은 신약의 다른 본문들의 가르침과는 일치한다; 참고. 롬 8:1-4).[83] 이 본문에 따르면, 제자들은 성령을 받아서가 아니라, 예수를 사랑하기 때문에 그에게 순종할 것이다. 그러므로 예수 그리스도는 제자들이 아직 성령을 받지 않은 상태였음에도 불구하고(참고. 요 7:39), 여전히 그들에게 그리스도를 사랑하고(참고. 요 16:27) 그리스도께 순종할(14:15) 역량이 있음을 단정하시는 것처럼 보인다.

요한복음은 아버지께서 이끄시지 않는 한 아무도 예수께로 나올 수 없으며(6:44,65), "죄를 범하는 자마다 죄의 종이라"는 점을 이미 분명하게 밝힌 바 있다(요 8:34). 만약 제자들이 예수를 사랑할 수 있고 예수의 계명을 지킬 수 있다고 한다면, 그것은 그들이 이미 아버지에 의해 예수께로 이끌렸고 아들에 의해 죄에서 자유롭게 되었기 때문이다(8:36). 대부분의 사람들은 어느 개인에게 믿을 수 있는 능력(즉, 믿음의 선물)이 주어지는 사건을 내주하시는 성령이 개인에게 임하는 사건과 대등한 것으로 간주한다.[84] 그러나 요한복음 7:39은 "믿는 자들이 받을 성령"을 말하고 있다. 즉, 이제 예수를 믿게 되었지만 아직 성령을 받지 않은 사람들에 대해 언급하는 것이다. 그 구절과 유사하게, 본문에서 제자들은 아직 성령을 받기 전에 이미 예수를 사랑하고 순종할 수 있는 것처럼 간주되고 있다.

---

83 Against Snaith, "The Meaning of 'The Paraclete,'" 50.
84 참고. 요 3:1-12의 능력과 무능력에 대한 강조. '~할 수 있는'의 "can" 또는 "able"[δυναμαι] 단어의 형태가 6회 등장한다.

요한복음 14:15-16 사이의 문법적 연결은 결국 성령의 중생과 내주하심의 두 구별된 사역을 인식해야 할 필요성을 제기한다. 제자들은 아직 성령을 받지는 않았지만, 그럼에도 불구하고 중생을 경험했기 때문에 예수를 사랑할 수 있었던 것이다. 만약 중생과 내주하심이 서로 구분되지 않는다면, 이 본문은 문법 구조상 해석적 난관에 처해질 수밖에 없다.

요한복음 14:15-17에서 예수 그리스도는 제자들을 향해, 그를 사랑하는 자들에게 [그가 아버지께 요청하심으로 인해] 성령이 주어질 것을 말씀하신다. 예수를 사랑할 수 있는 제자들의 능력은 성령에 의한 새로운 탄생의 능력에서 비롯된 것이다(요 3:3-8). 그렇다면 이러한 중생은 예수를 향한 사랑 안에서 그것의 실재가 증명된다. 그리고 예수를 향한 그 사랑은 예수께 향한 순종으로 귀결된다. 따라서 요한복음 14:15-17의 진술은, 믿는 자들(즉, 거듭난 자들)이 곧 성령을 받게 될 자들로 묘사되는 요한복음 7:39과 의미상 일치하는 진술이다.

아버지께서 주실 선물 '파라클레토스'의 목적은 '그가 영원토록 그들과 함께 있기 위함'이다(14:16). 이처럼 '파라클레토스'가 오시는 이유는 제자들이 하나님의 임재를 계속해서 영원토록 누릴 수 있게 하기 위함인 것이다.[85] 이와 관련해 바레트가 내린 결론은 정당하다: "성령이 그들에게 주어지는 것은 그러함으로 인해 하나님의 신적 임재가 제자들과 함께 지속되게 하려는 것이다…."[86] 예수께

---

85 참고. I. F. Wood, *The Spirit of God in Biblical Literature* (New York: Armstrong, 1904), 237.

86 Barrett, *John*, 463. 비교. Morris, *John*, 576-77.

서는 제자들이 그를 신뢰할 수 있는 이유를 그들에게 밝히시고(요 14:1), 그들이 계속해서 하나님의 임재를 경험할 것에 대해 말씀하신다(14:15-17, 20-23).

16절에 "또 다른 보혜사"('another Paraclete', 헬. '알론 파라클레톤')의 정체는 17절 첫 부분의 "진리의 영"('the Spirit of truth', 헬. '토 프뉴마 테스 알레테이아스')이라는 동격의 표현으로 나타난다. 대부분의 학자들은 "진리의 영", "성령", 그리고 "파라클레토스" 모두 다 요한복음에서 하나님의 성령을 지칭하는 표현임에 동의한다.[87] 또한 "또 다른 파라클레토스"라는 표현 자체가 예수께서 친히 제자들을 위한 '파라클레토스'로서 그들을 섬기셨음을 함의한다는 데에도 대부분 동의한다.[88] 예수께서 자신의 떠나심으로 인하여 제자들을 위해 아버지께 "또 다른 파라클레토스"를 보내도록 요청하려는 것임을 함의한다는 것이다.[89]

"진리의 영"(요 14:17)이라는 표현은 요한복음에서 '파라클레토스'를 지칭하기 위해 총 세 차례(14:17, 15:26, 16:13)사용되고 있다.[90] 모

---

87 대조. Leaney, "The Historical Background and Theological Meaning of the Paraclete," *Duke Divinity School Review* 37 (1972): 157.

88 요일 2:1에서 예수는 파라클레토스로 지칭된다. 참고. A. Schlatter, *Der Evangelist Johannes* (Stuttgart: Calwer Verlag, 1960), 298; Beasley-Murray, *John*, 256; Brown, *John*, 644; Bultmann, *John*, 615; Carson, *John*, 500; Porsch, *Pneuma und Wort*, 243; Schnackenburg, *John*, 3:74-75.

89 예수께서 "또 다른, 파라클레토스 [로서] 너희의 것과 같은 한 성령을 [너희에게]"라고 언급했다는 아보트(Abbott)의 제안은 폭넓게 지지를 받지 못했을 뿐더러 (Johannine Grammar, §2793), 다른 이들에게 좋은 반응을 얻지 못했다(예. Michaelis, "Zur Herkunft des Johanneischen Paraklet-Titels," 153). 추가 논의는 다음 문헌을 보라. Morris, *John*, 576 n. 43.

90 성령과 진리에 관하여는 요일 4:6을 보라: "진리의 영과 미혹의 영을 이로써 아느니라;" 그리고 요일 5:6 [ET 5:7], "증언하는 이는 성령이시니 성령은 진리니라." 요 14:16의 어법에 주목하라: "영원토록 너희와 함께 있게 하리니"(ἵνα μεθ' ὑμῶν

리스의 진술대로, "진리는 하나님의 신격(Godhead)과 매우 밀접하게 연관되는 것이 분명하다."[91] 예수께서는 자신이 곧 진리이심을 밝히셨고(요 14:6), 하나님 아버지께 예배하는 자들은 반드시 진리 안에서 그분을 예배해야 함을 선언하셨다(4:23-24). 사도 요한은 자신의 첫 번째 서신에서 독자들에게 "성령은 진리니라"(요일 5:6)고 상기시킨다. 일부 학자들은 "진리의 영"이란 문구를 "진리를 전하시는 성령"[92] 또는 "진리, 즉 예수를 증언하시는 성령"이라는 의미로 해석해 왔다.[93] 여기서의 속격은 그러한 해석을 허용할 만큼 충분히 유연할 뿐 아니라, 인접 문맥도 성령을 진리를 가르치는 분으로 서술한다(요 14:26; 16:13). 따라서 "진리의 영"이란 표현을 통해 예수께서 진정 의미하신 것이 무엇이든 상관없이, 그러한 해석 자체가 틀린 것이 아님은 분명하다. 하지만 요한복음 14:15-17에서의 강조점이 성령의 가르침에 있는 것이 아니라 제자들과 함께 하시고 그들 안에 거하시는 성령의 영속적인 임재에 있는 것임을 감안한다면,[94] 이 표현은 아마도 진리와 밀접한 관련을 지닌, 그러나 그 의미에 국한되지 않고 더 넓은 의미에서의 성령을 지칭하는 것일 수 있다.

εἰς τὸν αἰῶνα ᾖ). 요이 2의 표현과 비교하라: "우리 안에 거하여 영원히 우리와 함께 할 진리"(τὴν ἀλήθειαν τὴν μένουσαν ἐν ἡμῖν καὶ μεθ' ἡμῶν ἔσται εἰς τὸν αἰῶνα). 요 14:17에서 진리의 성령으로 일컫는 요 14:16의 '보혜사/파라클레토스'는 그들과 영원히 함께 할 것이며, 14:17에서 그는 그들 속에 거하실 것이다. 요이 2에서 그 진리는 "우리 안에 거하여 영원히 우리와 함께 할 진리"이다.

91 Morris, *John*, 577.
92 Barrett, *John*, 463; Brown, *John*, 639.
93 Beasley-Murray, *John*, 257.
94 이러한 자유 번역이 본문 구절의 의미를 왜곡할 가능성이 있다는 점이 필자가 성경을 연구하고 해석할 때 "역동적 등가"(dynamic equivalence)를 성경 번역 이론으로 선호하지 않는 이유 가운데 하나다. 따라서 필자는 ESV, HCSB, NASB의 영역본에 반영된 번역 철학을 훨씬 더 선호한다.

일부 학자들은 요한복음, '유다의 유언서'(Testament of Judah) 그리고 쿰란 (두루마리) 문서에서 유사하게 표현되는 진리의 영 사이에 직접적인 연관성을 제안하기도 했다.[95] 하지만 서로 광범위하게 다른 배경과 신학적 차이들로 인해, 그리고 예수께서 혹은 제4복음서의 저자 자신이 해당 문서들을 승인했을 가능성에 대해 확인하는 것은 불가능하기 때문에, 요한복음과 '유다의 유언서' 혹은 쿰란 사본과의 어떤 기원적 관련성이 성립될 수 없다.[96] 비록 그 표현들은 서로 유사하지만, 전후 문맥상 서로 동일한 개념이 함의되는 것은 아니라는 사실이 분명하다. 이와 관련하여 바레트는 다음과 같이 진술한다:

간혹 인용되고 있는 T. Judah[유다의 유언서] 20.1, 5의 경우 … 그 '영들'(spirits)은 선과 악의 '성향'(inclinations)으로 보이기 때문에 전혀 관련성이 없다. 이것은 1QS[쿰란 제1동굴 문서] 3.18f.; 4.23의 … '진리와 불의의 영들'(spirits of truth and wickedness)에도 똑같이 적용된

---

95 참고. J. Breck, *Spirit of Truth*, vol. 1 (Crestwood, NY: St. Vladimir's Seminary Press, 1991); O. Betz, *Der Paraklet*, Arbeiten zur Geschichte des Spätjudentums und Urchristentums (Leiden: Brill, 1963).

96 대개 인용되는 텍스트들은 다음과 같다: T. Jud. 20:1-2,5 및 1QS 3:3,6-8,15-18; 4:20-23. 유대교의 성령에 대한 논의는 다음을 참고하라. M. A. Elliott, *The Survivors of Israel: A Reconsideration of the Theology of Pre-Christian Judaism* (Grand Rapids: Eerdmans, 2000), 393-432; J. R. Levison, *The Spirit in First Century Judaism*, Arbeiten zur Geschichte des antiken Judentums und des Urchistentums 29 (New York: Brill, 1997); A. A. Anderson, "The Use of 'Ruah' in 1QS, 1QH and 1QM," *JSS* 7 (1962): 293-303. For John and Qumran, 참고. R. E. Brown, "The Qumran Scrolls and the Johannine Gospel and Epistles," *CBQ* 17 (1955): 403-19; the essays in J. H. Charlesworth, ed., *John and Qumran* (London: Chapman, 1972); 또한 참고. L. Morris, "The Dead Sea Scrolls and St. John's Gospel," in *Studies in the Fourth Gospel* (Grand Rapids: Eerdmans, 1969), 321-58.

다. 1QS 4.12의 '진리의 영'(The Spirit of truth)은 … 교훈이 아니라 정화의 매개이며, '빛들의 군주'(Prince of lights, 1QS 3.20)를 '파라클레토스'와 연결시킬 근거는 전무하다.[97]

한편, 비슬리 머레이(Beasley-Murray)는, "이 언급들은 동시대 유대교에서 그러한 관념이 결코 낯선 것이 아님을 예증하는 것이다"라는 정당한 평가를 내린다.[98] 그리고 마빈 페이트(C. M. Pate)는 "사해 사본(DSS)과 신약성서 사이의 유사성은 … 그들 공통 선조들의 전통(이스라엘의 이야기)에서 기인한 것이지만 서로 정반대의 시각에서 제시되고 있다"고 여긴다.[99] 우리가 유추할 수 있는 한 가지는 예수께서 참 "진리의 성령"에 관한 그분의 관점을 제시하기 위해 자신과 동시대인들 사이에 통용되던 용어를 사용하고 계신다는 것이다.[100] 즉, 그리스도께서 이때를 기회로 제자들을 위해 새로운 개념을 규정하고 계신 것으로 이해할 수 있다. 예수 그리스도는 제자들에게 '파라클레토스'를 소개하시고, 이 파라클레토스가 누구인지를 정의해 주기 위해, 즉시 "진리의 성령"이라는 명사구를 "또 다른 파라클레토스"라는 명사구의 동격으로 사용하신다. 그런 직후에, "진리의 성령"은 또한 어떤 분인지가 제자들에게 명확하게 밝혀진다. 제자들은 세상이 진리의 영을 볼 수 없고 그를 알지도 못하기 때문에 능히

---

97 Barrett, *John*, 463; 모리스는 여기서 우리가 "관념이 아니라, 언어의 우연한 일치"을 보고 있다고 언급한다(*John*, 577 n. 46).

98 Beasley-Murray, *John*, 257.

99 C. M. Pate, *Communities of the Last Days* (Downers Grove: InterVarsity, 2000), 20.

100 Johnston, *The Spirit-Paraclete in the Gospel of John*, 121.

진리의 영을 받지 못한다는 설명을 듣게 된다(요 14:17a). 반면에, 진리의 성령이 제자들과 함께 거하시고 그들 안에 계시기 때문에 제자들은 진리의 영을 알고 있다(14:17b-c).[101] 요한복음에서 성령은 예수께 머물기 위하여 그에게 강림하셨고(1:33), 따라서 제자들은 예수와 함께 거함으로 또한 성령과도 함께 거했던 것으로 보인다.

예수께서는 제자들에게 예수를 아는 것이 곧 아버지를 아는 것이라고 말씀하신다(14:7). 요한복음 14:17에 예수께서는 제자들에게 그들이 그분을 앎으로 또한 성령을 안다고 말씀하신다. "그는 … 너희 속에 계시겠음이라"는 제자들에게 일어날 이미 예견된 '성령의 받음'(reception)을 암시하며(7:39), 세상은 그를 받지 못할 것이다. 카슨의 언급대로, "진리의 성령이 이미 제자들과 함께 머물고 계시고, 또한 예수의 영광 받으심 이후 그들 안에 거하게 되실 독특한 방식들이 존재한다."[102] 따라서 요한복음 14:15-17에 예수께서는 제자들의 믿음을 독려하기 위하여 위로와 격려의 말씀으로 또 다른 파라클레토스를 소개하시는 것으로 볼 수 있다(14:1).

요한복음 14:25-26; 16:12-15의 가르침. 이 본문에서는 성령의 가르치는 사역이 두드러지게 드러난다. 고별강화의 전반적인 취지는 예수께서 선언하셨던 대로 자신이 곧 떠나실 것이라는 전망 가운데 제자들을 위로하기 위한 것이라 할 수 있다. 예수께서는 하나님의 임재가 새로운 수준의 친밀감으로, 계속해서 제자들과 함께 하실

---

101 참고. Bultmann, *John*, 616; Barrett, *John*, 463; Schlatter, *Johannes*, 299.
102 Carson, *John*, 500. 비교. Barrett, "παρ' ὑμῖν [with you]은, μεθ' ὑμῶν [with you](16절)처럼 교회 안의, ἐν ὑμῖν [in you] 성령의 임재, 그리스도인 개인 안의 그분의 내주하심을 암시한다"(*John*, 463).

것을 확신시켜 주신다(14:15-24). 요한복음 14:25-26에서 예수는 파라클레토스의 사역을 그리스도 자신의 사역과 연계하신다.[103] 단지 제자들과 '함께' 하시게 될 뿐 아니라 그들 '안에' 거하게 되실 것이며(14:17), 또한 그 '파라클레토스'께서 제자들에게 모든 것을 가르치실 것이다(14:25-26). 해당 본문은, "내가 아직 너희와 함께 있어서 '이 말'을 너희에게 하였거니와"(14:25)라는 예수의 말씀으로 시작한다.[104] 여기서 우리는 '이 말'을 예수께서 다른 때에 제자들에게 하신 모든 말씀들을 포함하는 것으로 생각할 수 있다. 하지만 그것은 주로 이 고별강화에서 하신 말씀들을 의미하는 것이 분명해 보인다.

요한복음 14:25의 술어 '파르 휘민 메논'은 14:17의 술어 '파르 휘민 메네이'를 환기하는 것으로, 14:17에 제자들과 함께 하는 파라클레토스의 임재를 14:25에 그들과 함께 하는 예수의 임재와 연결하고 있다. 따라서 예수께서는 성령이 측량할 수 없는 무한함으로 그 위에 머물고 계시는데(3:34), 제자들이 그러한 그리스도와 함께 있기 때문에 결국 성령은 제자들과도 함께 하신다는 14:17의 주장이 뒷받침된다. 브라운은, "아직 너희와 함께 있어서"라는 표현과 관련해, 그것은 "예수께서 그의 제자들과 함께 하는 시간이 이제 끝나간다는 슬픈 현실을 상기하는 것"이라고 언급한다.[105]

---

103 참고. Holwerda, *The Holy Spirit and Eschatology in the Gospel of John*, 60; W. B. Hunt, "John's Doctrine of the Spirit," *SWJT* 8 (1965): 54; Westcott, *John*, 2:182.

104 "내가 … 이 말을 너희에게 하였거니와"(ταῦτα λελάληκα ὑμῖν)라는 문구가 요 14:25; 15:11; 16:1,4a,6,25,33에서 사용된다. 버나드의 언급에 따르면, "이 마지막 담화들에서 해당 어구는 … 마치 하나의 엄숙한 후렴구처럼 일곱 차례 반복된다 … 마치 ἐγὼ κύριος λελάληκα ["나 여호와가 말했노라"]가 에스겔(5[13, 15, 17] 6[10] 7[21, 24] 등)에서 일곱 차례 반복된 것과 비슷하다"(*John*, 485).

105 Brown, *John*, 652.

요한복음 14:26에 예수께서는, "그러나 보혜사 곧 아버지께서 내 이름으로 보내실 성령 그가 너희에게 모든 것을 가르치고 내가 너희에게 말한 모든 것을 생각나게 하리라"라고 말씀하신다. 파라클레토스의 가르치는 사역은 예수의 가르치신 사역을 능가할 것처럼 제시되는데, 이는 파라클레토스가 제자들에게 "모든 것"(all things)을 가르칠 것이며 또한 예수께서 말씀하신 "모든 것"(everything)을 생각나게 할 것이기 때문이다(14:26). 파라클레토스의 사역은 분명히 미래에 고정되어 있다.[106] 예수는 다시 한번 이 "파라클레토스"를 성령과 동일시하시며,[107] 제자들은 구약을 통해 그 성령에 대해 알았을 것이다(시 51:11; 사 63:10,11): "보혜사 곧 아버지께서 내 이름으로 보내실 성령"(요 14:26). 이처럼 아버지께서 성령을 보내심은 아들이신 예수의 요청(14:16)에 대한 응답일 뿐 아니라 구약의 약속을 이루는 성취가 된다. 예수의 이름으로 파라클레토스를 보내신다는 말씀은 이 일이 예수의 요청에 따른 결과임을 보여줄 뿐 아니라, 또한 파라클레토스가 이제 예수의 사역을 계승한다는 주장을 뒷받침하는 증거이기도 하다.[108]

제자들에게 행하시는 파라클레토스의 사역은 예수의 사역을 넘어서는 것이기도 하고 동시에 예수의 사역으로 한정되는 것이기도 하다. 한편 파라클레토스는 제자들에게 "모든 것"을 가르치실 것이

---

106 참고. J. Frey, *Die johanneische Eschatologie: Das johanneische Zeitverständnis*, Band II, WUNT 110 (Tübingen: Mohr Siebeck, 1998), 223.
107 해당 본문은 요한복음에서 완전한 형태의 헬라어 문구, τὸ πνεῦμα τὸ ἅγιον ("the Holy Spirit")가 사용되는 유일한 구절이다(Brown, *John*, 650; Westcott, *John*, 2:183).
108 참고. 요한복음에서 "나의 이름으로/아버지의 이름으로"의 다른 용례: 요 5:43; 10:25; 12:13; 14:13,14; 15:16,21; 16:23,24,26; 17:6,11,12,26; 20:31.

며(요 14:26), 따라서 제자들은 예수의 가르침을 받았을 때보다 파라클레토스의 가르침을 통해 더 많은 것을 알게 될 것이다(참고. 요일 2:27). 다른 한편으로, 그 "모든 것"은, "그리고 내가 너희에게 말한 모든 것을 생각나게 하리라"는 설명으로 즉시 한정된다(14:26; 참고 8:31-32). 브라운은 요한복음 14:26의 마지막 두 글귀('너희에게 모든 것을 가르치고', '내가 말한 모든 것을 생각나게 하리라')를 서로 같은 의미를 담고 있는 동의병행체(synonymous parallelism) 구문으로 간주한다.[109] 요한은 자신의 복음서 도처에서 예수의 공생애 당시 제자들이 이해하지 못했던 예수의 말씀을 그들이 나중에 깨닫게 되는 것을 종종 언급하는데, 이 같은 방식으로 요한은 파라클레토스가 제자들 가운데서 실제로 가르치고 생각나게 하시는 사역으로 활동하심을 보여준다(요 2:22; 12:16; 14:26; 20:9).[110] 제자들에게 "모든 것"을 가르치시는 파라클레토스의 사역은 결국 예수 그리스도에 관한 진리 그리고 예수께서 친히 가르치셨던 말씀의 의미를 깨닫도록 가르치는 사역에 해당한다고 볼 수 있다(참고. 요이 1:9). 따라서 성령의 가르침은 예수께서 말씀하신 것에 대한 이해를 깊게 한다는 점에서만 예수의 가르침을 능가한다.

---

109 Brown, *John*, 651. Similarly Westcott, *John*, 2:183; Beasley-Murray, *John*, 261; Bultmann, *John*, 485 n. 1.

110 요 14:26의 동사 "생각나게 하다/remind"는 ὑπομιμνήσκω. 요 2:17,22 및 12:16에는 관련된 동사, "기억하다/remember," '밈네스코마이'가 사용된다. 요한복음 화자의 언급들(narratorial comments)에 대한 가장 면밀한 조사는 다음을 참고하라. G. Van Belle, *Les parenthèses dans l'Evangile de Jean*, SNTA 11 (Leuven: University Press, 1985). 또한 참고. M. C. Tenney, "The Footnotes of John's Gospel," *BSac* 117 (1960): 350-63; J. J. O'Rourke, "Asides in the Gospel of John," *NovT* 21 (1978-79): 210-19; T. Thatcher, "A New Look at Asides in the Fourth Gospel," *BSac* 151 (1994): 428-39.

요한복음 14:25-26에 예수의 말씀은 16:12-15의 말씀과 평행을 이룬다.[111]

요한복음 14:25-26	요한복음 16:12-15
25절 – 내가 아직 너희와 함께 있어서 이 말을 너희에게 하였거니와. 26절 – 보혜사 곧 아버지께서 내 이름으로 보내실 성령 그가 너희에게 모든 것을 가르치고 내가 너희에게 말한 모든 것을 생각나게 하리라.	12절 – 내가 아직도 너희에게 이를 것이 많으나 지금은 너희가 감당하지 못하리라. 13절 – 그러나 진리의 성령이 오시면 그가 너희를 모든 진리 가운데로 인도하시리니 그가 스스로 말하지 않고 오직 들은 것을 말하며 장래 일을 너희에게 알리시리라. 14절 – 그가 내 영광을 나타내리니 내 것을 가지고 너희에게 알리시겠음이라. 15절 – 무릇 아버지께 있는 것은 다 내 것이라 그러므로 내가 말하기를 그가 내 것을 가지고 너희에게 알리시리라 하였노라.

요한복음 14:25-26에서 아마도 암묵적이던 것, 즉 제자들의 이해 불가능한 상태로 인해 예수께서 그들에게 하신 말씀에 제한을 두셨다는 점이 16:12에서 직설적으로 표현된다고 할 수 있다. 제자

---

111 이와 관련해 제기된 "거시적 키아즘"(macro-chiasm)에 대한 주장은 다음 문헌을 보라. W. Brouwer, *The Literary Development of John 13-17: A Chiastic Reading*, SBLDS 182 (Atlanta: SBL, 2000).

들은 예수께서 자신들에게 하신 말씀을 이해하는 데 어려움을 겪었는데, 이제 그 이유가 밝혀지고 있다: 제자들의 이해력에 한계가 있었던 것이다. 그러나 그들의 한계는 하나님의 성령을 "알지도" 혹은 "보지도" 못하는 세상의 무능력과는 다르다(14:17). 그것은 단지 구원의 역사적 시간표에서 제자들의 현재 처한 위치와 역할에 따른 것이었다(참고. 요 16:12, "'지금은'[헬. '아르티'] 너희가 감당하지 못하리라" 및 "진리의 성령이 오실 '때'[헬. '호탄']" 16:13).[112]

요한복음 14:25-26에서처럼 파라클레토스는 예수께서 가르치신 것 이상으로 가르치실 것이다; 16:12-13에서 파라클레토스는 그들을 "모든 진리[all truth] 가운데로 인도하실" 것이며, 그들에게 "장래 일"(즉, '앞으로 임할 것들')을 말씀해 주실 것이다. 여기에는 당시 시점에서 제자들이 아직은 "감당"할 수 없었던 것들까지 포함된다.[113] 예수께서는 '파라클레토스'를 지칭해, 그를 '토 프뉴마 테스 알레테이아스'('진리의 성령', 요 16:13)라고 다시 한번 언급하신다. 물론 (앞에서 언급한 것처럼) 여기서의 속격은 "'진리를' 전하시는 성령"으로 번역될 수 있으며, 이런 해석은 곧바로 이어지는 문장, "그가 너희를 모든 진리 가운데로 인도하시리니"에 의해 지지받을 수 있다(16:13).[114] 그러나 문맥에서 이미 그런 뉘앙스가 분명하게 전달되고

---

112 참고. Burge, *Anointed Community*, 214. 대조. Westcott, 그는 요 16:12-13을 "[사도들의] 영적 성장 지점"에 관한 언급으로 간주한다(*John*, 2:223).

113 참고. Bernard, *John*, 510; Brown, *John*, 708.

114 요한의 어법은 시 24:5(LXX; Hb., 영역 및 한역은 25:5)를 환기한다. ὁδήγησόν με ἐπὶ τὴν ἀλήθειάν σου καὶ δίδαξόν με ὅτι σὺ εἶ ὁ θεὸς ὁ σωτήρ μου καὶ σὲ ὑπέμεινα ὅλην τὴν ἡμέραν("주의 진리로 나를 지도하시고 교훈하소서 주는 내 구원의 하나님이시니 내가 종일 주를 기다리나이다"). 또한, 시 142:10 (LXX; Hb., 영역 및 한역은 143:10), δίδαξόν με τοῦ ποιεῖν τὸ θέλημά σου ὅτι σὺ εἶ ὁ θεός μου τὸ πνεῦμά σου τὸ ἀγαθὸν ὁδηγήσει με ἐν γῇ

있기 때문에 이 속격을 그렇게 해석하지 않는 것이 오히려 더 나을 수 있다. 요한일서 5:6("성령은 진리니라")의 진술을 감안하면, '토 프뉴마 테스 알레테이아스'라는 표현에서 의도된 것은 단순히 '진리를 전달하는 성령'이라는 의미 그 이상의 어떤 것일 수 있다.

이제 성령이 제자들을 인도하게 될 그 모든 진리에 관한 설명이 주어지고 있는데(부연 설명을 암시하는 헬라어 '가르'['for']에 주목하라), 성령은 "자의적으로"(즉, '자기 스스로') 말하지 않을 것이며, 오히려 그 성령은 그가 들은 바대로 말할 것이다(16:13). 이것은 예수께서 친히 말씀하셨던 방식과 똑같다. 즉, 예수께서도 "자의적으로"가 아니라, 아버지께서 말씀하신 것, 즉 아버지로부터 그가 들으셨던 것을 말씀하신 것이다(12:49-50).[115] 또한 성령은 제자들에게 "장래 일"(헬. '타 에르코메나', 요 16:13)을 알리실 것이다.[116] 성령의 이러한 선

εὐθείᾳ("주는 나의 하나님이시니 나를 가르쳐 주의 뜻을 행하게 하소서 주의 영은 선하시니 나를 공평한 땅에 인도하소서"); 계 7:17, ὅτι τὸ ἀρνίον τὸ ἀνὰ μέσον τοῦ θρόνου ποιμανεῖ αὐτοὺς καὶ ὁδηγήσει αὐτοὺς ἐπὶ ζωῆς πηγὰς ὑδάτων("이는 보좌 가운데에 계신 어린양이 그들의 목자가 되사 생명수 샘으로 인도하시고 하나님께서 그들의 눈에서 모든 눈물을 씻어 주실 것임이라"); 및 사 63:14 (LXX), κατέβη πνεῦμα παρὰ κυρίου καὶ ὡδήγησεν αὐτούς οὕτως ἤγαγες τὸν λαόν σου ποιῆσαι σεαυτῷ ὄνομα δόξης("여호와의 영이 그들을 골짜기로 내려가는 가축 같이 편히 쉬게 하셨도다 주께서 이와 같이 주의 백성을 인도하사 이름을 영화롭게 하셨나이다 하였느니라"). 또한 참고. 시 107:7; 행 8:31.

115 유사한 인용문은 다음 도표를 참고하라: "Actions of God in John."
116 미래를 선포하는 능력은 하나님 고유의 능력이다. (See particularly 사 41:23, "뒤에 올 일을 알게 하라 그리하면 너희가 신들인 줄 우리가 알리라!" 추가 논의는 다음 문헌을 보라. B. A. Ware, *God's Lesser Glory* [Wheaton, IL: Crossway, 2000], 100-41). 요한복음에서 성부는 세례 요한에게 미래의 일을 알리셨고(1:33), 예수는 장래의 일이 일어나기 전에 미리 제자들에게 일러두심으로 그 일이 일어날 때 제자들이 예수 믿을 수 있게 하셨으며(13:19), 성령은 장래 일을 제자들에게 알리신다(16:13). 브라운은 다음과 같이 언급한다: "요한이 사용하는 것과 거의 동일한 문구가 70인역의 사 44:7에서 발견된다. 거기서 여호와는 될 일과 장차 올 일을 다른 그 외에 다른 누가 알릴 수 있는지 도전하신다"(*John*,

포는 신약의 나머지 본문의 관점을 고려해 이해해야 한다. 이와 관련해 데이비드 홀베르다(Holwerda)는 다음과 같이 언급한다:

> 모든 것을 가르치고, 모든 진리로 인도하고, 장래 일을 알리시는 성령의 이 모든 임무는 본질적으로 하나다: 성령은 구속사(Heilsgeschichte)의 의미, 과거, 현재, 미래의 구원 사건들의 의미에 대해 계시한다. 성령은 제자들에게 역사적 예수, 높임 받으신 예수, 다시 오실 예수의 사역이 갖는 의미를 계시한다. 신약은 그 자체로 이러한 성령의 사역에 대해 적절한 해설을 제공한다.[117]

예수께서는 파라클레토스가 행하는 사역들의 목적을 이같이 선언한다: "그가 내 영광을 나타내리니."[118] 또한 파라클레토스는, 예수께서 말씀하시길 "나의 것으로부터"('from what is mine', 헬. '에크 투 에무') 그것을 취하여(개역개정. '내 것을 가지고') 제자들에게 선포하

---

708). The text Brown alludes to reads, "그리고 그들로 하여금 장차 임할 일들을 너희에게 알리하게 하라. 그것들이 임하기 전에!"(καὶ τὰ ἐπερχόμενα πρὸ τοῦ ἐλθεῖν ἀναγγειλάτωσαν ὑμῖν) (사 44:7; 요 16:13에 상응하는 표현들에 밑줄). 유사 논증 참고. F. W. Young, "A Study of the Relation of Isaiah to the Fourth Gospel," *ZNW* 46 (1955): 224-27.

117 Holwerda, *The Holy Spirit and Eschatology in the Gospel of John*, 62. 따라서 홀베르다는 "장래 일/what is coming"에 대한 성령의 선포가 다음을 의미한다고 여긴다: (1) 요한계시록; (2) 구원 역사의 의미; (3) 역사적 예수께서 행한 사역의 의미; (4) 높임 받으신 예수; (5) [다시] 오실 예수; 그리고 (6) 신약 성경. 대부분의 해석가들은 이 여섯 가지 항목 가운데 하나 이상을 선택한다. 참고. R. Hoeferkamp, "The Holy Spirit in the Fourth Gospel from the Viewpoint of Christ's Glorification," *CTM* 33 (1962): 528.

118 프랑크(Franck)는 다음과 같이 설명한다: "[예수의] 영광을 드러내는 것은, 반면에, 다른 그 모든 역할을 포괄하는 기능이며 그 모든 것의 궁극적인 목적이라 말할 수 있을 것이다"(*Revelation Taught*, 74).

실 것이다(요 16:14). 이 속격의 표현은 아버지와 아들이 "소유하는" 그 무엇을 암시하고 있다(헬. '엑케이', "그[아버지]가 소유하다", 요 16:15). '에크 투 에무'가 "나에 관한 것들로부터"('from the things concerning me')를 의미하는 뉘앙스도 있을 수 있다. 파라클레토스는 아버지와 아들이 "소유한" – 예수께서 말씀하고 행하신 것들의 중요한 의미를 포함한 – 그것을 제자들에게 선포함으로 예수를 영화롭게 한다.[119] 예수께서 제자들에게 하신 모든 말씀을 성령께서 그들에게 기억나게 하실 때(14:26), 성령은 본래 예수께 속하는 것을 취하면서 그것을 제자들에게 알리시는 것이다(16:14). 브루스(F. F. Bruce)는 이렇게 결론 내린다: "단연컨대 우리는 요한복음이 이 약속의 성취에 대한 대표적 사례를 제공한다는 추론을 하려는 것이다."[120]

요한복음 14:25-26과 16:12-15에는 파라클레토스의 가르치는 사역이 두드러진다. 그는 예수 자신의 가르치는 사역을 계속해나간다("예수의 이름으로"). 그러나 또 한편 그는 예수 그리스도와 하나님 아버지에게 속한 그것에 초점을 유지하면서(16:14-15), 예수께서 가르치신 것 이상으로 가르친다("모든 진리"). 예수께서 말씀하시고 행하신 것들의 의미와 의의를 제자들에게 가르치심으로, 성령은 제자들이 예수의 공생애 때는 이해하지 못했던 것, 즉 십자가가 어떻게 영광이 될 수 있는지(13:31-33)를 그들에게 깨닫게 하신다. 그러므로 예수께서는, "그가 내 영광을 나타내리니"라고 선언하신다

---

119 참고. I. de la Potterie, "The Truth in Saint John," in *The Interpretation of John*, 2nd ed., ed. J. Ashton (Edinburgh: T&T Clark, 1997), 77.

120 F. F. Bruce, The Gospel of John (Grand Rapids: Eerdmans, 1983), 320. 비교. U. Schnelle, "Johannes als Geisttheologe," NovT 40 (1998): 22.

(16:14).[121]

요한복음 15:26의 증언. 예수께서는 심지어 자신이 떠난 후에도 계속될 친밀한 관계에 대한 논의를 이어가신 후(요 15:1-17), 그가 세상에서 받은 대로 제자들도 받게 될 것을 그들에게 경고하신다(15:18-25). 일부 사람들은 그들을 영접할 것이나(15:20b); 다른 사람들은 그들을 거부할 것이다(15:20a). 예수를 거부하는 것은 아버지를 거부하는 것이다(15:23). 예수와 암묵적으로 그의 이름을 지닌 자들 또한 미움을 받게 될 것이란 현실에도 불구하고(15:25), 예수에 관한 증언은 계속될 것이다(15:26-27). 요한복음 15:26의 '파라클레토스'의 남은 용례는 우리가 다른 본문들에서 보았던 것을 더 세련된 방식으로 재확인한다.

미래의 한 사건으로서 성령의 강림이, "'파라클레토스'가 오실 때에"라는 문장 어두의 부사절로 명확히 서술된다.[122] 여기서도 마찬가지로 "파라클레토스"는 곧 "진리의 성령"과 동일시된다. 그러나 요한복음 14:26에서는 아버지께서 예수의 이름으로 성령을 보내시는 반면(참고. 요 14:16), 15:26에서는 예수께서 그 성령을 보내신다. 그러나 여기에는 어떠한 긴장이나 모순도 없다(참고. 요 10:30).[123]

---

121   Bernard, *John*, 512; Beasley-Murray, *John*, 284.
122   또한 참고. Frey, Die johanneische Eschatologie, 2:223. 대조. Morris, 그는 "이 구절을 도입하는 ὅταν은 그 시점을 불명확하게 남기고 있다"고 여긴다(*John*, 606).
123   참고. Brown, *John*, 689. 비록 버지(Burge)는 요 15:26이 16:7과 "직접적인 긴장"에 놓인다고 말하지만, 그는 계속해서 다음과 같이 밝히고 있다: "브라운의 언급대로, 여기에는 어떤 신학적 긴장도 존재하지 않는다. 예수와 성부는 하나이시다(요 10:30)." 그런 후 버지는 로이시(Loisy)의 표현을 인용한다: "그것들은 변형적 표현일 뿐, 변형적 개념이 아니다"(*Anointed Community*, 203, 및 n. 22). 카슨은 버지의 의견에 다소 논박하는 인상을 준다. 그러나 카슨과 버지는 결국 같

예수께서 아버지에 의해 세상으로 보냄 받으시고 주어지신 것처럼
(예. 요 3:16-17), 성령 또한 아버지와 아들에 의해 주어지시고 보냄
받으신다. 성령이 아버지로께로부터 나오신다는 사실은 태초의 그
말씀처럼(요 1:1-2), 성령께서 아버지와 함께 계셨고 또한 함께 하
심을 보여준다.[124] 예수에 의해 보냄 받으시는 성령이 아버지께로부
터 나오신다는 진술(요 15:26)은 성부 하나님과 성자 하나님의 목적
과 행위에 있어서 연합과 일치를 보여주는 또 하나의 암시라고 할
수 있다.[125] 그리고 그것은 예수께서 아버지에게 속한 모든 것을 소
유하시고 그 뜻에 따라 맡으신바 되었음을 보여준다(참고. 요 13:3;
16:14-15). 세례 요한(1:15), 우물가 여인(4:39), 성부 하나님(5:32), 예
수께서 행한 역사(5:36), 성경(5:39), 예수 그리스도 자신(8:18), 그리

은 것을 말하고 있다. 카스는 이렇게 설명한다: "동일한 보내심이 다양한 보완적 방식으로 묘사될 수 있다"(*John*, 499).

124 비교. Moloney, *John*, 434.

125 니케아 신조(Nicene Creed)의 세 번째 단락의 표현에 주목하라: Καὶ εἰς τὸ ΠΝΕΥΜΑΤΟ ˝ΑΓΙΟΝ, τὸ κύριον, (καὶ) τὸ ζωοποιόν, τὸ ἐκ τοῦ πατρὸς ἐκπορευόμενον, τὸ σὺν πατρὶ καὶ υἱῷ συν προσκυνούμενον καὶ συνδοξαζόμενον ("그리고 [나는] 주이신 성령을 [믿는다] 그는 생명을 살리는 분으로서 성부께로부터 발출되시며, 성부와 성자와 함께 예배와 영광을 받으신다.") (이것은 필자의 사역이며, 헬라어 본문의 출처는 다음과 같다: P. Schaff, *The Creeds of Christendom*, 3 vols. [New York: Harper & Brothers, 1896], 2:57-58). 카슨의 다음 언급은 유용하다: "복음서 기자가 ⋯ 아무런 숙고도 없이 진술하고 있다고 여겨질 수 없는 것이다 ⋯ 따라서 비록 '아버지[성부]께로부터 나오신다[발출되신다]'라는 표현이 성령의 사명(mission)을 암시하고 있지만, 그 아들의 사명과 유비적 측면에서 볼 때, 이것은 다름 아닌, 특정한 양상에 있어서 그 아들을 대신하시고, 아버지와 아들에게서 보내심을 받고, 아들과 동등하게 모든 면에서 신격에 속하시는(우리가 이러한 모호한 용어를 의미심장하게 사용하는 한) 성령 하나님의 사명인 것이다. 요약하면, 성숙한 형태의 삼위일체 교리적 요소들이 네 번째 복음서에서 반복적으로 그 모습을 드러내고 있다; 그리고 초기의 신조에서 완전한 형태의 '필리오케' 구문은 우리가 요 15:26의 이러한 어구가 그 자체로 특정한 존재론적 지위를 상술한 것이 아니라, 요한복음의 기독론과 성령론의 모체에 더해져 오히려 그것을 전제로 하고 있음을 인정할 때, 탁월한 방식으로 옹호가 가능하다"(*John*, 529).

고 무리들(12:17)이 예수를 증언했던 것과 마찬가지로, 성령의 선교 사역은 예수를 증언하는 것이다.

성령께서 예수의 말씀과 행하신 것의 의미를 제자들에게 가르치심으로, 그는 예수를 영화롭게 하신다. 예수에 대한 성령의 증언이 제자들을 가르치게 될 것이지만, 그 증언은 단지 제자들만을 대상으로 하는 것은 아니다. 예수를 영접하거나 거부하는 자 모두 요한복음의 다른 증언들을 경험하는 것처럼, 성령의 증언 또한 그것을 믿는 자들과 세상 모두가 겪게 될 것이다. 제자들 역시 증언하게 될 것이다 – 그들의 증언이 서로를 향하는 것이 아닌 외부를 향하고 있다는 점이 여기서의 함의다. 예수께서 제자들에게 경고하셨던 것처럼, 그들의 증언은 세상에서 거부 또는 환영을 받게 될 것이다(요 15:20; 참고. 1:11; 14:17). 제자들에게 주시는 성령의 증언은 그들에 대한 그의 가르침과 관련되고, 이와 유사한 방식으로, 세상에 대한 성령의 증언은 그분의 책망하시는 사역과 관련된다.

요한복음 16:7-11의 책망. 예수께서는 제자들의 마음에 가득한 슬픔과 근심을 계속해서 마주하고 계신다(16:6). 자신이 떠나는 것이 오히려 제자들에게 유익이 될 것이라는 예수의 선언은 그들에게는 터무니없는 소리처럼 들렸을 것이다(16:7a). 따라서 파라클레토스(보혜사)가 그들에게 오시기 위해서는 예수께서 떠나시는 것이 필연적이라는 부연이 뒤따른다(16:7b). 만약 예수께서 떠나시지 않는다면 파라클레토스도 오시지 않을 것이다.[126] 그러나 파라클레토스의 오심은 단지 제자들의 유익만을 위함이 아니다. 세상을 책망하

---

126 Smalley, "'The Paraclete': Pneumatology in the Johannine Gospel and Apocalypse," 291.

시는 파라클레토스의 사역은(요 16:8-11) 예수에 대한 그분의 증언에 뒤따른 자연스러운 결과처럼 보인다(15:26).[127] 파라클레토스(보혜사)께서 제자들의 선생으로서 예수를 대체하듯이(요 14:25-26), 또한 그분은 세상을 심판하는 증인으로서 예수의 역할을 대신한다.[128]

요한복음 16:8-11에서, 예수께서는 세상을 책망하시는 부분에 있어 파라클레토스의 더 나은 사역의 한 가지 측면을 묘사한다. 여기서 헬라어 동사 '엘렌세이'("그가 … 를 책망할 것이다")의 목적어는 '톤 코스몬'("그 세상", 8절)이다. 따라서 책망을 받는 대상은 바로 세상이며, 제자들의 신념(확신)을 더 확고하게 한다는 해석은 단지 부차적인 것이다.[129]

여기서 관철되는 이러한 행위의 본질은 동사 '엘렌코'의 용례를 통해 그리고 요한복음에 있는 다른 본문의 관련 표현들을 통해 비교적 분명해 보인다(참고. 같은 동사의 사용: 요 3:20 및 8:46). 예수는 요한복음 8:46에서, "너희 중에 누가 나를 죄로 책잡겠느냐?"라고

---

127 참고. Holwerda, *The Holy Spirit and Eschatology in the Gospel of John*, 53; J. C. Thomas, "The Spirit in the Fourth Gospel," in *The Spirit and the Mind*, ed. T. L. Cross and E. B. Powery (Lanham, MD: University Press of America, 2000), 100.

128 죄를 깨닫게 하시는 예수의 사역 참고: 요 3:19-20; 4:16-18; [8:7]; 8:34; 9:39-41; 11:40; 12:7-8; 13:8,38. 비교. Bernard, *John*, 506; Turner, "Holy Spirit," in *DJG*, 349.

129 요 16:8-11이 세상의 유죄가 증명된 것을 의미하는 것이 아니라 그들이 확신할 수 있게 신자들에게 제공된 증거를 의미하는 것이라는 관점은 다음을 보라. M. F. Berrouard, "Le Paraclet, défenseur du Christ devant la conscience du croyant (Jo XVI, 8-11)," *RSPT* 33 (1949): 361-89. 비교. Brown, *John*, 704-14; I. de la Potterie, *La Vérité dans Saint Jean*, 2 vols. (Rome: Biblical Institute Press, 1977), 399-421; S. Lyonnet, "The Paraclete," in *The Christian Lives by the Spirit*, by I. de la Potterie and S. Lyonnet, trans. J. Morris (New York: Alba House, 1971), 73-75; Porsch, *Pneuma und Wort*, 280-89.

반문하신다('티스 엑스 휘몬 엘렌케이 메 페리 하마르티아스'). 구문론적으로, 요한복음 16:8과 8:46은 – 동사, 목적어, 전치사구에 있어서 – 서로 병행을 이룬다:

'엘렌세이'	'톤 코스몬'	'페리 하마르티아스'
그가 책망할(will convict) 것이다	그 세상을	죄에 대하여
'엘렌케이'	'메'	'페리 하마르티아스'[130]
책망하다(convicts)	나를	죄에 대하여

예수께서는 요한복음 8:46에서 자신이 틀렸음을 누군가 그에게 '납득'시켜 주길 요구하는 것이 아니다. 오히려 예수는 자신에게 어떤 잘못에 대한 책임 혹은 범법 행위가 있으면 증명해 보라고 청중들에게 도전하고 있다. 요한복음에서 이 동사의 유일한 다른 용례는 3:20에 나온다(참고. 요 7:7).[131] 해당 본문에서도 이 동사는 설득이 아니라 잘못에 대한 책임을 드러내는 것과 관련이 있다. 그렇다면 요한복음 16:8에서 이 동사는 아마도 죄책을 드러내는 것과 관

---

130 유 1:15의 유사한 구조를 보라: "모든 영혼을 그들의 모든 경건하지 않은 행위와 관련해 정죄하기 위하여"(ἐλέγξαι πᾶσαν ψυχὴν περὶ πάντων τῶν ἔργων ἀσεβείας αὐτῶν). 한편, 눅 3:19은 비교적 덜 유사하지만 여전히 연관된 구조를 보인다: "헤로디아의 일과 관련하여 그에게 책망을 받고"(ἐλεγχόμενος ὑπ' αὐτοῦ περὶ Ἡρῳδιάδος).

131 요 3:20, "악을 행하는 자마다 빛을 미워하여 빛으로 오지 아니하나니 이는 그 행위가 드러날까 함이요"(πᾶς γὰρ ὁ φαῦλα πράσσων μισεῖ τὸ φῶς καὶ οὐκ ἔρχεται πρὸς τὸ φῶς, ἵνα μὴ ἐλεγχθῇ τὰ ἔργα αὐτοῦ).

련이 있는 것으로 보인다.[132]

세 개의 전치사구는 세상이 책망을 받는 세 가지 부분에 대해 규명한다.[133] 각 사례마다 전치사 '페리'가 똑같이 사용되고 있다. 바우어 헬라어 사전은 이 전치사 '페리'가 (목적어의 속격과 함께) "어떤 행위, 또는 특히 내적인 경과가 지칭하거나 그것과 관련된 사물 또는 사람을 표시하기 위해" 사용된다고 설명한다. 그리고 '엘렌코'를 포함하여, "고발하다, 판결하다, 견책하다, 벌하다, 칭찬하다" 등의 개념을 표현하는 동사들 뒤에서 이 전치사는 "…로 인하여, …때문에, …를 위하여, …과 관련하여" 등을 의미한다.[134] 따라서 이 세상은 죄와 관련하여, 의와 관련하여, 심판과 관련하여 책망을 받게 될 것이다(요 16:8).[135]

이 세 개의 전치사구는 16:9-11에서 그 의미가 상세히 설명된다. 이 세상의 죄에 대한 판결을 설명하는 부분은, 왜 세상이 유죄인지를 보여주는 절을 포함한 평행되는 진술들로 이루어져 있다(각 진술은 원인을 나타내는, 헬라어 접속사 '호티'["왜냐하면"]라는 단어로 시작된다).[136]

132　See F. Büchsel, "ἐλέγχω κτλ" in *TDNT*, 2:474.
133　대조. Brown, *John*, 705, 의와 심판에 관하여 세상은 정죄를 받을 것이기 때문에 의와 정의가 세상에 속할 필요성이 제기 되지 않는다.
134　BDAG, 797.
135　Schlatter, "ἁμαρτία = חטאת, δικαιοσύνη = צדקה und κρίσις = דין sind die aneinander gebundenen zentralen Anliegen der vom Pharisäismus bestimmten Frömmigkeit" ["…은 바리새인들에 의해 결정된 경건의 중요 관심사로 함께 묶여진다"] (Johannes, 311). 비교. Westcott, *John*, 2:219-20.
136　몇몇 해석가들은 ὅτι 절들을 인과적 의미('because')보다는 설명적 의미('in that')로 해석한다. 다음 문헌의 요약을 보라. Carson, "The Function of the Paraclete in John 16:7-11," 549-58. 그러나 만약 ὅτι 절들이 설명적 의미라고 할지라도 그 구절들의 기능은 세상이 왜 유죄인지를 설명하는 것, 또는 그 이유를 알려주는 것이다.

첫째, 세상은 죄에 대하여 책망을 받을 것인데, 왜냐하면 세상은 예수를 믿지 않기 때문이다(16:9). "그를 믿는 자는 심판을 받지 아니하는 것이요 믿지 아니하는 자는 하나님의 독생자의 이름을 믿지 아니하므로 벌써 심판을 받은 것이니라"(요 3:17-18; 비교. 1:10). 파라클레토스는 믿지 않는 이 세상의 죄를 책망할 것이다(16:9). 요한복음에서 예수를 믿지 않는 죄는 정죄(심판)의 결과를 가져온다(3:18).

둘째, 파라클레토스는 의에 대하여 세상을 책망할 것이며, "의에 대하여라 함은 내가 아버지께로 가니 너희가 다시 나를 보지 못함"이기 때문이다(16:10). 요한복음 16:8과 16:10절은 요한복음에서 '디카이오쉬네'("공의, righteousness")가 사용된 단 두 차례의 사례다. 요한복음 5:30에 예수께서는 자신의 심판은 의로운('디카이오스') 것이라고 말씀한다. 예수께서는 그에게 이의를 제기하는 자들에게 자신에 대해 공의롭게 판단할 것을 도전하시며(요 7:24), 성부 하나님을 "의로우신 아버지"(17:25)라고도 부르신다.[137] 그러므로 세상이 "의에 대하여 책망"을 받는 것은(16:8,10) 아마도 그들이 "공의로운 판단"에 실패했기 때문일 것이다(7:24; 비교. 5:30).[138] 하지만 요한복음 16:8,10의 "의"(또는 '공의')를 이어지는 '호티' 절의 관점에서 이해하는 것이 더 나을 수 있다. 따라서 여기서의 "의"라고 하는 것은 예수께서 아버지께로 가시는 것과 밀접한 관련이 있다.

여기서 예수께서 아버지께로 떠나신다는 것은 그의 십자가 죽

---

137 예수에게는 불의함(ἀδικία)이 전혀 없으시다. 참고. 요 7:18.
138 이것이 세상의 공의(에 대한 잘못된 생각들)와 관련한 카슨의 진술의 의미인 것으로 보인다(참고. "The Function of the Paraclete in John 16:7-11," 558-65).

음을 함의한다.[139] 예수는 성부께로 가실 것이고, 제자들은 더 이상 그를 볼 수 없을 것이다(16:10). 그런데 "또 조금 있으면 나를 보리라"라고 말씀하신다(16:16). 그들의 근심이 변하여 기쁨이 될 때, 즉 예수께서 부활하신 후에, 제자들은 다시 그를 보게 될 것이다(16:20). 반면에, 세상은 예수께서 십자가에서 죽으실 때 기뻐할 것이다(16:20).

세상이 책망을 받는 것과 관련된 여기서의 그 공의(또는 반대로 공의의 결핍)는 예수께서 아버지께로 가시고 제자들이 더 이상 그를 볼 수 없게 될 때 드러나는 공의이다.[140] 예수께서 아버지께로 떠나시는 것은 곧 예수의 영광 받으심/높임 받으심을 의미한다. 그러나 요한복음에서 예수는 오히려 십자가에서 죽으시는 때에 영광을 받으신다. 앞서 요한복음에서 예수는 이같이 선언하신 바 있다: "너희가 인자를 든 후에 내가 그(I Am)인 줄을 알" 것이다(8:28). 이 구절에서 예수는 원수들이 자신을 십자가에 못 박을 때에 비로소 그가 어떤 분이신지 분명히 드러날 것이라고 말씀하시는 것처럼 보인다. 이것은 절대적인 "I Am" 진술에서 공의의 현현에 이르는 하나의 약진인 것이다.

예수께서 십자가에 달리실 때, 이 세상이 바라볼 수 있게 참 공의가 드러난다. 그리스도의 십자가는 그것 자체로 영광이며 공

---

139 참고. Barrett, (*John*, 488). 그는 롬 3:21-31로 주의를 환기한다. Beasley-Murray 또한 십자가를 지목한다(*John*, 282).
140 그분의 기원에서 볼 때 그 전망되는 공의는 예수가 소유한 것이라는 견해와 관련하여 다음 문헌을 참고하라. W. Stenger, "Δικαιοσύνη in Jo. XVI 8,10," *NovT* 21 (1979): 2-10. 브라운은 예수의 의로움이 입증될 것이 전망되고 있다고 여긴다(*John*, 712); 또한 참고. Burge, *Anointed Community*, 210.

다. 왜냐하면 그 십자가에서 성부 하나님의 궁극적 존엄이 드러나기 때문이다(13:31-32). 예수께서는 이렇게 말씀하신다: "아버지여 때가 이르렀사오니 아들을 영화롭게 하사 아들로 아버지를 영화롭게 하게 하옵소서 … 아버지여 창세 전에 내가 아버지와 함께 가졌던 영화로써 지금도 아버지와 함께 나를 영화롭게 하옵소서"(17:1,5). 그리스도의 십자가는 오직 하나님의 아들만이 성부 하나님의 거룩하심을 만족시킬 수 있고, 오직 그 아들만이 인간의 죄로 하나님의 거룩하심에 가해진 불쾌함을 변제할 수 있음을 명확히 알게 한다. 오직 그 아들에게만 성부 하나님의 거룩하심의 요구를 충족시키는 능력이 있다는 사실 자체가 그 아들을 영화롭게 한다. 성육신 이전의 영광을 함께 공유하신 이(요 17:5), 그분 안에서 생명을 소유하신 이(5:26), 곧 하나님이신 그(1:1)의 전부를 요구하시는 아버지의 거룩하심이 아버지를 영화롭게 한다는 것이다. 따라서 예수는 이같이 선언하신다: "지금 인자가 영광을 받았고 하나님도 인자로 말미암아 영광을 받으셨도다. 만일 하나님이 그로 말미암아 영광을 받으셨으면 하나님도 자기로 말미암아 그에게 영광을 주시리니 곧 주시리라"(13:31-32).[141] 파라클레토스는 이러한 의에 대하여 세상을 책망할 것이다.

셋째, 파라클레토스는 세상을 책망할 것이다. "'심판'(헬. '크리세

---

141 필자는 요 13:32의 αὐτὸν(문자적으로, "him")을 재귀용법으로 번역한다: "하나님은 그분 안에서 그 자신을 영화롭게 할 것이다"(비교. NASB역은 "하나님은 그를 그 안에서 영화롭게 할 것이다"). 요한은 다른 곳에서 αὐτὸν을 재귀의 의미로 사용하기 때문이다: 'Iησοῦς οὐκ ἐπίστευεν αὐτὸν αὐτοῖς("예수께서 그 자신을 [문자적으로, "him"] 그들에게 의탁하지 아니하셨다," 2:24). 참고. E. A. Abbott, *Johannine Grammar* (London: Black, 1906), 279 §2374: "Αὐτός … 요한은 이것을 항상 'himself'의 의미로 사용한다."

오스')에 대하여라 함은 '이 세상 임금'(헬. '호 아르콘 투 코스무 투투') 이 심판을 받았음이라"(요 16:11). 예수께서 인자가 영광을 얻을 때가 왔다고 선언하신 직후에(12:23), 그는 또한 이렇게 선언하신다: "이제 이 세상에 대한 '심판'(헬. '크리시스')이 이르렀으니 '이 세상의 임금'(헬. '호 아르콘 투 코스무 투투')이 쫓겨나리라"(요 12:31; 참고. 계 12:7-12). 요한복음 12:31과 16:11의 평행되는 이러한 표현을 감안할 때, 16:11의 심판은 그리스도의 십자가를 함의하는 것으로 보인다. 그 십자가 심판 때에, 이 세상의 임금이 정죄를 받고(16:11) 쫓겨났다(12:31).[142] 예수는 십자가에서 이 세상의 통치자를 상대로 승리하셨다. 그리고 파라클레토스는 이 십자가와 관련하여 세상에게 그들의 유죄를 폭로할 것이다. 브라운의 표현대로, "예수를 정죄함으로 세상은 스스로 심판을 받았다."[143]

따라서 이 세 개의 전치사구들은 다음과 같이 서로 연계된다: 세상의 가장 주요한 죄는 예수를 믿지 않는 것이다(요 3:18; 16:9); 십자가에 나타난 하나님의 공의와 예수 그리스도의 의로 말미암아 세상은 정죄받을 것이다(16:19);[144] 여기서의 심판은 또한 십자가를 함의한다(16:11). 세상은 예수를 믿지 않기 때문에 십자가에서 죄에 대한 하나님의 심판을 통해 드러난 공의로 인하여 그들은 정죄를

---

142 참고. Beasley-Murray, *John*, 282.
143 Brown, *John*, 713.
144 예수께서는 십자가로 나아가심을 통해 그 순종적 의를 드러내셨다. 참고. 요 10:17-18, "내가 내 목숨을 버리는 것은 그것을 내가 다시 얻기 위함이니 이로 말미암아 아버지께서 나를 사랑하시느니라. 이를 내게서 빼앗는 자가 있는 것이 아니라 내가 스스로 버리노라. 나는 버릴 권세도 있고 다시 얻을 권세도 있으니 이 계명은 내 아버지에게서 받았노라 하시니라." 비교. 요 12:27-28.

당한다.[145] 파라클레토스는 세상에게 그들의 죄과를 드러낸다. 즉, 세상이 예수를 믿지 않음으로 인해 그들에게 죄책이 있음을 보여주는 것이다. 십자가 심판은 장차 다가올 심판의 전형이 된다(참고. 계 20:2,10-15). 만약 세상이 계속해서 예수를 믿지 않고 거부한다면, 그들은 마지막 날에 심판에 직면하게 될 것이고 십자가에 나타난 하나님의 공의와 그리스도의 의에 따라 정죄를 받게 될 것이다.

요한복음 16:10-11의 '의'와 '심판' 사이의 관계에 대한 이러한 해석은 요한복음 16:12-15에 대한 상기의 설명과도 들어맞는다. 이 당시에 제자들은 십자가의 메시지를 감당할 수 없는 상태다(16:12). 하지만 파라클레토스가 오시면, 그가 예수 그리스도와 성부 하나님과 관련한 이 모든 것을 가지고 그들에게 알려주실 것이며, 그렇게 함으로 제자들을 모든 진리로 인도하실 것이다(16:13-15). 그러한 의미에서 파라클레토스는 제자들에게 십자가에 관한 진리를 가르치심으로(16:13-15), 그리고 십자가에서 성취된 구원을 세상에 적용하심으로(16:8-11) 예수 그리스도의 영광을 나타내실 것이다(16:14).

브라운은 다음과 같이 제안한다. "파라클레토스에 의해 세상이 죄를 깨닫게 되어야 할 것이라는 이런 개념은 세상이 능히 파라클레토스를 받지 못한다는 요한복음 14:17의 진술과는 모순된다."[146] 그러나 이 세상에 거하는 자들도 죄를 깨우치고, 회개하고, 예수를 믿는 신자가 될 수 있는 가능성을 암시하는 두 가지 증거가 있다. 첫째, 예수께서는 자신으로 말미암아 세상이 구원을 받게 하시려

---

145 비교. Morris, *John*, 620.
146 Brown, *John*, 711.

오셨다(3:17). 둘째, 제자들은 세상 가운데서 예수께로 주어진 자들이었다(17:6). 예수께서는 제자들을 가리켜 그들은 세상에 속한 자들이 아니라고 말씀하신다(15:19; 참고. 14:17). 그러나 요한복음 17:6의 관점을 감안하면, 그것은 예수께서 제자들을 이 세상에서 그리스도께로 전향한 회심자들로 간주하는 것처럼 보인다. 즉, 제자들은 새로운 거듭남을 경험한 자들이다(요 3:3, 5; 5:24-25; 6:63-69). '성령-파라클레토스'(Spirit-Paraclete)의 사역과 관련하여 홀베르다는 적절한 결론을 내리고 있다: "파라클레토스가 이 세상을 책망함으로 두 가지 결과가 초래된다: 즉, 회심과 심판이다."[147] 세상에 속한 모든 사람은 파라클레토스의 책망하시는 사역에서 피할 수 없다. 세상 가운데 일부는 제자들처럼 회심하고 그리스도께로 나온다(참고. 요 15:19; 17:6). 그러나 나머지는 회심하지 않고 정죄를 받는다.

따라서 성령은 제자들에게 가르치는 사역을 할 것인데(14:26; 16:13-15), 특히 예수에 관하여 증언할 것이다.[148] 그런 후, 성령에 의해 가르침을 받은 제자들은 예수를 증언하는 성령의 사역에 합류할 것이다(15:26-27). 그리고 성령과 제자들에 의해 전해진 예수에 관한 증언은 예수를 믿지 않는 죄(16:8-9)와 십자가에 나타난 하나님의 의를 거부한 죄(16:8,10)에 대하여 세상을 책망하게 될 것이다. 또한 예수에 관한 증언은 세상의 판단이 틀렸음을 그들에게 드러낼 것이며, 세상의 임금이 유죄로 단죄되었던 그 십자가 앞에서

---

147 Holwerda, *The Holy Spirit and Eschatology in the Gospel of John*, 58.
148 참고. de la Potterie, "The Truth in Saint John," 73.

그들 또한 심판의 자리에 서 있음을 보여줄 것이다(16:8,11).[149] 누군가는 이 증언을 받아들일 것이다; 다른 누군가는 이를 거부할 것이다(참고. 15:20). 이 모든 일을 통해 성령은 예수 그리스도를 영화롭게 하며 그의 영광을 나타낼 것이다(16:14).

종말론적 선물

몇 군데 지면에서 우리는 신자들이 파라클레토스를 받을 때가 언제인지를 암시하는 요한의 시간적 표시들을 언급했다. 아마도 그러한 표시는, 예수께서 아직 영광을 받지 않으셨기 때문에 아직 그들에게 성령이 주어지지 않았음을 요한이 설명하는 7:39에서, 그리고 오직 자신이 떠나야만 제자들에게 파라클레토스를 보내실 것임을 예수께서 말씀하시는 16:7에서 가장 두드러진다고 할 수 있을 것이다.[150] 이 단락에서 우리가 탐구하고자 하는 한 가지 질문은, 요한복음에 따르면, 과연 '언제 성령-파라클레토스가 주어지는가'라는 질문이다. 이 질문에 대한 대답은 또 다른 두 질문에 달려 있다: 첫째, 요한에 따르면, 예수께서는 언제 영광을 받으신 것인가? 둘째, 요한복음 20:22에서 일어난 (간혹 요한문헌의 오순절[Johannine Pentecost]로 언급되는) 그 일은 정확히 무엇인가?

파라클레토스 그리고 예수의 영광 받으심. 요한복음에서 예수

---

149 참고. Burge, *Anointed Community*, 210.
150 시간적 지표의 또 다른 요소들: 요 14:17,26; 15:26-27; 16:8에서는 동사의 미래 시제, 그리고 요 15:26, 16:13에서는 ὅταν("when").

의 '영광 받으심'(영화, glorification) 또는 '높임 받으심'(승귀, exaltation)에 관한 언급들은 곧 십자가를 가리키는 언급들이다.[151] 요한복음 12:23에 예수께서, "인자가 영광을 얻을 때가 왔도다"라고 선언하실 때, 그는 곧 임박한 십자가의 죽음을 의미하신 것이 분명하다(12:24,33-34). 가룟 유다가 배신하기 위해 자리를 떠나자 예수께서는 "지금 인자가 영광을 받았도다"(13:31)라고 선포하신다.

예수의 '떠나심'(departure)에 관한 요한복음의 진술 안에 때로는 십자가와 승천이 둘 다 언급되는 것이 분명해 보인다.[152] 그러나 요한이 "성령을 부활주일과 연관시키기 위한 분명한 모티브를 지닌다"는 의미로, 그가 "'그때'[the hour]의 다양한 사건들 간의 통일성을 보여주기 위해 의도한 것"처럼 보이지는 않는다.[153] 또한 "예수께서 그의 죽음과 부활을 통해 영광을 받으셨기 때문에, 부활의 첫 주일에 주신 성령은 7:39에 암시된 그 선물이었다고 주장하는 것은 자

---

151 참고. 예, Bernard, *John*, 284-85.

152 ἀναβαίνω("올라가다"/'go up, ascend')라는 단어가 사용된 진술에는 예수의 승천이 전망된다. 참고. 요 3:13; 6:62; 20:17 (참고. Bernard: "ἀναβαίνειν이 … 십자가 죽음을 지칭한 적은 한 번도 없지만 그것은 승천을 가리키고 있다" [John, 217]). 반면, δοξάζω('영화롭게 하다'/"glorify") 및 ὑψόω('높여지다'/"exalt")가 사용된 문장은 주로 십자가를 전망하고 있다(δοξάζω는 다음을 보라: 요 7:39; 12:16, 23; 13:31-32; ὑψόω는 다음을 보라: 요 3:14 [2x]; 8:28; 12:32, 34). 동사, ἀπέρχομαι('떠나다'/"go away")가 요 16:7에 두 번 사용되고, 제자들의 마음에 근심이 찼다는 진술로 보아 그것은 아마도 십자를 함의할 것이다(16:6). ὑπάγω("떠나다"/'go away, depart, return')가 사용된 진술들은 아마도 십자가 및 예수께서 오신 그곳으로 다시 돌아가심을 모두 함의하는 것으로 보인다. 즉, 그리스도의 승천(참고. 요 7:33; 8:14,21,22; 13:3,33; 14:4,5,28; 16:5,10,17). 니콜슨(G. C. Nicholson)은 이 모든 표현들이 근본적으로 예수께서 "아버지께로 돌아가심"을 의미한다고 주장하지만 설득력이 없다("'To Your Advantage': The Lifting up of Jesus and the Descent-Ascent Schema in the Fourth Gospel" [Ph.D. diss., Vanderbilt University, 1980]).

153 Burge, *Anointed Community*, 148.

의적인 것"이 아니다.[154] 요한이 그렇게 하고자 한다면, 그는 십자가의 영광과 예수의 승천을 당연히 구별해 놓을 수 있다. 예수께서 제자들의 마음에 슬픔이 가득함을 인정하시는 장면에는 그 십자가로 향하심이 보인다(요 16:6). 예수께서 세상이 기뻐하고 제자들이 애통할 것에 대해 말씀하실 때에도 여전히 십자가가 보인다(16:20). 그러나 예수께서 제자들의 근심이 기쁨으로 바뀌게 될 것을 말씀하실 때에는 부활을 염두하신 것으로 보인다(16:20).

부활 이후 예수의 나타나심은 그가 이미 영광을 받으셨음을 보여준다.[155] 예수께서는 마리아에게 자신이 아직 승천하지(헬. '아나바이노', 20:17) 않았다고 말씀하셨던 것이지, 아직 영광을 받지 않았다고 말씀하신 것은 아니다. 또 한편, 부활하신 예수께서는 문들이 모두 닫힌 방으로도 들어오실 수 있는 변화된 몸을 소유하셨다(20:19).[156]

그렇다면 예수께서 영광을 받으시기 전까지는 아직 성령이 주어지지 않았다는 요한의 진술은(7:39), 예수의 죽음과 부활을 지칭한 진술인 것이다. 버지(Burge)는 이같이 설명한다: "예수의 떠나심이라는 선행 조건은 파라클레토스가 오실 때의 예수의 필연적 부재를 의미하는 것이 아니다. 오히려 그것은 성령께서 반드시 기다려

154　Holwerda, *The Holy Spirit and Eschatology in the Gospel of John*, 17. 홀베르다는 그 이유에 대해 "그것[영광 받으심]을 이 사건[십자가]으로 제한하는 것은 불가능하다"는 자신의 관점 때문이라고 언급한다(p. 11).

155　부트(S. Booth)는 십자가 죽음이 요한복음에서 정점에 이르는 에피소드임을 보여준다(*Selected Peak Marking Features in the Gospel of John*, American University Studies 7, Theology and Religion 178 [New York: Peter Lang, 1996], 119, 121). 대조. Holwerda, *The Holy Spirit and Eschatology in the Gospel of John*, 17. 참고. Guthrie, *New Testament Theology*, 529.

156　Beasley-Murray, *John*, 378.

야 하는 예수 그리스도의 예비적 죽음과 영화를 의미하는 것이다 (7:39)."[157]

파라클레토스와 요한복음 20:22. 부활하신 날 저녁에,[158] 예수께서는 문을 걸어 잠근 방에서 제자들을 만나시며 그들에게 자신의 손에 난 못 자국과 옆구리의 창 자국을 보여주셨다(요 20:20). 그리고 제자들에게 두 번 반복하여 자신의 평강을 기원하신다(20:19,21). 특히, 두 번째로 평안을 기원하실 때는, "아버지께서 나를 보내신 것 같이 나도 너희를 보내노라"는 말씀을 첨언하셨다. 그런 후 예수께서는 제자들에게 "숨을 내쉬며" 이렇게 말씀하신다: "성령을 받으라. 너희가 누구의 죄든지 사하면 사하여질 것이요 누구의 죄든지 그대로 두면 그대로 있으리라"(20:22-23).

이 에피소드는 세 개의 주요 구성 요소들로 이뤄진다: 아버지께서 그를 보내신 것 같이 예수께서도 제자들을 보내신다(20:21); 예수께서는 제자들을 향해 "숨을 내쉬며",[159] "성령을 받으라"(20:22)고

---

157 Burge, *Anointed Community*, 133 (이탤릭은 저자의 강조).

158 비슬리 머레이(Beasley-Murray)는 다음과 같이 언급한다: "19-23에서 요한은 첫 부활 주일 저녁에 마치 5분 동안 일어난 어떤 사건을 기록하는 것이 아니다. 그는 그 부활의 기간에 입에 오른 말들과 일어난 일들을 한데 모아 부활하신 주님의 행적을 간략하게 요약하고 있는 것이다 … 이 네 번째 복음서 기자는 시간적 순서에 따라 부활의 저녁을 상술하고 있는 것이 아니다"(*John*, 382). 그러나 이러한 주장과 반대로, 요한은 이 본문의 사건을 부활 당일에 일어난 사건으로 제시하고자 의도하고 있는 것처럼 보인다. 참고. 요 20:19, "*이 날 곧 안식 후 첫날 저녁 때에*"(강조 추가). 카슨은 여기서 한 가지 유용한 설명을 제공한다: "요한이 보도하는 이 역사는 그가 선택적으로 조형하여 설명하고 있음에는 의심의 여지가 없지만, 그렇다고 그가 전적으로 상징적인 방식으로 역사를 사용하는 신학 논문을 쓰고 있는 것은 아니다"(*Divine Sovereignty and Human Responsibility* [Grand Rapids: Baker, 1994], 142).

159 창 2:7; 겔 37:9; 및 요 20:22에서 이 동사(ἐμφυσάω)의 사용은 다음 부록을 보라. Appendix 1, "The Use of ἐμφυσάω in John 20:22."

말씀하신다; 그리고 예수께서는 제자들에게 죄를 사하거나 그대로 둘 수 있는 권세를 주신다(20:23).[160] 우리는 이 본문을 예수께서 제자들을 파송하시며, 제자들이 받은 사명을 완수할 수 있도록 그들에게 약속의 성령을 공급하시는 것으로 이해하는 것이 자연스러워 보일 것이다.

일부 해석가들은 해당 본문의 기사를 사도행전 2장의 부활 후 50일째 일어난 오순절 성령 강림 사건에 대한 누가 기록의 요한 버전으로 간주하기도 한다.[161] 다른 이들은 요한이 50일 후 오순절에 일어날 일에 대한 "비유적 예견"(parabolic anticipation) 혹은 "상징적 예표"(symbolic pre-figuration)를 서술하는 것으로 본다.[162] 또 다른 학자들은 제자들이 두 특정한 시기에 각기 다른 방식으로 성령을 받은 것이라 제안하기도 한다.[163] 여기서 필자는 이 마지막 입장을 지지하는 증거를 제시하고자 한다.

만약 요한복음이 사도행전 1-2장에 기록된 사건들에 대한 지식이 전혀 없는 독자들에 의해 읽힌다면, 어느 시점에 성령이 주어졌

---

160 성령의 수여와 죄 사함 및 죄의 유지 사이의 관련은 제6장을 참고하라.

161 Dunn, "πνεῦμα" in *NIDNTT*, 3:704; Burge, *Anointed Community*, 133.

162 요 20:22이 행 2장과 어떻게 조화를 이루는지를 설명하기 위한 목적에서, 요 20:22를 "행동으로 나타낸 비유"(acted parable) 또는 "상징적 약속"(symbolic promise)으로 해석하는 것은 AD 553년 제5차 세계 공의회에서 이단적인 것으로 단죄되었다(참고. NPNF² vol. XIV, 315). 그럼에도 불구하고 최근 몇몇 복음주의 학자들은 이러한 해석에 찬성하고 있다. 참고. Carson, *John*, 651-55; A. J. Köstenberger, *Encountering John*(Grand Rapids: Baker, 1999), 186; G. E. Ladd, *A Theology of the New Testament*, revised and ed. by D. A. Hagner (Grand Rapids: Eerdmans, 1993), 325; Thomas, "The Spirit in the Fourth Gospel," 104; B. Witherington, *John's Wisdom* (Louisville: Westminster John Knox, 1995), 340.

163 Bernard, *John*, 516, 677. Blomberg, *The Historical Reliability of John's Gospel*, 267; Morris, *John*, 748; id., *Jesus is the Christ*, 165-67.

고 어느 때에 성령을 받게 되었는지에 대한 질문은 거의 없을 것이다. 예수께서 그의 죽으심과 부활로 영광을 받으신 후에 성령이 주어졌다고 할 것이다. 예수께서는 부활하시고 영광 받으신 몸으로 제자들에게 나타나셨다. 그리고 그들을 향해 숨을 내쉬며, "성령을 받으라"(20:22)고 말씀하셨다.[164] 요한복음 20:22에 기록된 대로, 예수께서 부활하신 날에 제자들에게 '성령-파라클레토스'을 주셨다는 것이 자연스러운 결론이 될 것이다.[165]

필자는 요한복음 20:22과 사도행전 2장의 기사 둘 다 기록된 그대로 일어난 사건이었음을 논증하고자 한다. 이를 위해 두 본문 간에 복잡하고 난해한 방식의 "일치"(harmonization)를 꾀하거나 혹은 과도하게 석의(exegetical gymnastics)하는 작업은 불필요하다.[166] 여기서 우리는 '종말론적 성령 세례'(baptism in the eschatological Spirit), 성령의 충만(filling of the Spirit), 그리고 '성령의 종말론적 내주하심'(eschatological indwelling of the Spirit) 사이의 상호관계에 대해

---

164 만일 십자가가 예수의 떠나심을 의미한다면, 요 20:22에 그가 성령을 수여하실 때 그 자리에 임재하신 것에 아무런 문제가 없다. 대조. Holwerda, *The Holy Spirit and Eschatology in the Gospel of John*, 23.

165 참고. J. L. Kipp, "The Relationship between the Conceptions of 'Holy Spirit' and 'Risen Christ' in the Fourth Gospel" (Ph.D. diss., Princeton Theological Seminary, 1967), 147.

166 던은 우리가 예수의 죽음, 부활, 승천, 그리고 성령의 선물이 단일한 신학적 통일성을 형성한다는 사실을 인식해야 한다고 여긴다. "그것은 요 20:22와 행 2장과의 연대기적 혹은 신학적 조화를 이루기 위한 어떤 불필요한 시도도 하지 않아야 하는 것이다." (Dunn, "Spirit," in NIDNTT, 3:704). 이 사례에서는 조화를 이루기 위한 시도가 불필요하다. 두 사건은 분명히 서로 다른 때(즉, 각각 부활 첫 날과 오순절 날)에 발생한 사건이며, 그 둘은 다른 차원에서의 성령 체험이기 때문이다(성령의 내주하심[indwelling]은 성령의 충만[filling]과 동일시 될 수 없다. 아래 참고). 만일 요 20:22와 행 2장이 동일한 경험에 대한 서로 상반되는 기사라고 할 경우에는 조화를 이루기 위한 시도가 필요할 것이다. 그러나 물론 이것은 그런 경우가 아니다.

간략하게 논할 것이다. 이와 관련하여 사도행전에 중점을 둔 더 면밀한 논의는, 이 책의 〈부록 3〉을 참고하면 될 것이다.

요한은 분명히 "세례"라는 용어를 알고 있지만(참고. 요 1:33), 그는 부활의 날에 무슨 일이 있었는지를 묘사함에 있어서 이 단어를 사용하지 않고 있다. 한편, 누가는 사도행전 2장에서 50일 후에 일어난 성령-세례를 묘사할 때, 제자들이 "충만하여졌다"(2:4, 동사 '핌플레미'를 사용. 개역개정. '충만함을 받고')고 기술한다. 제자들은 오순절에 성령으로 "세례를" 받았다(참고. 행 1:5). 그러나 모든 "충만함"(fillings)이 곧 "세례"인 것은 아니다. 성령 세례는 오직 사도행전 2, 8, 10, 19장에만 발생하고 있다. 사도행전의 또 다른 "충만함"의 사례들(참고. "충만하다" '핌플레미'의 용례, 행 4:8,31; 9:17; 13:9)이 모두 "세례"로 또한 간주된다는 암시는 없다. 사도행전 4:31의 "충만함"과 관련하여 브루스(F. F. Bruce)는, "이것은 성령의 새로운 충만함이었지만, 그것이 새로운 세례로 여겨질 수는 없는 것이다"라고 언급한다.[167]

이러한 성령 세례는 모든 회심 때마다 일어나는 것이 아니다. 누가는 사도행전에서 적어도 15차례의 회심 기사를 기록하고 있지만, 그중 어느 하나도 성령 세례로 묘사되고 있지는 않다(참고. 행 2:41,47; 4:4; 5:14; 6:7; 8:12-13,36-37; 9:35,42; 13:48; 16:5,14,31-34; 17:11-12; 18:8). 예수께서 영광을 받으신 이후로, 신자들은 회심 때에 성령의 내주하심을 경험한다. 그러나 그러한 성령의 내주하시는 임재는 누가가 성령 "세례"에서 묘사하는 강력하고, 극적이며, 가시

---

167 F. F. Bruce, *The Book of the Acts*, rev. ed., NICNT (Grand Rapids: Eerdmans, 1988), 100.

적이고, 귀로 들을 수 있는 성령의 나타나심과 동일시되어서는 안 된다. 성령 세례가 발생하는 각 사례마다, 그것은 교회의 진전을 이루는 중요한 운동에 대한 신적인 승인을 의미한다.[168] 사도행전 2장에서 교회는 최초로 그 모습을 공개적으로 드러내게 된다. 사도행전 8장에서는 사마리아와의 오랜 불화가 치유된다. 사도행전 10장에서는 이방인들이 할례 없이 교회 안으로 유입된다. 그리고 사도행전 19장에서는 이스라엘 선지자들의 신자들이라면 반드시 그 선지자들이 지목했던 이를 믿어야 함이 드러난다.[169] 이러한 성령 세례의 사례들은 회심 때에 무슨 일이 일어났는지를 보여주기 위해 기록된 것이 아니다. 또한 이러한 "세례들"이 성령의 내주하심에 필수적인 것도 아니다. 이는 누가가 그들을 성령으로 "세례 받은" 상태로 소개하지는 않지만, "성령으로 충만한"('full of the Spirit', 헬. '핌플레미'가 아니라 '플레레스/플레루'를 사용; 참고. 행 6:5; 7:55; 11:24; 13:52) 사람들로 제시하는 것처럼 보이기 때문이다.

누가는 권능 수여를 위한 성령 충만의 때를 묘사하기 위해 '핌플레미'('충만하게 채우다', 'fill')라는 용어를 확보해두고 있다. 이 논의에서 '핌플레미'라는 헬라어 단어의 용례는 중요한 의미를 갖는데, 그 이유는 베드로와 바울이 둘 다 사도행전에서 여러 차례 "충만해진" 것으로 묘사되기 때문이다(참고. 행 2:4; 4:8,31; 9:17; 13:9). 그러므로

---

168 행 10장의 사마리아인들의 "세례" 사건에 대해 브루스는 다음과 같이 서술한다: "유대 신자들이 아무도 동석하지 않은 상황에서, 그러한 외적 현시가 없이는, 아마도 심지어 베드로 자신도, 그들에게 성령이 임하시는 현실을 쉽게 받아들이기가 어려웠을 것이다"(*Acts*, 217).

169 Similarly F. R. Harm, "Structural Elements Related to the Gift of the Holy Spirit in Acts," *Concordia Journal* 14 (1988): 28, 38.

어떤 임무를 위해 성령으로 "충만해지는" 것은 반복적으로 발생할 수 있는 일이며, 그것은 지속적으로 유지되는 상태로 제시되지 않는다. 이러한 "충만함"은 구약 시대에 특정 인물들이 겪었던 경험과도 유사하다. 구약에서 특정 개인에 권능이 임했던 경험은 사도행전에서 바울과 베드로가 영감 된 선포를 위해 "충만해"졌을 때 겪었던 일과 다르지 않다(참고. 출 28:3; 31:3; 35:31; 신 34:9, 히브리어 동사 '말레'의 번역에 헬라어 동사 '엠핌플레미'['채우다']가 사용된 사례).

우리는, 예를 들어, 사도행전 4:8에서 베드로가 새롭게 "충만해졌다"고 했을 때, 그가 새롭게 "세례 받은" 것은 아니라고 설명했다. 또한 '핌플레미'란 단어가 사용되는 이러한 "충만함"들이, 오직 예수께서 영광 받으신 후에 일어나는 영속적으로 내주하시는 성령의 수납과 대등한 사건으로 보이지도 않는다(요 7:39; 14:16-17; 20:22). 다시 말하지만, 그러한 경험이 반복되어야 할 이유가 무엇이 있겠는가? 그러므로 우리는 제자들이 예수께서 부활하신 날 받았던 내주하시는 성령—파라클레토스(20:22)의 경험은 그들이 오순절 날에 영감 된 선포를 위해 능력으로 충만해졌을 때 경험한 그것과 구별된다고 결론 내릴 수 있을 것이다(행 2:4).[170]

오순절 제자들의 경우, 그들이 영감 된 선포를 위해 성령 "충만"해진 것이었다고 한다면(참고. 행 2:4), 사도행전 2장은 사도행전 4:8이나, 혹은 사도행전에 제시된 성령 충만의 다른 여러 사례들만큼이나 요한복음 20:22의 해석에 더 이상 걸림돌이 되지 않는다. 그

---

[170] 또한 참고. 버나드(Bernard)는 덜 구체적이긴 하지만 다음과 같이 언급한다: "오순절 날은 특별한 영적 능력의 선물이 현시된 날로 행 2장에 묘사된다. 그리고 요한복음에는 그러한 현시와 상반되는 어떤 것도 발견되지 않는다"(John, 516).

리고 사도행전 2, 8, 10, 19장에 묘사된 성령 세례 또한 요한복음 20:22의 해석에 아무런 문제가 되지 않는다. 요한복음 20:22은 사도행전 2장처럼 하나님이 승인해 주시는 장면(즉, 성령 세례)에 관한 극적인 증거를 기록한 것이 아니기 때문이다. 이러한 방식으로 사도행전 2장과 요한복음 20장의 관계를 이해하는 것은 독자들이 일부 저자들이 주장한 잘못된 이분법의 오류에 빠지지 않게 도울 수 있을 것이다: "성령의 보내심을 부활절에 '그리고' 오순절에 일어난 것으로 보는 데는 의문의 여지가 없다. 각 복음서 기자의 사건 진술 방식의 특성을 고려할 때, 그것은 둘 중에 하나다."[171] 하지만 이같은 주장과 정반대로, 각 복음서 기자의 진술 방식, 그 특징 자체가 우리로 하여금 부활절과 오순절에 성령께서 각기 다른 방식으로 주어졌음을 확신할 수 있게 한다.

이제 '세례'와 '충만'에서 성령의 '내주하심'으로 개념을 전환하면, 요한복음 20:22은 성령세례 또는 성령충만을 묘사하기 위해 의도된 것으로 보이지 않는다. 오히려 이 구절에서 요한은 '성령 받음'을 묘사하기 위해 의도했을 것이다(참고. 요 7:39; 14:17, 본서 제5장을 보라). 따라서 요한복음 20:22은 예수께서 영광을 받으신 것과 자신이 했던 약속을 지키고 계신 것을 암시하는 것처럼 보인다. 제자들은 온전한 회심을 경험하기 위하여 오순절까지 기다릴 필요가 없다. 요한복음 1:41,45,49에서 요한은 제자들이 이미 예수를 메시아로 믿었음을 암시하고 있다. 예수께서 잡히시던 밤에 제자들이 실족하는 장면은 그들이 불신자들이었다는 증거가 아니다. 제자들은

171　Beasley-Murray, *John*, 382 (저자 강조).

심지어 오순절 사건 후에도 넘어지곤 했다(참고. 갈 2:11-14). 또한 제자들은 내주하시는 성령을 받기 위해 오순절까지 기다려야 할 필요도 없었다. 그들이 오순절에 받았던 그것은 이후 반복적으로 경험되었던 일시적인 권능수여였으며, 따라서 그것은 지속적으로 유지되는 경험은 아니었다(참고. 2:4; 4:8). 반면, 내주하시는 성령은 제자들 곁에 그리고 그들 속에 영원히 함께 하는 하나님의 신적 임재로 묘사된다. 즉, 성령의 내주하심은 지속적으로 유지되는 경험인 것이다(요 14:15-17). 성령께서 내주하시는 자들에게 또한 성령의 권능이 덧입혀질 수 있다는 주장이 그렇게 받아들이기 어렵단 말인가?

요한복음의 전체 문맥에서, 요한복음 20:22은 내주하시는 성령에 관한 정확한 약속의 성취로 볼 수 있다(참고. 요 20:22이 성령의 내주하심을 의미한다는 제5장의 논의를 보라).[172] 그러나 막스 터너(Max Turner)는 그 당시 도마가 자리에 없었고(참고. 요 20:24-29) "파라클레토스의 활동"이 즉시 시작되지 않고 있다는 이유에서, 요한복음 20:22에 대한 이러한 해석을 거부한다. 터너는 요한복음 20:22을 실제적인 성령의 수여가 아니라, "이미 진행 중인 과정 속에서의 일종의 전환기적(climacteric) 사건"으로 간주한다.[173] 이러한 반론에 대해 논박하자면, 이때 성령 강림의 극적이고 가시적인 현현은 나타나지 않고 있지만, 예수께서 도마에게 자신을 보이신 후, 도마는 믿는 자의 모습을 분명히 보여주고 있으며("나의 주님이시요 나의 하나님

---

172 참고. Bernard, "The action and words of Jesus here are a complete fulfilment of the promise of the Paraclete" (*John*, 677).

173 Max Turner, "The Concept of Receiving the Spirit in John's Gospel," *VE* 10 (1977): 34 (저자 강조).

이시니이다!" 요 20:28), 이제 예수께서 영광을 받으셨기 때문에 도마는 아마도 성령을 받았을 것으로 충분히 예상할 수 있다는 것이다. 예수께서 영광을 받으신 후로는 모든 믿는 자들이(도마를 포함해) 그 회심의 순간에 성령의 내주하심을 경험하게 된다.

본문은 예수께로부터 제자들이 성령을 받게 된 부활 주일 저녁의 그 자리에 도마 외에 또 누가 부재했는지에 대해서 말하는 바가 없다. 도마의 부재 자체가 성령이 그에게 수여되지 않았음을 의미하는 것은 아니다. 특히 요한은 그 자리에 누가 없었는지에 대한 질문을 제기하고 있지 않다. 예수께서 제자들을 향해 "성령을 받으라"(20:22)고 말씀하셨던 그때, 그들에게 내주하시는 성령이 수여되었다고 한다면, "파라클레토스의 활동"은 그 즉시 시작된 것이라고 말할 수 있다. 즉, 성령이 그들에게 내주하시게 된 것이다(참고. 요 14:16-17). 예수께서 "성령을 받으라"고 명하신 순간에 실제로 성령이 수여된 것은 아니라고 말한다면, 그것은 예수께서 당시 비유적으로 말씀하신 것에 불과하다는 주장이 된다. 하지만 그러한 개념은 해당 본문을 통해 즉시 도출되는 것이 아니라, 요한복음 20장과 사도행전 2장 사이의 긴장을 완화시키기 위한 의도에서 나온 제언인 것이다. 그러나 본서에서 우리가 제시하는 해법은 "성령을 받으라"는 주님의 말씀을 비유적으로 읽도록 강요하지 않는다. 오히려 우리의 해석은 두 다른 사건의 [즉, 요한복음 20장과 사도행전 2장]에 각기 다른 방식으로 성령이 주어지고 있다는 사실을 조명해 준다.

요한과 누가에 의해 제공되는 서로 다른 묘사들을 통해서 우리는 이 두 저자들이 동일한 성령의 두 가지 다른 나타나심을 묘사하고 있음을 알 수 있으며, 이를 뒷받침하는 충분한 증거가 있음도 보게 된다. 우리는 누가복음과 요한복음의 두 기사에서 어느 하나만 선택해야 하는 것이 아니다. 본문에 대한 주의 깊은 관찰과 해석은 각 저자들이 의도한 메시지를 더 명확히 드러낸다. '성령 세례', '성령 충만', 그리고 '성령의 내주하심'은 각각 개별적이고 독특한 세 방식으로 나타난 성령의 종말론적 선물이다. 부활하신 날, 예수께서 제자들을 향해 숨을 내쉬며 그들에게 성령을 받으라고 말씀하신 요한복음 20:22에서 제자들은 내주하시는 성령의 은사를 선물로 받았다. 그리고 50일 후인 오순절에 제자들은 성령 세례를 받게 되는데, 그것은 바로 이 새로운 메시아 공동체에 대한 하나님의 신적 승인을 공개적으로 증명하는 사건이었던 것이다. 그 이후로 제자들은 하나님의 말씀을 권능으로 선포하기 위해 능력을 덧입는 성령 "충만함"을 주기적으로 경험하게 된다.

결론

요한은 예수께서 받으신 성령의 기름부으심, 성령이 그의 위에 머무르심, 그리고 하나님 말씀의 증거를 위해 성령께서 무한한 능력으로 그에게 임하심에 대해 서술한다(요 1:32-33; 3:34). 육신의 생명을 지닌 자들이 하나님나라에 참여하기 위해서는 반드시 성령으로 거듭나야 한다(3:5-8). 성령은 예수께서 선포하시는 말씀을 통해 그들을 살려내신다(6:63). 그 살아난 자들은 육의 영역에 반대되는 성령의 영역에 속한다(3:6). 이러한 성령의 영역 안에서 믿는 자들은 성부 하나님을 진리로 예배하게 된다(4:21-24).

예수께서 고별 강화 때 약속하셨던 성령-파라클레토스는 예수께서 부활하신 날 신자들에게 곧바로 임했으며 이후로 성령은 예수의 사역을 이어 가신다. 성령께서 제자들에게 보내신바 된 것은 제자들을 향한 하나님의 변함없는 호의를 확신시키고, 그들이 하나님의 임재를 영원히 누리도록 보장하시기 위함이다(요 14:16-17). 성령은 제자들을 가르치시고(14:26; 16:12-15), 세상을 책망하시면서(16:8-11), 궁극적으로 예수를 증언하신다(요 15:26).

제 5 장　　성령이 아직 그들에게
　　　　　계시지 아니하시더라

God's Indwelling Presenc

서론

2장에서 우리는 옛 언약의 신자들에게 성령의 내주하심이 있었는지 여부에 대한 다양한 입장들을 조사했다. 3장에서는 구약 성경이 구약 시대의 신자들을 성령이 내주하시는 자들로 제시하지 않고 있음을 논증했다. 4장에서는 요한복음에서 제시된 성령에 대해 개관했다. 이제 우리는 요한이 구원 역사 안에서의 성령에 관하여 무엇을 말하고 있는지에 주목해 보고자 한다.[1] 이번 제5장의 목표는 요한이 신자들에게 내주하시는 성령의 수납을 오직 예수의 영광 받으심 후에 경험될 수 있는 종말론적 복으로 제시하고 있음을 증명하는 것이며, 이를 위해 요한복음 7:39을 구약 성경이 대망하던

---

1 더 보편적인 구원 역사에 대한 참고. P. E. Satterthwaite, "Biblical History," in *NDBT*, 43–51. For a thorough study of time in John, 참고. J. Frey, *Die johanneische Eschatologie: Das johanneische Zeitverständnis*, Band 2, WUNT 110 (Tübingen: Mohr Siebeck, 1998).

것에 비춰 보는 것이다.² 조지 래드(George Ladd)가 표현한 바와 같이, 내주하시는 성령의 수납은 "다가올 시대와 관련된 종말론적 경험들이 현재의 시대로 역 도달했음"을 암시한다.³

결국 우리는 이 장을 통해 성령의 내주하심이 구약에 약속된 종말론적 소망의 성취임을 보여주고자 할 것이다(예. 사 32:15; 44:3; 겔 37:14; 39:29; 욜 3:1-2[영역 및 한역. 2:28-29]). 구약 성경이 말하는 종말론적 소망의 또 다른 측면은 성령의 기름부음 받은 메시아(Spirit-anointed Messiah)의 등장에 있다⁴(사 61:1). 특정 본문들은 이 메시아가 성령을 그 백성에게 임하게 하실 것을 암시한다(예. 사 48:16).⁵ 요한은 그러한 소망의 성취이자 그것의 완성자로서 예수 그리스도를 제시한다. 그 모든 대망의 줄기들이 예수 그리스도 안에 결집된다. 그는 성령으로 기름부음 받은 메시아시며(요 1:33), 마지막 종말의 시대를 여는 이시고, 영광 받으신 후에(7:39)는 자기 백성

---

2 이러한 조사는 예수의 지상 사역의 완수 전후로, 믿어졌던 것, 경험되었던 것, 혹은 이해되었던 것에 대한 요한의 일관성 있는 구분에 의해 보장된다. 예. 요 2:22; 12:16; 13:7,19; 14:26; 16:12-13; 20:9. 또한 참고. C. K. Barrett, *The Gospel according to St. John*, 2nd ed. (Philadelphia: Westminster, 1978), 201; R. E. Brown, *The Gospel according to John*, 2 vols., AB (New York: Doubleday, 1966, 1970), 121; Frey, *Die johanneische Eschatologie*, 2:221.

3 G. E. Ladd, *A Theology of the New Testament*, rev. ed. D. A. Hagner (Grand Rapids: Eerdmans, 1993 [1974]), 344. 비교. N. T. Wright, *The Resurrection of the Son of God*, Christian Origins and the Question of God 3 (Minneapolis: Fortress, 2003), 282.

4 "성령의 기름부음 받은 메시아"는 다소 장황한 표현이다. 이는 "메시아"가 바로 성령으로 기름부음 받은 인물을 의미하기 때문이다. 그러나 본서에서 이러한 문구를 사용하는 이유는 메시아라는 단어 자체의 중요한 의미가 자주 간과되는 경향이 있기 때문이다.

5 참고. J. J. Suurmond, "The Ethical Influence of the Spirit of God" (Ph.D. diss., Fuller Theological Seminary, 1983), 235; J. D. G. Dunn, "Spirit and Fire Baptism," in *The Christ and the Spirit: Pneumatology*, vol. 2 (Grand Rapids: Eerdmans, 1998), 102.

에게 성령을 베푸는 자이시다(20:22).[6]

이 장에서 전개되는 논리는 먼저 네 가지 전제에서 출발하여 그 결론에 도달할 것이다:

1. 구약은 마지막 날에 성령으로 기름부음 받은 메시아와 성령에 의해 이뤄지는 회복을 대망했다(예. 사 61:1; 겔 37:14).
2. 요한은 예수를 소개함에 있어서, 다가올 새 시대를 열고 (요 4:23; 5:25) 자기를 믿는 자들에게 성령을 주시는(15:26; 20:22), 성령으로 기름부음 받은 메시아로서 예수를 제시한다 (요 1:32-33; 3:34).
3. 성령의 종말론적 수납에 관한 기존의 기대에 더해서, 요한은 신자들에게 주어질 성령의 선물은 먼저 예수의 영광 받으심의 때를 기다린다고 덧붙인다(요 7:39).
4. 본서 제3장에서, 필자는 구약 성경이 당시의 신자들을 개별적으로 성령의 내주하심을 받는 자들로 제시하지 않는다고 주장했다.
5. 그렇다면 이어지는 결론은, 오직 성령을 – 기름부음 받으신, 성령 – 수여하시는 메시아가 마침내 나타나 그가 영광을 받으신 이후의 시대를 살아가는 신자들만이 성령의 내주하심을 받는다는 것이다.[7]

---

[6] 참고. W. Eichrodt, *Theology of the Old Testament*, 2 vols., OTL, trans. J. A. Baker (Philadelphia: Westminster, 1961, 1967), 1:26.

[7] 구원 역사에서 성령에 대한 이 같은 이해가 저스틴 마터의 다음 문헌에도 반영되는 것처럼 보인다: Justin, *Dialogue with Trypho* 87.4-6. 추가 논의를 위해 다음 문헌을 보라. O. Skarsaune, *In the Shadow of the Temple* (Downers Grove: InterVarsity, 2002), 340.

이러한 주장의 신빙성은 각 전제가 타당한 것인지, 그리고 그 전제들에서 도출된 결론이 과연 적절한 것인지의 여부에 따라 판가름된다. 이 장에서는 상기의 주장에 대해 검증하고자 할 것이다.

요한복음 7:39을 근거로, 옛 언약의 성도들에게는 성령의 내주하심이 주어지지 않았음을 논증한 후에, 우리는 구원 역사의 맥락에서 성령에 관한 이러한 이해가 신약의 다른 본문들과도 조화를 이룰 수 있는 것인지를 또한 고려해 볼 것이다.

구약의 기대

이 단락의 목적은 성령으로 기름부음 받은 메시아와 하나님의 영으로 말미암는 회복에 관한 종말론적 소망이 구약 성경 안에 이미 환기되고 있음을 보여주는 것에 있다.[8] 먼저 성령으로 기름부음 받은 메시아에 관한 소망을 살펴본 후, 우리는 성령으로 인한 회복에 관한 소망의 증거를 논할 것이다. 그런 후에 우리는 구약의 선포에 따라 결과적으로 1세기 유대교 안에 만연하게 된 메시아 대망(messianic expectations)에 대해 간략하게 살펴보고자 한다.

---

8   구약의 독법에 신약의 전망을 허용하는 것의 정당성에 대해서는 다음 문헌을 보라. W. Eichrodt, *Theology of the Old Testament*, 1:26; G. Goldsworthy, *According to Plan* (Downers Grove: InterVarsity, 2002), 76. 저자들 및 방법론들에 대해서는 다음 문헌을 참고하라. E. A. Martens, "The Flowering and Foundering of Old Testament Theology," in *NIDOTTE*, 1:175.

오실 메시아

이 단락은 요한의 기록에 따른 예수의 생애의 의미를 이해하는 데 필수적인 여호와께서 자기 백성에게 주신 약속 안에 있는 세 가지 요소들에 주목할 것이다. 구약 성경은 하나님께서 마지막 때에 자기 백성을 위하여 한 기름부음 받은 통치자를 일으키실 것을 암시하고 있다. 이 세 가지 요소들은 이사야의 예언에서 가장 분명하게 엿볼 수 있다: (1) 오실 통치자, (2) 그가 하나님의 영으로 기름부음 받으실 것, (3) 옛 저주(창 3장)의 반전을 특징으로 하는 새로운 시대를 그가 여실 것. 다음에서는 이사야서에 나타난 이러한 소재들의 발전과 전개에 초점을 맞출 것이다.[9]

이스라엘은 장차 악을 정복하실 한 인물에 대한 약속을 받았다(창 3:15).[10] 이 인물은 그 백성들에게 하나님의 말씀을 선포할 것

---

9 요한복음과 관련하여 이사야의 중요한 의미에 대해서는 다음을 보라. F. W. Young, "A Study of the Relation of Isaiah to the Fourth Gospel," *ZNW* 46 (1955): 215–33; C. A. Evans, "Obduracy and the Lord's Servant: Some Observations on the Use of the Old Testament in the Fourth Gospel," in *Early Jewish and Christian Exegesis*, ed. C. A. Evans and W. F. Stinespring (Atlanta: Scholars, 1987), 221–36; D. A. Carson, "John and the Johannine Epistles," in *It is Written: Scripture Citing Scripture*, ed. D. A. Carson and H. G. M. Williamson (New York: Cambridge University Press, 1988), 245–64. For a study of John's use of the OT, 참고. A. T. Hanson, *The Prophetic Gospel: A Study of John and the Old Testament* (Edinburgh: T&T Clark, 1991).

10 모세오경의 메시아사상과 관련하여서는 다음 문헌을 보라. T. D. Alexander, *From Paradise to the Promised Land* (Carlisle: Paternoster, 1995); id., "Royal Expectations in Genesis to Kings: Their Importance for Biblical Theology," *TynBul* 49 (1998): 191–212; id., "Further Observations on the Term 'Seed' in Genesis," *TynBul* 48 (1997): 363–67; J. Collins, "A Syntactical Note (Genesis 3:15): Is the Woman's Seed Singular or Plural?" TynBul 48 (1997): 139–48; J. Sailhamer, "Creation, Genesis 1 – 11, and the Canon," *BBR* 10 (2000): 89–106; id., "Messiah and the Hebrew Bible," *JETS* 44 (2001): 5–23; W. Wifall, "Gen

이며(신 18:18), 기름부음을 받을 것이고, 다윗 계보의 왕으로서 공의와 평강의 영원한 통치를 이룰 것이다(삼하 7:13; 시 72:1-4). 다윗이 그러했던 것처럼(삼상 13:14; 16:3), 모세는 여호와의 택함을 받는 자가 이스라엘의 왕이 될 것을 밝힌 바 있다(신 17:15). 한편 모세는 제사장들이 기름부음을 받을 것 또한 명시했지만(출 29:7), 그러한 기름부음의 관행은 왕을 세우는 일과 관련되었던 것이 분명해 보인다(삿 9:8,15).[11] 여호와 하나님은 사무엘에게 명하여 사울을 이스라엘의 왕으로 기름 붓게 하시고(삼상 9:16) 후에는 다윗을 기름 붓게 하신다: "사무엘이 기름 뿔병을 가져다가 그의 형제 중에서 그에게 부었더니 이 날 이후로 다윗이 여호와의 영에게 '크게 감동되니라'[문자적으로, '강하게 임하였다']. 사무엘이 떠나서 라마로 가니라. 여호와의 영이 사울에게서 '떠나고'[문자적으로, '함께 있던 것에서 떠나다'] 여호와께서 부리시는 악령이 그를 번뇌하게 한지라"(삼상 16:13-14).[12] 다윗은 자신의 후손이 그의 왕위에 오를 것과 특별히 여호와의 기름 부으심을 받을 것을 약속받는다(예. 삼하 7장; 시 2편, 45편 72편, 110편). 다윗이 '기름부음'을 받았을 때에 그에게 성령이 임했다는 사실은, 다윗의 자손이 여호와의 '기름부음 받은 자'가 되면 그 또한 성령을 소유하게 될 것이라는 기대를 불러일으킨다.

　이사야는 기름부음 받는 다윗의 자손에 관한 세부 내용을 추가

3:15-A Protevangelium?," *CBQ* 36 (1974): 361-65.

11　삿 9:8 및 15절의 히브리어 동사, '마사흐/מָשַׁח에 대한 헬라어 번역에서 우리는 χρίεν('기름붓다/anoint')의 형태를 보게 된다. 참고. D. H. Engelhard, "Anoint, Anointing," *ISBE* 1:129; L. W. Hurtado, "Christ," in *DJG*, 107.

12　참고. 이 본문에 대한 제3장의 논의를 보라.

적으로 드러낸다. 특히 중요한 부분은 여호와의 성령 그리고 오랜 대망의 메시아 왕, 이 둘 사이의 밀접한 관계에 있다. 이사야 4장은 "여호와의 싹(branch)이 아름답고 영화로울" 그날과(사 4:2), 창조의 회복이 시작되는 날로서 "주께서 심판하는 영과 소멸하는 영으로 시온의 딸들의 더러움을 씻기시며 예루살렘의 피를 그중에서 청결하게 하실 때"를 예언하고 있다(사 4:4).[13]

또 한 번 미래에 관한 이사야 11장의 예언은, 한 "가지"(branch, 사 11:1)를 "여호와의 영"과 연결시키고 있다(11:2).[14] 새 창조에 관한 인접 문맥의 여러 언어와 심상들, 즉 완전한 공의로 다스릴 다윗 계열의 기름부음 받은 특별한 통치자(사 11:2-5), 맹수들과 그들의 먹이 되는 짐승들이 함께 누리는 안식, 여자의 후손(어린아이)과 뱀(독사)이 서로 평화롭게 지내는 모습(사 11:6-9; 참고. 창 3:15)은 이사야가 여기서 종말론적으로 서술하고 있는 것임을 확증하게 한다. 따라서 10절의 "그날"에 관한 예언은 이사야 11장의 첫 아홉 구절에서 발견되는 "그때"에 관한 예언에서 이제 다른 내용으로 전환되는 것이 아니라, '그때' 또는 '그날'에 대한 동일한 예언의 연장선상에

---

13 이사야의 예언이 세례 요한에게 깊은 영향을 준 것을 감안하면(참고. 요 1:23; 사 40:3), 사 4장은 그의 뒤에 오시는 더 크신 이가 "성령과 불로 세례를 베푸실 것"이라는 세례 요한의 선포 배경이 될 가능성이 있다(마 3:11; 눅 3:16; 참고. 막 1:8; 요 1:33).

14 일부 현대 학자들은 사 4장과 11장의 "그 가지"에 대한 상호 연계성을 일축한다. 그들의 그러한 근거는 각각 다른 히브리어가 사용되었다는 데 있다(사 4:2, צֶמַח; 사 11:1, נֵצֶר; חֹטֶר). 또한 사 4:2에서 그 가지는 "여호와의" 가지인 반면, 사 11:1의 그 가지는 "이새의" 가지이기 때문이다. 전자와 관련하여 언급하자면, 그러한 문체적 변화는 이사야서의 예술적으로 탁월한 시인에게서 기대될 수 있는 것이다; 그의 어휘의 광범위함과 신선함은 아마도 구약에서 타의 추종을 불허할 것이다. 후자와 관련해서는, 필자의 관점에서, 두 본문을 서로 분리하는 것은 잘못된 것이다. 예수 안에서 여호와의 가지는 또한 이새의 줄기가 되기도 하기 때문이다. 참고. Childs, *Isaiah*, 99-106.

있는 것이다.

이사야 4:2-4과 11:1-2에서 발견되는 동일하게 결합된 이 종말론, 여호와의 영, 그리고 메시아(가지/싹)에 대한 약속은 이사야 61장에서도 또한 볼 수 있다(참고. 사 42:1). 이사야 61장은, "주 여호와의 영이 내게 내리셨으니 이는 여호와께서 내게 기름을 부으사(히. '마사흐')"(61:1)라고 시작했다가, "땅이 싹('치므하흐', 또는 "가지/branch")을 내며, 동산이 거기 뿌린 것을 움돋게('타츠미아흐') 함 같이, 주 여호와께서 공의와 찬송을 모든 나라 앞에 솟아나게('야츠미아흐') 하시리라"(61:11)로 마치고 있다. 따라서 우리는, 가장 최소한으로 말하자면, 이사야가 '차마흐'라는 어근의 반복적인 사용을 통해, 아마도 "가지/싹"('체마흐')의 또 다른 유일한 사례를 볼 수 있는 이사야 4:2을 환기하려 했을 것으로 예상해 볼 수 있다.[15] 이 "가지"('체마흐')에는 메시아를 연상시키는 함축적 의미가 담겨 있으며, 우리는 그 이후에 후대의 선지자들이 다시 이러한 개념을 취하는 모습을 볼 수 있다(참고. 렘 23:5; 33:15; 슥 3:8; 6:12).[16] 그러나 가장 중요한 것은 이사야 61:1에 제시된, "주 여호와의 영"과 여호와께로부터 임하는 기름부음 사이의 분명한 연관성에 있다. 여기서 성령(즉, 주 여호와의 영)은 곧 여호와께서 친히 기름 부으신 그 직접적인 결과로 주어진 것이다. 따라서 '여호와의 기름부음을 받은 자'(메시아/Messiah, '마사

---

15   이사야는 또한 창 2:5,9를 환기하는 것일 수 있다. 참고. J. Oswalt, *The Book of Isaiah, Chapters 40-66*, NICOT (Grand Rapids: Eerdmans, 1998), 575; G. Van Groningen, *Messianic Revelation in the Old Testament* (Grand Rapids: Baker, 1990), 661-63, 880

16   추가로, 예수는 사 61장을 메시아 본문으로 여기셨다: 누가는 나사렛 회당에서 예수께서 그 본문을 낭독하시고 그 예언이 성취됨을 선언하신 것에 대해 기록한다(눅 4:16-21).

흐'에서 유래)가 된다는 것은 '여호와의 성령을 소유한 자'가 된다는 의미인 것이다.

해당 본문의 여러 항목들이 이 예언을 종말(eschaton)과 관련해 위치시키고 있다. 주의 성령이 그 위에 임하는 자는 곧, "여호와의 은혜의 해와 우리 하나님의 보복의 날을 선포하여 모든 슬픈 자를 위로"하기 위해 여호와의 기름부음을 받은 자이다(사 61:2). 여호와 께서 심으신 씨가 의의 나무로 자라 영광을 나타낼 그때에 그는 시온에 기쁨과 찬송을 주실 것이다(사 61:3; 비교. 6:13). 여호와의 은혜의 해와 하나님의 보복의 날은 이스라엘의 회복과 하나님의 백성 원수의 정복을 약속한다(61:4-5). 이 맥락에서 또한 중요한 점은 여호와께서 "그들과 영원한 언약을 맺을 것"이란 약속이다(61:8).

여호와의 영이 그에게 강력하게 임하는 묘사와 더불어 다윗이 기름부음 받는 장면(삼상 16:13)은 다윗 자신보다 더 위대한 그의 자손에게 장차 임할 성령의 기름부으심을 상징적으로 예표한다(시 2:2; 110:1). 이사야서의 이러한 메시아 본문에 대한 논의의 핵심은 각 문맥에 세 가지 두드러진 소재들이 나타난다는 것이다: 통치자(왕), 여호와의 영(성령), 그리고 그 시기(때). 결국 이사야 4, 11, 61장에 따르면, 장차 오실 그 메시아는 여호와의 성령으로 기름부음을 받고 종말론적인 "그날"의 시작을 여는 자로 독특하게 그려지고 있다.[17]

---

17 메시아 약속의 통합적 연구는 다음 문헌을 참고하라: P. House, *Old Testament Theology* (Downers Grove: InterVarsity, 1998), 242-43.

성령의 부어주심

성령으로 기름부음 받는 메시아는 그 자체로 일종의 종말론적 개념이라고 할 수 있다. 일각에서는 구약 신자들에게도 성령의 내주하심이 있었다는 자신들의 관점을 피력하기 위해 성령의 부어주심(outpouring of the Spirit)에 대해 언급하는 몇몇 본문들에 호소하기도 하기 때문에, 그 약속들이 본질적으로 내포하는 종말론적 특성을 강조하는 것이 무엇보다 중요하다고 하겠다.

구약은 주께서 성령을 부어주실 것에 대해 여러 차례에 걸쳐 분명히 약속하고 있다(예. 사 32:15; 겔 36:27; 39:29; 욜 3:1-2 [영역 및 한역. 2:28-29]; 그리고 슥 12:10; 참고. 사 44:3; 겔 11:19; 37:14). 그런데 이러한 약속들은 모두 종말론적이다. 일부 사례에서는 성령이 부어지실 때에 메시아가 오실 것임을 문맥상으로 암시하기도 한다. 이사야 32장은, "보라 장차 한 왕이 공의로 통치할 것이요"라는 선언으로 시작한다(32:1). 그로건(G. W. Grogan)의 언급처럼, "거의 대부분의 독자들은 해당 본문을 이사야 11장에서 묘사된 공의로 다스리는 메시아 왕과 연결 지어 읽을 수밖에 없을 것이다."[18] 이사야는 바로 이 한 왕이 통치하게 될 그날에 임할 복에 대하여, 그날의 때를 자신이 말하고 있는 시대와 대조함으로 선포한다(사 32:1-5; 참고. 히. '로 … 오드', '다시 … 아니'/'no longer' 5절). 그런 후 이사야는 자신의 동시대인들에게 회개할 것을 촉구하면서(사 32:9-12) 계속되는 황폐함에 대해 언급한다(32:13-14). 그리고 그 황폐함은 "마침내 위

---

18   G. W. Grogan, *Isaiah*, in *EBC*, 6:205. 비교. J. A. Motyer, *Isaiah*, TOTC (Downers Grove: InterVarsity, 1999), 204.

에서부터 영을 우리에게 부어 주실 때까지(히. '아드'/until)" 지속될 것이다(32:15).[19] 그런 후, 그날에 임할 복들이 묘사된다(사 32:15-20). 그 왕의 통치와 부어주신 성령으로 인한 복의 묘사는 매우 광범위하여 그것을 가장 간단하게 말하면 종말론적 복으로 이해될 수 있다(사 32:15-20). 차일즈(Childs)가 서술한 대로, "결과적으로 자연계와 인간사회가 모두 변혁되는 새로운 시대가 임하고 있다."[20]

우리는 여호와께서 그의 성령을 자기 백성들 가운데 두시는 에스겔 36:27의 종말론적 문맥에 대하여 제3장에서 이미 논한 바 있다. 그것과 유사한 방식으로 에스겔 39:28-29은 하나님의 백성의 종말론적 재집결과 주의 성령의 부어주심에 대해 말하고 있다. 그리고 이 두 약속들 사이에는 성령의 부어주심이 있을 때 "내 종 다윗이 그들의 왕이 되리니 그들 모두에게 한 목자가 있을 것이라"는 또 하나의 약속이 주어진다(겔 37:24). 이처럼 우리는 영광스러운 미래, 다윗 자손으로 오시는 왕, 그리고 성령의 부어주심에 대한 이 세 가지 주제가 에스겔서에도 동일하게 묘사됨을 볼 수 있다.

요엘 3:1-2의 종말론적 부어주심(영역 및 한역. 2:28-29)은 "그 후에"(욜 3:1 [한글성경으로는 2:28])라는 막연한 미래를 배경으로 한다. 한편, 스가랴 12:10에 약속된 성령(개역개정. '은총과 간구하는 심령')의 부어주심은 예루살렘을 대적하는 이방 나라들의 멸망에 뒤이어 일어나고(슥 12:9), 이때 성령을 받은 자들은 "그들이 그 찌른 바 '나

---

19 참고. F. Delitzsch, *Isaiah*, trans. J. Martin, vol. 7 of Commentary on the Old Testament(Edinburg: T&T Clark, 1866-91; reprint, Peabody, MA: Hendrickson, 2001), 334.

20 Childs, *Isaiah*, 241.

를'['Me'. 개역개정. '그를'] 바라보고 '나를'['Me'. 개역개정. '그를'] 위하여 애통하기를 독자를 위하여 애통하듯 하며 … 통곡하듯 하리로다"라고 묘사된다(슥 12:10).

지금까지 각 본문은 성령의 부어주심을 미래에 일어날 사건으로 간주하며, 그 가운데 다수는 메시아적 요소들을 포함한다. 여기서 논의되는 본문들은 단지 구약의 메시아 예언들만은 아니며, 관련 본문들이 선별된 이유는 각각 성령, 메시아, 다가올 미래를 모두 다루고 있기 때문이다.[21] 그러한 본문들에서 아돌프 슐래터(Adolf Schlatter)는 다음과 같이 결론 내린다: "예언적 선포들은 그리스도를 단순히 하나님의 성령의 담지자로만 묘사하지 않는다; 이러한 본문들은 그의 영으로 충만해진 마지막 때의 공동체를 투영한다."[22]

종말을 불러오시는 여호와의 영으로 기름부음 받은 자에 대한 이 예언들은 당시 백성들에게 결코 명백한 그림으로 제시되지 않았다(참고. 사 6:9-10; 8:16-18). 구약 선지자들이 선포한 예언의 그런 부분적으로만 드러나는 신비스러운 특징을 감안하면, 우리는 그러한 선포들에 근거해서 제기된 여러 다양한 기대와 예견들에 대해 의아해할 이유가 없는 것이다. 예수께서 자신의 사도들로 택하신 제자들마저 장차 하나님께서 행하실 일에 대한 완전한 그림을 짜 맞추지 못했다(막 8:31-10:45). 다음 단락에서 우리는 어떤 획일적인

---

21 이사야가 그분에 대해 예견하고 있는 만큼, 메시아와 관하여 훨씬 더 많은 것이 언급될 수 있다(참고, 예. 사 33장, 42장, 53장). 또한 우리는 렘 31장, 겔 36-37장, 욜 3:1-5(2:28-32) 같은 본문에서 다가올 시대의 성령의 역할이 감지되고 있음에 주목해야 할 것이다.

22 A. Schlatter, *The History of the Christ*, trans. A. J. Köstenberger (Grand Rapids: Baker, 1997 [1923]), 58.

메시아 소망이 아닌, 보편적인 메시아 소망에 대해 제시해 보이고자 한다.

동시대의 대망

우리가 앞 단락에 서술된 본문들을 통해 이미 보았듯이, 말씀이 육신이 되어 그들 가운데 거하셨던 그 시대는(요 1:14) 종교적으로도 메시아에 대한 희망이 무르익던 상황이었다.[23] 이 단락에서는 우리가 상기에 논급했던 주제들을 반영하는 동시대의 대망을 강조하고자 한다. 그것은 곧 마지막 때에 나타나실 하나님의 성령으로 기름 부음 받은 메시아인 것이다.[24] 이 조사에서 우리는 위경(또는 위서, Pseudepigrapha), 쿰란 사본, 그리고 신약 성경에 나타난 관련 본문들을 간략하게 살펴볼 것이다.

이 세 개의 문서들을 표본으로 채택한 이유는 이러한 문서들이 당시의 종교적 견해를 폭넓게 대변하고 있기 때문이다. 위서의 경우, 그것은 일부, 혹은 상당수의 종교적 유대인들이 구약성서를 읽

---

23 참고. 예. M. De Jonge, "Jewish Expectations about the 'Messiah' according to the Fourth Gospel," *NTS* 19 (1972-73): 246-70; Hurtado, "Christ," 107. 대조. E. P. Sanders, *Judaism: Practice and Belief 63 BCE – 66 CE* (Philadelphia: Trinity, 1992), 295.

24 1세기 유대교의 메시아 대망과 관련하여 추가로 다음 문헌을 보라. J. Neusner, W. S. Green, and E. Frerichs, *Judaisms and Their Messiahs at the Turn of the Christian Era* (Cambridge: University Press, 1987); E. Schürer, *The History of the Jewish People in the Age of Jesus Christ* (175 B.C.-A.D. 135), 3 vols. in 4, rev. and ed. by G. Vermes, F. Millar, and M. Black (Edinburgh: T. & T. Clark, 1979), 2:488-554.

었던 방식을 반영한다. 쿰란 문서의 경우, 그것은 마지막 날에 대한 기대 속에 자신들 스스로 분리주의를 택했던 보수적인 유대인 종파에 의한 구약의 해석을 반영한다.[25] 그리고 신약 성경은 구약에 기초한 자신들의 메시아 소망이 나사렛 예수를 통해 실현되었다고 믿었던 그리스도인 공동체가 낳은 증언이다. 몇몇 본문들, 특히 사도행전 서두에서 그리스도인들은 당시 보편적이던 메시아 대망에 의거해 예수가 바로 그 메시아임을 자신들의 동시대인들에게 설득하고자 했던 것으로 보인다.

위경의 증거. 솔로몬의 시편(Psalm of Solomon) 17장은 예견되는 메시아에 대한 찬송시로,[26] 구약의 이사야 11:2의 약속에 기초한 성령 충만한 통치자에 대한 당대의 희망을 반영한다. 이 시는 메시아를 지칭해, "죄에서 자유하고"(17:36), "하나님이 성령의 능력이 그 안에 일하시는"(17:37), "다윗의 자손"(17:21)으로 그를 규명한다.[27] "그 시대에 태어난 자들"을 향해 선포되는 축복은(17:44) 그 바라는 바가 결국 종말론적 소망임을 암시한다. 따라서 우리가 이사야서에서 읽을 수 있는 세 가지 요소들 – 메시아, 성령, 마지막 날 – 이 솔로몬의 시편 17장에도 전부 제시되어 있다.[28]

---

25 참고. F. Garcia-Martínez, "Introduction" to *The Dead Sea Scrolls Translated: The Qumran Texts in English*, 2d ed. trans. by W. G. E. Watson (Grand Rapids: Eerdmans, 1996), liv.

26 참고. J. R. Levison, *The Spirit in First Century Judaism*, Arbeiten zur Geschichte des antiken Judentums und des Urchristentums 29 (New York: Brill, 1997), 143.

27 위경 번역의 출처: *OTP*.

28 또한 참고. *Ps. Sol.* 18:7; *Jub.* 1:23; *1 En.* 49:2-3; 52:4; *T. Jud.* 24:1-3; *T. Levi* 18:7,11. 이 텍스트들에 대한 논의는 다음 문헌을 보라: Introductions in *OTP* 및 G. W. E. Nickelsburg, "The Bible Rewritten and Expanded," in *Jewish Writings of the Second Temple Period*, ed. M. E. Stone, CRINT 2.2 (Philadelphia:

쿰란 사본의 증거. 다양한 문헌들 가운데 반영되는 기대들 간에 비록 일부 불연속성이 존재하지만, 쿰란 문서에도 메시아에 대한 소망과 마지막의 때가 가까이 왔다는 것과 하나님의 영의 부어주심이 예견된다는 증언들이 존재한다.

쿰란 공동체는 그들 스스로를 마지막 때를 살아가는 자들이라고 생각했다(참고. "다마스쿠스 문서"[The Damascus Document]). 그들은 자신들의 동시대를 "마지막 세대"(CD 1:12) 또는 "악의 시대/때"(CD 6:10,14; 12:23; 15:7)로 묘사했다.[29] 이 공동체가 사막으로 은둔했던 이유들 가운데 하나는 "죄악의 사람들의 거주지에서 분리되어, 그분의 길을 열기 위해 광야로 걷고자 하는 열망이었다. 기록되었으니: '광야에서, ****의 길을 예비하라, 대초원에서 우리 하나님을 위한 길을 곧게 하라'"(1QS 8:13-14; 사 40:3 인용).[30] "진리의 영"에 의해 실현되는 하나님으로부터 임하는 정화에 대한 기대는 1QS 4:20-22에서 찾을 수 있다. 또한 1QS 9:11에는 메시아에 대한 소망이 반영되고 있다(그들은 두 명의 메시아와 아마도 한 명의 선지자를 기대했던 것으로 보인다).[31] 이 문헌들 사이에 일부 다양한 변형들이 존재하는 것은 분명하지만, 구약의 예언들이 메시아의 출현과 더 나

Fortress, 1984), 89-156.

29 D. Dimant, "Qumran Sectarian Literature," in *Jewish Writings of the Second Temple Period*, 493.

30 번역 출처: Garcia-Martínez (별표는 원본에 따라, 신성한 이름을 상징). 참고. Dimant, "Qumran Sectarian Literature," 498.

31 쿰란의 메시아 대망에 대한 논의는 다음을 참고하라. J. J. Collins, *The Scepter and the Star: The Messiahs of the Dead Sea Scrolls and Other Ancient Literature*, Anchor Bible Reference Library (New York: Doubleday, 1995). 또한 참고. Skarsaune, *In the Shadow of the Temple*, 115.

은 시대의 도래에 대한 기대를 창출해낸 것 또한 명백한 사실로 보인다.[32]

신약 성경의 증거. 오순절 날, 베드로는 자신의 청중들을 향해, "이 예수를 하나님이 주와 그리스도가 되게 하셨느니라"(행 2:36)고 설득했다. 누가는 베드로가 부활하신 예수를 이스라엘에 주어졌던 고대의 약속들과 여러 방식으로 관련지어 설명하고 있음을 기록한다: 마침내 말세(마지막 때)가 시작됐다(행 2:17); 나사렛 예수는 "하나님께서 … 증언하셨던" 사람이다(2:22); 이 예수는 "약속하신 성령을 아버지께로부터 받았다"(2:33); 그러므로 이제 회개하고 예수를 믿는 모든 자들에게 메시아이신 그를 통해 성령이 선물로 주어지게 되었다(2:38). 또 다른 장면에서 베드로는, "하나님이 나사렛 예수에게 성령과 능력을 기름 붓듯 하셨다"라고 말한다(10:38). 따라서 베드로는 당시 보편적이던 메시아 대망 사상에 기초하여 이같이 호소한 것이 분명해 보인다. 이것은 곧 성경에서 최초로, 이제 하나님의 백성이라면 누구나 하나님의 성령을 받을 수 있다고 선언되는 장면인 것이다(2:38). 이스라엘 고대 역사에서는 특별한 개인들만 성령을 선물로 받았다(예. 여호수아, 민 27:18). 하지만 구약 시대에 한 개인이 성령을 받았던 경우, 그 사람은 정확히 그 성령으로

---

32 이 주제들 및 쿰란 사본과 관련해서는 다음을 보라. A. A. Anderson, "The Use of 'Ruah' in 1QS, 1QH and 1QM," *JSS* 7 (1962): 293-303; R. E. Brown, "The Qumran Scrolls and the Johannine Gospel and Epistles," *CBQ* 17 (1955): 403-19; L. Morris, "The Dead Sea Scrolls and St. John's Gospel," in *Studies in the Fourth Gospel* (1969), 321-58; C. M. Pate, *Communities of the Last Days*(Downers Grove: InterVarsity, 2000), esp. chap. 4, "Messianism in the DSS & in the NT," 107-32; J. Pryke, "'Spirit' and 'Flesh' in the Qumran Documents and Some New Testament Texts," *RevQ* 5 (1965-66): 345-60.

말미암아 하나님의 백성 가운데서 어떤 식으로든 예외적인 특별한 인물로 특징되어야 했다.³³ 이처럼 성령의 부으심은 구약에서 이미 예고된 사건이었으나(예. 겔 36:26-27), 회개하고 예수의 이름으로 세례를 받는 사람은 누구든 성령의 선물을 받는다는 선언은 이전까지 단 한 번도 없었다.

지금까지 구약 성경, 1세기 유대 문헌, 그리고 신약 성경의 논의를 통해, 우리는 이 장에서 제기한 주장의 첫 번째 전제에 대해 검토했다. 구약은 종말론적, 성령의 기름부음 받은 메시아를 대망했으며, 그 오실 메시아를 통해 도래할 새로운 시대의 더 깊은 성령 체험을 고대했다.

요한복음의 예수

이 단락은 구약의 종말론적 메시아 대망의 성취로서 요한복음이 제시하고 있는 예수 그리스도의 초상에 중점을 둘 것이다(참고. 요 20:31).³⁴ 사도 요한은 예수를 (1) 성령으로 기름부음 받는, (2) 성령의 능력으로 말씀하는, 그리고 (3) 종말의 시대를 여는 분으로 묘사

---

33 참고. 제3장의 이 결론에 대한 논증을 보라.
34 카슨은 이 복음서의 목적과 관련하여 요 20:31의 중요성에 대해 설득력 있는 어조로 거듭 확인한다. 그러나 해당 문구가 "그 메시아는 예수다"로 번역되어야 한다는 그의 구문론적 주장은 가능하긴 하지만 꼭 수용될만한 것은 아니다("The Purpose of the Fourth Gospel: John 20:31 Reconsidered," *JBL* 106 [1987]: 639-51). 참고. the discussion in D. B. Wallace, *Greek Grammar beyond the Basics* (Grand Rapids: Zondervan, 1996), 46-47. 또한 참고. D. A. Carson, "Syntactical and Text-Critical Observations on John 20:30-31: One More Round on the Purpose of the Fourth Gospel," *JBL* 124 (2005): 693-714.

한다.³⁵ 이 단락에서는 특히 성령을 소유하신 자로서 메시아의 역할에 대해 강조하고자 한다.

성령의 기름부음 받은 메시아

사복음서 모두 성령이 비둘기 같이 예수께 내려오셨다고 기록한다 (마 3:16; 막 1:10; 눅 3:22).³⁶ 공관복음서는 이 사건을 예수께서 세례자 요한에게 세례를 받으신 직후 일어난 것으로 서술한다. 네 번째 복음서, 즉 요한복음은 예수께서 세례 받으시는 모습을 상세히 기술하지 않지만, 예수에 관한 세례자 요한의 증언의 일환으로 그에게 성령이 비둘기 같이 내려오신 것을 묘사한다(요 1:32). 세례자 요한은 성령 강림의 장면을 목격했고 자신이 본 그것에 대해 장엄하게 증언했다(참고. 요 1:32-34).³⁷ 그러나 이 논의에서 가장 중요한 요소는 요한이 무엇을 보았고 그가 무엇을 선포했는가에 있다.

세례자 요한은 성령이 하늘에서 "내려오시고" 예수의 위에 "머무

---

35 여기서 우리는 요한이 메시아를 제시하는 방식이 그 시대의 다른 사람들이 기대했던 것과 어느 정도 일치하는지에 초점을 두고 있지만, 요한이 여러 가지 면에서 예수를 메시아에 대한 재정의로 제시하고 있다는 사실에도 주목해야 한다. 관련 요약 참고. Hurtado, "Christ," 114-15.

36 버나드(J. H. Bernard)는 "셈족 사람들에게 비둘기는 성령의 상징으로 간주되었다"고 설명한다. 또한 그는 아 2:12의 "비둘기의 소리"는 "성령의 음성"으로 해석되며, "유대 학자들"은 창 1:2의 운행하시는 성령을 비둘기에 비교한다고 보도한다(*The Gospel according to St. John*, 2 vols., ICC [Edinburgh: T & T Clark, 1928], 49). 아쉽게도 버나드는 자신의 출처를 언급하지는 않는다. 참고. Carson, *John*, 153.

37 경험된 것에 기초한 증언은 요한에게 중요한 의미를 갖는다. 참고. 요 1:34; 3:11,32; 요일 1:2. 세례 요한의 증언과 관련하여 다음 문헌을 보라. J. M. Boice, *Witness and Revelation in the Gospel of John*(Grand Rapids: Zondervan, 1970), 80-88.

르심"을 자신이 보았다고 선언한다(요 1:32).³⁸ 이것은 요한을 보내어 물로 세례를 베풀라 하신 분께서 주신 신호였고, 그리하여 세례자 요한은 이 사람이, "곧 성령으로 세례를 베푸실 자"임을 확신할 수 있었다(요 1:33). 성령은 요한이 증언하는 그 메시아가 누구인지를 식별해 주는 결정적인 표시였다. 성령이 아니었다면 그는 알려질 수 없었을 것이다(1:31,33).³⁹

성령은 단지 예수께 내려오셨을 뿐 아니라 그의 위에 머무르셨다(요 1:32-33에 헬라어 동사 '메노'가 세 차례 사용된 것에 주목하라). 이 구절과 예수께서 성령을 "한량없이" 가지신다고 진술하는 요한복음 3:34에서, 복음서 기자는 메시아 예수께서 성령을 소유하시는 독특한 방식에 대해 강조하고 있다.⁴⁰ 예전에는 특별한 임무와 관련된 특정 인물들에게 성령이 임하셨지만, 성령이 그들 위에 지속해서 거하지는 않으셨다(참고. 제3장의 논의).⁴¹

세례자 요한은, "내가 보고 그가 하나님의 아들이심을 증언하

---

38 참고. F. J. Moloney, *The Gospel of John*, SP 4 (Collegeville, MN: Liturgical Press, 1998), 53.

39 참고. Barrett, *John*, 178; Bouman, "The Baptism of Christ with Special Reference to the Gift of the Spirit," 2; G. M. Burge, *The Anointed Community* (Grand Rapids: Eerdmans, 1987), 51–58; R. Bultmann, *The Gospel of John*, trans. G. R. Beasley-Murray (Philadelphia: Westminster, 1971), 92; D. A. Carson, The Gospel According to John, PNTC (Grand Rapids: Eerdmans, 1991), 151; R. Schnackenburg, *The Gospel according to St. John*, 3 vols., trans. K. Smith (New York: Crossroad, 1968, 1979, 1982), 1:303–4.

40 참고. G. R. Beasley-Murray, *John*, 2nd ed., WBC (Nashville: Nelson, 1999), 25.

41 참고. Burge, *Anointed Community*, 55; id., John, NIVAC (Grand Rapids: Zondervan, 2000), 74; Carson, *John*, 151–52; Schnackenburg, *John*, 1:303–4; B. F. Westcott, *The Gospel According to St. John*, 2 vols. (London: John Murray, 1908), 1:44. Against Barrett, John, 178.

였노라"고 진술한다(요 1:34; 참고. 삼하 7:14).[42] 여기서 "하나님의 아들"은 "성령으로 세례를 베푸는 이"와 대등한 표현으로 보인다(요 1:33).[43] 이 두 칭호는 하나님의 백성이 고대해온 메시아로서 예수를 제시하는 것에 있어서 문맥상 서로 잘 어울린다(41절의 "메시아"; 49절의 "이스라엘의 임금").[44] 성령이 예수 위로 내려오셨을 때 메시아로서의 그의 기름부으심이 행해졌다(1:32-34).[45] 성령의 기름부음 받은 메시아로서 예수는 또한 성령으로 세례를 베푸실 것이며(1:33), 그의 백성에게 성령으로 사역을 행하실 것이다.[46] 기름부음 받은 메시아의 출현과 하나님의 백성에 대한 성령의 부어주심은 그 자체로 종말론적 실체이기 때문에, 이러한 현상의 도래는 "그 약속된 시대가 동트고 있음"을 의미하는 것이다.[47] 바레트(C. K. Barrett)는, "예

---

42 만약 "택함받은 자"('Chosen One'/ἐκλεκτός)가 원문의 독법이라면(NET영역본의 결론처럼), 여기서 주장하는 요점은 바뀌지 않는다.

43 다음 평행 구절에 주목하라:
οὗτός ἐστιν ὁ βαπτίζων ἐν πνεύματι ἁγίῳ(1:33)
("이는 성령으로 세례 베푸는 그분이다");
οὗτός ἐστιν ὁ υἱός τοῦ θεοῦ(1:34)
("이는 하나님의 아들이시다").

44 In the first chapter of John Jesus is called the 로고스(1:1,14), 하나님(1:1), 참빛(1:9), 주(1:23), 하나님의 어린양(1:29,36), 성령으로 세례 베푸시는 이(1:33), 하나님의 아들(1:34,49), 메시아(1:41), 그리스도(1:41), 선지자들과 함께 모세가 율법에 기록한 그 이(1:45), 랍비(1:49), 이스라엘의 왕(1:49), 그리고 예수는 자신을 스스로 인자(사람의 아들)라 칭한다(1:51). 참고. S. Van Tilborg, *Reading John in Ephesus*, NovTSup 83 (Leiden: Brill, 1996), 26; E. Haenchen, *John*, 2 vols., trans. R. W. Funk, Hermeneia (Philadelphia: Fortress, 1984), 1:154.

45 참고. Tertullian, *On Baptism* 7; 또한 참고. Skarsaune, *In the Shadow of the Temple*, 369; Westcott, *John*, 1:43.

46 참고. Bernard, *John*, 51; Brown, *John*, 66; Moloney, *John*, 53; Schnackenburg, *John*, 1:304; Westcott, *John*, 1:44-45.

47 Carson, *John*, 152. 또한 참고. S. S. Smalley, "'The Paraclete': Pneumatology in the Johannine Gospel and Apocalypse," in *Exploring the Gospel of John*, ed. R. A. Culpepper 및 C. C. Black (Louisville: Westminster John Knox,

수께서는 그가 성령을 수여할 수 있기 위해 성령을 소유하시며; 옛 시대로부터 새로운 시대를 특별히 구분 짓는 것이 바로 성령의 선물이다(참고. 26절 이하); 그것은 유대교나 혹은 심지어 요한[세례자]에게 속한 것이 아니다."[48] 복음서의 저자 요한은 나사렛 예수를 구약에 약속된 메시아로 제시하고 있다.[49]

성령의 권능을 입은 메시아

예수와 성령 사이의 독특한 관계에 대한 다음 암시는 요한복음 3:34에서 볼 수 있다: "하나님이 보내신 이는 하나님의 말씀을 하나니 이는 하나님이 성령을 한량없이 주심이니라." 이 구절과 관련해 일부는 하나님이 보내신 이(즉, 예수)가 하나님의 말씀을 선포하시는 가운데 성령을 주신다고 결론짓지만,[50] 이러한 해석은 예수의 위대하심을 강조하는 문맥의 정황상 개연성이 적어 보인다.[51] 세례자 요한은 자신은 그리스도가 아니며(3:28), 신랑도 아니라고 말한다(3:29). 또한 그는 예수가 반드시 흥하여야 하지만 자신은 반드시

1996), 290.
48 Barrett, *John*, 178.
49 비교. Burge, *John*, 74; Carson, *John*, 151.
50 W. F. Howard, *Christianity according to St. John* (London: Duckworth, 1943), 73; F. Porsch, *Pneuma und Wort* (Frankfurt: Knecht, 1974), 101–05; I. de la Potterie, "l'Esprit saint dans l'Evangile de Jean," *NTS* 18 (1971–72): 448–51.
51 참고. Beasley-Murray, *John*, 54; J. L. Kipp, "The Relationship between the Conceptions of 'Holy Spirit' and 'Risen Christ' in the Fourth Gospel" (Ph.D. diss., Princeton Theological Seminary, 1967), 144.

쇠하여야 한다고 말한다(3:30). 세례자의 증언인지 혹은 복음서 기자의 증언인지 확신할 수는 없으나,[52] 31-36절은 예수와 세례자 요한 사이의 비교 및 대조를 이어간다. 하늘에서 오신 이, 예수는 만물 위에 계시는 분이다. 예수는 자신이 보고 들은 것을 증언하고, 하나님의 말씀을 발하시며, 아버지의 사랑을 받으시는 분으로, "만물이 다 그의 손에" 주신 바 되었다. 32-33절은 예수의 증언을 거부하는 것 또는 받는 것의 중요한 의미와 관련되고, 34절은 예수의 증언을 받는 것이 왜 하나님이 참되시다는 것을 의미하는 지를 설명한다(요 3:33). 땅에서 난 자인 세례자 요한은 땅에 속한 것을 말하는 자이기 때문에(3:31) 하늘에서 그에게 주신 것만 받을 수 있지만(요 3:27), 예수는 하늘로부터 오신 이로서(3:31) 하나님은 그에게 성령을 한량없이 주신다(3:34). 요한복음 3:34에서 성령을 주시는 이는 예수가 아니라 하나님 자신이며,[53] 이것은 3:35과도 조화를 이룬다 – "아버지께서 아들을 사랑하사 만물을 다 그의 손에 주셨으니."[54] 이 본문 전체에서 하나님은 수여하시는 분으로 제시된다.[55]

---

52 바레트는 세례 요한이 계속해서 말하고 있는 것으로 여긴다(John, 224). 브라운은 예수께서 말씀하시는 것으로 생각한다(John, 160). 버나드는 복음서 기자가 논급하는 것으로 여긴다(John, 123); 또한 참고. Beasley-Murray, John, 53; C. L. Blomberg, The Historical Reliability of John's Gospel (Downers Grove: InterVarsity, 2001), 97; F. F. Bruce, The Gospel of John (Grand Rapids: Eerdmans, 1983), 96.

53 아마도 이 논증의 강점 때문에 포르쉬(Porsch)는 요 3:34에서 성령을 주시는 이는 하나님이 아니라 예수임을 주장하려는 시도 속에 요 3:12 뒤에 요 3:31-36를 배치하며 본문을 재배열하는 것으로 보인다(Pneuma und Wort, 101-05). 이 페리코프(pericope)가 그 본문에 속한 것인지 암시하는 사본적 증거는 없다.

54 참고. Bernard, John, 125; Burge, Anointed Community, 83-84.

55 참고. Barrett, John, 226; Bernard, John, 125; Carson, John, 213; H. N. Ridderbos, The Gospel according to John, trans. J. Vriend (Grand Rapids: Eerdmans, 1997), 150; Schnackenburg, John, 1:387. 참고. Burge, Anointed

예수는 성령이 그 위에 머무르는 메시아이시다(요 1:32-34). 예수는 성령의 기름부음을 받으실 뿐 아니라, 그는 성령을 충만히 소유하시기 때문에 하나님의 말씀을 선포하기 위한 권능을 덧입는다(3:34). 예수 위에 머무르시는 성령에 대한 강조로 의도된 일종의 대조가 아마도 내포해 있는 것처럼(1:32-33), 이 본문에는 또한 예수께 주어지는 성령의 한량없으심에 비해 과거에 성령을 "부분"[일부/몫, portions]적으로만 받았던 자들에 관한 대조가 함의되었을 가능성이 있다(비교. 왕하 2:9, 엘리사는 자신이 엘리야의 '영'[개역개정. '성령이 하시는 역사']을 "갑절"[double portion]로 받기를 원하고 있다).[56]

또한 요한 문헌에는 예수께서 성령을 소유하시는 방식과 신자들이 성령을 소유하는 방식 간의 일종의 대조가 함의되어 있을 수 있다. 요한복음 3:34에 따르면, "하나님이 보내신 이는 하나님의 말씀을 하나니 '이는 하나님이 성령을 한량없이 주심이니라'(헬. '우 가르 에크 메트루 디도신 토 프뉴마')." 예수께서 성령을 한량없이 소유하시는 것에 비해, 요한일서 4:13은, "'그의 성령을 우리에게 주시므로'(헬. '호티 에크 투 프뉴마토스 아우투 데도켄 헤민') 우리가 그 안에 거하고 그가 우리 안에 거하시는 줄을 아느니라"라고 선언한다(비교. 요일 3:24). 이처럼 신자들과는 다르게, 예수는 성령을 무한히 보유하시는데 이는, "위로부터 오시는 이는 만물 위에 계시고 … 하늘

Community, 81-84.
56 또한 참고. 미드라쉬(Midrash Rabbah) 레 15:2, "랍비 아하(Rabbi Aha)는, '성령이 선지자들에게 한정되게 임했다'고 말한다." 참고. G. Vos, *Biblical Theology: Old and New Testaments* (Eerdmans, 1948; reprint, Edinburgh: Banner of Truth Trust, 1996), 321; Carson, *John*, 213; Brown, *John*, 158; Schnackenburg, *John*, 1:386.

로부터 오시는 이는 만물 위에" 계시기 때문이다(요 3:31).

예수께서 성령을 소유하신다는 개념은 '그가 곧 구약의 대망을 성취하시는 메시아시다'라는 요한의 주장에서 매우 중요한 기능을 갖는다.[57] 구약은 성령 - 충만한 메시아가 여시는 마지막 날, 성령 시대의 개막을 예고했다. 요한복음은 예수를 그의 백성에게 성령을 수여하실 성령 - 충만한 메시아로 제시한다(요 1:33). 이 결론에 따른 타당한 추론은, 마지막 때에 성령을 부어주실 메시아가 출현할 때까지 하나님의 백성들은 내주하시는 성령의 종말론적 복을 경험하지 않는다는 것이다.

---

57 다른 관련 본문은 요 6:63; 19:30[?]; 20:22. 요 20:22와 관련하여 본서의 제4장, 행 2장과 요 20:22에 대한 논의를 보라. 요 19:30에 대해 버지(Burge)는, "그리스어 문헌 어디에도 παραδίδωμι τό πνεῦμα가 죽음에 대한 묘사로 사용된 곳은 없다"고 주장한다(*Anointed Community*, 134; also id., *John*, 529). 이러한 주장은 여러 학술 문헌들 사이에 두루 퍼지고 있다. 참고. C. Bennema ("The Giving of the Spirit in John's Gospel-A New Proposal?" *EvQ* 74 [2002]: 200). 그는 버지를 인용한다. 한편 버지는 F. Porsch (*Pneuma und Wort*, 328)를 인용하고, 또한 포르쉬는 I. de la Potterie (Passio et Mors Christi: Jo 18-19 [Rome: Pontifical Biblical Institute, 1964-65], 129)를 인용한다. 그러한 포괄적 진술("그리스어 문헌 어디에도… 없다")이 증명 불가하다는 사실 외에, 버나드는 다음과 같이 언급한다: "2세기의 '요한 행전'[Acts of John] (§ 115)에 παρέδωκεν τό πνεῦμα는 요한 자신의 죽음을 묘사하는 데 사용되었다"(*John*, 641). 비록 요한보다 후대이지만, 이 기록의 존재는 이러한 진술이 그리스어 문헌 어디에도 없다는 주장을 논박한다(상기 언급된 어떤 저자도 이 주장을 유효하게 하지 않는다). 그리고 요한 행전에 이 문구의 사용은, 비록 그것이 생소한 것일 수는 있지만, 2세기에 그것이 죽음을 지칭한 것으로 이해되었음을 보여준다(또한 참고. '베드로와 바울 행전'[Acts of Peter and Paul] § 83). 또한 쾨스텐베르거(A. J. Köstenberger)의 지적대로, "동일한 동사가 사 53:12에서 고난 받는 종의 죽음을 묘사하는 데 사용된다: '그의 영혼이 넘겨졌다[παρεδόθη] 죽음으로 … 그리고 그는 넘겨졌다[παρεδόθη] 그들의 죄 때문에'"(*John*, in vol. 2 of *Zondervan Illustrated Bible Backgrounds Commentary*, ed. C. E. Arnold [Grand Rapids: Zondervan, 2002], 179). 요 10:17에서 그렇게 하실 것을 말씀하셨듯이, 요한은 예수께서 자신의 목숨을 자발적으로 내려놓으심을 표현하고 있다. 눅 23:46 또한 유사하다(πάτερ, εἰς χεῖράς σου παρατίθεμαι τό πνεῦμά μου, "아버지여, 당신의 손에 나의 영혼을 의탁하나이다").

다가올 시대의 도래

이 단락의 목적은 요한이 예수로부터 배웠던 것에 기초해, 메시아의 출현을 통해 이미 도래한 종말론적 시대에 관해 요한이 믿었던 내용을 탐구해 보는 데 있다.[58] 요한복음의 몇몇 장면들을 보면, 예수께서 사역하신 기간에 그 다가올 시대의 도래가 이미 시작된 것이 분명해 보인다(예. 요 4:23; 5:24-25; 6:47; 17:3). 첫째, 예수께서는 예배 장소에 관한 사마리아 여인의 질문에 대한 답변으로,[59] "아버지께 참되게 예배하는 자들은 영과 진리로 예배할 때가 오나니 '곧 이 때라' 아버지께서는 자기에게 이렇게 예배하는 자들을 찾으시느니라"(요 4:23)고 선언하신다. 즉, 이것은 예수께서 오신 하나의 결과로 현실에서 어떤 본질적인 변화가 일어났음을 암시한다. 메시아 예수의 나타나심으로 인하여 구원-역사 속에 중대한 과도기적 전환이 시작된 것이다.

---

58 요한복음의 "실현된 종말론"의 개념은 상당 부분 논의된 바 있다. 불트만(R. Bultmann)은 일부를 미래의 것으로 두는 진술들을 후대의 편집으로 보는 경향이 있다 (*Theology of the New Testament*, 2 vols., trans. by K. Grobel [New York: Scribner's, 1951, 1955], 2:39). 그러나 많은 학자들은 "실현된 종말론"과 "일관된 종말론"이 모두 요한문헌과 성경 전체의 흐름임을 옳게 인정한다. 참고. Ladd, *Theology*, 268, 334-44; Burge, *Anointed Community*, 114-16; Smalley, *John*, 265-70. 라이마루스(Reimarus) 이후 해당 논의의 역사에 대한 참고. J. Frey, *Die johanneische Eschatologie: Ihre Probleme im Spiegel der Forschung seit Reimarus*, Band 1, WUNT 96 (Tübingen: Mohr Siebeck, 1997).

59 그녀의 질문은 예수께서 사마리아인의 예배 전통과 반대로, 유대인의 예배 전통을 긍정하신 것에 대한 반응이었다(요 4:22). 아마도 요 4:22의 ἡμεῖς는 예수와 그의 제자들이 아니라, 사마리아인들과 대조되는 유대인들을 지칭할 것이다. 이 발화의 토대는 "왜냐하면 구원은 이제 나를 통해 오기 때문이다"(요 14:6에서처럼)가 아니라, "왜냐하면 구원은 유대인들의 것이기 때문이다"의 문구에 있다(4:22; 비교. 1:17).

요한복음 4:23의 중요한 의의는 예수께서 유형적으로 실재하는 장소들, 그리심 산과 예루살렘에서의 예배를 영과 진리의 영역에서 일어나는 예배와 대조하시는 부분에 있다.[60] 이제는 그 옛 방식으로 예배하던 시대가 중지되었고, 새로운 방식의 예배로 언급하신 시대가 찾아왔다. 이 현재는 미래의 요소를 분명히 포함하지만, 여전히 더 임해야 할 것이 존재한다. 이와 관련하여 카슨(D. A. Carson)의 설명을 소개하는 것이 특히 도움이 될 것이다:

> 성부 하나님을 '영과 진리로' 예배한다는 것은 특정 거룩한 장소와의 필수적 관련이 없는 예배 정도가 아니라 그것보다 훨씬 더 많은 것을 함의하고 있음이 분명하다(최소한 그런 의미이기는 하지만). 선지자들은 물이 바다 덮음 같이 주 여호와를 아는 지식이 온 땅에 충만해지는 그날, 예배가 더 이상 단일한 중앙 성소에 초점을 두게 되지 않을 그때에 관해 예고했다. 요한계시록의 묵시는 완성된 하나님나라, 새 예루살렘에 대한 환상으로 마치고 있으며 거기에는 성전을 찾아볼 수 없다. '이는 주 하나님 곧 전능하신 이와 및 어린양이 그 성전'이 되시기 때문이다(계 21:22). 이 환상에 대한 성취는 아직 그 완전한 형태로 이뤄지지 않았다. 그럼에도 불구하고 예수께서는 자신의 선교 사역을 통해 그날의 여명이 밝아오고 있음을 선언하신다.[61]

성령과 진리 안에서 드리는 예배에 관한 가르침에 앞서, 예수는

---

60 성령의 영역/범위에 대해서는 제4장의 논의를 보라.
61 Carson, *John*, 226. 또한 참고. Ladd, *Theology*, 341; H. Sasse, "αἰών, αἰώνος," in *TDNT*, 1:197-209, 특히 참고. 206-07.

사마리아 여인에게 자신이 제공할 수 있는 "하나님의 선물"과 "생수"(living water) 관하여 말씀하신다(요 4:10). "생수"와 "성령"을 함께 묶어서 언급하는 요한복음의 다른 유일한 본문은 7:37-39에서 볼 수 있다.[62] 예수께서는, " 누구든지 목마르거든 내게로 와서 마시라. 나를 믿는 자는 성경에 이름과 같이 그 배에서 생수의 강이 흘러나오리라"라고 선포하신다. 그리고 요한은 다음과 같은 해설을 덧붙인다: "이는 그를 믿는 자들이 받을 성령을 가리켜 말씀하신 것이라. 예수께서 아직 영광을 받지 않으셨으므로 성령이 아직 그들에게 계시지 아니하시더라[63]"(요 7:39).

그렇다면 "생수"에 관한 요한복음의 다른 유일한 언급인 요한복음 4:10-14의 말씀도 결국 "성령에 관하여" 말씀하신 것으로 해석될 가능성이 충분해 보인다.[64] 요한복음 4:23과 7:39 두 곳에서, "생수"를 언급하신 직후, 예수께서는 성령으로 특징되는 새로운 시

---

[62] Beasley-Murray, *John*, 60; T. L. Brodie, *The Gospel according to John* (New York: Oxford University Press, 1993), 318; Carson, *John*, 219; J. D. G. Dunn, "DwreaJ as the Gift of the Holy Spirit," in *The Christ and the Spirit: Pneumatology*, vol. 2 (Grand Rapids: Eerdmans, 1998 [원문. *ExpTim* 81 (1970): 349-51]), 207-09; L. Morris, *The Gospel according to John*, rev. ed., NICNT (Grand Rapids: Eerdmans, 1995), 230-31; R. Hoeferkamp, "The Holy Spirit in the Fourth Gospel from the Viewpoint of Christ's Glorification," *CTM* 33 (1962): 526.

[63] 다양한 사본에서(B *pc* e q sy^h**) 입증되는 δεδομενον의 추가는 아마도 부차적인 상술일 것이다. 그러나 해당 어구가 성령의 수납(λαμβάνειν)이 아직 일어나지 않은 이유를 설명하고 있기 때문에, 그 첨가어는 본문의 의미를 포착한다(참고. B. M. Metzger, *A Textual Commentary on the Greek New Testament*, 2nd ed. [Stuttgart: Deutsche Bibelgesellschaft, 1994], 186). NRSV역의 성령이 존재하지 않음을 함의하는 식의 표현은 틀린 것이다("as yet there was no Spirit"). 예수를 믿는 자들이 성령을 받게 될 새로운 시대의 도래가 시작되려고 한다. 그때 성령이 주어질 것이다(참고. 요 20:22). 참고. Schlatter, *History of the Christ*, 58.

[64] 그러나 참고. Wai-Yee Ng, *Water Symbolism in John*, Studies in Biblical Literature 15 (New York: Peter Lang, 2001), 141.

대를 거론하신다. 이 두 구절을 함께 감안해서 읽는 것이 요한복음 7:38에서 야기되는 질문, 즉 생수의 강이 흘러나오는 그 "배"가 예수의 혹은 신자들의 '배'를 지칭한 것인지에 대한 질문에도 안목을 제시해 줄 수 있다.[65] 여기서 요한은 어쩌면 의도적으로 애매한 표현을 사용한 것인지도 모른다. 그렇게 독자들로 하여금 예수와 신자들 모두에게서 그 생수가 흘러나오는 것으로 이해하게 의도한 것일 수 있다. 이러한 해석은 예수께서 사마리아 여인에게 하신 말씀에 관한 요한의 기사를 통해 정당화될 수 있는 것처럼 보인다. 요한복음 4:10에서 예수는 그 생수의 명백한 근원이 되시며, 또 한편 4:14에서 그는 "내가 주는 물을 마시는 자는 영원히 목마르지 아니하리니 내가 주는 물은 그 속에서 영생하도록 솟아나는 샘물이 되리라"고 말씀하신다. 따라서 요한복음 7:38에도, 그 생수의 강의 근원은 예수이지만 그로 말미암아 신자들에게서도 그 물이 흘러나오는 것으로 이해될 수 있다는 것이다.[66]

이 두 본문들 사이에는 일종의 잠재적 긴장이 있는 것처럼 보인

---

65 이 구절에 어떻게 구두점을 찍어야하는지, 인용이 어디에서 왔는지, 그리고 그 물이 누구의 배에서 흘러나오는 것인지에 대한 논쟁은 주석들과 함께 다음 문헌을 참고하라. Burge, *Anointed Community*, 88–93; J. B. Cortés, "Yet Another Look at Jn 7,37–38," CBQ 29 (1967): 75–86; S. H. Hooke, "The Spirit Was Not Yet (Jn 7:39)," *NTS* 9 (1963): 372–80; J. Marcus, "Rivers of Living Water from Jesus' Belly (John 7:38)," *JBL* 117 (1998): 328–30; M. J. J. Menken, "The Origin of the Old Testament Quotation in John 7:38," *NovT* 38 (1996): 160–75.

66 또한 참고. Cortés, "Yet Another Look," 86. Against Menken, "Origin," 165. 비교. Brodie, *John*, 318–19; M. L. Coloe, *God Dwells with Us* (Collegeville, MN: Liturgical, 2001), 125–28; Z. Hodges, "Rivers of Living Water–John 7:37–39," *BSac* 136 (1979): 242; P. Hoskins, "Jesus as the Replacement of the Temple in the Gospel of John" (Ph.D. diss., Trinity Evangelical Divinity School, 2002), 240; R. J. McKelvey, *The New Temple*, Oxford Theological Monographs (Oxford: Oxford University Press, 1969), 80–81.

다. 요한복음 4:23에 따르면 "성령과 진리 안에서 예배"하는 그때는 이미 시작됐다. 반면 7:39에 따르면, "예수께서 아직 영광을 받지 않으셨으므로" 이때의 완성은 "아직 아닌" 것이다. 하지만 요한복음 4:23의 그 성취적 요소는 예수의 임재로 인해 창출된 것이기 때문에, 단지 표면상으로 그런 긴장이 있는 것처럼 보일 뿐이다.[67] 이 예수는 하나님의 선물을 수여하는 자로서(요 4:10), 그를 믿는 자들이 아직 받지 못한 오실 성령(7:39)을 주시는 분이다.[68] 예수 안에서 그 약속의 성취가 이미 시작되었다. 그러나 그것은 여전히 미래(요한복음 4장과 7장의 시점에서)에 있을 성령의 선물에 의해 완성될 것이다.[69] 예수 안에서 그 말씀이 곧 육신이 되었고(요 1:14) 이 사건은 예로부터 고대해 온 그날의 도래를 알리는 표지였다(4:23). 이제 물리적 장소로서 예배 중심지의 시대는 종결되었다.[70] 성령과 진리 안에서 드리는 새로운 예배의 시대가 이미 열렸다(4:23). 그러나 예수께서 영광을 받으시기 전까지, 그날의 더 위대하고 충만한 경험은 아직 더 기다려야만 했다(요 7:39).[71]

---

67 참고. G. T. Tew, "The Pneumatology of John as Seen in the Fourth Gospel" (Ph.D. diss., New Orleans Baptist Theological Seminary, 1993), 72; Barrett, *John*, 237; Coloe, *God Dwells with Us*, 104; Westcott, *John*, 158-59.

68 불트만은 "생수"(living water)를 예수께서 제공하는 지혜와 계시에 관련된 것으로 이해한다(*John*, 182-87). 브라운은 "생수"가 예수의 계시 그리고 성령 둘 다 의미할 수 있다고 주장한다(*John*, 179). 콜로이(Coloe)는 겔 47:1-12의 성전에서 흘러 나오는 물이 여기서 "물에 대한 주요 상징 배경"임을 주장한다(*God Dwells with Us*, 95, 그녀의 논의를 보라, 94-96).

69 참고. Beasley-Murray, *John*, 62; Coloe, *God Dwells with Us*, 104.

70 참고. W. G. Fowler, "The Influence of Ezekiel in the Fourth Gospel: Intertextuality and Interpretation" (Ph.D. diss., Golden Gate Baptist Theological Seminary, 1995), 135-36.

71 참고. Brodie, *John*, 223; Smalley, *John*, 168.

예수께서 사마리아 여인에게 언급하신 이제 종식된 그 시대는 (요 4:21-24) 하나님께서 '예루살렘 성전에서' 경배를 받으시던 시대였다(참고. 신 12:5; 시 84:10 [히브리어 성서. 84:11]).[72] 그 당시에 하나님의 성령은 각 신자들 개인에게 거하지 않으셨고, 오직 하나님이 그 이름을 두시기 위해 택하신 장소인 예루살렘 성전만이 그의 거처가 되었다.[73] 요한복음에서 예수는 성전을 대체하는 분이시며(2:18-21), 예루살렘에서 드리는 국지적 예배의 시대는 막을 내리게 되었다(4:21).[74] 이전에는 성전을 통해 중재되었던 복이 이제는 예수를 통해 시행된다(예. 요 4:10-14; 7:37-39). 그리고 예수께서 떠나신 후에는 새로운 성전 된 각 신자들 안에 하나님의 성령이 그들을 자신의 거처로 삼아 거하실 것이다(요 7:39; 14:17; 20:22; 비교. 고전 6:19; 참고. 본서 제6장).

성령이 아직 주어지지 아니하다

이 단락의 논의는 비단 이 챕터뿐 아니라 본 연구의 논지 전반에서 핵심적인 역할을 담당한다고 할 수 있다. 요한복음은 마지막 때의 성령에 관한 성경의 약속에 독특한 관점으로 공헌한다. 그것은 다름이 아니라, 메시아 시대에 기대되는 성령은 오직 예수께서 영광

---

72 옛 언약 아래 예루살렘에서 예배의 합법성에 대해서는 다음을 보라. S. Westerholm, "Temple," in *ISBE*, 4:764.
73 참고. Skarsaune, *In the Shadow of the Temple*, 44.
74 참고. Westerholm, "Temple," in *ISBE*, 4:775.

받으신 후에만 주어진다는 관점이다(요 7:39).[75] 가장 첫째로 확립되어야 하는 문제는 요한복음 7:39이 과연 성령의 내주하심을 전망하고 있는지에 관한 여부다.

요한복음 20:22에 따르면, 예수는 제자들에게 "숨을 내쉬며 이르시되 '성령을 받으라'(헬. '라베테')"고 하셨다.[76] 요한복음 7:39에서, "이는 그를 믿는 자들이 받을(헬. '람바네인') 성령을 가리켜 말씀하신 것이라"고 했을 때, 요한복음 20:22에 묘사된 제자들의 성령 '수납' 장면은 7:39에서 예견한 바로 그 사건임을 자연스럽게 결론 내릴 수 있다. 이러한 성령의 수납 기사는 요한복음의 다른 어느 곳에도 발견되지 않는다.

여기서 제기되는 질문은 요한복음 7:39에 언급된 성령의 수납이 사실상 '내주하시는' 성령의 수납을 지칭한 것인지 혹은 그렇지 않은지의 여부다. 요한복음 14:15-17에서 예수는 제자들에게, 세상은 능히 성령을 받지(헬. '라베인') 못하지만 성령은 제자들과 함께 거하시며 그들 안에 계실 것을 말씀하신다(14:17). 제자들과 세상 사이의 대조는 제자들이 능히 성령을 수납할 것임을 강조한다. 성령의 수납은 세상 마지막 날까지 그가 제자들 안에 거하시는 결과를 초래할 것이기 때문에, 요한복음 7:39에서 예견하는 성령의 수납은 14:17에 예수께서 약속하시는 그 사건을 지칭한다. 관련된 세 본문에서 동일한 헬라어 동사 '람바노'(받다/receive)가 모두 사용되고 있

---

75 참고. D. Hill, *Greek Words and Hebrew Meanings*, SNTSMS 5 (Cambridge: University Press, 1967), 287.

76 "그가 숨을 내쉬다"(He exhaled/(ἐμφυσάω)에 대한 논의는 다음 부록을 보라. Appendix 1, "The Use of *emphusao* in John 20:22."

다(요 7:39; 14:17; 20:22). 그런데 예수께서 성령이 "그들 안에" 거하실 것이라고 말씀하셨을 때 그것은 무슨 의미인가?

요한복음 2:18-21에 따르면 예수는 새로운 성전이 되신다. 그러나 그것이 전부가 아니다. 요한복음 7:37-38에서 예수는 성전 의례가 예표했던 것을 자신이 완성한다고 주장하신다. 몰로니(Moloney)는 다음과 같이 설명한다: "헌주 예식과 모세의 물 선물을 재현할 오실 메시아에 대한 약속으로 특징되는 유대 절기의 배경 속에서, 예수는 자신을 생수의 근원으로 제시하고 있다."[77] 예수께서 명절 마지막 날 곧 절기의 가장 큰 날에 서서, 누구든지 목마르거든 그에게로 와서 마시라고 외치셨을 때(요 7:37; 비교. 사 55:1), 그것은 초막절에 행해졌던 물 붓기 행사를 직접 겨냥한 언급으로 보인다(참고. m. Sukkah 4:9).[78] 이스라엘 민족의 예배 의식에 참여해야 했던 하나님의 백성들의 의무가 이제는 예수께로 나아와 그에게서 생수를 마시는(7:37의 명령문에 주목하라),[79] 즉 그를 믿어야 하는(헬. '호 피스튜온 에이스 에메', 요 7:38) 의무로 대체되었다. 전에는 이스라엘 민족 예식을 통해 수납 가능했던 것이 이제 예수 안에서 발견된다는 사실은 구약의 종말론적 약속에 대한 성취다. 구약 성경의 어떤 구절도 정확히 이처럼 말하고 있지 않기 때문에, 요한복음 7:38의 "'성경에 이름과 같이' 그 배에서 생수의 강이 흘러나오리라"는 다소 난해한 진술이다. 구약의 일부 본문에는 성전에서 생수 또는

---

77 Moloney, *John*, 252. 비교. Barrett, *John*, 328.
78 절기와 예식에 관한 유용한 설명은 다음을 보라. W. B. Simon, "The Role of the Spirit-Paraclete in the Disciples' Mission in the Fourth Gospel" (Ph.D. diss., The Southern Baptist Theological Seminary, 2002), 74-76.
79 참고. Moloney, *John*, 252.

샘물이 흘러나오는 심상이 표현되기도 한다(겔 47:1-12; 욜 3:18; 슥 14:8). 그리고 예수를 믿는 신자는 성령의 내주하심으로 인해 종말론적 성전이 되기 때문에, 그렇게 본다면 해당 말씀에는 그러한 구약의 심상이 나타날 수 있다(참고. 요 14:17; 고전 6:19).[80]

언급된 구절들의 해석과 관련해 상당수가 여전히 논쟁 중에 있지만, 요한복음 7:37-39에 대한 몇 가지는 확신할 수 있다. 첫째, "이는 그를 믿는 자들이 받을 성령을 가리켜 말씀하신 것"이라고 요한이 설명한다는 점이다(7:39a).[81] 여기서 지시대명사 "이는"은, 7:37-38에 예수께서 언급하신, 특히 생수의 강에 대한 종말론적 약속의 모든 말씀을 폭넓게 지칭한다. 둘째, 비록 물 붓기 예식은 이러한 종말론적 복을 예표하지만, 실제로 구시대의 성전 규례를 통해서 하나님의 백성에게 성령이 부어지는 것은 아니다. 그것은 오직 성전을 대체하는 메시아 예수를 통하여만 가능한 일이다(요 2:21). 셋째, 심지어 예수의 공생애 기간에조차도 이러한 종말론적 복의 현실은 아직 실현되지 않았다.[82] 그것은 예수께서 영광을 받으시는 순간을 기다려야만 했다(7:39).

요한복음 7:37-38에는 예수께서 옛 성전에 서서 그를 예언된 메시아로 믿는 자들에게 약속된 마지막 때의 복이 임할 것을 외치시는 모습이 묘사된다. 그들의 믿음은 예수의 초청에 순종함으로 그에게 나아와 그에게서 마시는 모습으로 표현된다(7:37). 이러한 배

80　제6장에서 이 가능성에 대해 조사할 것이다.
81　또한 참고. Genesis Rabbah 70:8. 초막절의 물을 길러내는 예식이 성령을 불러오는 것으로 해석되고 있다.
82　참고. Guthrie, *New Testament Theology*, 529; Morris, *John*, 379.

경에서 "생수"에 관한 예수의 약속과 초막절의 물 붓기 예식 사이의 연계성을 감안할 때, 이러한 종말론적 복은 예전에 성전과 관련되었던 복으로 보인다.[83] 요한복음 7:39은 예수께서 암시하신 그 종말론적 복은 곧 성령을 지칭한 것이라고 설명한다: "이는 그를 믿는 자들이 받을 성령을 가리켜 말씀하신 것이라." '심지어 예수를 믿었던 자들에 의해서조차'(헬. '호이 피스튜산테스 에이스 아우톤') 아직 성령이 수납되지 않고 있다는 사실은, 구약 신자들이 내주하시는 성령의 종말론적 복을 받았을 일말의 가능성조차 완전히 배제한다.[84]

예수께서 "때가 오나니 곧 이 때라"(요 4:23; 5:25)고 선포하신 그 당시의 신자들조차 아직 성령을 받지 않았다고 한다면, 마지막 때의 여명이 밝아오기 훨씬 이전에 살았던 구약의 신자들에게 어떻게 성령의 내주하심이 가능할 수 있겠는가? 성령의 종말론적 복의 실현은 단지 성령의 기름부음 받은 메시아의 출현과 그의 다가올 시대의 개막뿐만 아니라 예수께서 영광 받으시는 때(요 7:39; 비교. 16:7),[85] 즉 그의 십자가 영광을 기다리는 것이다(3:14; 12:23; 13:31).[86]

요약하자면: 첫째, 구약은 마지막 날에 성령의 기름부음 받은 메시아가 임하실 것과 말세에 하나님의 백성들이 성령을 받게 될 것

---

83 성령의 내주하심과 옛 성전에서 발견된 복 사이의 기타 관련 사항에 대해서는 제6장을 참고하라.

84 참고. Guthrie, *New Testament Theology*, 513; "새로운 것은 … 마침내 이스라엘 민족의 물리적 경계가 그 영적 경계와 완전히 겹치게 될 것이다"라고 주장하는 자들에 대해 논박한다(M. V. Van Pelt, W. C. Kaiser Jr., and D. I. Block, "רוח," in *NIDOTTE*, 3:1077).

85 참고. Smalley, "'The Paraclete': Pneumatology in the Johannine Gospel and Apocalypse," 291; Barrett, *John*, 329; Bruce, *John*, 182; Ng, *Water Symbolism*, 81.

86 참고. Moloney, *John*, 253; Beasley-Murray, *John*, 117.

을 약속한다. 둘째, 요한은 나사렛 예수가 곧 마지막 때를 여시는 성령의 기름부음 받은 메시아라고 주장한다. 셋째, 요한은 성령의 선물에 관한 구약의 기대에 덧붙여, 신자들이 성령을 선물로 받기에 앞서 먼저 예수께서 필히 영광 받으셔야 할 것에 대해 설명한다. 그러므로 예수의 영광 받으심 이전에 생존했던 신자들의 경우, 그들은 성령의 내주하심의 복을 누릴 수 없었다. 이러한 결론은 구약이 개별 신자들에 대한 영구적인 성령의 내주하심을 묘사하지 않고 있다는 제3장의 결론과도 들어맞는다.

그러나 일부 독자들은 필자의 이러한 주장에 동의하지 않을지도 모른다. 만약 옛 언약의 성도들이 자신들의 죄 가운데 죽었음에도 여전히 신자로 여겨질 수 있었다고 한다면, 그들에게도 반드시 성령의 내주하심이 역사했을 것이라는 반론이 충분히 예상될 수 있다는 것이다. 우리는 제6장에서 이러한 반론에 대해 다뤄볼 것이다. 그러나 중생과 내주하심을 동일하게 여겨야 될지에 관한 중대한 문제를 다루기에 앞서, 우리는 요한문헌에 기초한 우리의 결론을 신약의 나머지 본문과 비교해 볼 필요가 있다.

신약 성경의 성령의 선물

우리는 신약 성경의 모든 본문에서 구원 역사에 대한 하나의 유사한 이해를 엿볼 수 있다. 대체로 신약은 하나님께서 거하시는 장소인 하나님의 '전'으로서 신자들의 공동체에 대해 언급한다. 구약에서 예루살렘 성전은 하나님의 거하시는 처소로 받아들여졌다. 구약 시대에 예배를 위한 장소는 중대한 의미를 지녔으며, 우리는 예수께서 더 이상 물리적 장소가 하나님의 예배에 결정적인 요소가 되지 않는다고 선언하셨던 요한복음 4:21-24에 대해 이미 논급했다.

신약 본문에서 엄선된 구절들은 요한복음에서 우리가 결론지은 내용이 신약의 나머지 문헌의 관점과도 조화를 이룬다는 사실을 충분히 증명할 것이다. 여기서 우리가 확신할 수 있는 결론은 옛 언약 시대에는 하나님이 성전에 거하셨다고 한다면, 새 언약 시대에는 하나님의 백성이 곧 그의 성전이 된다는 사실이다. 신약 성경은 구약 성경의 성전 언어에 새로운 변화를 가져왔으며 그것을 하나님의 백성에게 적용하고 있다. 즉, 메시아 예수의 출현으로 구원-역사적 대전환이 일어났으며 하나님도 이제 성전이 아닌 자기 백성을 그의 거처로 삼으심을 함의한다는 것이다.

공관복음

네 권의 복음서에 모두 공통적으로 기록된 몇 가지 안 되는 사건들 가운데 하나가 바로 세례 요한의 진술, 즉 자기보다 더 능력이 많으신, "성령과 불로 너희에게 세례를 베푸실" 자에 관한 약속이다(마 3:11; 막 1:7["그리고 불로"는 생략된다]; 눅 3:16; 비교. 요 1:26-27).[87] 또한

---

[87] 마가복음의 성령에 대한 연구는 다음을 참고하라. J. E. Yates, *The Spirit and the Kingdom* (London: SPCK, 1963). 복음서와 사도행전에 나타난 정화 및 예언에서의 성령의 역할에 대해서는 다음을 참고하라. C. S. Keener, *The Spirit in the Gospels and Acts: Divine Purity and Power* (Peabody, MA: Hendrickson, 1997). 누가-행전의 성령에 대해서는 다음을 보라. M. Turner, *Power from on*

사복음서 모두 예수께서 세례 받으실 때 성령이 비둘기 같이 그의 위에 가시적으로 강림하시는 장면을 묘사하고 있다(마 3:16; 막 1:10; 눅 3:22; 비교. 요 1:32).

특히, 공관복음에서는 더 분명히 명시된다: "때가 찼고"(막 1:15) "하나님의 나라가 가까이 왔다"(마 4:17; 막 1:15). 세례자 요한의 등장으로 말라기 4장의 예언도 성취되었다(마 11:14; 17:10-12; 막 9:11-13; 눅 1:17). "이스라엘의 위로"를 바라던 자들은 더 이상 기다릴 필요가 없어졌다(눅 2:25-26,38). 오직 누가만이 메시아가 성령을 베풀어주심을 보여주기 위해 사도행전으로 사건 보도를 연장하고 있지만(행 2:33), 세 권의 공관복음 모두 예고된 성령의 기름부음 받은 메시아의 출현과 함께 새로운 시대가 도래했다는 사실에 분명히 동의한다. 공관복음에 기록된 성전 척결 기사(마 21:12-17 및 평행본문들)는 요한복음의 성전-대체(temple-replacement) 주제와 조화를 이룬다. 지금까지 교회가 주장해 온 대로, 요한의 기사는 공관복음의 기록을 보완한다(Eusebius, Hist. Eccl., 6.14.7).[88]

High: The Spirit in Israel's Restoration and Witness in Luke-Acts (Sheffield: Sheffield, 1998); id., The Holy Spirit and Spiritual Gifts, rev. ed. (Peabody, MA: Hendrickson, 1998). 현대의 오순절 운동과 (주로) 사도행전의 성령에 대한 연구는 다음을 참고하라. F. D. Bruner, A Theology of the Holy Spirit (Grand Rapids: Eerdmans, 1970).

88 D. Wenham, "Spirit and Life: Some Reflections on Johannine Theology," Them 6 (1980): 7.

바울서신

바울은 갈라디아 교회 성도들에게 구원 역사를 개관하면서, 아브라함에게 약속된 복, 성령의 선물이 그리스도(즉, 메시아) 예수 "안에" 있는 자들 그리고 "그의 것"이 된 자들에게 임한다고 가르친다(갈 3:14,28-29).[89] 예수 그리스도 안에 있는 자들에 의한 이러한 성령의 수납은 예수께서 영광 받으시기 전에는 가능하지 않았던 것이 분명해 보인다. 바울은 이같이 서술한다: "믿음이 오기 전에 우리는 율법 아래에 매인 바 되고 계시될 믿음의 때까지 갇혔느니라"(갈 3:23).[90] 그러나 예수께서 이 땅에 오심으로 구원-역사적 대전환이 일어났다.[91] "믿음이 온 후로는 우리가 '더 이상' '율법'[개역개정. '초등교사] 아래에 있지 아니하도다"(갈 3:25). 갈라디아서 4:4-6에서 우리는 성령을 받는 것과 율법으로부터의 자유 사이의 연관성을 찾을 수 있다: "때가 차매 하나님이 그 아들을 보내사 여자에게서 나게 하시고 율법 아래에 나게 하신 것은 율법 아래에 있는 자들을 속량하시고 우리로 아들의 명분을 얻게 하려 하심이라. 너희가 아들이므로 하나님이 그 아들의 영을 우리 마음 가운데 보내사 아빠 아버지라 부르게 하셨느니라." 마침내 하나님께서 우리에게 그 메시아를 보내심으로, 장차 임할 새로운 시대가 밝아왔고,[92] 이러한 새

---

89 바울서신에서 성령에 대한 면밀한 연구는 다음을 보라. G. D. Fee, *God's Empowering Presence* (Peabody, MA: Hendrickson, 1994).

90 비교. S. K. Williams, "Justification and the Spirit in Galatians," *JSNT* 29 (1987): 95.

91 참고. P. W. L. Walker, *Jesus and the Holy City* (Grand Rapids: Eerdmans, 1996), 119-22.

92 참고. M. M. B. Turner, "The Significance of Spirit Endowment for Paul," *VE* 9

시대의 도래로 말미암아, 성령께서 또한 보내심을 받아 하나님의 백성들의 마음 한가운데 거하시게 되는 것이다(갈 3:14; 4:6).[93]

현재 이러한 일들이 구원 역사에서 이뤄졌기 때문에 바울은 자신의 독자들을 향해, 그들이 이제는 하나님의 성전이 되었고, 하나님의 성전이 성령의 내주하심과 직접적으로 관련되는 것처럼 그들의 신분과 정체성도 그러하다고 선언한다(예. 고전 3:16).[94] 바울의 편지에서 우리는 "너희가 하나님의 성전이다"라는 단도직입적인 진술을 읽게 된다(예. 고전 3:16-17; 6:19; 고후 6:16). 또한 그리스도인들은 이제 그들 자신이 하나님의 거하시는 처소, 즉 하나님의 집으로서, 모퉁잇돌과 터 위에 세워지는 건축물의 심상과(엡 2:20-22), "기둥과 터"라는 표현들에 의해(갈 2:9; 딤전 3:15) 묘사된다. 로마서 12:1-2의 맥락에 따라, 스카사운(Skarsaune)은 다음과 같이 지적한다: "하나님의 새 백성은 사제들이 주도하는 예배에 참석하는 그런 성전 '안에' 있지 않는다. 이제는 하나님의 백성 자신들이 성전이고 그들 스스로가 예배를 주관하는 제사장으로 '존재'한다."[95] 이처럼 예전에는 예루살렘 성전에서 예배하는 것이 그들에게 올바른 길이었으나(신 12:5), 이제 성령의 내주하심을 통해 그들 자신이 하나님

(1975): 56, 65, 66.

93 롬 8:1-17은 구원-역사적 지표로 시작한다: "그러므로 이제 정죄함이 없나니…." 여기 1절의 '이제'('now'/νῦν)는 2절에 "그리스도 예수 안에서 생명의 성령"에 의해 완성된 것에 의해 설명된다. 이것은 2,3절의 율법이 효력이 있던 이전 시대와 대조되는 것으로 보인다. 따라서 바울이 롬 8장에서 성령에 관해 말하는 것은 우리가 갈라디아서에서 보는 실현된 종말론을 가리킨다.

94 또한 참고. Wright, *The Resurrection of the Son of God*, 285.

95 Skarsaune, *In the Shadow of the Temple*, 162 (emphasis his). 그는 벧전 2:9에 대해 논급한다(아래 참고).

의 성전이 되었다. 우리는 요한의 증언을 통해서도 이 같은 구원-역사의 사건 진술을 정립할 수 있었다.[96]

공동서신

히브리서는 지금이 바로 '그 마지막 날'(개역개정. '이 모든 날 마지막')임을 선포하며, 하나님께서 독생자 예수 그리스도 안에서 우리에게 최후의 결정적인 계시를 주셨다고 말한다(히 1:2). 히브리서 8-9장은 새 언약의 더 뛰어난 우월성을 강조한다. 히브리서 8장은 예레미야 31장을 인용해 이제는 하나님의 백성의 마음에 율법이 기록된 시대라는 사실을 암시한다(히 8:10; 렘 31:33).[97] 이러한 현실은 대제사장 및 희생제사의 옛 제도 폐지 그리고 그리스도께서 그것을 승계하여 완성하셨다는 사실에 직접적으로 연결된다(히 10:19-21). 히브리서 저자의 관점은 아마도 예레미야 31장의 새 언약의 약속을 사실상 에스겔 36:26-27의 약속과 동일하게 읽는 것처럼 보인다. 그것은 하나님께서 그분의 성령을 자기 백성 가운데 두시고 그렇게 함으로 그들을 순종하게 하신다는 약속이었다. 그렇다면, 요한복음처럼 히브리서 또한 새 언약 시대의 개막을 주장하고 있는 만큼(히 8:6,13; 10:19-25), 우리는 이 본문에서 장차 오는 시대, 메시아, 그

---

96 요한복음의 성전 주제의 발전에 대해서는 제6장을 보라. 바울과 요한의 접촉 지점에 대해서는 다음 문헌을 보라. Smalley, *John*, 193-95; Wenham, "Spirit and Life," 6.

97 본서 제3장의 렘 31장에 대한 논의를 보라. 마음에 기록된 율법은 성전/성령의 내주를 대신하는 것일 수 있다.

리고 새 언약과 함께 임하는 성령에 대해 읽을 수 있다.

베드로전서 1:11은 구약의 선지자들 속에 계셨던 그리스도의 영에 대해 이야기한다. 이러한 언급은 선지자들이 하나님의 말씀을 진리로 증언할 수 있도록 하나님께서 그들에게 성령의 감동하심으로 임하셨다는 베드로후서 1:21의 이해와도 상당 부분 맥락을 같이하는 것이다. 그러나 구약 시대의 어떤 개인에게 하나님의 영이 임하는 것에 대한 성경의 묘사는 언제나 그 특정 인물의 독특한 경험을 암시하기 때문에 그것은 구약의 모든 신자들에게 성령이 임했다는 의미는 아닌 것이다.

또한 우리는 베드로전서 2:5-6의 성전 이미지와 베드로전서 2:9의 제사장 언어에도 주목할 필요가 있다. 이 부분에 대해 스카사운은 다음과 같이 언급한다: "하나님의 백성 모두가 왕 같은 제사장이기 때문에, 이제 리더십을 지닌 모든 사역은 전적으로 비-사제적(non-priestly), 비-종교적(non-cultic) 용어로 불린다."[98] 또한 우리는 요한일서 2:20, 27도 언급할 수 있다. 요한은 예레미야 31:34의 새 언약의 약속을 자신의 독자들의 "기름부음 받은" 경험을 통해 이미 성취된 약속으로 간주하는 것이 명백해 보인다(아마 겔 36:26-27도 염두에 두고 있을 것이다; 참고. 요일 3:24; 4:13). 이러한 진술들은 우리가 구약 본문에서는 전혀 찾아볼 수 없는 것들임이 분명하다.

---

98 Skarsaune, *In the Shadow of the Temple*, 162.

요한계시록

요한계시록은 성령의 내주하심을 직접적으로 언급하지는 않는다.[99] 그러나 우리는 성령의 내주하심이 바라고 있는 그 완성된 현실, 곧 하나님이 사람과 함께 거하시는 모습을 요한계시록에서 읽을 수 있다.[100] 모든 이야기가 순환되고 온전한 제자리로 돌아온다: 에덴동산 안에서의 하나님과의 완전한 친교와[101] 이후 타락으로 인한 추방과 분리, 그 후 성막과 성전에서 하나님의 백성 가운데 거하신 하나님의 임재, 그리고 예수께서 영광 받으신 후에 하나님께서 자기 백성을 그의 처소로 삼으심, 최종적으로, 마지막 종말이 완성될 때에 하나님이 사람과 함께 거하시는 에덴의 회복이 그것이다.

요한계시록에서 성전의 이미지는 중요한 역할을 한다. "이기는 자는 내 하나님 성전에 기둥이 되게 하리니"라는 요한계시록 3:12의 표현 또한 하나님의 백성을 하나님의 성전처럼 묘사한 것이 분명하다.[102] 요한계시록의 마지막 장은, "그가 수정 같이 맑은 생명

---

99 요한복음과 요한계시록의 성령 사이에 "분명한 상이점들" 및 "밀접한 유사점들"에 대해서는 다음 문헌을 보라. Smalley, "'The Paraclete': Pneumatology in the Johannine Gospel and Apocalypse," 293. 요한계시록의 성령에 대한 보다 일반적인 논의는 다음을 보라. F. F. Bruce, "The Spirit in the Apocalypse," in *Christ and Spirit in the New Testament*, ed. B. Lindars 및 S. S. Smalley (Cambridge: Cambridge University Press, 1973), 333-44.

100 참고. McKelvey, *The New Temple*, 187.

101 에덴동산에 대한 묘사에는 성전에 관한 유의미한 어조가 담겨 있다. 참고. G. J. Wenham, "Sanctuary Symbolism in the Garden of Eden Story," in *I Studied Inscriptions from before the Flood*, SBTS 4 (Winona Lake: Eisenbrauns, 1994), 399-404; J. H. Walton, "Eden, Garden of," in *DOTP*, 203, 206.

102 이것은 아마도 계 11:1-2에서도 볼 수 있다. 참고. Walker, *Jesus and the Holy City*, 247. 계 11:1-2에서 신자들이 성전이라는 해석에 모두 동의하는 것은 아니다. 이 본문의 성전 주제의 해석에 대한 간결한 요약은 다음 문헌을 참고하라. G. R. Osborne,

수의 강을 내게 보이니 하나님과 및 어린양의 보좌로부터 나와서"라고 증언한다(계 22:1). 신약 성경에서 생수의 이미지는 오직 요한복음과 요한계시록에서만 볼 수 있다.[103] 이사야는 하나님의 백성이 장차 "구원의 우물[또는 '샘']"에서 물을 길을 것이라고 예언한다(사 12:3). 에스겔 47:1-2에는 성전에서 물이 흘러나오는 장면이 목격되며, 스가랴 선지자는 예루살렘에서 "생수"가 솟아날 것에 대해 이야기한다(슥 14:8). 예수 그리스도 또한 하나님의 성전, 곧 믿는 자들에게서 생수의 강이 흘러나올 것이라 말씀하신다(요 4:10,14; 7:38). 요한계시록 21-22장은 하나님의 장막이 사람들과 함께 있어 하나님이 친히 그들과 함께 하시고(계 21:3), 하나님과 어린양의 보좌로부터 생명수의 강이 흘러나오는 완성의 날에 대한 청사진을 보여준다.

그러므로 신약 성경의 다른 본문에서도 우리가 요한복음에서 보았던 것과 유사한 그림이 제시되고 있다.[104] 선지자들을 통해 예고된 성령의 기름부음 받은 메시아가 나사렛 예수의 모습으로 마침내 나타나셨다. 그는 장차 임할 시대를 여셨고, 영광을 받으셨으며, 우리에게 성령을 부어주신다. 이제 이 마지막 시대는 하나님의 장막이 마침내 사람들과 함께 있게 될 완성의 때를 기다리고 있으며, 성령의 내주하심은 그 완성을 미리 맛보는 일이자 인치심이 되는 것이다(엡 1:13-14).

Revelation, BECNT (Grand Rapids: Baker, 2002), 408-09.

103 참고. Smalley, "'The Paraclete': Pneumatology in the Johannine Gospel and Apocalypse," 295.

104 참고. Walker, *Jesus and the Holy City*, 296-303.

결론

성령의 내주하심은 이미 시작된 장차 임할 새로운 시대의 종말론적 복이다. 오늘날 신자들은 하나의 인치심으로, 예수께서 다시 오실 때에 누리게 될 하나님의 임재에 대한 약속으로, 따라서 우리를 성화케 하는 약속으로서 그러한 내주하심을 경험한다. 옛 언약의 시대에는 하나님이 그 성전 안에 거하셨다고 한다면, 새 언약 시대에 하나님은 단지 그 가운데 혹은 그들과 함께 하는 정도가 아니라 친히 자기 백성 안에 계신다. 요한복음 7:39의 해석과 관련한 지금까지 본 연구의 주장은 성령에 대한 나머지 신약의 가르침과도 일치한다. 그러므로 요한복음 7:39은 예수께서 영광 받으시기 이전의 신자들에게도 성령의 내주하심이 있었던 것처럼 생각하도록 허용하지 않는다.

제 6 장 요한복음에 나타나는 중생과 내주하심

God's Indwelling Presenc

서론

지금까지 주장한 바대로 구약의 신자들에게 성령의 내주하심이 없었다고 한다면, 그들은 어떻게 믿게 되었으며 어떻게 신자로 머물러 있을 수 있었을까? 이 장에서 우리는 요한복음의 중생과 내주하심을 살펴보며 그 질문에 대한 답을 찾고자 한다. 이 논의에는 두 가지 측면이 있는데, 하나는 부정의 측면이고 다른 하나는 긍정의 측면이다. 부정의 측면에서 필자는 중생(regeneration)이 곧 내주하심(indwelling)이 아님을 증명할 것이며,[1] 긍정의 측면에서는 요한복음의 내주하심이 의미하는 것을 드러내고자 할 것이다. 먼저 요한복

---

1 골즈워디(G. Goldsworthy)는 중생과 내주를 성령의 구별된 사역으로 간주하는 것처럼 보인다. 그는 성령의 사역에 대해 이렇게 서술한다: "[성령은] 믿음과 새로 태어남을 주시며, 우리 마음에 그리스도를 증언하신다. 그리고 그는 하나님의 백성에게 내주하시고 그들을 성결하게 하신다." (*According to Plan* [Downers Grove: InterVarsity, 2002], 83 [강조 추가]).

음에 나타난 중생과 내주의 차별적 특징에서 시작하고자 한다.

요한복음의 중생

2장에서 우리는 일부 학자들이 요한복음 3장에 예수께서 니고데모에게 하신 말씀에 근거해 구약 신자들에게도 성령의 내주하심이 있었다고 주장하는 것을 보았다. 그리고 제5장에서는 구약 신자들에게 성령의 내주하심이 있었다고 주장하는 이들에게 요한복음 7:39이 문제로 제기되는 것에 대해 논했다. 이 두 본문, 요한복음 3장과 7장이 이번 단락의 논의에 중심축이다. 이 두 본문을 통해 중생과 내주의 차이를 드러내는 주해적 기반이 마련될 것이다.

성령으로 말미암는 새로운 출생

본 연구의 목적을 위해 우리는 요한복음 3:1-12의 담화에서 부각되는 두 가지 쟁점을 다루고자 한다.[2] 첫째, 사람이 "위로부터 태어

---

2   니고데모와의 대화가 언제 마치는지 그리고 복음서 기자의 논급이 언제 시작되는지에 대한 일부 질문이 제기 되고 있다. 일인칭에서 이인칭으로의 마지막 전환이 요 3:12에서 발견된다: "만일 내가 하늘의 것들을 네게 말한다면 네가 어떻게 믿겠는가?" 요 3:13에서 관점이 3인칭 시점으로 전환될 때, 그것은 복음서 기자가 예수와 니고데모 사이의 대화에 논급한 것일 수 있다(예. G. R. Beasley-Murray, *John*, 2d ed., WBC [Nashville: Thomas Nelson, 1999], 46). 일부 학자들은 예수의 말씀이 3:15까지 계속되는 것으로 본다. 이는 대개는 예수께서만 홀로 자신을 "인자"(Son of Man)로 지칭하기 때문이다(예. D. A. Carson, *The Gospel according to John*, PNTC [Grand Rapids: Eerdmans, 1991], 185, 203). 다른 이들은 예수의 말씀이

나다"('born from above', 개역개정. '거듭'나다)는 말은 무슨 의미인가"[3](요 3:3)? 둘째, 구원 역사에서, 사람이 "성령으로 태어나는"('born of the Spirit', 개역개정. '영으로 난')" 일은 어느 때에 가능한가(3:6)?

요한복음 3:3-8. 니고데모는 예수께 다음 세 개의 요소가 포함된 진술을 한다: (1) 그가 알고 있는 것, (2) 사람의 힘으로 가능한 한계, (3) "… 아니하면"(unless) 구절. 이 요소들은 다음의 니고데모의 발언에서 볼 수 있다: "랍비여 우리가 당신은 하나님께로부터 오신 선생인 줄 '아나이다' / 당신이 행하시는 이 표적을 '아무도 할 수 없음'이니이다 / 하나님이 함께 하시지 '아니하시면'"(요 3:2). 이에 예수는 3절에서 니고데모에게 다음 세 가지 요소가 포함된 말씀으로 답변하신다: (1) "… 아니하면"(unless) 구절, (2) 사람의 힘으로 가능한 한계, (3) 보여질 수 있는 것. "진실로 진실로 네게 이르노니, 거듭나지 '아니하면' / '사람이 … 할 수 없다' / 하나님의 나라를 '보는 것'을"(요 3:3).

예수와 니고데모의 대화에서 서로 짝을 이루는 이러한 요소들은 결국 세 가지 주제로 구분될 수 있다: (1) 지식/시각, (2) 인간의 능력과 한계, (3) 무엇이 필수인가("unless…"). 이러한 것들은 위로부터 나는 새로운 출생에 대한 요한복음의 교훈을 이해하는 데 도움이 된다. 이 장면에서 니고데모는 예수께서 한 분의 선생으로 오셨

3:21까지 지속되는 것으로 본다. 예. 몰로니(F. J. Moloney)는 요 3:11-21을 예수께서 말씀하시고 니고데모가 듣는 배경에서의 담화로 간주한다(*The Gospel of John*, SP 4 [Collegeville, MN: Liturgical Press, 1998], 90).

[3] ἄνωθεν이라는 용어는 "위로부터"(from above) 또는 "다시"(again)를 의미할 수 있다 (BDAG, 92). 이 경우에는 요 3:4에서 니고데모가 그 단어를 "다시"의 의미로 오해했지만, 요 3:5에 예수께서 그것을 "위로부터"의 의미로 규명해 주신 것으로 보인다(참고. E. A. Abbott, *Johannine Grammar* [London: Black, 1906], § 1903-8).

고 하나님께서 그와 함께 하신다는 사실을 정확히 인지했다(요 3:2). 그런데 예수는 누구든 하나님의 나라를 볼 수 있는 능력을 갖고자 한다면, 그 사람은 반드시 거듭나야 한다고 단언하신다(3:3). 그러므로 요한복음의 주장에 따르면, "거듭남"(born again)의 경험은 결국 사람에게 하나님의 나라를 "볼 수" 있는 "능력"을 주는 것이다(3:3).

예수께서 언급하신 "새롭게 태어남"(즉, 거듭남)의 개념과 관련해 니고데모가 어떤 배경 지식을 갖고 있었는지 정확히 알 수 없지만,[4] 그에 대한 4절의 반응으로 볼 때 니고데모가 무척 놀라워했음이 역력하다: "니고데모가 이르되 사람이 늙으면 어떻게 날 '수' 있사옵나이까?' 두 번째 모태에 들어갔다가 날 '수' 있사옵나이까?'" 앞에서와 마찬가지로, 예수께서는 이 세 가지 개념으로 다시 답하신다: (1) "… 아니하면"(unless) 구절, (2) 사람의 역량, (3) 하나님나라(5절). 이번에는 "보는 것"이 "들어가는 것"으로 바뀌고 있지만, 여기서 '본다'(seeing)는 개념과 '들어간다'(entering)는 개념은 서로 일부 중첩되는 개념이다.[5] 요한복음 3:3과 3:5에 예수께서 하신 말씀은 뚜렷한 평행구조를 보이고 있다:

---

4 두 번째 출생에 대한 니고데모의 이해에 영향을 주었을 수 있는 관련 구약 배경은 때로 삼하 7:14; 시 2:7; 87:4; 89:27 등으로 여겨진다. 참고. J. H. Bernard, *The Gospel according to St. John*, 2 vols., ICC (Edinburgh: T & T Clark, 1928), clxiii. 또한 새로 태어남에 관한 유대적 배경 참고: O. Skarsaune, *In the Shadow of the Temple* (Downers Grove: InterVarsity, 2002), 354-74. 그를 포함한 몇몇 학자들은 마치 갓 태어난 아이처럼 되는 이방인 개종자들의 세례 관습과의 관련성에 대해 논한다. 이와 관련되 인용된 문헌 참고: *b. Yebam.* 48b; 22a; 62a; 97b; *b. Bek.* 47a (cp. A. J. Köstenberger, *John*, in vol. 2 of *Zondervan Illustrated Bible Backgrounds Commentary*, ed. C. E. Arnold [Grand Rapids: Zondervan, 2002], 35).

5 비교. 요 8:51의 죽음을 "보다"(θεωρέω), 및 행 2:27의 썩음을 "보다"(ἰδεῖν, 요 3:3). 추가 인용구절은 다음 문헌을 보라. Bernard, *John*, 102-3.

요한복음 3:3	요한복음 3:5
'아멘 아멘 레고 소이' 진실로 진실로 네게 이르노니,	'아멘 아멘 레고 소이' 진실로 진실로 네게 이르노니,
'에안 메 티스 게네테 아노텐' 사람이 거듭나지 아니하면	'에안 메 티스 게네테 엑스 휘다토스 카이 프뉴마토스' 사람이 물과 성령으로 나지 아니하면
'우 두나타이 이데인 바실레이안 투 테우' 하나님의 나라를 볼 수 없느니라.	'우 두나타이 에이스엘테인 에이스 텐 바실레이안 투 테우' 하나님의 나라에 들어갈 수 없느니라.

우리는 이러한 두 구절의 비교함으로, 예수께서 그 의미를 더 분명히 드러내시기 위해 같은 개념을 다른 표현으로 재진술하고 계심을 볼 수 있다.[6] 따라서 "거듭나다/위로부터 태어나다"라는 표현은 "물과 성령으로 태어나다"와 서로 대응되는 표현이다.[7] "물과 성령"에 의해 "위로부터" 나는 이 새로운 출생은 그 당사자로 하여금 하나님의 나라에 참여할 수 있게 만든다. 이렇게 다시 태어나는 일이 없으면, 사람은 그 누구도 하나님의 나라를 볼 수 없으며 하나님의 나라로 들어갈 수도 없다.

예수께서는 요한복음 3:6-8에서 이 새로운 출생에 대해 다음과 같이 설명하신다. "육으로 난 것은 육이요"(6a절): 이것은 사람의

---

[6] 비교. T. L. Brodie, *The Gospel according to John* (New York: Oxford University Press, 1993), 196; U. Schnelle, *Das Evangelium nach Johannes*, Theologische Handkommentar zum Neuen Testament 4 (Leipzig: Evangelische Verlagsanstalt, 1998), 70.

[7] 참고. Köstenberger, *John*, 35.

자연적 출생을 가리켜 말씀하신 것이다.[8] 그리고 영적 출생이 6b절에 곧이어 묘사된다: "영으로 난 것은 영이니"(3:6b). 본문에 나타난 세 가지 표현들 – '위로부터/거듭난', '물과 성령으로', '영으로' – 모두 다 동일한 하나의 영적 출생을 지칭하고 있다. 여기서 버나드(Bernard)의 표현을 빌려 언급하자면, "'위로부터/또는 다시'[ἄνωθεν] 태어난다는 것은 하늘로부터 '성령의 것으로' 태어난다는 것을 의미한다."[9] 앞서 요한복음은 이것을, "혈통으로나 육정으로나 사람의 뜻으로 나지 아니하고 오직 하나님께로부터 난 자들"의 출생으로 진술하기도 했다(1:13). 여기서 칼빈은 다음과 같이 서술한다: "'거듭나다'라는 문구를 통해 표현되는 그 의미는 어느 한 부분에 대한 교정이 아니라, 전체 본성에 대한 혁신인 것이다."[10] 이와 유사하게, 거스리(Guthrie)는, "온전한 갱생에 미치지 못하는 것이라면 그 무엇도 예수께서 하신 말씀의 의미를 충족시킬 수 없을 것"이라고 지적한다.[11]

요한복음 3:3-8의 특정 요소들에 의도된 상징과 관련해서는 의견이 분분하지만,[12] 분명한 사실은, 이 새로운 출생은 사람이 자신에게 또는 자신을 위해 행할 수 있는 어떤 행위가 아니라는 점이

---

8   참고. Brown, *John*, 141.

9   Bernard, *John*, 102.

10 J. Calvin, *Commentary on the Gospel according to John* [1553], (trans. W. Pringle, in *Calvin's Commentaries* (Edinburgh: Calvin Translation Society, 1847; reprint, Grand Rapids: Baker, 1979), 17:108 (이탤릭체는 원문).

11 D. Guthrie, *New Testament Theology* (Downers Grove: InterVarsity, 1981), 586.

12 논의를 위해 다음 문헌을 참고하라. L. Belleville, "'Born of Water and Spirit:' John 3:5," *TJ* 1 (1980): 125–41; I. de la Potterie, "Naître de l'eau et naître de l'Esprit: Le texte baptismal de Jn 3,5," *Sciences ecclésiastiques* 14 (1962): 418–24; 및 P. Toon, *Born Again: A Biblical and Theological Study of Regeneration* (Grand Rapids: Baker, 1987), esp. chapters 8 and 9.

다.[13] 요한복음 3:3-8에서 헬라어 동사 '게나오'가 등장할 때마다 매번 그것은 수동형으로 사용된다(요 3:3,4 [2x],5,6 [2x],7,8). 요한복음 1:13("하나님으로부터 난", 'born of God')의 설명은 우리가 그러한 표현들을 신적 수동태(divine passives)로 판단할 수 있는 정당한 근거를 제공한다. 사람으로 하여금 성령으로 말미암아 위로부터 새로 태어남을 경험하게 하시는 이는 바로 하나님이시다.[14]

새로 태어남의 필요성은 이 본문에서 두드러지는 또 하나의 분명한 특징과 연결된다. 그것은 바로 이러한 새로 태어남 없이는 결코 하나님의 나라를 경험할 수 없는 인간의 무능력에 대한 강조다. 헬라어 단어 '두나마이'가 요한복음 3:2-5에서 다섯 번, 그리고 9절에서 또 한 번 사용되고 있다. 새로 태어남은 하나님으로 인해 실현되며, 그것으로써가 아니면 사람은 하나님의 나라를 '볼' 수도 '들어갈' 수도 없다.

이 새로 태어남이란 무엇인가? 위로부터 난 이 새로운 출생은 "두 번째 탄생"(즉, 다시 태어나는 것. 참고. 요 3:4-5)이다.[15] 능력(ability)에 대한 강조(2-5절에 '두나마이'의 5회 사용)는 새로운 출생이 곧 새로

---

13 참고. Schnackenburg, *John*, 1:367.

14 참고. S. S. Smalley, "'The Paraclete': Pneumatology in the Johannine Gospel and Apocalypse," in *Exploring the Gospel of John*, ed. R. A. Culpepper 및 C. C. Black (Louisville: Westminster John Knox, 1996), 290; E. C. Hoskyns, *The Fourth Gospel*, 2d ed., ed. F. N. Davey, (London: Faber and Faber, 1947), 213.

15 "복음서의 인간학에 대한 하나의 묘사로서 '원시-영지주의'[proto-gnostic]라는 용어는 적절하다"는 실패한 주장의 시도와 관련하여 다음을 참고하라. J. A. Trumbower, *Born from Above*, Hermeneutische Untersuchungen zur Theologie 29 (Tübingen: Mohr Siebeck, 1992), 4. 이것은 영지주의의 '요한 행전'(Acts of John)이 네 번째 복음서를 반대하기 위해 기록되었다는 사실을 감안하면 더욱 가능성이 없다(참고. K. Schäferdiek, "Introduction" to the *Acts of John*, in *NTApoc* 2:164-65).

운 능력을 가져온다는 사실을 암시한다. 그렇다면, 중생의 사건은 성령께서 사람들로 하여금 믿을 수 있게 만드시는(enabling) 것과 관련된다. 요한복음에서 "하나님께로부터 난"다(요 1:13)는 것과 "영으로 난"다(3:6)는 것은 서로 같은 의미의 대등한 표현이다.[16] 요한복음 1:11-13의 진술과 같이, 요한복음 3장의 이 새로운 출생은 예수께서 하신 말씀을 "영접"('receive', 3:11)하며 그를 "믿는" 자들에게 주어지는 것이다(3:12). 그러나 하나님께서 사람을 예수께로 이끌지 아니하시면(요 6:44,65), 아무도 예수를 믿을 수 없다. 그리고 성령은 마치 "자기가 원하는 대로 부는 바람"과 같다(개역개정. '바람이 임의로 불매' 3:8). 성령께서 새로운 태어남을 주시기 원하는 그 사람은(3:6) 아버지께서 아들 예수께로 이끄시는 사람이다(6:44). 그리고 그러한 사람들은, 인간의 의지나 자기 뜻으로써가 아니라, 오직 하나님께로부터 난 자들이기 때문에 예수를 믿게 된다(1:12-13). 하늘로부터의 새로운 출생을 경험한 자들은 하나님의 나라를 볼 수 있고 들어갈 수 있다. 즉, 그들은 영원한 생명을 얻는다(요 3:3,5,15).[17]

그러나 요한복음 3장에서 중생과 내주하심을 동일시할 수 있는 주해적 근거는 보장되지 않는다. 비록 일각에서는 요한복음 3:5,6에 성령의 내주하심이 암시된다고 주장하기도 하지만, 요한복음 3장의 어느 구절에도 성령께서 새로운 출생을 경험한 사람을 자신의

---

16 참고. Bernard, *John*, 105; Carson, *John*, 189.
17 요한복음에서 "하나님의 나라[왕국]"에 대한 언급들은 요 3:3, 5에서만 볼 수 있다 (비교. "나의 나라" in 요 18:36 [3x]). 여기서 "하나님의 나라"는 "영생"과 대등한 것처럼 보인다(3:15,16). "생명으로" 들어가는 것 또한 "하나님의 나라로" 들어가는 것과 평행된다(막 9:45,47). 참고. G. R. Beasley-Murray, "John 3:3,5: Baptism, Spirit and the Kingdom," *ExpTim* 97 (1986): 168.

거처로 삼으신다는 언급은 없다.

요한복음 3:5에 내주하심이 있는가? 요한복음 3:5에서 예수는 "물과 성령으로 난" 자에 대해 언급하신다. 제4장에서 이미 언급한 대로, 이 구절의 "물"과 "영"은 하나의 전치사의 지배를 받으며('엑스 휘다토스 카이 프뉴마토스'), 이는 곧 '물과 영'이 하나의 단일한 실체를 지칭하고 있음을 암시한다. 즉, 그것은 "(세례의) 물로, 그리고 성령으로"라는 의미가 아니다. 오히려 '물과 성령으로'라는 이 문구는 이스라엘의 선지자들을 통해 약속된 종말론적 씻기심과 회복케 하심을 상징하는 표현이다(참고. 사 44:3; 겔 36:25-26).

요한이 니고데모와 예수 사이에 있었던 대화를 제시하고 있는 만큼, "물과 성령으로"('from water and spirit')라는 이 표현은, 근본적으로 니고데모가 알아챌 수 있는 어떤 실상을 지칭한 것으로 이해하는 것이 가장 바람직할 것이다. 요한이 본문의 틀을 구성하고 있는 방식에 따라서 해당 본문을 예수와 니고데모 간의 담화로 읽을 때, 기독교 세례에 관해 이 구절들이 명백하게 말하고 있는 것은 아무것도 없음을 우리는 보게 된다. 그러므로 우리는 "물과 영으로 태어난다"는 표현이 니고데모에게 충분히 납득되는 표현이었음을 예상할 수 있어야 한다(비교. 사 44:3와 겔 36:25-26에서 물과 성령의 역할).[18]

만일 세례를 받을 때 내주하시는 성령이 수여되는 것으로 믿고, 또한 요한복음 3:5이 세례를 지칭한다고 믿는다면, 단지 그런 경우

---

18 참고. H. Ridderbos, *The Gospel of John*, trans. J. Vriend (Grand Rapids: Eerdmans, 1997), 127-28; G. Burge, *John*, NIVAC (Grand Rapids: Zondervan, 2000), 115; 또한 비교. J. A. Kowalski, "'Of Water and Spirit': Narrative structure and theological development in the Gospel of John" (Ph.D. diss., Marquette University, 1987), 86-87.

에 "물과 영으로" 말미암는 출생은 성령의 내주하심을 함의하게 된다.[19] 신약 성경에 물이 언급되는 본문마다 세례를 떠올리는 여러 신약 학자들이 있는 것은 사실이지만, 요한복음 3:5이 거듭난 사람에게 성령이 '거주하시는' 것에 대해 말하고 있지는 않다. 다만 '새로운 출생을 발생시키는 원인'으로서의 성령에 대해 말하고 있다.[20] 만약 세례에 관한 암시가 이 본문에서 의도된다고 하더라도, 그것은 본문의 주된 요점이 아니다. 요한복음 3:5에서 성령의 내주하심을 엿볼 수 있는 유일한 방법은 요한이 예수께서 니고데모에게 하신 말씀에 대한 자신의 서술에 독자들의 선이해(先理解)를 대입시키고자 의도했을 것으로 가정하는 것 밖에 없다. 그러나 요한이 이 담화를 십자가 사건 이전에 있었던 대화문으로 기록한 것이란 사실을 감안하면 그렇게 의도했을 가능성은 적다.

반면, 요한복음 3:5은 사람 속에 새 "영"을 창조하는, 그리하여 그를 다시 태어나게 하는 중생에 관한 언급(심지어 벨빌[Belleville]은 이 '새 영'을 "하나님의 본성"이라고 칭한다)이 분명하지만, 이 중생은 "엄밀한 의미에서" 성령을 수납하는 것을 의미하지는 않는다고 주장하

---

19 참고. C. K. Barrett, *The Gospel according to St. John*, 2nd ed. (Philadelphia: Westminster, 1978), 209; Brown, *John*, 140.

20 거스리(D. Guthrie)는 그의 저서 *New Testament Theology* (527,585-87)에서 요 3의 중생을 두 차례 논한다. 거스리는 두 논의에서 모두 중생을 내주와 동일시하지 않는다. 비교. G. M. Burge, *The Anointed Community* (Grand Rapids: Eerdmans, 1987), 158-68; M. M. Thompson, *The God of the Gospel of John* (Grand Rapids: Eerdmans, 2001), 165-70. 비교. 중생에 대한 다음의 정의: L. Berkhof: "중생은 곧 새 생명의 원리가 인간에게 심어지게 하고, 영혼의 주된 성향이 거룩하게 되게 만드는 하나님의 행위다"(*Systematic Theology*, 4th ed. [Grand Rapids: Eerdmans, 1941], 469 [이탤릭체는 저자 강조]). 벌코프(Berkhof)는 중생을 내주로 정의내리지 않으며, 중생에 대한 논의에서 내주를 다루지도 않는다.

는 학자들이 있다.[21] 오히려 이 학자들의 주장에 더 많은 신빙성이 있다. 이 관점은 본문이 힘 있게 본래의 목소리를 낼 수 있게 하며, 십자가 이전 상황에서 전개되는 대화에 관한 요한의 서술을 독자들이 십자가 이후에 갖게 된 선지식으로 읽는 오독을 방지한다.

요한복음 7:39은 성령께서 아직 새로운 출생을 유발하지 않으셨다고 말하지 않는다. 오히려 예수를 믿는 자들이 곧 성령을 받게 될 것에 대해 말하고 있다. 그런데 그들이 아직 성령을 받지 않았다고 한다면 어떻게 예수를 믿었다는 말인가? 요한의 대답은 그들이 아직 성령을 받지 않았지만, 분명히 "물과 성령으로" 태어났다는 것이다. 성령에 의해 다시 태어난 결과, 그들은 믿을 수 있는 능력을 갖게 된 것이다. 그러나 아직 예수께서 영광 받으시기 전이므로, 그 당시 믿는 자들은 아직 내주하시는 성령을 선물로 받은 것이 아니다(요 7:39, 참고. 제5장의 논의를 보라).

그렇다면 요한복음 3:6에 내주하심이 있는가? 앞서 제4장에서 필자는 3:6에 따르면 성령으로 난 사람은 육의 영역과 반대되는 성령의 영역에 속한 사람이라고 주장한 바 있다. 6절의 두 문구는 서로 평행을 이룬다.

"육으로 난 것은 육이요,

영[성령]으로 난 것은 영이니"(3:6)

---

21 또한 참고. Belleville, "Born of Water and Spirit," 140; Carson, *John*, 195; Harris, "The Gospel of John," [on-line] http://www.bible.org/docs/nt/books/joh/harris/gjohn-07.htm#TopOfPage; 인터넷 접속 2003년 2월.

만일 우리가 위의 두 번째 문장을 성령으로 난 사람 속에 성령께서 거주하신다는 의미로 이해한다면, 첫 번째 문장은 육으로 난 사람 속에는 육이 거하는 것으로 이해해야 할 것이다. 하지만 요한이 불신자들을 가리켜 "육체의 내주함"이 있다는 식으로 표현하지는 않기 때문에 "육"과 "영"을 서로 대비되는 정반대의 영역으로 보는 것이 더 자연스러운 독법일 것이다. 육의 영역은 모든 사람이 태어나는 자연 상태의 영역이며, 반대로 성령의 영역은 하나님의 영역으로, 위[하늘]로부터 난 자들이 생존하는 영역이다(제4장의 논의를 보라).

요한복음 주석가들은 성령의 내주하심이 중생하게 하시는 성령의 사역과는 구별되는 별개의 것인지에 대한 현 논의에 대부분 관여하지 않는다. 따라서 우리는 예상 가능한 반론들을 추론할 뿐이다. 예를 들면, 요한복음 3:6에 "영[성령]으로 난 것은 영이니"라는 문구의 의미와 관련하여, 그것은 '중생한 사람이 한 새로운 본성, 즉 하나님 자신의 본성을 갖게 된 것을 의미하는 진술'이라는 주장이 제기될 수 있을 것이다. 그런 다음, '이러한 상태를 표현하는 또 하나의 방식은 하나님의 성령이 신자들 속에 거하신다고 말하는 것이다'라는 식의 주장이 뒤이어 전개될 수 있을 것이다. 만약 그러한 관점이 옳다고 한다면, "영[성령]으로 난 것은 영이니"라는 진술은 중생한 그 사람에게 내주하심이 있으며, 요한복음 3장에서 중생과 내주는 성령의 구별된 사역으로 제시되지 않는다는 의미가 된다.

그러나 해당 구절에 대한 그러한 해석의 가능성을 불리하게 만드는 몇 가지 요소들이 존재한다. 첫째, 이미 제4장에서 주장한 것처럼, "영[성령]으로 난 것은 영이니"(요 3:6b)라는 구절이 암시하는 바를 마치 거듭난 사람은 하나님의 성령이 '된다'(become) 식으로 생

각해서는 안 된다(참고. 제4장에 인용된 평행본문을 보라).[22]

둘째, 요한복음 7:39과는 다르게, 요한복음 3장은 예수께서 묘사하는 거듭남의 경험을 니고데모가 오직 십자가 이후에만 경험할 수 있는 것처럼 서술하지 않는다. 예수께서는 자신이 설명하신 내용에 대해 니고데모가 잘 이해하길 기대하셨다(요 3:10; 참고. 아래 추가 내용을 보라).

셋째, 성령으로 말미암은 위로부터의 새로운 출생이란 개념은 예수께서 니고데모와 대화하시는 중에 최초로, 이 같은 표현들과 함께, 명시적으로 서술된 것처럼 보인다.[23] 성령의 내주하심에 대한 최초의 명시적인 진술 또한 요한복음에서 볼 수 있다. 그러나 그것은 요한복음 14:17에 가서야 발견된다. 요한복음 7:39에 사용된 "수납"(reception) 언어, 그리고 14:17의 명시적 진술, "그는 … 너희 속에 계시겠음이라"는 요한이 성령의 내주하심에 대해 묘사할 수 있음을 보여준다. 여기 요한복음 3:6의 요점은 내주하심이 아니고 새로 태어나는 것이다.[24] 예수와 제자들과의 마지막 담화의 순간을

---

22 요 6:63가 가장 정확히 평행한다. 비교. 요 3:6 및 6:63:
    3:6. τὸ γεγεννημένον ἐκ τοῦ πνεύματος πνεῦμά ἐστιν
       "성령으로 난 그것은 영이다."
    6:63. τὰ ῥήματα … πνεῦμά ἐστιν καί ζωή ἐστιν
       "그 말씀 … 은 영이고 생명이다."
    두 경우 모두의 결론적 어구 "영이다(πνεῦμά ἐστιν)"는 묘사되는 그것이 육의 영역과 반대되는 성령의 영역에 속함을 암시한다. 두 문맥 모두 육체-성령의 명확한 대조를 보여준다.

23 참고. W. D. Mounce, "The Origin of the New Testament Metaphor of Rebirth" (paper presented at the annual meeting of the Evangelical Theological Society, December, 1982), 11; based on W. D. Mounce, "The Origin of the New Testament Metaphor of Rebirth" (Ph.D. diss., Aberdeen University, 1981).

24 참고. Calvin, *John*, 17:114.

위해 요한이 성령의 내주하심에 대한 직접적인 언급을 유보하고 있다는 사실은 내주에 대한 진술들(요 7:39; 14:17; 20:22)을 중생에 대한 진술들(예. 요 3:3-8; 6:63)로 읽지 말 것을 강조하는 것이다.

넷째, 다른 본문에서 요한은 성령으로 말미암아 생명으로 들어가는 것에 대해 말하는데, 이때는 내주하심에 대한 언급이 없다(참고. 요 6:63에 대한 아래 논의를 보라). 비록 이것은 침묵을 근거로 한 주장(무언논법)이라는 반론에 직면할 수도 있지만, 특히 요한이 성령을 아직 받지 않은 사람들을 믿는 자들로 간주했다는 사실을 감안할 때(7:39), 본문이 말하는 것과 말하지 않는 것에 대한 주의 깊은 관찰은 정당한 독법으로 보인다.

다섯째, 곧 논증될 것이지만, 성령의 내주하심에 대한 요한의 이해는 본질적으로 성전에 대한 요한 자신의 개념과 연결된다. 만일 그 경우라고 한다면, 성령의 내주하심이 지목하는 그 실재는 전에 영적으로 죽었던 사람 안에서의 새로운 능력의 창조(즉, 중생)가 아니다. 오히려 그것이 말하는 실재는 하나님의 언약적 임재다. 추가로, 성령의 내주하심에 대한 요한의 이해는 성령 하나님과 성령의 처소가 된 사람 사이의 구분을 명확히 유지하는 것으로 보인다. 그러므로 만일, "영[성령]으로 난 것은 영이니"란 구절이 하나님의 영의 내주하심을 암시한 것이라면(벧후 1:4의 진술 방식을 따라), 이 구절은 요한복음에서 내주하심이 그러한 표현(즉, "영으로 난 것은 영이다")으로 서술된 유일한 본문이 된다.

여섯째, 만약 사람이 자신의 죄와 허물로 죽었다면, 그리고 만일 성령의 중생과 내주하심이 둘 다 오직 그리스도의 십자가 이후에만 실현 가능한 종말론적 실재라고 한다면, 구약의 신자들은 어떻게 해서 믿음을 가질 수 있게 되었는가? 일각에서는 이런 의문점을 들어 오히려 구약 신자들에게도 내주하심이 있었다는 주장을 위한 하나의 근거로 사용하기도 하지만, 요한복음 7:39은 그러한 논증에 빗장을 건다. 우리가 원한다면, 우리는 구약의 성도들과 관련해서는 "중생"(regeneration)이라는 단어의 사용을 피할 수도 있겠지만, 그러나 전부가 아니라면 적어도 대부분의 학자들은 사람이 믿기 위해서는 반드시 새로운 능력을 받아야 하고, 갱생되거나 혹은 죄로 죽은 상태에서 건짐 받아야 한다는 사실을 기꺼이 인정할 것이다. 그들이 믿음으로 구원을 얻는다고 한다면, 그들도 성령으로 말미암아 믿을 수 있는 능력을 받아야 할 필요가 있어 보인다는 것이다. 만약 요한복음 3:6이 내주가 아니라 중생에 대해 말하고 있는 것이라면, 십자가 이전에 성령으로 말미암는 '내적인 능력 입음'(inward enablement)에 대한 가능성이 열리게 된다(구약은 이것을 "마음의 할례"로 언급한다). 요한복음 7:39은 아직 성령을 받지 않은 신자들에 대해 언급하고 있는 만큼, 예수의 영광 받으심이 있기 전에도 사람들은 성령의 내면적 능력 즉, 중생의 능력은 경험할 수 있었던 것으로 보인다는 것이다. 비록 그들에게 성령의 내주하심은 없었더라도 말이다. 따라서 이러한 사안들을 고려할 때, 요한복음 3:6에 성령의 내주하심이 언급되고 있다는 관점은 개연성이 적어 보인다.

요한복음 3:5-6은 성령으로 말미암는 새로운 태어남에 대해 묘사한 것이며, 중생한 자들 속에 하나님의 성령께서 그 거처를 취하신다는 의미는 아니다. 그러므로 요한복음 3장은 중생과 내주하심이 각각 성령의 구별된 사역이라는 주장에 대한 정당한 주해적 근거를 제공한다.

종말론적 중생? 예수께서 니고데모에게 선언하신 그 일[즉, 중생]은 예수께서 영광 받으시기 전에 경험될 수 있는가? 이 질문은 중요하다. 만약 성령으로 말미암아 새로 태어나는 거듭남의 사건이 내주하시는 성령을 수납하는 일과 다를 바 없는 대등한 사건이라고 한다면, 성령에 의한 이 새로운 출생은 요한복음 7:39에서 예수의 영화가 있기 전까지는 경험될 수 없는 것으로 명시된 그 종말론적 복 가운데 하나가 될 것이기 때문이다.[25] 반대로, 이미 필자가 주장해 온 것처럼, 만약 성령으로 말미암는 새로운 출생이 내주하시는 성령을 받는 것과는 별개의 다른 문제라고 한다면, 성령에 의한 이 새로운 출생(즉 중생)은 요한복음 7:39의 진술에 따른 어떤 제약도 받지 않는다.

그런데 카슨(D. A. Carson)은 요한복음 3장에서 말하는 중생과 요한복음 7장에서 말하는 성령 수납 간의 차이를 서로 구분하지 않는다. 결과적으로, 카슨은 두 본문이 서로 어떻게 조화를 이루고 있는지에 대한 설명을 반드시 내놓아야 한다:

> 일각에서는 이 본문의 흐름과 관련하여 … 절망적일 만큼 시간적 순서에서 벗어난다고 주장하는데, 이는 요한복음(참고. 특히. 7:37-39)이, 심지어 '물과 영으로 나다'라는 표현이 성령 그 자체를 의미하는 것이 아니라 할지라도, 예수께서 영광 받으실 때까지 성령이 주어지지 않을 것에 대해 그리고 그 성령께서 반드시 새로 태어남의 결과를 불러일으

---

25 참고. Brown, *John*, 140. 제5장은 구약에 약속된 종말론적 복이 예수의 영광 받으심으로 완성되기 시작했음을 논했다.

키실 것에 대해 매우 분명히 명시하고 있기 때문이다. 그렇다면 예수께서는 니고데모에게 어떻게 그러한 중생을 촉구하실 수 있단 말인가? 하지만 그러한 비난은 부당한 것이다. 여기서 예수는 니고데모가 이 새로운 출생을 즉시 경험할 것을 촉구하는 모습으로 그려지지 않는다. 오히려, 그는 사람이 하나님의 나라에 들어가려면 반드시 경험해야 할 것에 대해 힘 있게 설명하고 있다 … 예수를 최초로 따랐던 자들이 믿음으로 나아왔을 때의 그 경험은 어떤 면에서는 매우 독특한 것이었다: 예수의 부활과 영화의 때가 올 때까지 그들은 그 즉시 완전한 의미에서 '그리스도인'이 될 수 없었고, 새로운 출생이 가져오는 모든 것을 전부 다 경험할 수 없었다.[26]

만일 요한복음 3장이 중생에 대해 말하고 있는 반면, 요한복음 7장은 내주에 대해 말하고 있는 것이라면, 카슨이 설명을 위해 무릅쓰고 있는 이러한 난관은 충분히 해결 가능한 것이 된다. 요한복음 7:39은 성령이 하나님의 백성의 마음속에서 아직 일하시지 않는다고 말하는 것이 아니다. 이 구절은 단지, 예수를 믿던 당시 사람들이 곧 "받을 성령을 가리켜 말씀하신 것"이며, 이는 "예수께서 아직 영광을 받지 않으셨으므로 성령이 아직 그들에게 계시지 아니"하기 때문이라고 서술할 뿐이다. 그러므로 여기서 논점은 요한복음 7:39이 예수의 영광 받으심이 있기 전까지, 중생은 허용하지만, 내주하심은 아직 차단하고 있는 것인가에 있다.[27]

만약 요한복음 7:39이 예수의 영광 받으심이 있기 전에도 중생

---

26 Carson, *John*, 195-96 (저자 강조).
27 제5장 참고.

의 경험을 차단한 것은 아니라면, 요한복음 3장에 예수께서 니고데모에게 전하신 거듭남에 관한 메시지는 엄밀한 의미에서 종말론적 사건에 관한 것이라고 할 수 있을까? 예수께서 묘사하시는 '이 새로 태어나는 사건은 반드시 예수의 부활까지 기다려야 한다'는 관점에는 적어도 두 가지 사항이 불리하게 작용한다. 첫째, 요한이 다른 본문에서 부활 후에야 이해되거나 경험될 수 있는 사실들에 대해 독자들과 소통할 때, 그는 일관되게 시간적 지표를 사용하여 언급된 내용이 언제 효력을 발휘하게 될 것인지를 밝히고 있다.[28] 다른 곳에서는 요한이 예수의 부활 전에 이해되었거나 또는 유효했던 것이 무엇인지, 그리고 예수의 부활 후에 이해되거나 또는 유효한 것이 무엇인지를 지목하고 있지만, 요한복음 3:1-12에는 그러한 시간적 지표를 찾아볼 수가 없다('호테'[when]; '우포'[not yet]; '아르티'[now], 등). 오히려 우리는 예수께서 니고데모에게 거듭남에 대해 소개하시는 장면에서 보듯이(요 3:3), 그는 그 주제를 구약의 용어로 표현하며(3:5) 니고데모가 그것을 이해하길 기대하신다(3:10). 요한은 이것을 예수께서 사역하신 때가 아닌 그 후에 이해될 어떤 개

---

28 예. 요한은 다음과 같은 표현을 쓰고 있다: "(when) 죽은 자 가운데서 살아나신 후에야 제자들이 이 말씀하신 것을 기억하고 … 믿었더라"(요 2:22). "예수께서 아직(not yet) 영광을 받지 않으셨으므로 성령이 아직(not yet) 그들에게 계시지 아니하시더라"(7:39). "제자들은 처음에at first 이 일을 깨닫지 못하였다가 (when) 예수께서 영광을 얻으신 후에야 (then) 이것이 예수께 대하여 기록된 것임과 사람들이 예수께 이같이 한 것임이 생각났더라"(12:16). "이렇게 말씀하심은 자기가 어떠한 죽음으로 죽을(was about) 것을 보이심이러라"(12:33). "예수께서 대답하여 이르시되 내가 하는 것을 네가 지금은(now) 알지 못하나 이 후에는 알리라"(13:7). "지금부터(now on) 일이 일어나기 전에 미리(before) 너희에게 일러 둠은 일이 (when) 일어날 때에 내가 그인 줄 너희가 믿게 하려 함이로라"(13:19). "그들은 성경에 그가 죽은 자 가운데서 다시 살아나야 하리라 하신 말씀을 아직(not yet) 알지 못하더라"(20:9).

념으로 생각하지 않는다. 요한은 이 새로운 출생, 곧 거듭남에 대한 예수의 가르침이, 사실은 예수께서 지상 사역을 다 이루신 후에야 비로소 이해될 수 있었던 것임을 언급하지 않는다(비교. 요 2:22; 12:16; 20:9).

요한복음 3장의 이 거듭남의 경험이 부활의 때까지 기다려야 하는 종말론적 실재가 아님을 암시하는 두 번째 요소는 예수께서 그것을 "하늘의 일"이 아닌 "땅의 일"로 간주하고 계시기 때문이다(요 3:12).[29] 요한복음 3:12에, 예수는 니고데모에게 이렇게 말씀하신다: "내가 땅의 일을 말하여도 너희가 믿지 아니하거든 하물며 하늘의 일을 말하면 어떻게 믿겠느냐?" 예수의 이러한 반문은, 예수께서 니고데모와의 대화에서 이 시점까지 하신 모든 말씀을 니고데모가 반드시 믿어야 한다는 것을 함의한다. 이 대화의 주제는 거듭남에 관한 것이었고, 여기서 카슨은 "하늘의 것들"(개역개정. '하늘의 일')이란 새 하늘과 새 땅에서의 완성된 나라를 지칭하는 표현일 수 있다고 여긴다. 만약 이것이 옳다면, 거듭남은 현존하는 실재이며, 카슨이 언급한 대로, "그것은 사람들이 거듭날 때 그 일이 여기 지상에서 일어난다는 의미에서 '땅의 일'이 되는 것이다."[30]

반면, 벨빌은 "물과 성령으로 태어난다"는 문구가 "구약 선지자들을 통해 약속된 종말론적 정화와 회복(eschatological cleansing and

---

29 물론, 이것이 여기서 "땅의 일"에 대한 유일한 해석 방식은 아니다. "땅의 일"(earthly)과 "하늘의 일"(heavenly)에 대한 논의는 다음을 참고하라. Beasley-Murray, *John*, 49-50; Schnackenburg, *John*, 1:377-80; Harris, "The Gospel of John," (on-line) http://www.bible.org/docs/nt/books/joh/harris/gjohn-07.htm#P1115_179233; 인터넷 접속 2003년 2월.

30 Carson, *John*, 199.

renewal)"의 전망이 내포된 개념임을 설득력 있게 보여준다.³¹ 한편, 마운스(Mounce)는 "그리스도인의 거듭남의 은유가 예수의 탁월한 창조적 발상 안에서 기원된 것"임을 보여준다.³² 그렇다면 내주하심처럼, 이러한 중생의 경험도 새 시대의 개막에 한정된 것인가?

벨빌과 마운스에 의해 제시된 그러한 요소들은 중생의 경험을 종말의 때로 제한하지 않는다. 이는 신약의 현실인 중생의 경험과 구약에 실재하는 마음의 할례 사이에 서로 연관성이 있기 때문이다(참고. 롬 2:29; 빌 3:3; 골 2:11-13). 구약의 '내면적 할례'와 신약의 '다시 태어남'은 둘 다 '성령으로 말미암는 능력'을 환기하는 표현이다(비교. 렘 6:10, "그 귀가 할례를 받지 못하였으므로 듣지 못하는도다"). 따라서 비록 구약은 다른 언어로 그것을 표현하고 있지만, 그것이 가리키는 실체는 동일한 것으로 보인다. 하나님은 사람들에게 믿을 수 있는 능력, 즉 그들에게 전에 없던 믿고자 하는 자발적 의지를 주신다. 신약은 중생과 관련해서 그것을 예수께서 영광 받으신 이후에 경험될 수 있는 것으로 말하지 않는다. 하지만 내주하시는 성령을 받는 것과 관련해서는 물론 그렇게 말하고 있다(요 7:39). 더 나아가, 우리는 구약에서도 중생에 대한 증거를 찾을 수 있다.

코넬리스 베네마(C. Bennema)는 생명을 주시는(life-giving) 성령에 대한 제자들의 경험을, 내주하심의 시작을 알리는 일종의 서곡(entrée)으로 제시하는 것처럼 보인다:

예수의 지상 사역 동안, 사람들(제자들 포함)은 이미 생명을 주시는 성

---

31 Belleville, "Born of Water and Spirit," 141; cp. Burge, *John*, 116.
32 Mounce, "The Origin of the New Testament Metaphor of Rebirth," 11.

령을 '미리 맛보았거나' 혹은 체험했을 수 있다. 그러나 진정한 기독교적 믿음이 그들에게 하나의 실상이 된 것은 오직 십자가와 부활 그리고 성령의 선물이 있고 난 후였다(요 20:22).[33]

그러나 관련 본문은 성령의 중생의 역사를 가리켜 그것이 성령의 내주하심의 역사와 동일한 것이거나 또는 예고편과 같은 것임을 암시하지 않는다. 오히려 우리는 그리스도의 십자가 사건 이전의 제자들 또한 '완전히' 중생한 신자들로 간주해야 할 것이다. 비록 그들은 예수께서 영광 받으신 후에야 내주하시는 성령을 수납하기는 했지만, 그렇다고 해서 제자들이 단지 성령의 전조만 경험했던 것은 아니다.

베네마의 "진정한 기독교적 믿음"(authentic Christian faith)이란 표현이 믿음의 '내용' 전체를 염두에 두고 있는 것이라면, 그리고 그것이 예수 그리스도 안에서 하나님이 이루신 모든 것을 깨닫는 믿음을 말한 것이라면, 그의 주장은 물론 틀리지는 않다. "십자가와 부활 그리고 성령의 선물"이 있고 난 후에만 그런 믿음이 가능했다. 하지만, 만일 그가 믿음의 '본질적' 측면을 염두에 두고, '하나님께서 구원하실 것'이라는 하나님을 향한 참된 신뢰-즉 구원 역사 속에서 현재 계시된 만큼 자각하여 믿고 그런 가운데 그 믿는 자를 의롭다 여기시는 하나님의 칭의의 결과를 낳는-상태를 의미하는 것으로 표현했다고 한다면, 이러한 종류의 믿음은 구원 역사의 모든 시점에서 항상 가능한 것이다(참고. 아브라함의 믿음을 보라. 창 15:6).

---

33 C. Bennema, "The Giving of the Spirit in John's Gospel-A New Proposal?" *EvQ* 74 (2002): 196.

구약 신자들도 성령으로 말미암아 중생했다(참고. 아래의 단락, "중생에 관한 구약의 희미한 그림"을 보라). 따라서 성령의 능력으로 그들도 진정한 믿음, 구원에 이르는 믿음을 가질 수 있었다. 물론 구원 역사의 발전 속에서 각각 처한 그들의 위치에 따라 그들이 가진 믿음의 내용은 제한적일 수밖에 없었다. 그러한 가운데 구약에서 성령의 내주하심은 신자들 각 개인이 아니라 성전을 통해 구현되었던 것이다(참고. 제3장).

나중에서야 베네마는 자신이 예전에 찬동했던 관점, 즉 성령을 미리 맛보는 것에 관한 그의 관점이 "매우 불충분"한 것임을 암시하는 진술을 한다:[34]

> 몇몇 본문들은 예수의 사역 안에 이미 있던 제자들의 편에서 그들의 충분한 이해와 믿음에 대해 언급하는 것처럼 보인다 … 하지만 생명의 효력과 성령의 활동은 인간 예수에게 결속되어 있었고, 예수의 예견된 떠남은 제자들이 예수를 통해 경험했던 신적 생명으로의 참여에 문제를 야기할 것이었다.[35]

여기서 베네마는 예수의 출현 이전에 "충분한 믿음"(adequate faith)을 가졌던 것으로 보이는 자들에 관한 질문은 제기하지 않는다. 필자가 주장하는 바는, "충분한 믿음"은 곧 중생의 결과로 주어지는 것이고, 중생은 내주와 동일한 것이 아니며, 중생의 경험은 구원 역사의 어느 시점에서도 가능한 경험이라는 것이다(다시 말하지

34　Ibid., 208.
35　Ibid.

만, 요 7:39에서 예수의 영광 받으시는 때를 기다리는 것은 성령의 '수납'이다). 베네마의 견해는 그리스도의 성육신 이전에 살았던 옛 언약 신자들의 진정한 신앙에 대해서는 설명하지 못한다.

여기서 한 가지 중요한 질문이 제기된다: 구약 성경에는 당시 신자들이 중생했음을 보여주는 암시들이 있는가?

중생에 관한 구약의 희미한 그림. 에덴동산에서 하나님은 선악을 알게 하는 나무의 열매를 먹으면 죽음의 결과를 가져올 것이라 경고하셨다(창 2:17). 그런데 아담과 하와는 그 나무의 열매를 먹었음에도 그 즉시 육체의 죽음을 경험하지는 않는다(창 3:6). 비록 아담과 하와가 곧바로 물리적 죽음을 경험한 것은 아니지만, 그들은 영적으로는 죽었다고 볼 수 있다(창 3:7-8).[36] 근본적 차원에서 보면, 그들은 하나님에게서 분리되었고 저주를 받았다(3:8-19).[37] 그러나 그 저주와 더불어 그들에게는 구속(redemption)의 약속이 주어진다(3:15).

물론 본문은 하나님께서 아담과 하와를 성령으로 거듭나게 하셨다고 말하고 있지 않지만, 아담과 하와는 분명 하나님이 그들에게 허락하신 약속의 소망 안에서 믿음으로 응답했다. 그들의 믿음의 반응과 그 소망은 아담이 자기 아내를, "모든 산 자의 어머니"라는 의미로 하와라는 이름으로 부른 것에서 볼 수 있다(3:20). 케네스 매튜스(Kenneth Mathews)는 '하와'라는 히브리어 형태의 이름은,

---

[36] 참고. 고전 15:22, "아담 안에서 모든 사람이 죽은 것 같이 그리스도 안에서 모든 사람이 삶을 얻으리라." 또한 다음을 보라. M. Barth's comments on Eph 2:1 (*Ephesians 1–3*, AB 34 [New York: Doubleday, 1974], 213).

[37] 참고. E. H. Merrill, "Fall of Humankind," in *NIDOTTE*, 4:638–39; T. D. Alexander, *From Paradise to the Promised Land* (Grand Rapids: Baker, 1995), 35.

"'하이'(살아 있는/living)라는 히브리어 단어와 음성학적으로 관련된다"고 설명한다. 그리고 이러한 음성학상의 언어유희는 "하나님이 계시하신 것에 대한 전망과 기대 속에서 아담이 가졌던 믿음을 입증하는 하나의 증거다(창 3:15-16). 아담은, 비록 가장 처절한 교훈을 통해서였지만, 하나님의 말씀을 신실한 순종으로 받아들여야 한다는 사실을 배웠다"고 말한다.[38] 아담은 하나님께서 자비를 보이셨고, 자신들로 하여금 계속해서 생육하고 번성하도록 허락하실 것을 확신했다. 또한 가인(창 4:1)과 셋(4:25)을 출산할 때의 하와의 반응은 그가 창세기 3:15에서 하나님이 주셨던 그 약속의 성취를 간절히 바라고 있었음을 암시한다.[39] 아담과 하와가 가졌던 이러한 소망은 그들이 하나님과의 영적인 분리에서 벗어났으며 하나님을 신뢰할 수 있게 되었음을 암시한다. 즉, 그들은 중생을 경험했던 것으로 보인다.

구약 시대의 중생에 대한 또 다른 암시는 시편 87편에서 찾을 수 있다. 육신의 자연적 혈통으로는 하나님나라의 참여자가 아닌 자들(라합, 바벨론, 블레셋, 두로, 구스[시 87:4])이 "거기서 났다"(시 87:6)는 사실을 통해 하나님나라의 참여자들이 되고 있다. 시편 87편은 아마도 종말론적인 시일 수 있다. 그러나 구약은 다른 이방에서 태어났지만 "참 유대인"으로 칭함 받게 된 자들에 대해 인정하고 있다(예. 멜기세덱, 라합, 룻, 아마도 아굴[잠 30:1], 르무엘[잠 31:1], 그리고

---

38 K. A. Mathews, *Genesis 1–11:26*, NAC (Nashville: Broadman & Holman, 1996), 254.
39 참고. C. F. Keil, *The Pentateuch*, vol. 1 of *Commentary on the Old Testament*, by C. F. Keil 및 F. Delitzsch, trans. J. Martin (Edinburgh: T & T Clark, 1866–91; reprint, Peabody, MA: Hendrickson, 2001), 68; Mathews, *Genesis 1–11:26*, 265; J. H. Sailhamer, *Genesis*, in *EBC*, 2:60, 69.

욥). 시편 87편에 언급된 이방 민족의 사람들은 물리적으로는 시온에서 태어나지 않았지만, 어떤 면에서 보면, 그들은 다시 태어남을 경험한 자들이었고, 이로 인해 그들은 하나님의 영역에 속한 백성들 가운데 있는 사람들로 여김을 받는다. 어쩌면 시편 87편은 예수께서 위로부터 난 새로운 출생에 관한 자신의 가르침을 니고데모가 이해하길 바라시던 가운데, 그 근거본문으로 니고데모가 떠올리길 바라셨던 본문들 가운데 하나였을 수 있다(요 3:10).

우리는 구약 성경에서 중생에 대한 또 다른 암시들도 볼 수 있다. 당시에 육신으로는 분명히 생존해 있는 시편 기자가 하나님을 향해서 자신을 "살아나게" 해달라고 애원한다(시 119:25).[40] 이사야는 육체로는 살아 있는 자신의 청중들을 향해 이렇게 외친다: "들으라 그리하면 너희의 영혼이 살리라!"(사 55:3). 여러 학자들 중에서, 아이히로트(Eichrodt)는 구약 성도들에게도 중생의 경험이 가능했을 것으로 여긴다: "영[성령]이 사람의 마음에 내적 변화를 일으켜 하나님의 통치를 완성할 것이라는 기대가, 더 이상 다가올 구원의 시대에만 있는 것이 아닙니다."[41] 그러나 그는 주어진 증거 이상으로 넘어가고, 에베소서 1:14을 구약 신자들에게 적용할 때는 신약에서의 증거를 간과하는 경향을 보인다.[42]

이 단락에서의 주안점들을 정리하자면, 일각에서는 "중생"이란 용어가 구약에서는 사용되지 않는다는 이유로, 구약 성도들에 대

---

40 참고. BDB, 311 s.v. חָיָה Pi. 2.,3.

41 W. Eichrodt, *Theology of the Old Testament*, 2 vols., OTL, trans. J. A. Baker (Philadelphia: Westminster, 1961, 1967), 2:61, cp. 66.

42 Ibid., 2:65.

해 묘사할 때 그런 표현의 사용을 거부하기도 하지만, 필자는 이러한 은유를 "마음의 할례"와 대등한 것으로 생각한다. 특히, "중생"이라는 용어를 통해 상징되는 그 실재는, 만약 옛 언약 아래 살다가 죄 안에서 죽었던 자들이 그럼에도 불구하고 신자가 되었다고 한다면, 반드시 신학적 필연성을 갖는다. 신약 성경은 내주하시는 성령을 받는 것은 예수께서 영광 받으시기 전까지는 일어날 수 없는 일이라고 명시하고 있지만(요 7:39), 그렇다고 해서 그때까지 중생을 경험할 수 없다고는 말하지 않는다.

성령은 생명을 살리신다

우리는 요한복음 6:63에서 중생의 경험이 성령의 내주하심과는 별개의 다른 실재임을 암시하는 또 하나의 진술을 읽을 수 있다. 예수께서 가버나움 회당에서 그의 말씀을 듣던 청중들 사이에 쟁론을 일으키셨을 때, 그의 가르침을 어렵다고 여기는 자들을 향해, 인자가 이전에 있던 곳으로 올라가는 것을 본다면 그들이 어떻게 반응할 것인지 반문하시며 그들을 도전하신다. 예수는 그들 중 일부는 믿지 않는다는 사실과 자신을 배반할 자가 누구인지도 이미 처음부터 아셨던 가운데, 사람들의 쟁론으로 동요되지 않던 제자들이 어떻게 예수의 말씀이 곧 "영생의 말씀"(요 6:68)인 줄 감지할 수 있었는지에 관하여, 요한복음 6:63에서 이렇게 설명하신다: "살리는 것은 영이니[라]."[43] 요한복음 6:62의 질문과 63절의 진술 사이에는 어떤 연계점이나 접속사도 없다. 하지만 문맥상으로 볼 때, 그것은 성령께서 생명을 주시지 않는 한, 예수의 말씀이 사람들에게 받아들여질 수 없음을 암시하는 것처럼 보인다. 이러한 관점은 6:63에 예수께서 이어 말씀하신, 두 문장을 통해 지지된다: "육은 무익하니라. / 내가 너희에게 이른 말은 영이요 생명이라."

요한복음 6:63에 성령과 육신을 나란히 배치한 이러한 구조는 앞서 3:6에서 영과 육의 두 영역을 대조한 모습과 유사해 보인다.[44] 요한복음 3:6에서와 마찬가지로, 6:63에서 예수는 자신이 전하고 있는 말씀이 곧 성령의 영역에 속하는 것임을 선언하시는 것처럼 보인다. 그러므로, "내가 너희에게 이른 말은 영이요 생명이라"(6:63c)는 진술은, 그것은 단순히 사람의 능력으로 이해될 수 없다는 측면에서, 예수의 말씀이 "영"(spirit)임을 의미한 것이라고 해석할 수 있다(비교. 요 8:43, "이는 내 말을 들을 줄 알지 못함이로다"). 예수께서 "육은 무익하다"고 말씀하신 이유는 바로 이 때문이다(요 6:63b). 예수의 말씀은 성령의 영역에 속한 것이며,[45] 성령의 영역은 육의 영역에 속한 자들에게는 이해되지 않는 것이다. 그러나 육의 영역에 속한 자들도 성령의 영역으로 이끌림을 받을 수 있다. 이는, "살리는 것은 영"(요 6:63a), 즉 성령이 생명을 주시고 살리시는 분이기 때문이다. 그리고 예수의 말씀 자체가 "영이며 생명"이기 때문이다(6:63c).

---

43 비슬리 머레이(Beasley-Murray)는 이 문장을 "깜짝 놀랄 정도로 예상 못한" 것이라 평한다(*John*, 96).
44 참고. Bernard, *John*, 218; Brown, *John*, 299-300.
45 Bernard, *John*, 218.

예수의 말씀은 성령께서 살아나게 하신 자들에게 생명의 결과를 가져온다.[46] 다른 말로 하면, 성령의 생명-수여의 역사는 그것을 듣는 사람들로 하여금 예수의 메시지를 수용하게 만든다. 성령께서 살리시는 사람은 누구든지 예수께서 하신 말씀을 깨닫게 되고, 그의 말씀이 거부할 수 없는 것임을 느끼며 반드시 믿게 된다. 반면, 믿지 않는 자들은 예수의 메시지를 거부한다. 그러한 이유는 예수의 말씀이 진리가 아니어서가 아니라, 그들이 육의 영역에 머물며 생명 주시는 성령의 역사를 경험하지 못하고 있기 때문이다.

이것은 언제 가능한 일인가? 이 구절은 두 가지 이유에서 우리의 목적과도 관련이 있다: 첫째, 성령의 생명 주시는 사역의 모습이 특징적으로 묘사되고 있지만 성령께서 그 살리심을 받은 자들에게 아직 내주하신다는 언급은 없다; 둘째, 본문에서 예수는 현재 시제로 말씀하시는 것으로 제시된다. "성령은 … '이다'(헬. '에스틴'/'is') '살리시는'(헬. '조포이운'/'makes alive') 이"(개역개정. '살리는 것은 영이니' 요 6:63a).[47] 요한복음 7:38에 예수께서 군중을 향해 생수를 주실 것을 제안하실 때, 그것은 예수께서 영광 받으신 후 "믿는 자들이 곧 받게 될 성령"을 가리킨 것이라는 7:39의 덧붙여진 화자의 해설과는 달리, 요한은 복음서의 독자/청중들에게 성령의 이 사역은 십자가

---

46 참고. J. L. Kipp, "The Relationship between the Conceptions of 'Holy Spirit' and 'Risen Christ' in the Fourth Gospel" (Ph.D. diss., Princeton Theological Seminary, 1967), 145.

47 톰슨(Thompson)은 이 본문이 "그가 베푸는 생명"을 "현재의 실재"로 간주하고 있다고 인정한다. 그러나 그녀는 중생과 내주 간의 차이를 구별하지 않기 때문에, "생명의 그 실제 수납은 예수의 죽음 이후까지 유예되는 것으로 보인다"고 여긴다(*The God of the Gospel of John*, 178). 그러나 성령에 의한 생명의 수납이 지연되는 것이 아니라, 내주하시는 성령의 수납이 유보되는 것이다.

사건 이후에야 유효할 것이라는 설명을 제공하지 않는다.[48] 예수께서 하나님의 말씀을 전하실 때(요 3:34), 성령은 그 말씀을 듣는 사람들 가운데 일부가 그의 메시지를 받아들일 수 있게 하신다(6:63). 그런 사람들은 예수의 메시지를 자신들의 '유일한 소망'으로, 즉 "영생의 말씀"으로 인식하게 된다("주여 영생의 말씀이 주께 있사오니 우리가 누구에게로 가오리이까?" 요 6:68).[49]

요한복음 6:63에서 예수의 말씀을 듣는 택함 받은 자들에게 성령께서 새로운 생명을 주시는 것처럼, 성령은 성육신과 하나님나라의 서막이 있기 이전 시대에도, 말씀의 선포를 듣던 그 택자들에게 또한 새 생명을 주셨다. 이사야가 자신의 동시대인들을 향해 촉구한 것도 같은 이유에서였다: "내게로 나아와 들으라 그리하면 너희의 영혼이 살리라!"(사 55:3). 하나님의 영으로 말미암아 하나님의 말씀을 듣고 믿을 수 있게 되었다면, 그 사람이 구원 역사의 어느 시간선상에 있든지 상관없이 우리는 그를 중생한 사람이라고 말할 수 있다. 그러한 사람은 마음에 할례를 받았고, 따라서 믿을 수 있는 새로운 능력이 그 안에 창조된 것이다. 그러나 이러한 성령의 생명 주시는 사역과 더불어 임하는 성령의 내주하심은 예수의 영광 받으심 이후에 주어진다. 그리고 예수께서 영광 받으신 이후로,

---

48 브라운처럼 진술하는 것은 요 3:6 및 6:63의 성령의 생명-수여 사역 그리고 요 7:39 및 14:17의 내주하시는 성령의 수납 사이의 차이를 혼동하게 한다. 그는 다음과 같이 서술한다: "예수의 말씀을 받아들이는 사람은 생명-수여의 성령을 받게 될 것이다"(John, 300). 요 7:39는 성령이 아직 생명을 살아나게 하지 않았다고 말하지는 않는다. 다만, 예수께서 아직 영광을 받지 않으셨기 때문에 성령이 아직 주어지지 않았으므로, 예수를 믿고 있던 자들이 장차 곧 성령을 받게 될 것이라고 언급하고 있는 것이다.

49 G. T. Tew, "The Pneumatology of John as Seen in the Fourth Gospel" (Ph.D. diss., New Orleans Baptist Theological Seminary, 1993), 69.

현시대에서는 성령의 중생과 내주하심이 동시적으로 발생하는 것처럼 보일 수 있다. 그럼에도 불구하고 그 두 사역은 여전히 성령의 구별된 사역으로 간주된다. 지금까지 제시된 증거들이 암시하는 바에 따르면, 예수께서 영광 받기 이전의 신자들은 성령의 역사로 말미암아 중생을 경험했지만, 내주하시는 성령의 임재는 아직 그들에게 임하지 않았다고 할 수 있다.

요한복음이 말하는 하나님의 새로운 성전

지금까지 우리는 성령의 생명-수여 사역이 신자들 안에 거하시는 성령의 내주하심과 동일시 될 수 없음을 논증했다. 만일 내주하심이 중생과는 정말로 다른 것이라고 한다면, 그 내주는 과연 무엇을 말하는 것인가? 이 단락에서 우리는 요한복음의 제시에 따라, 내주하심의 중요한 측면에 대해 설명하고자 한다. 예수께서 떠나신 후 제자들과 함께 하시는 성령의 임재에 관한 규범적 해석은 성령께서 예수의 임재를 계속 이어가신다는 것이다.[50] 이러한 해석은 물론 틀림없는 해석이다. 그러나 그것은 성령께서 계승하시는 예수의 사역과 하나님의 성전으로서 제자들이 감당할 새로운 역할 사이의 연계성에 대해서는 밝히지 않고 있기 때문에 충분한 설명이라고는 할 수 없다.

　신자들 안에 임하는 성령의 내주하심은 이스라엘 성전의 사역과

50　이것의 고전적 표현은 다음 문헌을 보라. R. E. Brown, "The Paraclete in the Fourth Gospel," *NTS* 13 (1967): 113-32; id., *John*, 1135-44. His followers are legion.

밀접하게 관련된 개념들로 형성된다.[51] 내주하심에 대한 이 같은 이해는 옛 언약의 신자들에게 성령의 내주하심이 있었는지 여부에 관한 더 큰 질문을 제기하게 된다. 새 언약 성도 안의 성령의 내주하심이 옛 언약 성전의 내주하심과 나란히 비교되는 실재라면, 하나님께서 자기 백성과 함께 하는 수단으로 옛 언약의 성전을 거처 삼으신 시대에는 신자 안에서의 내주가 어울리지 않았을 것이기 때문이다.

요한문헌의 학자들은 그 성전이 가리키는 실체로서 요한이 예수를 제시하고 있다는 주장에 일반적으로 동의한다.[52] 지상에 거하시는 동안 예수 자신이 하나님의 임재의 중심이었으며, 속죄를 위한 희생 제사는 그의 십자가에서 가장 완벽한 표현으로 드러났다(참고. 예수께서 십자가에서 하신 선언, "다 이루었다"['그것은 끝났다'/'It is finished'] 에 주목하라. 요 19:30). 스카사운(Skarsaune)은 이렇게 서술한다: "자신이 최후의 희생제물, (그 함축적 의미에서) 다른 모든 속죄 제사를 종결짓는 희생제물이 되어야 했다. 그것은 그럼 이제부터는 무엇이(what)—또는 누가(who)—그 성전이 되는가에 관해 재정의 하게 한다."[53] 두 가지 복, 즉 하나님의 임재[54] 그리고 하나님이 예비하신 속

---

51 이러한 결혼에 이른 후 필자는 독자적으로 다음 문헌을 통해 이를 확증할 수 있었다: M. L. Coloe, *God Dwells with Us: Temple Symbolism in the Fourth Gospel* (Collegeville, MN: Liturgical Press, 2001). 또한 참고. O. Skarsaune, *In the Shadow of the Temple*, 155–60, 162.

52 참고. 요 2:21에 대한 주석들 및 Kerr, *The Temple of Jesus' Body*. 비교. P. Hoskins, "Jesus as the Replacement of the Temple in the Gospel of John" (Ph.D. diss., Trinity Evangelical Divinity School, 2002). 존슨(B. D. Johnson) 또한 이 결론에 도달한다("The Temple in the Gospel of John," in *Christ's Victorious Church*, ed. J. A. Weatherly [Eugene, OR: Wipf and Stock, 2001], 110–32).

53 Skarsaune, *In the Shadow of the Temple*, 142.

54 "The temple in its most basic sense symbolizes the dwelling place of God" ("Temple," in *DBI*, 849).

죄의 수단이 전에는 예루살렘 성전을 통해 구현되었다. 그런데 그러한 복들은 성육신으로 인해 예수 자신에게로 이전되었다. 이 단락의 논제는 아버지께서 아들을 보내신 것처럼 예수께서 제자들을 보내시는 때에(17:18; 20:21), 예수께서 자신이 받았던 성전의 권세를 자신의 제자들에게 이양하신다는 것이다. 이에 제자들은 그들 자신이 하나님의 임재의 중심이 되고, 죄의 문제가 다뤄지는 현장이 된다. 이러한 성전의 권세는 '내주하심'이 표현하고자 하는 바의 중요한 일부분인 것이다.

사실 물리적 '건물'이 아닌 사람들의 '공동체'가 성전이 된다는 생각은 1세기 유대교에서 결코 낯선 개념이 아니었다. 쿰란 공동체의 경우에도 그들은 스스로를 성전으로 생각했던 것으로 보인다. 그들은 자신들이 속죄 사역을 하는 것으로 간주했고(1 QS 5:6; 8:10; 9:4) 자신들을 지성소의 터로 비유했다(1 QS 8:5-9; 9:6). 하지만 쿰란 공동체는 단지 잠정적인 상황이라고 생각했다. 유배 중인 빛의 자녀들이(1 QM 1:3) 승리하게 될 때, "지파의 족장들, 그리고 그 뒤를 이어 회중의 아비들이 성소의 문을 영원히 책임질 것"이기 때문이다(1 QM 2:3).

그러나 그리스도인들이 쿰란 공동체로부터 자신들을 하나님의 성전으로 이해하게 되었다는 증거는 존재하지 않는다.[55] 이와 관련해 콜로이(Coloe)는 다음과 같이 서술한다:

이 두루마리들에서 발견되는 공동체로서의 성전(Temple-as-community)

---

55 참고. Westerholm, "Temple," in *ISBE*, 4:776.

에 관한 이미지는 사복음서에서 볼 수 있는 그러한 심상보다 더 기능적인 측면이 있다. 요한복음은 14장과 15장에서 다양한 형태의 μένω[머무르다/거하다]로 표현된 신적인 내주하심의 개념을 중심으로 사람들로서의 성전(Temple-as-people) 이미지를 발전시킨다. 그러나 쿰란 문헌에서는 이러한 개념을 찾을 수 없다. 공동체로서의 그들의 성전 관념은 희생제사 및 속죄의 개념과 맞물려 있다.[56]

그리스도인들에게는 그들의 공동체가 성전일 뿐 아니라(고전 3:16), 그들 각 개인도 성령이 내주하시는 성전이다(고전 6:19, 참고. 아래 내용을 보라). 또한 콜로이의 주장에 따르면, 쿰란 공동체의 성전 이미지는 그들의 "공동체 전체에 적용되었던 것이 아니라, '연합 의회'(council of union)라고 불리는 그 공동체 안에 선별된 그룹에게만 적용되는 것"이다.[57]

예수께서 떠나신 후에 제자들은 하나님의 임재의 장소가 되었다(요 14:17; 20:22). 또한 제자들에게는 죄를 사하기도 하고 그대로 두기도 하는 권세가 주어졌다(20:23). 그들의 이러한 권세는 예전에는 성전의 제사 제도를 통해서 중재되었던 복이다. 그러므로, 라이트의 표현대로, "예수와 교회가 함께 새로운 성전이다."[58] 이 점은 신약 성경뿐 아니라 다른 초기 기독교 문헌에서도 충분히 명백한 사

---

56 Coloe, *God Dwells with Us*, 168.
57 Ibid., 169, citing B. Byrne, "'Building' and 'Temple' imagery in the Qumran Texts" (M.A. Thesis, University of Melbourne, 1971). 비교. Kerr, *The Temple of Jesus' Body*, 296–98.
58 N. T. Wright, *The New Testament and the People of God*, Christian Origins and the Question of God 1 (Minneapolis: Fortress, 1992), 366 n. 31.

실이다.[59] 이 단락의 목표는 요한복음에 그러한 사실이 드러나 있음을 보여주는 것이다. 만약 그렇다고 한다면, 예수의 말씀과 행동에 대한 요한의 기사는 교회가 스스로를 하나님의 성전으로 여기게 된 역사적 기반이 된다고 할 수 있다.[60]

요한에게 있어서 성령의 내주하심이 함의하는 바가 바로 그러한 것임을 보여주기 위해, 이 단락은 세 단계의 논지로 전개될 것이다. 첫째, 1세기에 성전이 갖는 중요한 의의는 우리가 요한복음을 이해할 수 있는 하나의 배경이 됨으로, 우리는 그 중요성에 대해 살펴볼 것이다. 둘째, 예수를 성전으로 제시하는 요한의 서술에 대해 다룰 것이다. 셋째, 예수께서 제자들을 파송하시는 장면, 그리고 성전의 복을 중재하신 예수의 사역을 이제는 제자들이 계승할 것에 대한 암시들을 추적할 것이다. 이 단락의 논지는 내주하시는 성령을 수

---

59 참고. 신약의 내주하심과 새로운 성전으로서의 교회에 대한 제5장의 논의를 보라. 또한 교회는 속사도들(Apostolic Fathers)에 의해 성령의 내주하심이 있는 하나님의 성전으로 묘사된다. 참고. *1 Clem*. 9:3, δεῖ οὖν ἡμᾶς ὡς ναόν θεοῦ φυλάσσειν τήν σάρκα("그러므로, 이것을 필수적인 것이니, 하나님의 성전으로서 우리가 육체를 경계해야 한다"); Ign. *Eph*. 15:3, αὐτοῦ ἐν ἡμῖν κατοικοῦντος, ἵνα ὦμεν αὐτοῦ ναοί καί αὐτός ἐν ἡμῖν θεός ἡμῶν("그분이 우리 안에 거하시는 가운데, 우리는 그분의 성전이며, 우리 안에 계신 그분은, 우리의 하나님이시다"). 비교. Ign. *Magn*. 12,14; *Rom*. 6:3; *Phld*. 7:2; 8:1. *Did*. 10:2, ὑπέρ τοῦ ἁγίου ὀνόματός σου οὗ κατεσκήνωσας ἐν ταῖς καρδίαις ἡμῶν("당신이 우리의 마음에 장막을 치게 하신, 당신의 거룩한 이름을 위하여"); *Barn*. 16:8,10,[8]··· ἐγενόμεθα καινοί, πάλιν ἐξ ἀρχῆς κτιζόμενοι· διό ἐν τῷ κατοικητηρίῳ ἡμῶν ἀληθῶς ὁ θεός κατοικεῖ ἐν ἡμῖν;[10]··· τοῦτό ἐστιν πνευματικός ναός οἰκοδομούμενος τῷ κυρίῳ("[8]··· 우리는, 처음부터 다시 창조되어, 새롭게 되었다; 그러므로 우리의 처소에 하나님이 참으로 거하시니, 즉, 우리 안에 계신다;[10]··· 이것은 우리 주를 위해 세워진 영적 성전이다"). 비교. *Barn*. 16:1-10.

60 참고. D. Wenham, *Paul: Follower of Jesus or Founder of Christianity?* (Grand Rapids: Eerdmans, 1995), 183; P. W. L. Walker, *Jesus and the Holy City* (Grand Rapids: Eerdmans, 1996), 172; 및 I. F. Wood, *The Spirit of God in Biblical Literature* (New York: Armstrong, 1904), 238-39.

납하는 것이 새로운 성전으로서의 신자 됨을 성립시킨다는 것이다. 먼저 예루살렘 성전의 중요한 의의부터 살펴보고자 한다.

예루살렘 성전

우리는 제3장에서 구약 시대의 성전의 중요성에 대해 살펴보았다. 제2성전 유대교와 관련하여 스카사운은, "모든 유대인의 공통적인 기준점은 성전이었다"라고 주장한다.[61] 비슷한 방식으로, 라이트(N. T. Wright)는, "성전은 유대인의 국민적 삶의 모든 측면에 있어 중심지였다"고 말한다.[62] 예수와 동시대의 유대인 파당들 사이에 있던 그 분쟁의 중심에는 성전이 있었다.[63]

예루살렘 성전에 대한 유대인들의 경외심은 성경적 근거가 없는 것이 아니었다. 이스라엘 백성은 하나님께서 자신의 이름을 두기로 택하신 그 장소에서 그들의 하나님을 찾도록 명령을 받았다(신 12:5). 사프라이(S. Safrai)는 이스라엘 백성에게 성전이 갖는 중심적 의미를 다음과 같이 요약한다:

성전, 그 기구들, 심지어 대제사장의 예복까지 온 우주와 하늘의 천군

---

61 Skarsaune, *In the Shadow of the Temple*, 106.
62 Wright, *The New Testament and the People of God*, 224.
63 Skarsaune, *In the Shadow of the Temple*, 121; Wright, *The New Testament and the People of God*, 225. 비교. *m. Abot* 1:2, "세상은 세 가지, 즉 토라와 성전 예배, 사랑의 친절한 행위 위에 서 있다." 달리 언급되지 않는 한 미쉬나(Mishnah)의 번역문 출처는 다음과 같다. J. Neusner, *The Mishnah: A New Translation* (New Haven: Yale University Press, 1988).

을 상징하는 것처럼 묘사된다 ⋯ 성전은 마치 하늘과 땅처럼 영원히 존재할 것이라는 확고한 신념이 있었다 ⋯ 이러한 배경을 감안하면, 성전을 향한 그들의 헌신을 이해하는 것이 가능해지고 ⋯ 성전이 불에 타 무너졌을 때 백성들 안에 자리하게 된 고통과 절망 그리고 영적인 공허감 또한 충분히 이해될 수 있다. 성전이 파괴됨으로 인해, 우주의 이미지에 심각한 결함이 발생했고, 국가적 기틀이 훼손되었으며, 이스라엘 민족과 하늘에 계신 아버지 사이에 철벽과 같은 장애물이 형성되었다.[64]

요한은 이스라엘의 하나님이 거하시고[65] 백성들이 속죄를 행하던 장소에 관한 놀라운 발언과 함께 예수께서 이 거룩한 성소에 들어가시는 장면을 묘사한다:[66] "이 성전을 헐라 내가 사흘 동안에 일으키리라"(요 2:19).

예수 : 요한복음의 새로운 성전

이 단락에서는 요한이 예수를 새로운 성전으로 표현한 것과 관련하여 두 가지를 요점으로 제시하고자 한다. 첫째, 예수는 하나님의 임재를 구하고 찾아야 하는 그 '장소'로서의 성전을 친히 대체하신

---

64 S. Safrai, "The Temple," in *The Jewish People in the First Century*, CRINT 1.2, ed. S. Safrai and M. Stern (Philadelphia: Fortress, 1976), 906.
65 참고. 하나님의 거하시는 장소로서 성전에 대한 요약: Westerholm, "Temple," in ISBE, 4:764, 및 M. O. Wise, "Temple," in *DJG*, 813.
66 "그러므로 성전은 야훼의 이름이 거하고, 죄가 용서되고, 기도가 이뤄지고 들려지며, 질병이 치유되고, 농경사회의 번영이 확인되는 곳이다." Kerr, (*The Temple of Jesus' Body*, 35).

다. 둘째, 예수는 속죄를 위해 성전에서 행해졌던 제사 제도를 완성하신다.[67] 우리는 이러한 성전 대체(temple replacement) 주제에 관한 두 요소들을 탐구할 것이다. 첫 번째는 주로 요한복음 1:14,51에서, 그리고 두 번째는 요한복음 2:13-22을 중점으로 살펴보고자 한다.

임재: 요한복음 1:14,51. 특히 요한복음 2:19-22은 예수의 육신을 성전과 동일시하고 있다. 앞서, 요한은 예수의 성육신을 묘사할 때, "말씀이 육신이 되어 우리 가운데 거하시매(tabernacled, '에스케노센')"라고 진술했다(1:14). 이러한 표현은 광야 한가운데 장막/성막(tabernacle)에서 자기 백성들과 함께 하신 하나님의 임재에 관한 구약의 심상을 환기한다.[68] 요한은 예수의 임재가 있는 곳에는 하나님의 임재도 함께 있음을 암시하고 있다.[69] 크레이그 쾨스터(Craig Koester)는 다음과 같이 성막을 하나님의 영광과 연계해 설명한다:

> 헬라어 동사 σκηνόω는 또한 영광이라는 개념과도 연결될 수 있다. 그것은 70인역(LXX)에서 이스라엘의 장막을 지칭하는 데 사용된 명사 σκηνή와 닮은 형태이기 때문이다. 그 장막은 하나님께서 모세와 대면하여 말씀하신 장소였으며(출 33:9), 여호와께서 자신의 영광을 나타낸 곳이었다(출 40:34). 따라서 이러한 성막의 이미지는 사람 가운데 거하

67　참고. J. Ådna, *Jesu Stellung zum Tempel*, WUNT 2. Reihe 119 (Tübingen: Mohr Siebeck, 2000), 448.

68　참고. "Tabernacle," in *DBI*, 839; Coloe, *God Dwells with Us*, 23; Kerr, *The Temple of Jesus' Body*, 123.

69　참고. Kipp, "The Relationship between the Conceptions of 'Holy Spirit' and 'Risen Christ' in the Fourth Gospel," 148.

시는 하나님의 말씀과 하나님의 영광의 중심지로서 예수의 인성을 독특하게 묘사할 수 있는 것이다.[70]

그러므로 요한복음 1:14은 이같이 선언한다: "말씀이 육신이 되어 우리 가운데 거하시매 우리가 그의 영광을 보니 아버지의 독생자의 영광이요 은혜와 진리가 충만하더라."

또한 예수께서 계신 곳에 하나님께서도 계신다는 생각에 더해, 언젠가 여호와께서 친히 그 백성 가운데 장막을 치실 것이라는 예언적 암시들이 존재한다. 쾨스터는 다음과 같이 설명한다:

> 헬라어 동사 σκηνόω는 선지자들을 통해 다음과 같이 약속하시는 하나님의 말씀을 환기하는 것일 수 있다: "여호와의 말씀에 시온의 딸아 노래하고 기뻐하라 이는 내가 와서 네 가운데에 머물(tabernacle/κατασκηνώσω) 것임이라"(슥 2:14[10]); "그런즉 너희가 나는 내 성산 시온에 사는(tabernacles/κατασκηνῶν) 너희 하나님 여호와인 줄 알 것이라"(욜 3:17); and "내 처소(tabernacling-place/κατασκήνωσις)가 그들 가운데 있을 것이며"(겔 37:27; 참고. 레 26:11 MT). 그러므로 하나님께서 자기 백성 가운데 친히 장막을 치시며 거하시는 임재에 대한 약속은 말씀이 육신이 되어 이 땅에 오셨을 때 실현되었던 것이다.[71]

---

70 C. Koester, *The Dwelling of God: The Tabernacle in the Old Testament, Intertestamental Jewish Literature, and the New Testament*, CBQMS 22 (Washington, DC: Catholic Biblical Association of America, 1989), 102. Similarly W. D. Davies, *The Gospel and the Land* (Berkeley: University of California Press, 1974), 366-67.

71 Koester, *The Dwelling of God*, 104. 비교. Hoskins, "Jesus as the Replacement of the Temple," 170-83; McKelvey, *The New Temple*, 76

요한복음 1:51에서, 예수께서는 나다나엘에게, "진실로 진실로 너희에게 이르노니 하늘이 열리고 하나님의 사자들이 인자 위에 오르락내리락하는 것을 보리라 하시니라"고 말씀하신다. 이 말씀은 야곱의 꿈을 묘사한 창세기 28:12, "꿈에 본즉 사닥다리가 땅 위에 서 있는데 그 꼭대기가 하늘에 닿았고 또 본즉 하나님의 사자들이 그 위에서 오르락내리락하고"를 환기시킨다. 야곱이 본 것이 정확히 무엇인지에 대해 학자들은 여전히 논쟁 중에 있는데, 그 이유는 "계단 층" 또는 "사닥다리"(히. '술람')로 번역되는 단어가 구약에서 오직 이 구절에만 사용되기 때문이다.[72] 여호와께서 야곱에게 말씀하신 후에(창 28:13-15) 야곱의 반응과 그가 잠에서 깬 것(28:16)을 감안하면, 야곱은 하늘에 닿도록 올라가는 계단이 있는 지구라트 혹은 탑과 같은 구조물을 보았던 것으로 여겨진다.[73] 야곱은 이렇게 외쳤다: "야곱이 잠이 깨어 이르되 여호와께서 과연 여기 계시거늘 내가 알지 못하였도다. 이에 두려워하여 이르되 두렵도다 이곳이여 이것은 다름 아닌 하나님의 집이요 이는 하늘의 문이로다!"(창 28:16-17). 결과적으로 야곱은 그 장소를 벧엘(히. '베트-엘'), 즉 하나님의 집(창 28:19)이라고 칭한다.

맥켈비(McKelvey)는 창세기 28장의 이 기사를 이스라엘의 성전과 연관지어 설명한다:

> 랍비들은 야곱이 베고 잤던 그 돌을 예루살렘 성전의 주춧돌로 간주했

72　참고. BDB, 700; HALOT[SE], 757-58.
73　A. M. Harman, *NIDOTTE*, 3:266. 비교. A. P. Ross, *Creation and Blessing* (Grand Rapids: Baker, 1998), 489.

으며, 그들에게는 야곱의 사다리가 새로운 성전의 부지를 표시했다는 취지의 전승이 존재한다(Gen. R. 68.12; 69.7). 그러므로 요한이 말하고자 하는 바는, 하늘과 땅을 연결하는 것이, 더 이상 지성소 안에 하나님의 영광 혹은 임재가 숨겨져 있던 예루살렘 성전이 아닌, 하나님의 신적 영광을 가시적으로 드러내는 예수 그리스도라는 것이다.[74]

야곱이 성전이 아닌 사닥다리만 보았다고 하더라도, 예수께서 땅과 하늘을 연결하는 존재가 되신다는 주장에는 변함이 없다. 전에는 하나님의 임재가 특정 장소, 벧엘과 관련이 있었다면,[75] 예수는 이제 자신이 계신 그곳에 하나님의 임재가 있음을 나다나엘에게 선언하시는 것이다.[76] 하나님의 임재의 장소는 특정 구조물, 특정 도시, 특정 영토에서 이제 특정 인물로, 즉 예수 그리스도께로 옮겨졌다.[77]

사마리아 여인에게 예루살렘 성전에서 예배하는 시대는 끝났다고 하신 예수의 말씀들(요 4:21-24)이 논의되었지만, 그러한 말씀들은 요한복음의 "성전 대체"(temple replacement) 신학의 또 다른 주제라고 할 수 있다.[78] 해당 본문을 비롯해 요한복음 2:12-19, 1:14,51

---

74 McKelvey, *The New Temple*, 77.
75 참고. Eichrodt, *Theology of the Old Testament*, 1:102; 켈르(Kerr)는 창 28:10-19의 헬라어 번역에서, "'장소'(τόπος)가 6회 이상 발생한다"고 지적한다(*The Temple of Jesus' Body*, 153).
76 참고. Koester, *The Dwelling of God*, 105, Cullmann, Brown, Hoskyns, 및 Schlatter 인용. 요 1:51와 요한복음의 성전 대체 주제 사이의 관계에 대한 추가 논의는 다음을 보라. Hoskins, "Jesus as the Replacement of the Temple," 184-98.
77 참고. "Temple," in DBI, 851; Davies, *The Gospel and the Land*, 296-97.
78 대조. J. Lieu, "Temple and Synagogue in John," *NTS* 45 (1999): 67. Rightly Köstenberger, *John*, 48; Kerr, *The Temple of Jesus' Body*, 195).

은 예수께서 하나님의 거하시는 처소로서 성전을 대체하심을 보여 준다. 예수를 보았던 자들은 "우리가 그의 영광을 보니 아버지의 독생자의 영광이요 은혜와 진리가 충만하더라"고 증언한다(요 1:14). 천사들의 오르락내리락하는 것을 보았던 야곱의 꿈과, 자신이 하늘의 문, 즉 하나님의 집에 있음을 깨달았던 야곱의 체험을 상기하듯이, 이제 우리에게 예수는 새로운 벧엘이 되시고, 새로운 하나님의 집이 되신다(요 1:51). 때로 요한복음에서 예수는 심지어 더 직설적인 표현으로 선언하신다: "나를 보는 자는 나를 보내신 이를 보는 것이니라"(요 12:45; 비교. 14:9).

요한이 하나님의 임재가 있는 장소로서 예수를 제시하는 방법에는 이러한 몇 가지 방식들이 있다. 구약의 성막(출 40:34-38)과 성전(왕상 8:10-11)에 하나님의 영광이 충만했던 것처럼, 예수는 사람들 가운데서 장막을 치듯 거하시면서 하나님의 영광을 나타내셨다(요 1:14).[79] 요한복음에서 예수는 하나님께서 특별히 임재하시는 장소로서 친히 성전을 대체하신다.[80] 이제 우리는 "예수의 예루살렘 사역 초반의 내러티브(요 2:13-22)에 등장하는, 예수를 하나님의 성전으로 규명하는 해석학적 열쇠"에 대해 살펴보고자 한다.[81] 폴 호스킨스(Paul Hoskins)의 지적대로, "요한복음 2:18-22은 1:14, 1:51, 4:20-24의 적절한 해석에 기여한다. 요한복음 1:14, 1:51, 4:20-24은 예수께서 성전을 대체하실 뿐 아니라, 구약의 다른 모든 거룩

---

79 성령이 예수의 위에 머물기 위해 내려오신 것도 이와 유관하다(1:32-34; 비교. 3:34).
80 대조. Lieu, "Temple and Synagogue in John," 63-64.
81 Coloe, *God Dwells with Us*, 214.

한 장소들을 대체하는 인물이라는 점을 확인한다."[82]

희생제물: 요한복음 2:13-22. 요한은 예수께서 하나님의 임재의 중심지가 되실 뿐 아니라 새로운 마지막 희생제물이 되심을 제시한다. 여기서 우리는 해당 본문의 희생제사적 측면을 중점적으로 살펴보고자 한다.[83]

요한복음의 성전 척결 기사는 유월절에 관한 언급으로 구성되어 있으며(요 2:13, 23), 이것은 독자들에게 유월절 어린양의 희생과 성소 제단의 피 뿌림 의식을 환기시킨다.[84] 큰 짐승들 – 소와 양 – 은 이 본문에서 울리는 희생제사의 특징을 확장한다(요 2:14).[85] 복음서 저자는 이미 예수를 "세상 죄를 지고 가는 하나님의 어린양"으로 소개했다(요 1:29). 이제 예수는 성전에서 희생제물로 사용될 짐승들을 쫓아내신다.

성전 뜰을[86] 장사하는 집으로 만들지 말라는 예수의 열심은(요

---

82 Hoskins, "Jesus as the Replacement of the Temple," 157.
83 참고. 요 2:13-22에 대한 더 폭넓은 연구를 위해 다음 문헌을 보라. Kerr, *The Temple of Jesus' Body*, 67-101.
84 참고. *m. Pesahim* 5:6, "이스라엘 사람은 [유월절 어린양]을 도살했고 제사장은 그 피를 받았으며, 그것을 그의 동료에게 전달하고, 그 동료는 그의 동료에게, [각자] 가득 찬 대야를 받고 빈 대야를 돌려준다. 제단에서 가장 가까운 제사장이 [그 피]를 단 한 번 던지는 동작으로 바닥을 향해 뿌린다." 비교. 희생 제사에 대한 다음 문헌의 묘사를 보라. E. P. Sanders, *Judaism* (Philadelphia: Trinity, 1992), 136-37; 및 M. R. Wilson, "Passover," in *ISBE*, 3:677.
85 브라운은 공관복음에 나오는 성전 정화에 대한 설명에서 큰 동물들이 언급되어 있지 않다는 점을 관찰한다. (*John*, 115). 콜로이는 다음과 같이 언급한다: "이 큰 동물들은 전번제와 화목제 제물로 사용되었다(레 1, 3장)" (*God Dwells with Us*, 72; cp. McKelvey, *The New Temple*, 77).
86 일부 학자들은 요 2:14의 ἱερῷ가 "성전의 바깥 뜰, 이방인의 뜰"을 지칭하는 것으로 여긴다(Brown, *John*, 115; 또한 참고. Bernard, *John*, 89; Carson, *John*, 178; Westcott, *John*, 90). 이와 대조적으로 몰로니는 다음과 같이 주장한다: "사실, '히에론'은 성전 전체를 지칭한다(참고. BAGD 372). 이것이 14-15에서 저자가 의도한

2:16)[87] 제자들에게 시편 69:9의 말씀,[88] "주의 집을 사모하는 열심이 나를 삼키리라"(헬. '호 젤로스 투 오이쿠 수 카타파게타이 메')을 기억나게 했다.[89] 주석가들은 해당 구절의 인용이 예수의 죽음을 가리킨다는 점에 대부분 동의한다.[90] 시편 69편은 예수께서 십자가에 달리실 때 다시 인용될 것이다(요 19:28의 시 69:21). 이 시편에서 그 집은 성전을 지칭하며, 예수는 자기 아버지의 집을 위한 열심 때문에 성전을 척결하신다. 그러나 장차 예수를 삼키게 될 그 열심은 새로운 성전, 곧 믿는 자들을 위한 열심인 것이다. 예수께서 채찍으로 짐승들을 몰아내고, 돈 바꾸는 자들의 돈을 쏟아붓고, 상을 엎으시고, 장사하는 자들에게 꾸짖으시는 등 소란을 일으키신 것은 다소 놀라운 모습이 아닐 수 없다(요 2:15-16). 그런데 이 장면을 목격한 유대인들의 유일한 반응은 그런 행동의 권위를 증명할 만한 표적을 요구하는 것 밖에 없다(2:18)! 위더링턴(Witherington)은 표적에 대한 유대인들의 이러한 요청이, "선지자들을 시험하는 것과 관련된 신명기 13:1-5 및 18:20-22의 가르침에서 유래된 행동"일

것이며, 따라서 19-21에서 발생하게 될 오해를 촉발한 것이다"(*John*, 80-81).

87 논의를 위한 참고. Hoskins, "Jesus as the Replacement of the Temple," 159; V. Eppstein, "The Historicity of the Gospel Account of the Cleansing of the Temple," *ZNW* 55 (1964): 42-58; C. A. Evans, "Jesus' Action in the Temple: Cleansing or Portent of Destruction?" *CBQ* 51 (1989): 267; Köstenberger, *John*, 32.

88 Brown (*John*, 115). 브라운은 그 사건이 발생했을 때 또는 부활 이후에, 이 말씀이 기억되었던 것인지 여부는 불분명하다고 지적한다(참고. 2:22).

89 70인역 사본들 가운데 바티칸 사본(Codices Vaticanus) 및 시내 사본(Sinaiticus) 만이 미래 시제 καταφάγεταί를 취한다. 부정과거 κατέφαγέν이 더 광범위하게 증명된다. 마소라 본문(Masoretic Text)은 אכלתני의 독법을 취한다. 여러 이문들에 대한 논의 참고. Barrett, *John*, 198-99.

90 참고. Barrett, *John*, 199.

것이라 설명한다.[91] 또한 위더링턴은, "폭이 약 300미터, 길이는 약 450미터였던 성전 바깥뜰이 다양한 측면에서 예루살렘의 장터 역할을 했던 것을 감안하면, 예수께서 모든 사람을 성전 뜰에서 쫓아내지는 않았을 것으로 보인다"고 설명한다.[92]

그러나 예수의 성전 척결 사건이 성전 뜰의 특정 지역에서만 국한된 상대적으로 소규모의 행동이었다고 할지라도, 당시 상황에서 우리는 여전히 질문 이상의 반응을 기대할 수밖에 없을 것이다. 예루살렘의 권세자들이 예수를 체포하지 않고 그에게 표적을 구하는 모습을 보여줌으로써 요한은 예수의 행위가 의로운 것임을 권세자들도 이미 인지했으며, 그러한 사실을 독자들이 감지하도록 의도한 것일 수 있다. 예수께서 상업적인 성전을 척결하신 것은 정당하고 옳은 일이었다. 비록 당시의 그러한 매매 행위는 성전에서의 원활한 예배 진행을 위해 필요한 요소이기는 했지만,[93] 그것이 굳이 성전 구역 안에서까지 이뤄져야 할 필요는 없었다.[94] 그들은 표적을 구함으로써 예수께서 방금 행하신 그 일을 과연 행할 자격이 있는 인물인지 확인하길 원했다.[95]

유대인들의 표적 요청에 예수께서는 이렇게 대답하신다: "너희가 이 성전을 헐라 내가 사흘 동안에 일으키리라"(요 2:19). 유대인

91　B. Witherington, *John's Wisdom* (Louisville: Westminster John Knox, 1995), 88.
92　Ibid., 87 (저자 강조).
93　Bernard, *John*, 88; Hoskyns, *The Fourth Gospel*, 193.
94　Bernard, *John*, 91. 대조. L. Goppelt, *Theology of the New Testament*, 2 vols., trans. J. E. Alsup, ed. J. Roloff (Grand Rapids: Eerdmans, 1981, 1982), 1:96.
95　L. Morris, *The Gospel according to John*, rev. ed., NICNT (Grand Rapids: Eerdmans, 1995), 173.

들은 예수의 이러한 답변을 곧이곧대로 받아서, 예수께서 자신의 권위에 대한 표적으로 성전 건물의 파괴를 언급하신 것으로 생각한다. 그리고 그들은 46년이나 걸려 건축했던 성전 건물을 예수께서 단 삼일 만에 세울 수 있다고 주장하신 것에 놀라움을 금치 못한다(2:20). 여기서 독자들은, "그러나 예수는 성전 된 자기 육체를 가리켜 말씀하신 것이라"는 설명을 듣는다(2:21). 그리고 다음 구절에서 요한은 덧붙여 설명한다: "죽은 자 가운데서 살아나신 후에야 제자들이 이 말씀하신 것을 기억하고 성경과 예수께서 하신 말씀을 믿었더라"(요 2:22). 이처럼 요한은 예수께서 2:19에 언급하신 성전 파괴를 예수 자신의 죽음과 연결하고, 사흘 만에 성전을 일으키실 것이라 선언하신 말씀을 예수 자신의 부활과 연계한다.

요한복음 2:22의 관점에서 성전 척결 사건의 세부 내막은 더 깊은 의미를 갖는다. 요한은 "내 아버지의 집"(2:16)이 더 이상 예루살렘 시온 산의 건축물이 아니라 이제는 예수의 육신임을 독자들이 깨닫도록 의도한 것으로 보인다(2:20-21). 예수께서 출현하시기 전에는 성전에서 죄를 위한 희생 제사가 이루어졌다. 예수는 성전 제사가 이제 새로운 성전, 즉 예수 자신의 몸에서 이루어질 것에 대해 말씀하시며, 자신이 사흘 안에 부활하실 것이라 주장하신다(2:19-22). 예수의 죽음에 관하여 요한이 말하는 것들을 감안할 때(예. 요 1:29; 11:50; 19:30), 맥켈비의 진술은 그렇게 놀라운 것도 아니다: "그리스도의 죽음이 새롭고 더 나은 희생 제사로 제시되고 있다."[96] 하나님의 임재 및 죄를 위한 희생 제사와 관련된 측면에서,

---

96 McKelvey, *The New Temple*, 77. 비교. McKelvey, "Temple," in *NDBT*, 808; 및 "예수가 희생 제사의 진정한 장소"임을 주장하는 호스킨스(Hoskins)의 유월절 성

요한은 예수를 성전을 대체하시는 이로 제시하고 있음이 분명하다.

또한 요한은 예수와 성전을 다른 방식으로도 연결한 것으로 보인다. 예수는 세상 죄를 지고 가는 하나님의 어린양이며(요 1:29)[97] 그는 만민을 위하여 죽는 이시다(11:50-51). 이스라엘의 성막 안에 진설병이 보관되었다면(출 25:30), 예수는 친히 생명의 떡이 되신다(요 6:34). 종말론적 성전에서 강물이 흘러나올 것이 기대되듯이(겔 47장; 슥 14:8), 예수는 자기에게 나오는 자들에게 생수를 공급해 주신다(요 4:10-14; 7:37-38). 성막 안에 등잔대가 세워져 있었다면(출 25:31-40), 예수는 친히 세상의 빛이 되신다(요 8:12).[98]

전에는 하나님께서 성전 안에 거하셨다면, 이제 아버지는 예수 안에서 그와 함께 거하신다: "아버지께서 내 안에 계시고 내가

취로서의 예수에 대한 논의, ("Jesus as the Replacement of the Temple," 259-66, 259에서 인용).

[97] 학자들은 세례 요한이 구약의 어떤 어린양을 염두에 두고 말한 것인지에 대해 서로 의견이 분분하다. 바레트(C. K. Barrett)는 이것의 배경일 수 있는 구약의 몇 가지 유형의 어린양을 요약한다: 출 12장의 유월절 어린양, 사 53:7의 [도수장에 끌려가는] 종 어린양, 속죄일의 염소(레 16장), 그리고 창 22장에 이삭을 대신해 제공된 숫양("The Old Testament in the Fourth Gospel," *JTS* 48 [1947]: 155-56; 또한 참고. id., "The Lamb of God," *NTS* 1 (1954-55): 210-18). 또한 묵시록의 어린양 관점이 첨가된 브라운의 요약을 참고하라. Brown, *John*, 58-63. 비슬리-머레이는 이 관점을 선호한다: Beasley-Murray (*John*, 24-25). 보체트(G. L. Borchert)는 이것을 여호와의 종과 유월절이라는 "두 성경적 모티브의 통합"으로 이해한다(*John 1-11*, NAC [Nashville: Broadman & Holman, 1996], 135). 세례 요한이 바로 전에 이사야를 인용했다는 점과(요 1:23) 이사야를 환기시키는 요 1:32-34의 표현을 감안하면 사 53:7의 어린양이 가장 유력해 보인다.

[98] 요 7:37-38의 예수의 말씀을 8:12의 그의 말씀과 연결하고, "큰 날"은 명절의 제 여덟째 날이라 주장하면서, 콜로에(Coloe)는 이렇게 서술한다: "'마지막 날 … 큰 날에'(7:37), 그 촛대(메노라)의 불이 꺼졌을 때, 예수는 이스라엘만이 아니라 온 세상을 위하여 비춰줄 새로운 빛을 제시하신다"(*God Dwells with Us*, 135 ; 저자 강조). 비교. Brown, *John*, 201-04; 또한 참고. 예수께서 성전을 대체하시며 이스라엘의 절기를 성취하신다는 호스킨스(Hoskins)의 주장("Jesus as the Replacement of the Temple," 235-66).

아버지 안에 있음을 깨달아 알리라"(요 10:38; 14:10; 참고. 1:14,51; 2:19; 4:21-26; 10:30). 따라서 요한은 예수께서 그 사역 기간 동안에 예루살렘에서의 예배는 더 이상 필요하지 않을 때가 오고 있음을 선언하시는 모습을 보여준다(4:21-24).[99] 예수께서 자신의 사명을 완수하신 이상(요 19:30), 더 이상 속죄제는 드려질 필요가 없다.[100] 따라서 죄 문제를 다루는 성전의 역할이 재조정될 가능성이 열리게 된다. "유대인의 성전은 오직 성전 된 예수의 육신과 장차 예수께서 자신의 죽음과 부활을 통해 세우실 새로운 성전의 예표에 불과할 뿐이다."[101] 이제 다음 단락에서는 예수께서 이러한 성전의 복을 집행할 능력을 제자들에게 수여하신 것에 대해 논증하고자 한다.

믿는 자들 : 예수께서 떠나실 때 성전이 되다

이 단락은 세 부분으로 구성된다. 첫째, 우리는 예수께서 그의 제자들을 보내신 방식에 대해 살펴볼 것이다. 둘째, 제자들은 하나님의 임재의 새로운 장소가 된다. 셋째, 예수께서는 제자들에게 죄를 다스리는 권세를 주신다. 신자들의 성령의 내주하심과 관련해 요한이 제시한 이러한 측면들은 옛 언약 성전의 사역에 따른 당연한 결과로 이해되는 것이 최선이다. 요한이 믿는 공동체를 성전으로 간

99　McKelvey, *The New Temple*, 75.
100　참고. F. F. Bruce, *The Gospel of John* (Grand Rapids: Eerdmans, 1983), 374.
101　H. Giesbrecht, "The Evangelist John's Conception of the Church as Delineated in His Gospel," *EvQ* 58 (1986): 108.

주하는 것은 그가 예수를 성전으로 여기는 것만큼 명백하지는 않지만, 이 단락을 통해 제시되는 증거에 따르면 요한은 예수께서 떠나실 때 신자들을 분명 성전으로 간주하고 있다.[102]

아버지께서 나를 보내신 것 같이. 성부 하나님께서 그 아들을 이 땅에 보내셨던 그때 구원-역사적 대전환의 사건이 발생했다. 요한이 제시하는 것처럼, 구원 역사의 진전을 가져온 두 가지 중심 사건은 하나님께서 이스라엘 백성에게 율법을 주셨을 때, 그리고 하나님의 아들이 예수 그리스도 안에서 성육신 되셨을 때이다(요 1:17). 예수와 성부 하나님과의 비할 데 없는 관계와 그 근원적 설명은 그리스도의 성육신의 탁월한 영광을 강조한다(1:18).

앞 단락에서 우리는 아버지께서 아들을 세상에 보내셨을 때 하나님의 임재의 장소와 속죄의 수단이 예루살렘 성전에서 예수 그리스도께로 옮겨졌다고 주장했다. 요한복음에서 예수는 자신이 곧 구약 성경이 말하는 것의 참 의미가 되신다고 선언한다: "이 성경이 곧 내게 대하여 증언하는 것이니라"(요 5:39). 구약 성경은 성전과 그것이 중재하는 복에 대해 특징적으로 묘사하고 있다. 예수는 그러한 구약의 말씀들이 자신을 가리키고 있다고 주장하시는 것이다. 예수는 아버지께서 자신을 세상에 보내시며 하라고 명하셨던 그 일을 완수하셨다(요 17:4; 19:30). 아버지께서 아들을 보내심으로 이루신 그 일은 옛 성전의 모든 희생 제사를 성취했고, 이제는 십자가

---

102 요 17장의 예수의 기도 및 영광과 보내심의 개념에 초점을 둔 교회에 대한 요한의 이해에 관한 연구 참고. J. Ferreira, *Johannine Ecclesiology*, JSNTSup 160 (Sheffield: Sheffield, 1998). 저자는 요 17장에 중점을 두면서 여기서 제기된 성전과의 관련성은 탐구하지 않는다.

를 통해 하나님께로 나아갈 수 있는 새로운 차원의 길을 열었다.[103]

예수께서 말씀하신 대로(요 20:21; 비교. 17:18), 아버지께서 그 아들을 보내신 것 같이 예수께서 그 제자들을 보내셨다고 한다면,[104] 예수께서 지상에서 중재하셨던 그 복이 이제는 제자들에 의해 중재되어야 할 때가 온 것이다. 아버지께서 성전을 대체하시기 위해 예수를 보내셨다면, 예수께서도 부분적으로는 성전을 대체하시기 위해 제자들을 보내신 것으로 보인다는 것이다. 예수께서 제자들에게 하나님이 그들과 함께, 그들 안에 거하실 것이라 말씀하셨을 때(요 14:17,23), 그리고 그들에게 죄를 사하거나 혹은 그대로 두는 권세를 주셨을 때(20:23), 성전의 복을 중재하는 기능이 예수에게서 제자들에게로 이양된다고 볼 수 있다. 예수는 성전의 복의 중재 권한을 예수 자신에게서 제자들에게로 넘겨주고 계신다.

내주하심: 하나님의 임재. 성전 안에 거하신 하나님의 임재는 향후 하나님께서 신자들 안에 거하실 것을 암시하는 진술들을 구체화하는 데 도움이 되지만, 이러한 성전의 유비(analogy)는 '상호 내주'(mutual indwelling)에 관한 진술들을 논의하는 데 있어서는 불충분한 근거가 될 수 있다(예. 요 14:20: "그날에는 내가 아버지 안에, 너희가 내 안에, 내가 너희 안에 있는 것을 너희가 알리라" 비교. 14:10-11). 요한복음 15:1-7의 포도나무와 가지의 메타포 역시 요한의 내주 개념을 내포하고 있지만, 성전 모티브와는 직접적인 관련이 있을 수도

---

103   제자들이 기도 가운데 하나님께 새롭게 나아갈 수 있게 됨에 대한 주제는 하나님의 전으로서 그들의 새로운 지위와도 연결된다(참고. 요 14:13-14; 15:7; 16:26).
104   요한복음에 사용된 보내심과 관련된 언어적 표현에 대한 상세한 연구는 다음 문헌을 참고하라. A. J. Köstenberger, *The Missions of Jesus and the Disciples according to the Fourth Gospel* (Grand Rapids: Eerdmans, 1998).

있고 없을 수도 있다. 마리 콜로이(Mary Coloe)는 상호 내주 및 포도나무와 가지 모두 성전의 상징(temple symbolism)과 관련된다고 주장한다.[105] 그녀는 요한복음 15:4을 이렇게 번역한다: "내가 너희 안에 내 집을 만들어 둔 것 같이, 내 안에 너희 집을 만들라"[106](개역개정, '내 안에 거하라 나도 너희 안에 거하리라').

아마도 성전 개념들에 의해 직접적으로 환기되지는 않는 내주에 관한 요한의 이해의 또 다른 측면은, 상호 내주의 관계를 통해 귀결된 연합이다(참고. 요 17:11,21-23). 그러나 여기에서도 그러한 연합이 성전의 기능 방식과 어떤 관련이 있는지에 대한 설명이 제공된다: "한 분 하나님께 드리는 예배로 여러 다른 지파들을 함께 결속시켰던" 이스라엘의 성전은 믿는 신자들의 연합에 상응하는 것이다.[107] 사실 우리가 이러한 주장들을 일일이 검토한다면 이 단원의 범위를 훨씬 넘어설 수밖에 없을 것이다. 여기서 우리는 성령의 내주하심이 오직 예수의 대속적 죽음에 따라 성전이 불필요해짐으로 가능해진 것이라는 요한의 사고를 보여주는 데 만족할 것이다. 예전에는 바로 그 성전이 성령의 내주하심의 장소였다. 그리고 이제는 신자들의 공동체에 의해 그 역할이 대체되고 있다.

요한은 먼저 예수를 성전으로 제시하며, 그런 후 예수께서 제자들에게 자신의 성전 권세를 이양하심을 보여준다. 이것은 우리가

---

105 Coloe, *God Dwells with Us*, 159-60.
106 Ibid., vii.
107 R. J. McKelvey, *The New Temple: The Church in the New Testament*, Oxford Theological Monographs (Oxford: Oxford University Press, 1969), 3, 비교. 183, 187; 참고. A. R. Kerr, *The Temple of Jesus' Body: The Temple Theme in the Gospel of John*, JSNTSup 220 (New York: Sheffield, 2002), 354-65.

제5장에서 다뤘던 요한복음 7:37-38에 대한 해석, 즉 예수께서 그를 믿는 자들에게 생수를 주시며 이후 그 생수의 강이 신자들에게서도 흘러나온다는 주제와 조화를 이룬다.

요한은 이 물이 곧 성령을 의미하는 것으로 설명한다(7:39). 이러한 설명은 성령의 내주하심을 성전에 대한 개념으로 이해해야 한다는 주장에 힘을 실어주는 것이다. 이는 요한이 신자들 안에 거하시는 성령을 종말론적 성전에서 흘러나오는 생수의 강처럼 묘사하고 있기 때문이다. "성경에 이름과 같이"(요 7:38)란 표현은 종말론적 성전에서 강물이 흘러나올 것에 대해 예언하는 구약 본문들을 암시하는 것일 수 있다(겔 47:1; 슥 14:8).[108] 이와 관련해 콜로이는 다음과 같이 언급한다:

> 예수께서 세상에 계시는 동안에는 그의 몸 자체가 하나님의 임재의 전이며, 따라서 예수는 생수를 제공해 주실 수 있다(4:10) … 예수의 말씀들(요 7:37-38)은 장차 성령을 받은 신자 자신들이 이제는 하나님의 새로운 성전/집을 형성함으로 생수의 근원으로 나아갈 길을 제공하게 될 그들의 미래를 보여주는 것이다(20:22).[109]

공생애 때 예수와 함께하는 시간 동안 제자들은 성령이 거하시는 성전과 함께했던 것이다. 이로서 요한복음 14:17의 "너희는 그(성

108　또한 참고. McKelvey, *The New Temple*, 80-81. 호스킨스는 사 48:21이 이러한 다른 본문을 위한 "닻"처럼 사용됨을 언급한다("Jesus as the Replacement of the Temple," 240-45).

109　Coloe, *God Dwells with Us*, 208-09.

령)를 아나니 그는 너희와 함께 거하심이요"라는 말씀도 설명될 수 있는 것이다. 그리고 14:17의 이어지는 문장, "또 너희 속에 계시겠음이라"는 예수께서 성전의 복의 중재권을 제자들에게 이양하시는 측면에서 이해될 수 있다.[110] 워커(Walker)는 다음과 같이 설명한다:

> 앞의 구절에서(요 14:2), 제자들은 천국에서 하나님과 함께 거할 미래의 한 '거처'(dwelling)를 바라고 있었다; 이제 그들은 그 사이에 성령을 통해 그들과 함께하시는 하나님의 '거처'를 약속받는다 … 제자들은 여전히 자신들이 들어갈 하늘의 성전을 고대해야 하지만, 그들은 자신들이 하나님께서 친히 '거처'로 삼으시는 '성전'이 된다는 것이 무엇을 뜻하는지 알 수 있다.[111]

요한복음 14:23에 "사람이 나를 사랑하면 내 말을 지키리니 내 아버지께서 그를 사랑하실 것이요 우리가 그에게 가서 거처를 그와 함께 하리라"는 예수의 말씀은 여호와께서 예루살렘 성전에 거하시는 데 요구되는 필수 조건과 관련해 솔로몬에게 명하신 말씀을 상기시킨다:

> "여호와의 말씀이 솔로몬에게 임하여 이르시되 네가 지금 이 성전을 건축하니 네가 만일 내 법도를 따르며 내 율례를 행하며 내 모든 계명을

---

110 Ibid., 175.
111 Walker, *Jesus and the Holy City*, 171. 요 14:2-3의 성전과의 연관성에 대한 조사는 다음을 참고하라. J. McCaffrey, *The House with Many Rooms: The Temple Theme of Jn. 14, 2-3*, Analecta Biblica 114 (Rome: Pontifical Institute, 1988).

지켜 그대로 행하면 내가 네 아버지 다윗에게 한 말을 네게 확실히 이 룰 것이요 내가 또한 이스라엘 자손 가운데 거하며 내 백성 이스라엘을 버리지 아니하리라 하셨더라"(왕상 6:11-13)

백성을 대표하는 왕으로서 솔로몬이 하나님께 순종할 경우 하나님은 이스라엘 백성 가운데 성전에서 거하실 것이다. 이와 관련해 쾨스텐버거(Köstenberger)는 "예수의 말씀들은 신명기 언약(Deuteronomic covenant)의 요구를 환기한다"고 정확히 지적한다.[112] 솔로몬은 자신의 순종으로 하나님의 임재를 얻어낼 수는 없었다. 요한복음 14:15,23 또한 마찬가지로, 제자들이 그들의 순종으로 내주하시는 성령의 선물을 얻어낼 수 있다고 말하지 않는다.[113] 열왕기상 6장과 요한복음 14장의 두 본문 모두, 주께서 친히 자신에게 이끄시고 순종할 능력을 주신 자들을 향해 하시는 말씀이다. 이스라엘 백성이 옛 언약에 순종할 때 여호와께서 그 백성들 가운데 성전에서 거하시는 거룩한 환경이 조성될 수 있는 것처럼(민 35:34), 제자들이 예수의 말씀에 순종할 때, 그 결과로 하나님께서 그 안에 거하시는 새로운 성화의 성전, 즉 남은 자들의 공동체적이고 개인적인 그리스도의 몸이 조성될 수 있다.[114]

---

112 Köstenberger, *John*, 139 (인용. 신 5:10; 6:5-6; 7:9; 10:12-13; 11:13,22).
113 참고. 행위와 "조건적 은혜" 사이의 구분에 대한 다음 문헌의 언급을 보라. J. Piper, *Future Grace* (Sisters, OR: Multnomah, 1995), 231-49.
114 고린도 신자들에 대한 바울의 권고는 순종의 능력을 위해 그들이 그들 자신 안에 거하시는 성령을 바라보아야 한다는 의미가 아니다. 오히려 그들이 곧 거룩을 유지해야 하는 하나님의 성전이기 때문에 그들이 순종해야 한다는 것이다: "너희 몸은 너희가 하나님께로부터 받은 바 너희 가운데 계신 성령의 전인 줄을 알지 못하느냐 너희는 너희 자신의 것이 아니라"(고전 6:19).

옛 성전의 역할을 대신하는 대체물로서의 예수와 교회의 이러한 개념은 예수께서 영광 받으시고 떠나실 때까지 성령이 제자들에게 임하지 않을 것이라는 요한복음 7:39과 16:7의 말씀을 이해하는 데 유용해 보인다. 자칫 구원 역사의 임의적인 구분으로 보일 수도 있을 이러한 진술들은 옛 성전이 대체되기 위해서는 반드시 희생이 이뤄져야 한다는 현실적 필요를 반영하는 것이다. 예수께서 십자가로 올라가시기 전까지는 성전에서 속죄를 위한 희생 제사가 계속 드려져야만 했다. 하나님의 처소로서의 성전이 이제 대체되어야 할 때라면 속죄를 위한 다른 무언가가 조치되어야 한다. 하나님께서 각 신자들 안에 그리고 메시아 공동체 가운데 거하시기 위해서는 여전한 속죄의 필요성에 대처하기 위해 기존의 방법을 대신할 어떤 해결책을 내놓아야만 하는 것이다. 사랑과 인애의 행위들이 죄를 속죄하지는 못한다(대조. Avot de Rabbi Nathan 8; 1 QS 9:1-6; 비교. 히 9:22). 그러나 예수께서 세상 죄를 지고 가는 하나님의 어린 양으로서(요 1:29), 백성들을 위해 죽으심으로(11:50) 아버지를 영화롭게 하시고 자신 또한 영광 받으시기 위해 십자가로 가신 후로는(요 13:31-32), 속죄를 위한 성전 제사의 필요성은 사라지고 없다(히 9:25-28).[115] 예수의 죽으심 이후로, 어떤 희생 제사도 더 이상 필요하지 않게 되었으며, 하나님께서는 이제 속죄의 제사가 드려지지 않는 새로운 성전에서 거하게 되셨다.

죄 사함. 요한복음 20:21-23에서, 예수는 아버지께서 자신을 세상에 보내신 것처럼 제자들을 보내시며 성전의 복을 중재할 수

---

115 참고. Skarsaune, *In the Shadow of the Temple*, 157-58.

있는 권세를 전달하신다. 제자들이 자신들을 통해 중재하게 된 성전의 복은 하나님의 임재 그리고 죄 사함을 위한 수단이다.

예수께서는 희생 제사에 마침표를 찍으신 후(비교. 19:30), 부활하신 날 영광 받으신 몸으로 제자들 앞에 나타나셨다(20:19). "예수께서 또 이르시되 너희에게 평강이 있을지어다 아버지께서 나를 보내신 것 같이 나도 너희를 보내노라"(20:21). 여기서 주님은 자신이 제자들을 보내시는 것을 아버지께서 자신을 보내신 것과 비교하신다.[116] 아버지께서 독생자 예수를 이 땅에 보내신 것은 단지 하나님의 임재의 새로운 장소로서만이 아닌(1:14), 죄의 문제를 해결할 자로서 그를 보내신 것이다(1:29).

"이 말씀을 하시고 그들을 향하사 숨을 내쉬며 이르시되 성령을 받으라"(요 20:22)고 말씀하셨다. 성령께서 예수에게 강림하여 그의 위에 머무르시며(1:33-34), 예수를 메시아의 직무에 공식적으로 임명하신 것처럼, 예수는 제자들에게 성령을 주시며 그들을 신적으로 임명된 사명(mission)을 수행하도록 보내신다(20:21-22). 브루스는, "여기서 전망되는 것은 생명의 수여가 아니라, 사역을 위한 권능이다"라고 정확히 지적한다.[117] 예수는 제자들에게 성령을 주심으로 그들로 하여금 하나님의 임재의 새로운 장소가 되게 하신다.

곧바로 이어지는 말씀들은 내주하시는 성령의 수납은 성전이라는 차원에서 이해되어야 할 개념이라는 결론을 강화한다. 그리고 그것은 예수 자신의 사역과도 일치하는 것이다. 예수께서 죄의 문

---

116 참고. Westcott, *John*, 2:350.
117 Bruce, *John*, 392. 쾨스텐베르거(Köstenberger)는 요 20:22에서 "예수는 그들을 새로운 메시아 공동체로 조직하신다"고 말한다(*John*, 189).

제를 다루는 장소로서 성전을 대신하셨던 것처럼, 이제 그는 제자들에게 이렇게 말씀하신다: "너희가 누구의 죄든지 사하면 사하여 질 것이요 누구의 죄든지 그대로 두면 그대로 있으리라"(20:23). 몇몇 학자들을 비롯해, 리델보스(Ridderbos)는 이 구절의 수동적 표현들, "사하여지다"와 "그대로 있어지다"는 신적 수동태(divine passives)라고 언급한다.[118] 과거에 성전에서 희생 제사가 드려졌을 때면 여호와께서는 언약에 따라 자기 백성의 죄를 사하여 주셨다(참고. 레 4:20,26,31,35; 5:10,13,16,18; 6:7; 19:22). 이제 예수 안에서 죄를 위한 희생 제사가 단번에 드려졌고, 하나님은 새로운 성전에 자신의 성령을 불어넣으셨다. 그리고 이 새로운 성전은 죄 사함의 권세가 주어진 장소인 것이다(20:23). 예수 그리스도의 십자가 죽음 때문에 죄 사함이 가능해졌다. 그런데 예수께서 제자들에게 죄를 사하고 그대로 두는 권세를 주셨다고 할 때, 그것은 예수께서 자신의 죽음으로 가능케 된 이 죄 사함의 능력을 교회가 중재하도록 그들에게 맡기셨음을 의미한다. 그리스도의 몸과 연합을 이루지 않은 자들은 죄를 사함 받지 못한다(참고. 제7장의 적용을 보라). 콜로이의 표현대로, "이제 성령이 수여된 이 새로운 성전은 세상 가운데 계속해서 생명을 주는(요 4:14, 7:38), 그리고 죄를 씻기는(20:23) 생수의 근원이 될 것이다."[119]

필자의 경험대로라면, 요한복음 20:21-23의 설명을 위해 성전 모티브에 의존하는 요한복음 주석은 아직까지 없는 것으로 보인다. 그러나 워커는 새로운 성전으로서의 예수 및 그를 믿는 자들과 관

---

118 Ridderbos, *John*, 644.
119 Coloe, *God Dwells with Us*, 207.

련한 신약 성경의 전반적인 메시지를 요약하면서 다음과 같이 서술한다:

> 성전이 지상에서 하나님의 임재를 구현하는 장소로 여겨지든, 또는 그것이 희생 제사의 장소로 여겨지든 상관없이, 신약의 저자들은 각기 다른 방식으로 이 두 가지 측면이 예수 그리스도 안에서 모두 성취되었음을 확증한다: 예수 그리스도의 죽음은 참된 희생 제사이며, 그의 인성은 지상에서 하나님이 거하시는 참된 처소이다. 이것의 확장적인 차원에서, 그리스도인들 또한 그들 자신이 "하나님의 성전"으로 간주될 수 있는 것이다.[120]

결론

이 장에서 우리는 중생이 내주와 동일시 될 수 없는 별개의 실재임을 논증했다. 중생은 전에는 영적으로 죽어있던 사람에게 하나님께서 영적인 생명을 주실 때 일어나는 사건이다. 우리가 중생을 이렇게 이해한다면, 중생은 구원 역사의 어느 시점에서든 충분히 일어날 수 있는 현상이다.

반면, 성령의 내주하심은 하나님께서 그리스도의 몸의 각 지체와 신자들의 공동체로 구성된 그분의 새로운 성전 안에 거하시는 때에 이뤄진다. 우리가 이러한 방식으로 내주의 개념을 이해한다

---

120 Walker, *Jesus and the Holy City*, 303.

면, 오직 예수께서 십자가에서 죽으심으로 속죄를 위한 모든 희생을 완전히 끝내신 후에만 성령의 내주하시는 사역이 구원 역사 속에서 가능할 수 있다는 결론에 이를 것이다. 예수께서 옛 언약의 성전과 그 종교의식들을 모두 폐하신 후로, 이제 하나님께서는 자신의 새 언약 백성들과 '함께' 거하실 뿐 아니라 그들 '속에' 친히 거처를 삼으신다. 요한복음 14:23에 대한 주석에서, 쾨스텐버거는 이렇게 설명한다: "구약 시대에 하나님께서는 자기 백성 가운데 먼저는 성막에서(출 25:8; 29:45; 레 26:11-12), 그런 후 성전에서(행 7:46-47) 거하셨다. 반면, 신약 시대에 신자들은 그들 자신이 살아계신 하나님의 전이 된다(고전 6:19; 고후 6:16; 비교. 벧전 2:5)."[121] 옛 언약 시대에도 성령의 내주하심은 존재했다. 그러나 각 신자들 개인에게 내주하심이 있었던 것은 아니다. 옛 언약 시대에 하나님께서는 그이름을 두기 위해 친히 택하신 성전에 내주하셨다. 새 언약 시대의 하나님의 백성은 그들이 곧 성전이며, 하나님께서는 그들 안에 거하신다. 맥켈비는 이렇게 요약한다: "하나님은 더 이상 자기 백성과 함께 어느 건물 안에 거하시지 않는다. 오히려 하나님은 자기 백성 안에 거하신다. 그들이 바로 하나님의 성전이다."[122]

---

121 Köstenberger, *John*, 141.
122 McKelvey, *The New Temple*, 180 (강조 추가). 비교. Kerr, *The Temple of Jesus' Body*, 33, 375.

제 7 장　　결론 및 현대의 적용

God's Indwelling Presenc

옛 언약의 신자들 : 중생은 맞지만, 내주는 아니었다

개인적으로 이 연구에 착수하면서 처음에는 구약 성도들에게 성령의 내주하심이 있었다고 주장할 계획이었지만, 연구가 진행됨에 따라 오히려 그것과 반대되는 증거들로 인해 필자는 그러한 최초의 입장을 과감히 버릴 수밖에 없었다. 실제로, 구약의 신자들에게 내주하심이 있었다고 주장하는 이들은 요한복음, 특히 7:39과 16:7의 구원-역사적 측면에 대해 만족할 만한 설명을 제시하지 못했다.

옛 언약의 신자들에게 성령의 내주하심이 없었다는 주장에 맞서 제기되는 주된 반론은, 정말로 하나님의 성령이 그들 속에 거하지 않았다면, 그들이 어떻게 해서 신자가 되었는가에 대한 질문이다. 풀러(Fuller)는 이같이 주장한다: "부패한 인간이 하나님을 기쁘시게 하는 마음의 태도와 행동을 획득할 수 있는 유일한 길은 성령의 내주하심을 받는 것(즉, 중생하는 것) 외에는 없다."¹ 그러나 신구약 어느 본문에도 옛 언약의 신자들에게 내주하심이 있었다는 개념을 뒷받침할만한 근거는 없다는 것이 우리의 주장이며, 본 연구는 풀러를 비롯한 몇몇 학자들의 생각과는 반대로, 성령의 내주하심은 성령의 중생과 동일한 현상이 아님을 규명하고자 했다.

성령의 내주하심은 하나님의 자비하심으로 확립된 언약적 관계를 기뻐하는 자들과 함께 거하시는 하나님의 호의적 임재다. 존 프레임(John Frame)은 다음과 같이 설명한다: "하나님은 이 세상에 단순히 현존하시는 것이 아니다; 그분은 '언약적으로' 임재해 계신다. 하나님은 자신의 언약 조건에 따라 그들에게 복을 주시고 심판하시기 위해 자신의 피조물들과 함께 하신다."² 이러한 실재적인 하나님의 언약적 임재는 하나님의 편재성(omnipresence), 심지어 물리적, 일시적 축복을 위한 그분의 임재와는 분명히 구별되는 것이다.³

성령으로 말미암는 중생은 신자들 각 개인 안에 그들과 함께 거하시는 성령의 지속적인 경험이 아니다. 성령의 중생은 영적으로 죽었던 자들이 영적 생명을 경험할 수 있도록 그들에게 성령의 능력을 주시는 것과 관련된다(요 6:63). 성령께서 중생으로 역사하신 사람은 하나님의 말씀을 보고, 듣고, 깨닫고, 믿을 수 있는 '능력'을 얻는다(참고. 요 3:3-8).⁴ 지금까지 조사한 본문들에 따르면, 하나님

---

1   D. P. Fuller, *The Unity of the Bible* (Grand Rapids: Zondervan, 1992), 229.
2   J. M. Frame, *The Doctrine of God* (Phillipsburg, NJ: P & R, 2002), 94 (저자 강조).
3   예를 들어, 하나님께서 이스마엘과 함께하셨다는 진술(창 21:20)을 생각해 보라. 이 기사는 이삭의 계보를 통해 언약이 이뤄질 것이라는 하나님의 말씀 직후에 나온다(창 21:12; 비교. 롬 9:7). 즉, 그것은 이스마엘과 함께하신 하나님의 임재가 이삭과 함께하신 하나님의 임재와 동일한 은택을 입게 한 것은 아님을 보여준다(창 26:3).
4   거스리(D. Guthrie)는 이것을 "한 사람이 인간으로서 그 온전한 능력으로 회복됨"

의 말씀을 듣고, 믿을 수 있는 능력, 곧 위로부터 난 새로운 출생의 결과로 얻게 된 그 능력은 성령의 내주하시는 사역과 동일한 것이 아니다. 본문의 어떤 요소들도 그 두 개념이 동일한 것임을 암시하지 않는다.

필자가 확신하는 바, 새로운 능력을 가져오는 구약의 은유, 마음의 할례(신 30:6; 렘 6:10)는 신약이 말하고 있는 중생의 은유와 비견될 만하다. 구약의 신자들도 물론 성령의 중생을 경험한 자들이기 때문에 그들에게 마음의 할례는 필연적인 것이다. 구약 성경은 마음의 할례와 중생의 연결을 명시적으로 드러내지는 않지만, 분명히 그러한 방향으로 암시하고 있다. 이사야는 자신의 청중을 향해 외치고 있다: "너희는 … 들으라 그리하면 너희의 영혼이 살리라"(사 55:3). 이미 육체적으로는 살아있는 자들에게 제공되는 이 새로운 영혼의 생명은 아마도 중생의 생명으로 규명될 수 있을 것이다. 성령은 하나님의 백성이 하나님을 신뢰하며 옛 언약 아래서 신실한 삶을 살아가도록 그들 안에 적극적으로 역사하셨다(참고. 느 9:20, 30). 우리가 그것을 어떻게 묘사하든지 간에, 한 가지 분명한 사실은, 하나님이 모든 시대에 그분의 성령을 통해, 타락 때 모든 인간이 잃어버렸던 능력을 특정한 사람들 안에 회복시켜 주신다는 것이다.

옛 언약 시대에도 하나님의 성령은 사람들로 하여금 영적 생명을 체험하게 했다. 하나님은 죄와 허물로 인해 영적으로 죽었던 자기 백성들의 영적인 귀와 눈을 초자연적으로 열어주셨고 그들에

의 측면으로 묘사한다(*New Testament Theology* [Downers Grove: InterVarsity, 1981], 160-61).

게 믿음의 능력을 주셨다.⁵ 신약의 어떤 본문도 마음에 할례를 받은 옛 언약 신자들에게 성령의 중생의 역사가 있었다는 결론을 금하지 않는다. 반게메렌(VanGemeren)은 이렇게 주장한다: "그 성도들은 마음의 할례를 받은, 또는 '중생'한 자들이었다."⁶

그러나 또 한편, 요한복음 7:39은 옛 언약 성도들이 '성령을 받았다'고 단정하는 것을 분명히 금하고 있다. 이미 제6장에서 논증했듯이, 요한복음 20:22에서 제자들이 성령을 받았을 때, 예수는 그들에게 복을 중재하는 능력을 수여하셨다. 그 복은 예전에는 성전에 의해 중재되었던 하나님의 임재 및 죄 사함과 관련된 것이다(요 20:21-23). 실로, 교회는 내주하시는 성령을 통해 하나님의 임재를 누리게 된다(14:16-17). 그러므로 요한복음 20:22의 제자들이 성령을 받는 장면은 내주하시는 성령의 사역이 시작되었음을 나타낸 것으로 보인다. 요한복음 20:22로 요한복음 7:39을 해석하게 한다면, 결국 요한복음 7:39에 예고된 성령의 수납은 내주하시는 성령의 수납을 말하는 것이다(참고. 제5장을 보라).⁷ 그렇다면 결론은, 옛 언약의 신자들은 성령으로 말미암는 중생을 경험하긴 했으나, 그들에게 개별적인 성령의 내주하심은 없었다는 것이다. 이미 제3장에서 보았듯이, 이것은 구약 성경이 그 남은 자들을 하나님의 처소로 제시하고 있지 않다는 사실과도 조화를 이룬다.

---

5 렘 5:21에서 선지자는 백성들이 눈을 가졌지만 보지 못하고, 귀는 있지만 듣지 못함을 인지한다 – 영적 상태의 회복, 갱생이 요구되고 있었다는 또 하나의 암시다.

6 W. A. VanGemeren, *The Progress of Redemption* (Grand Rapids: Baker, 1988), 167.

7 또한 참고. C. K. Barrett, *The Gospel according to St. John*, 2d ed. (Philadelphia: Westminster, 1978), 570: "예수의 영광 받으심 이후에 성령이 주어질 것이 약속되었으며(7.39; 16.7) 이것이 의도된 선물이라는 점에는 의심의 여지가 없다."

하나님의 성전 : 처음에는 구조물, 후에는 신자들

성령의 중생이 구약 성도들에게 믿는 능력을 준 것이라고 한다면, 그리고 그들에게 내주하심은 없었다면, 그들은 그 믿음을 어떻게 유지할 수 있었는가? 이 질문에 대한 구약의 답변은 성막과 성전에 거하심으로 자기 백성 가운데 함께 하시는 언약 보전의 하나님의 임재에 있다.[8] 성전에서 자기 백성과 함께 하시는 하나님의 임재가 그들에게 성화의 효력을 갖게 한다는 사실은 구약 성경의 몇 가지 요점을 통해 명백히 드러난다.[9]

이 부분에 대한 구약과 신약의 대조는 현저하다. 한편으로, 구약 성경에는 그 남은 자들 각 개인 안에 성령이 거하신다는 암시가 없다. 그리고 구약은 하나님께서 자기 백성 가운데 거하시는 장소는 성전이라는 사실을 거듭 확인하고 있다. 그러나 또 한편, 신약에서 우리는 하나님의 성령이 믿음 공동체의 각 개별 신자 '안에' 거하시며(예. 요 14:17; 고전 6:19), 이제는 신자들 자신이 곧 하나님이 거하시는 성전이라는 직접적인 진술을 듣게 된다(예. 고전 3:16).[10]

일부 저자들은 옛 언약 시대에는 하나님께서 성전에 거하셨고 새 언약 시대에는 하나님의 백성이 그분의 성전이 된다는 점에 주

---

8 참고. 본 연구와 관련된 논의 및 필자의 소논문을 보라. "God with Men in the Torah," *WTJ* 65 (2003): 113-33.

9 참고. 제3장을 보라. 이와 관련한 가장 두드러진 본문은 아마도 왕상 8:57-58 및 시 73:17일 것이다.

10 참고. 신약의 내주하심과 성전으로서의 믿음의 공동체에 관한 논의는 제5장을 보라. 요한복음의 내주하심과 성전과의 연관성은 제6장을 참고하라. 또한 속사도의 글에 나타난 이 주제들에 관한 언급은 제6장의 각주 59번을 보라.

목했다.[11] 이들 가운데 일부는 하나님의 백성을 하나님의 성전 되게 만드는 것은 성령의 내주하심이라는 사실을 강조했고,[12] 다른 이들은 예수의 죽음이 성전 제사를 이제는 불필요한 것이 되게 했다는 사실에 더 주목했다.[13] 그러나 일부 저자들은 이러한 결론과 신구약 시대의 구원에 있어서 성령의 역할 사이의 연관성을 도출하지 않고 있다. 또한 그러한 개념들이 요한복음 14:15-17과 20:21-23 같은 본문의 해석에 유용하다는 사실에 대해서도 논하지 않는다. 하지만 그 모든 전후맥락은 중생과 내주에서 성령의 역할에 대한 우리의 이해를 더 명확히 한다.

메시아 예수의 출현은 구원-역사적 대전환을 가져왔다. 요한은 예수를 성전을 대체하시는 분으로 묘사하고(요 2:17-21), 이후 성전 예배의 시대가 종결되었음을 선언한다(4:21-23). 예수께서 영광 받으신 후로, 즉 예수께서 희생 제사를 모두 끝내신 후로, 이제 하나님은 새로운 성전을 갖게 되신다(요 7:39; 14:15-17). 실제로 예수께서 희생 제사를 모두 마치지 않으셨다고 한다면, 여전히 성전에서의 희생 제사는 필수로 남게 될 것이다(요 16:7). 예수께서 자신의

---

11 참고. E. Clements, *God and Temple* (Oxford: Basil Blackwell, 1965), 139; M. Coloe, *God Dwells with Us* (Collegeville, MN: Liturgical, 2001), 3; R. J. McKelvey, *The New Temple*, Oxford Theological Monographs (Oxford: Oxford University Press, 1969), 180. G. Vos, *Biblical Theology*(Grand Rapids: Eerdmans, 1948; reprint, Edinburgh: Banner of Truth Trust, 1996), 148.

12 참고. 예. Frame, *The Doctrine of God*, 96: "하나님은 성막과 성전에서 이스라엘과 함께 거하셨고, 궁극적으로는 예수 안에서 그들과 함께 하셨다. 그는 육체의 장막 안에서 자기 백성과 함께 거하신 하나님(요 1:14, 2:21), 임마누엘이시다. 그리스도를 통해 하나님의 백성은 그의 성전, 즉 그의 성령이 거하시는 곳이 된다(고전 6:19)."

13 워커(P. W. L. Walker)는 신약의 통합적 가르침에서 이 결론을 도출한다(*Jesus and the Holy City* [Grand Rapids: Eerdmans, 1996], 303).

지상 사역을 완수하셨을 때, 그는 제자들에게 성령을 주시면서 그들로 하여금 하나님의 임재의 장소가 되게 하셨다(20:22). 그런 후 예수께서는 또한 제자들에게 죄를 다스릴 권세를 주셨는데(20:23), 이는 그들이 하나님의 새 성전이 되었기 때문이다.

새 언약 안에서의 새로움

옛 언약의 신자들도 성령으로 말미암아 중생을 경험했다면, 예레미야 31:31-34에 약속된 새로운 내면적 변화는 무엇을 의미하는가? 거기에 과연 새로운 것이 있는가? 그 새로운 점이란 하나님의 말씀을 듣고 믿게 만드는 성령의 중생의 역사를 말하는 것이 아니다. 여기서 그 새로운 점의 특징은 성령의 내주하시는 사역과 성전에 대한 새로운 영적 전망에 있다. 이제는 더 이상 특정 물리적 장소에 예배가 제한되지 않는다(신 12:5). 하나님의 백성은 곧 하나님의 전이기 때문에 그들이 만나고 모이는 모든 곳에서 예배가 이뤄진다(마 18:20). 신자들은 더 이상 매년 세 차례씩 예루살렘으로 순례 여행을 떠날 필요가 없다(신 16:16). 그리스도인들은 특정 지역에 희생 제사를 위한 어떠한 제단도 두지 않는다(창 12:8; 13:4; 26:25). 신약 성경은 특정한 지역이나 장소를 일컬어, 특별히 "거룩한 장소"라고 칭하지 않는다(창 28:17-22). 구약의 신자들은 예루살렘(시 137:5-6), 특히 그곳 성전을 동경했지만(시 122:1), 신약의 신자들은 지상에서 어떤 거룩한 장소도 바라지 않는다. 그리스도인들은 하나님께서 그들을 두시는 모든 곳에서 하나님을 예배하며(행 14:24-25)

예수 그리스도의 재림과 천상의 도시를 고대한다(딤후 4:8; 히 11:16; 계 22:17,20).

교회의 권징과 그리스도인의 만인제사장

성령의 구원론적 역할에 대한 이 성경신학적 연구를 통해 도출된 결론은, 구원 역사의 이 시점에서, 우리가 하나님의 백성이 된다는 것이 무엇을 의미하는지를 이해하는 일에도 중요한 함의를 갖는다. 우리가 성경을 이해하는 것은 대단히 중요한 일이며, 본서는 해당 주제의 명확성을 밝히기 위해 지면의 상당 부분을 할애했다. 성경의 여러 본문이 암시하는 것처럼, 우리가 믿는 내용은 그 자체로 우리가 행하는 것이 무엇인지를 보여준다. 우리가 성경이 말하고 있는 것이 무엇인지를 깨닫기 위해 전력을 다했다면, 이제 성경이 말하는 것과 교회가 행하는 것 사이의 수많은 점선들을 연결해야 할 차례다.

본 연구를 통해 우리가 도달한 결론들은 그리스도의 교회로서 21세기를 살아가는 우리 신자들의 행동 양식에 여러 가지 함의점들을 갖는다. 여기서는 특히 두 가지 주제를 거론해 보고자 한다. 필자는 현재 미국 남부 지역에 거주하는 남침례교인으로서 서든뱁티스트신학교(Southern Baptist Seminary)에서 강의를 하고 있다. 그리고 최근까지 남침례교단 소속 교회에서 설교를 하고 있는 만큼, 개인적으로 경험하고 있는 이러한 지역교회를 배경으로 상기에 언급한 견해들을 적용해 보고자 한다. 현재 다른 상황에 있거나 혹은 다른 교단을 배경으로 하는 독자들이 이러한 적용들을 각자 다른 방식으로 조율해야 할 수도 있다는 점에 대해 미리 양해를 구한다.

교회의 권징

유감스러운 일이지만, 대부분 남침례교회에 정식 교인으로 등록하는 일보다 시내에서 버스를 타는 것이 더 까다로운 게 오늘의 현실이다. 이러한 상황에서 교회의 권징을 논하는 것 자체가 거의 불가능하다고 할 수 있다. 그러나 교회의 역사는 교회가 항상 이런 모습은 아니었다는 사실을 우리에게 보여준다.[14]

본서의 제4장과 제6장에서, 우리는 요한복음 3:3,5의 니고데모에게 하신 예수의 말씀을 주목해 보았다. 예수께서는 사람이 "거듭나지" 아니하면, 즉 "물과 성령으로 나지" 아니하면, 하나님의 나라를 "볼 수" 혹은 "들어갈 수" 없다고 선언하셨다. 그렇다면 이 말씀은, 거듭나지 않은 사람은 교회의 정회원으로 인정되어서는 안 된다는 뜻이 아닐까? 개인적인 기억으로는, 완전히 낯선 한 방문객이 교회 복도를 성큼성큼 걸어와서는 자신의 믿음을 고백하고 분명히 세례를 받았다고 말하자 즉시 그를 교회 회원으로 가입시켜준 어느 남침례교회도 있었다. 지인 중에는 교회의 정회원만이 자신들의

---

14 예. 남북전쟁 이전, 사우스캐롤라이나 주 콜롬비아 제일침례교회(First Baptist Church of Columbia)의 교회 권징과 교회 회원 자격에 관한 진지한 접근 방식에 대해 고려해 보라. (G. A. Wills, *The First Baptist Church of Columbia, South Carolina: 1809-2002* [Brentwood, TN: Baptist History and Heritage Society, 2003], 61-81).

예배당에서 결혼식을 올릴 수 있기 때문에 그곳 남침례교회에 등록한 사람도 있다. 그 사람은 교회 공동체의 삶에 참여할 생각은 전혀 없었지만 그 예배당이 마을에서 가장 예쁜 교회였기 때문에, 그는 간단한 공을 들여 교인이 되었고, 결국 자신이 원하던 곳에서 결혼식을 올렸다. 아무도 의문을 제기하지 않았다. 이러한 현실 상황에서 교회 멤버십이란 것은 아무런 의미가 없다.

물론 신앙고백의 진위 여부는 오직 하나님만이 정확하게 아신다. 결혼식에 입장할 때 찬송곡이 울린다고 해서 그들이 복음을 제대로 이해하는지 여부를 우리가 판단하기란 사실상 불가능하다. 이러한 현실은 한 가지 실질적인 제안을 생각하게 한다: 누군가 교회 현관에 들어서서 교인 등록을 원한다고 하면, 그의 멤버십 승인을 표결하기 전에 그를 먼저 목회자와 면담하게 하는 것이다. 이 목회적 면담의 목적을 적어도 두 가지로 생각할 수 있다: (1) 이 사람이 목사의 어떤 도움도 없이 자기 말로 복음을 설명해낼 수 있는지를 가늠하는 것이다. (2) 그 사람의 믿음에 대한 증거가 어떤 열매로 나타났는지를 들어보거나 혹은 확인해 보는 것이다. 회심 또는 개종하여, 입회를 원하는 모든 사람이 로마서의 주장을 상세하게 논증해야 할 필요는 없다. 하지만 어떤 사람이 자신의 구원의 확신에 관한 근거를 이야기할 때, 인간적인 공로에 호소한다고 한다면, 그런 사람은 회원 가입 여부를 묻기 전에 반드시 추가적인 교리 교육이 필요하다.

우리가 정말로 교회의 권징을 실천하고자 한다면, 교인 등록을 희망하는 사람들에게 교회의 회원으로서 교회의 훈육에 복종해야 한다는 사실을 필히 인정하게 해야 한다. 이것은 우리가 신앙의 형성과 교정을 위한 그리스도인 제자도에 헌신한다는 것을 의미하며,

어떤 해결해야 할 문제가 발생할 때는 성경에서 명시된 패턴을 따를 것임을 의미한다(예. 마 18:15-17). 오늘날의 상황에서 우리는 교회를 상대로 소송이 제기될 수 있다는 점과, 실제로 제기되고 있다는 사실을 명심해야 한다. 이 부분에서 우리가 성경의 가르침에 순종하고자 한다면, 성경의 권위와 교회의 권징에 자신들을 기꺼이 복종시키기로 합의했다는 사실을 교회 모든 구성원들이 인지하도록 해야 할 것이다. 이러한 것들은 우리가 우리 자신의 편안함이나 혹은 교인 명부의 부풀려진 숫자에 안일해 있기보다는, 오직 그리스도의 순결한 신부로서 교회의 정체성과 그리스도인의 신분에 관심을 가질 때만 실현 가능한 일이 될 것이다.

교회의 권징은 왜 이토록 추구할 만한 가치가 있는 것일까? 그 이유는 우리 하나님의 백성이 하나님의 새로운 성전이 되었기 때문이다. 하나님의 백성 안에 거하시는 하나님의 성령의 임재는 우리를 깨어 있게 하고 우리의 생활을 활기 있게 만드는 엄연한 실재이다. 예수께서는 제자들에게 분명히 말씀하셨다: "너희가 나를 사랑하면 나의 계명을 지키리라. 내가 아버지께 구하겠으니 그가 또 다른 보혜사를 너희에게 주사 영원토록 너희와 함께 있게 하리니"(요 14:15-16). 우리는 그리스도께서 주신 계명을 지키도록 그리고 교회의 성결을 추구하도록 온 힘을 다해야 한다. 그 이유는 우리가 예수를 사랑하기 때문이다. 그런데 우리는 왜 그렇게 하지 않고 있는가? 쉽고 편안한 삶을 이대로 유지하기 위해서인가? 혹은 교인 수와 관련한 인상적인 통계치를 내세우기 위해서인가? 우리는 예수 그리스도보다 우리 자신들을 더 사랑하고 있지는 않은가?

교회의 권징은 어려운 것이 분명하다. 그러나 요한복음 14:15-

17에 예수께서는 사랑과 순종을 조건으로 아버지께 성령을 보내주실 것을 요청하신다.[15] 요한복음 14:23은 같은 주제를 환기한다: 그리스도를 사랑하고 그의 말씀을 지키는 자들 가운데 성부, 성자 하나님께서 함께 거하실 것이라 말씀하신다. 바울은 우리에게 성령을 근심하게 하거나(엡 4:30) 소멸하게 해서는 안 된다고 말한다(살전 5:19). 요한계시록은 우리가 삼가 조심하지 않음으로 인하여 교회의 촛불이 꺼질 수 있고, 촛대가 옮겨질 수 있음을 경고한다(계 2:5). 교회 권징의 전통을 쉽게 무시해서는 안 된다.

하나님의 처소는 반드시 성결한 곳이 되어야 한다. 신약 성경은 우리에게 교회 권징에 관한 교훈을 남기고 있으며, 그것을 지킴으로 인해 우리가 하나님의 새 성전을 거룩하게 보존할 수 있게 한다. 교회의 권징 실천을 위해 가장 기본적으로는 거듭난 자들에게 교인의 자격이 주어질 수 있음을 확인해야 한다. 우리의 중요한 기도제목은, 우리들이 주께서 기꺼이 거하고자 하시는 하나님의 새로운 성전으로 살아갈 수 있도록 능력을 더하여 주시길 기도하는 것이다.[16]

그리스도인의 만인제사장직

모든 그리스도인의 만인제사장직은 믿는 신자들 안에 거하시는 성

15　참고. 제6장, 각주 113번.
16　교회 권징에 대한 더 폭넓은 논의는 다음 문헌을 참고하라. M. Dever, *Nine Marks of a Healthy Church* (Wheaton, IL: Crossway, 2000), 152-79. 관련 웹사이트에서도 유용한 정보가 제공된다: www.9marks.org.

령의 임재의 결과라고 할 수 있다. 이것은 그리스도의 몸 된 지체들이 서로에게 죄를 용서하는 통로가 되는 것을 함의한다(요 20:23). 또한 이것은 교회의 권징과도 연결되는 것으로, 이는 요한복음 20:23에 예수께서 죄 사함의 권세만이 아니라 죄를 그대로 두는 권세까지 그들에게 허락하셨기 때문이다. 또한 모든 그리스도인의 제사장직은 예수를 믿는 사람이라면 누구든지 기도할 때에 친히 하나님 앞에 담대히 나아갈 수 있다는 사실을 의미한다.

그러나 이러한 만인제사장주의는 신자로서 마땅히 순종해야할 내용을 신자 자신이 성경에서 선별적으로 택할 수 있도록 권한을 부여하는 것이 아니다. 모든 그리스도인 제사장들은 예수 그리스도와 그분의 모든 말씀에 복종해야 한다. 그리스도는 오직 그 말씀의 계시를 통해서 우리에게 자신을 드러내신다. 제사장된 그리스도인들은 서로를 섬기며, 죄를 용서하기도 하고 그대로 두기도 한다. 이것은 이제 모든 신자들이 그리스도 안에서 제사장이 된 만큼, 모든 신자들은 신앙의 형성과 교정을 위한 그리스도인 제자도(즉, 교회의 권징)에 반드시 관여해야 함을 의미한다.

따라서 성령의 중생과 내주하심은 하나님의 새로운 성전, 교회 공동체를 향한 중요한 함의를 갖는다. 오직 중생한 성도들, 즉 거듭난 그리스도인들만이 교회의 회원이 되어야 하며, 성령의 내주하심은 교회의 권징을 필히 수반함을 명심해야 한다. 거듭난 신자들의 모임인 교회의 회원들 가운데 하나님은 그들을 자신의 처소로 삼으시며, 그러한 그들이 하나님의 새로운 성전을 형성하고 제사장들로 섬기게 되는 것이다. 이 그리스도인 제사장들이 성경의 진리를 선포함으로 하나님을 전하며, 그리하여 더 많은 사람들이 거듭남의 새로운 생명으로 나올 수 있게 된다. 또한 그리스도인 제사장들은 그리스도의 권세로 죄의 문제를 처분하여 그리스도의 신부인 교회가 순결을 유지할 수 있게 돕는다. 진리는 반드시 우리를 경건한 길로 인도한다(딛 1:1).

주께서 우리와 함께 하시고 우리 안에 거하실 것이다

본 연구는 성경의 신적 저자이신 하나님께서 인간 저자들에게 영감을 주심으로 그들이 하나의 통일성 있는 문서를 기록하게 된 것이라는 성경신학적 관점을 전제로 출발했다. 이 책에서 필자는 옛 언약의 신자들에게는 개별적인 성령의 내주하심이 없었다는 것에 구약과 신약이 모두 동의한다고 주장했다. 예수께서 영광 받으시기 이전 시대에, 하나님은 자기 백성들과 '함께' 거하셨다(신 31:6; 요 7:39). 그러나 예수께서 영광 받으신 이후로, 하나님께서는 자기 백성들 '안에' 거하신다(요 14:17,23). 요한복음 14:17에 예수께서 하신 말씀("그는 너희와 함께 거하심이요 또 너희 속에 계시겠음이라")은 예수께서 얼마나 탁월한 성경신학자이셨는지를 보여준다. 예수 그리스도는 우리가 하나님의 새로운 성전으로서 어떠한 존재인지 깨닫게 하시며 교회의 정체성이 무엇인지 규명해 주신다.

"그에게 영광이 세세무궁토록 있을지어다. 아멘."

부록 1
요한복음 20:22의 '엠푸사오' 용례

요한복음 20:22, 예수께서 "그들을 향하사 숨을 내쉬며 이르시되 성령을 받으라"고 하신 장면에, 헬라어 동사 '엠푸사오'("숨을 불어넣다/내쉬다")가 사용되고 있다. 창세기 2:7의 헬라어 역본에도 이것과 똑같은 동사가 쓰인다. 하나님께서 아담에게 생명을 주셨을 때, "생기를 그 코에 불어넣으시니('에네푸세센') 사람이 생령이('프노엔') 되니라"(창 2:7).[1] 그리고 에스겔 37:9의 헬라어 역본에도 동일한 동사가 사용된다: "너는 생기를('토 프뉴마') 향하여 대언하라 생기에게('토 프뉴마티') 대언하여 이르기를 주 여호와께서 이같이 말씀하시기를 생기야('프뉴마톤') 사방에서부터 와서 이 죽음을 당한 자에게 불어서('엠푸세손') 살아나게 하라 하셨다 하라."

이 세 본문에 사용된 '엠푸사오'라는 동사로 인해, 각 본문마다 중생에 대한 전망이 암시되고 있으며, 심지어 중생(거듭남)과 성령을

---

1 이 동사는 창 2장을 언급하는 지혜서 15:11에서도 볼 수 있다.

받는 일(성령의 수납)이 통합적으로 연결되고 있는 것처럼 보일 수 있다. 만약 그것이 사실이라면, 옛 언약의 신자들은 중생을 경험했을 뿐 아니라 그들에게는 성령의 내주하심도 있었을 것이다. 이는 생기(breath of life)가 그들 속에 들어갔기 때문이다.

그러나 아담이 그러한 경험을 했을 때는 아직 타락 이전이었기 때문에 이러한 해석은 개연성이 없어 보인다. 또한 에스겔은 자신의 그러한 환상을 당대의 현실이 아닌 장차 임할 종말론적 복으로 제시하고 있으며, 요한은 예수께서 영광 받으시기 전까지는 성령을 받지 못했음을 분명히 명시하고 있다.

본 연구를 통해 우리는 옛 언약의 신자들도 중생을 경험했다는 것과, 그러나 그들의 중생이 성령의 내주하심과 대등한 경험은 아니라는 증거에 대해 살펴보았다. 더 중요한 것은, 창세기 2장과 에스겔 37장의 세부 내용 자체가, 이 두 본문에서 이미 육체로 살아 있는 자들을 향해 하나님이 자신의 영을 불어넣어 그들에게 영적 생명을 불러일으키고 계신다는 해석을 일축한다는 것이다.

창세기 2:7의 해당 동사의 용례는 창세기 3장의 타락 기사 이전의 장면인 것이며, 따라서 아담은 아직 죄와 허물로 죽은 상태가 아닌 것이다. 창세기 2:7은 아담의 '육체적 생명'의 첫 시작에 대해 말하고 있다. 이 동사를 차용함으로, 에스겔과 요한은 만물이 고대하는 회복의 날, 마지막 재창조와 우주적 갱생의 때를 암시하는 것일 수 있다.[2] 그러나 이러한 의미에서의 갱생(중생, regeneration)이 요

---

2 다수의 요한복음 주석가들은 이 관점에 치우친 것으로 보인다. 카슨은 다음과 같이 설명한다: "예수께서 그들에게 숨을 불어넣으신 것은 창 2:7 및 겔 37:9을 환기한다; 이러한 '불어넣음'(insufflation)은 … 새 창조의 시작, 죽은 자를 깨워 일으키는 것이다"(*The Gospel according to John*, PNTC [Grand Rapids: Eerdmans,

한복음 3장에 표현된 위로부터의 새로운 출생(거듭남)과 동일하다고 보기는 어렵다. 만약 그 둘이 같은 것이라면, 위로부터 새로 태어나는 거듭남은 만물의 회복이 완성될 때까지 불가능한 것이 된다.

창세기 2:7과 에스겔 37:9에서 말하고 있는 점은 성령의 내주보다는 오히려 생기(생명의 호흡)의 부여처럼 보인다. 아담에게 생기가 불어넣어졌을 때 그는 생령이 되었고, 마른 뼈들도 똑같은 방식으로 다시 살아나고 있다. 한편, 창세기 2:7에는 하나님께서 아담에게 생기를 불어넣으신 반면, 에스겔 37:9에서는 그 불어넣는 주체가 "생기"(the breath)라는 점이 또한 중요해 보인다.[3] 그것의 근원은 "사방에서 오는 바람"(the four winds)이기 때문에 에스겔 37:9의 이러한 '루아흐'의 용례가 "호흡" 또는 "바람"이 아닌 다른 무엇이어야 한다는 암시는 없다.[4] 그러므로 창세기 2장과 에스겔 37장이 전망하는 것은 여호와의 성령을 수납하는 것이 아니다. 여기서 묘사되는 것은 단지 생명의 호흡이 부여되는 장면인 것이다.[5] 아담과 마른 뼈들이 이처럼 생기를 받는 장면이 만물의 갱생(중생)을 예시하는 것일 수는 있다. 그러나 이전에 허물과 죄로 죽었던 사람들 속에 하나님의 말씀을 듣고 그 말씀을 믿을 수 있는 능력이 새롭게 창조되

1991], 651 [저자 강조]). 또한 참고. C. K. Barrett, *The Gospel according to St. John*, 2d ed. (Philadelphia: Westminster, 1978), 570; R. E. Brown, *The Gospel according to John*, 2 vols., AB (New York: Doubleday, 1966, 1970), 1037.

3   마소라 본문 הרוח; 70인경에서 그 주어는 앞의 τῷ πνεύματι에서 함의된다.

4   참고. D. I. Block, *The Book of Ezekiel*, 2 vols., NICOT (Grand Rapids: Eerdmans, 1997, 1998), 2:377-78.

5   창 2:7의 마소라 본문은 רוּחַ("Spirit")를 쓰지 않고 נְשָׁמָה("breath")를 사용한다. 유사한 방식으로 창 2:7의 헬라어 번역은 πνεῦμα("Spirit")를 쓰지 않고 πνοή("wind/breath")를 쓰고 있다.

는 것과 직접적으로 유사하다고는 볼 수 없다(참고. 요 3:3-8).

또한 우리는 헬라어 구약 역본의 열왕기상 17:21에 '엠푸사오' 사용에도 주목할 필요가 있다. 우리는 엘리야가 과부의 죽은 아들을 살리려고 한 행동, "그 아이에게 세 번 '숨을 불어넣고'[헬. '에네푸세센', 개역개정. '그 아이 위에 몸을 세 번 펴서 엎드리고'] 여호와께 부르짖어 이르되"(왕상 17:21)에 대해 듣게 된다. 어쩌면 아이가 죽었다가 다시 살아난 이 장면은, 창세기 2:7과 에스겔 37:9의 묘사처럼, 영적인 중생을 예표하는 것일 수 있다. 그러나 성령께서 그 아이 속에 내주하시게 되었다는 암시는 어디에도 없다. 마찬가지로, 창세기 2:7에 성령께서 아담 안에 내주하신다는 암시도 전혀 없다. 과부의 아들과 아담은 둘 다 생명의 호흡을 수여받았지만, 그것이 성령의 내주하시는 현상과 동일한 것은 아니다. 이 두 개념은 물론 서로 연결되는 부분이 있지만 동일한 실재는 아니다.

창세기 2:7, 에스겔 37:9, 요한복음 20:22의 '엠푸사오' 용례에 근거해서 성령의 중생과 내주를 동일한 현상으로 간주하려는 시도는 더 많은 혼란만 초래할 뿐이다. 그러한 시도는 모형론적으로 서로 관련은 있지만 실제 내용은 서로 같지 않은 이문들을 하나로 융합하는 오류를 범할 수 있다. 창세기 2:7은 생명 수여의 시초를 보여주는 장면이다. 또한 에스겔서의 헬라어 번역자(들)이 창세기 2:7의 헬라어 번역에서 이미 영향을 받았다고 증명하는 것은 매우 어려울 것이다.

에스겔 37:9은 죽은 자들의 부활을 전망하고 있다. 반면, 요한복음 20:22은, 필자의 개인적인 관점에서 볼 때, 제자들이 내주하시는 성령을 받는 것을 묘사한다.[6] 이 두 본문을 성령의 중생과 내주의 동일시를 위한 논리적 근거로 삼기에는 너무 큰 괴리가 있어 보인다. 또한 창세기 2:7, 에스겔 37:9, 요한복음 20:22의 '엠푸사오'의 용례는 요한복음 7:39과 16:7의 명시적 진술을 충분히 극복할 만큼의 어떤 강력한 증거, 즉 옛 언약 신자들 각 개인에게 성령의 내주하심이 있었다는 충분한 증거를 제공하지 못한다.

---

6 제자들이 요 20:22 사건 이전에 이미 믿는 자들이었음을 보여주는 요한복음에서의 증거는 제4장을 참고하라. 내주하시는 성령의 수납이 요 20:22에 전망되고 있다는 주장에 대해서는 제5장을 보라.

부록 2
"그는 너희와 함께 거하심이요 또 너희 속에 계시겠음이라?"
요한복음 14:17c의 텍스트

서론

요한복음 14:17c절은 우리의 연구에서 핵심 본문 가운데 하나였다. 우리는 이 구절을 널리 받아들여지고 있는 번역문, "그는 너희와 함께 '계시며'([is], 또는 "머무르시며"[remains] 혹은 "거하시며"[dwells]), 그가 너희 안에 '계실'('will be', 헬. '에스타이') 것이다"(개역개정. '그는 너희와 함께 거하심이요 또 너희 속에 계시겠음이라') 그대로 살펴보았다. 그러나 몇몇 영역본에서는 일부 사본의 이문에 따라, 해당 구절의 후반부를, 미래시제 '에스타이'가 아닌 현재시제 '에스틴'으로 간주해, "그가 너희 안에 계신다"('He/he is in you')로 번역한다(예. NJB, TEV). 요한복음 14:17c절의 텍스트가 우리의 연구에 중요한 요소이기는 하지만, 그것이 원본상으로 미래형인지 아닌지의 여부가 이 논제의 성립을 좌우하지는 않는다.[1] 사실 곧 보게 되겠지만, 미래시제에 대한 내적 증거가 너무나 명확하기 때문에 동사의 현재형을 원본으로 받아들이는 몇몇 이들조차 그 문구를 미래형으로 번역하고 있다.[2]

만약 현재형이 원본상으로 맞고 따라서 반드시 현재시제로 읽어야 한다면, 요한복음에서 성령은 예수께서 떠나실 때까지 주어지지 않는다는 사실을 감안할 때(7:39; 16:7), 가장 개연성 있는 번역은, "그가 너희와 함께 계시고, 그가 ("너희 '안에'['in'] 계신다"가 아니라) 너희 '가운데'('among') 계신다"가 될 것이다.[3] 곧 살펴보겠지만, 본문 증거(textual evidence)는 미래시제("그가 너희 안에 계실 것이다")를 더 선호한다. 우리는 먼저 사본의 (외부적) 증거를 조사한 후에, (요한복음의) 내부적 증거에 주목해 볼 것이다.

---

1 이 구절에 몇 가지 이문들이 존재하지만 여기서 우리는 해당 절의 마지막 어구가 ἐν ὑμῖν ἐστιν, "그가 너희 안에 계신다"인지 혹은 ἐν ὑμῖν ἔσται, "그가 너희 안에 계실 것이다"인지 여부를 다룬다. μένει라는 단어의 강세 부호의 위치(μένει, 현재 시제 – "그가 머무르다." 혹은 μενεῖ, 미래 시제 – "그가 머무를 것이다")는 다음 문헌에서 이문으로 다뤄지지 않고 있다. R. Swanson, ed. *New Testament Greek Manuscripts: John* (Sheffield: Academic, 1995), 203-4. 그러나 NA[27]에서는 미래형이 하나의 가능한 이형으로 등재되고 있다. 언셜 텍스트에는 강세가 표기되지 않았고, 미래형은 최소한의 본문상의 지지를 받는다(*pc aur vg sa ac*[2] *pbo*). 요 14:17c의 다른 이문은 중요하게 다뤄지지 않는다: f[4]의 경우 σύν ὑμῖν ἐστιν, "그가 너희와 함께 있다"의 독법을 취한다. 여기서 σύν, "함께"란 단어에 대한 지지가 약하지만, 이러한 사본들이 현재형과 함께 ἐν이 아니라 σύν을 취한다는 점은 다소 흥미롭다.

2 C. K. Barrett, *The Gospel according to John*, 2d ed. (Philadelphia: Westminster, 1978), 463; J. H. Bernard, *The Gospel According to St. John*, 2 vols., ICC (Edinburgh: T & T Clark, 1928), 546; R. Schnackenburg, *The Gospel according to St. John*, 3 vols., trans. K. Smith (New York: Crossroad, 1968, 1979, 1982), 3:413 n. 93; P. W. Comfort, *Early Manuscripts and Modern Translations of the New Testament* (Wheaton, IL: Tyndale House, 1990), 124.

3 컴포트(Comfort)도 이같이 제안한다(*Early Manuscripts*, 124). 또한 참고. R. A. Whitacre, *John*, IVPNTC (Downers Grove: InterVarsity, 1999), 358-59, 14:17에 대한 해설.

외적 증거

두 가지 독법에 대한 사본 증거는, 〈도표 3〉 "요한복음 14:17c절 본문의 외부 증거"에 요약되고 있다. 외적 증거에 대한 고려는 전반적으로 증거 사본의 연대, 지리적 분포, 본문과 사본 계열들 간의 계보적 관계(genealogical relationships)를 수반한다.

증거의 연대

가장 오래된 사본들로는 파피루스(papyri)와 대문자 사본(언셜/uncials)이 있다.[4] 요한복음 14:17c절의 두 독법에 대한 가장 오래된 사본 증거는 다음과 같다:

	약 200년 경	주후 3세기	주후 4세기	주후 5세기
'에스틴' (현재형)	P^{66*}		B	D^* W
'에스타이' (미래형)	P^{66c}	P^{75vid} (약 175–225년)	ℵ	A Q D^c

---

[4] 비록 소문자 필사본들은 그만큼 고대의 것이 아니지만, 그들이 반영하는 더 오래된 텍스트 유형으로 인해 때로는 후대의 대문자 사본보다 더 유의미한 것을 증명하기도 한다(B. M. Metzger, *The Text of the New Testament*, 3d ed. [New York: Oxford University Press], 209). 아래에 살펴보겠지만, 현 사안에서는 사본 33번이 가장 관련성이 있다.

각 독법은 오래된 사본의 지지를 받는다. 메츠거(Metzger)는 P^{66}(파피루스 66번) 사본과 관련하여 440개의 변조된 형태 대부분은 "경솔한 실수들에 대한 필사자 자신의 수정인 것으로 보인다"고 언급한다.[5] 만약 요한복음 14:17c절도 그러한 경우에 속한다면, 현재시제에 대한 가장 오래된 사본의 지지는 주후 4세기의 바티카누스 코덱스(바티칸 사본/Codex Vaticanus, B)가 된다. 수정된 P^{66} 그리고 P^{75} 사본에서 볼 수 있는 것은 더 초기의 증거를 갖는 미래시제에 경미하게 무게를 싣는다.[6] B와 P^{75} 사본 사이의 인정된 관계, 그리고 그 둘 중에 P^{75}가 더 오래된 사본이라는 사실 또한 미래시제 독법을 더 초기의 그리고 더 개연성 있는 독법으로 보게 한다.[7]

---

5   Ibid., 40.

6   포터(C. L. Porter)와 스완슨(Swanson) 둘 다 P^{75}가 αι의 종결어미로 누락(lacuna, 문제의 동사가 위치할 곳)을 갖는다고 지적하며 미래시제 독법이 표기되었음을 암시한다(Swanson, *New Testament Greek Manuscripts: John*, 204; Porter "Papyrus Bodmer XV (P75) and the text of Codex Vaticanus," *JBL* 81 [1962], 373).

7   Porter, "Papyrus Bodmer XV (P75) and the Text of Codex Vaticanus," 374–74; G. D. Fee, "Codex Sinaiticus in the Gospel of John," *NTS* 15 (1968–69): 29, 44.

[도표 3] 요한복음 14:17c절 본문의 외부 증거

독법	사본 유형	본문 계열			
		비잔틴 본문	알렉산드리아 본문	서방 본문	그외
ἐστίν (he is) 채택 판/역본: Westcott and Hort NEB, TEV, NJB	파피루스		p⁶⁶*		
	대문자 사본		B	D* W	
	소문자 사본				1 69 565
	고대 역본			it^{a, b, c, d, e, f, ff2, q}	
ἔσται (he will be) 채택 판/역본: NA²⁷, UBS⁴, and Η ΚΑΙΝΗ ΔΙΑΘΗΚΗ ESV, HCSB, KJV, NASB, NET, NIV, NKJV, RSV, NRSV	파피루스		p⁶⁶ᶜ p⁷⁵ᵛⁱᵈ		
	대문자 사본	A E K M Δ Θ Ψ	ℵ L	Dᶜ	Q U
	소문자 사본	𝔐	33ᵛⁱᵈ		28 118 f¹³ 700
	고대 역본	eth	cop^{bo}	syr^{s, h}	arm geo

증거 사본의 지리적 분포

두 독법 모두 비잔틴, 알렉산드리아, 서방 본문, 그리고 카이사랴(Caesarean) 계열 사본의[8] 독법에 의해 지지를 받는다. 많은 이들은 바티카누스(B)와 시나이티쿠스(Sinaiticus, 시내산 사본, $\aleph$)에서 서로 일치할 때 신뢰할 만한 본문이라고 생각한다.[9] 그러나 현재의 사례에서는 이 두 사본이 서로 대치된다. 알렉산드리누스 사본(A)이 시나이티쿠스 사본에 무게를 더하고, 베자 사본(Codex Bezae, D)과 P^{66} 사본이 미래시제로 읽도록 "수정된" 가운데, 현재시제는 알렉산드리아 본문에서는 바티카누스 사본 그리고 서방 본문에서는 W사본에 의해서만 지지된다. $\aleph$, L사본, 그리고 아마도 33번 사본을 포함하는 알렉산드리아 계열의 우세한 독법(도표 참고)에 대조적으로,[10] 오직 B사본만이 원본 독법으로서의 미래시제를 도전한다. 메츠거는 코덱스 레기우스(Codex Regius, L)에 대해, "그것의 텍스트 유형은 훌륭하며, 코덱스 바티카누스와 매우 빈번하게 일치한다"고 언급한다.[11] 여기서 L사본이 B사본과 나란히 맞서고 있고, 외견상 바티카누스 사본이 단독적으로 있다고 볼 때, 미래시제가 더 광범위

---

8 필자는 메츠거(Metzger)의 주장대로 이 사본들을 "카이사랴" 계열 사본으로 간주하지만, 도표에서 카이사랴 독법은 "그 외"란의 표제 아래 속한다.

9 J. H. Greenlee, *Introduction to New Testament Textual Criticism*, rev. ed. (Peabody, MA: Hendrickson, 1995), 81.

10 스완슨에 따르면, 33번 사본은 해당 어구 전부를 생략한다(*New Testament Greek Manuscripts: John*, 204). 그러나 UBS⁴의 경우는 미래시제를 지지하는 가운데 그것을 나열하며 33^vid으로 표기한다. 만약 33번이 실제로 미래시제를 지지한다면 사본의 계보적 관계에서 강력한 사례가 성립될 수 있다. 바티칸 사본에도 불구하고 알렉산드리아 텍스트-유형이 미래시제를 지지한다는 것이다(소위 '소문자 필사본들의 여왕'[Queen of the cursives]으로 여겨지는 33번 사본이 인정된 알렉산드리아 계열 필사본의 후대의 복사본이기 때문이다).

11 Metzger, *The Text of the New Testament*, 54.

한 지지를 받는다.

본문과 사본 계열들 간의 계보적 관계

미래시제의 독법은 하르클린판 시리아역(Harclean Syriac)뿐 아니라 시내 시리아어 역본(Sinaitic Syriac version)에 의해서도 증명된다. 이 시내 역본은 "서방 유형의 본문에 대한 하나의 표본"이며, 이 사본에 보존된 텍스트의 형태는 2세기 말 또는 3세기 초의 것으로 연대가 추정된다.[12] 하르클린판 또한 서방 본문 계열이고, 이 두 시리아 사본들은 베자 사본의 원본에 가해진 수정을 입증한다.

그러나 시리아어 역본들에 의해 제시된 근거는 또한 서방 본문-유형을 보존하는 고대 라틴어 번역본에 의해 상쇄될 수 있다. 후기 벌게이트(Vulgate) 사본 가운데 일부는 미래시제를 입증하지만, 고대 라틴어 사본들에서는 현재시제가 우세하다. 그것은 코덱스 베르셀렌시스(Codex Vercellensis), 코덱스 베로넨시스(Codex Veronensis), 코덱스 콜베르티누스(Codex Colbertinus), 코덱스 베자(Codex Bezae)의 라틴어 본문(베자 사본은 헬라어와 라틴어 두 본문으로 구성됨-옮긴이), 코덱스 코비엔시스(Codex Corbiensis)에서 찾아볼 수 있다.

미래시제의 독법은 콥트어(Coptic) 번역의 보헤이릭판(Bohairic version)에서 증명된다. "보헤이릭판의 헬라어 원형(prototype)은 알렉산드리아 텍스트-유형과 밀접하게 연관된 것으로 보인다."[13] 비록 이것은 후대의 것이나, 그 증거는 미래시제 독법을 증명하는 다른 알렉산드리아 증거 사본에 지지를 더한다. 비록 그것이 바티카누스

---

12 Ibid., 69.
13 Ibid., 80.

사본에서 발견된다고 하더라도, 이러한 증거는 알렉산드리아 텍스트-유형 내 현재시제의 신빙성을 의심하게 하는 것으로 보인다.

"역본들의 여왕"으로 칭송받았던 아르메니아어 역본(Armenian version)은[14] 카이사랴 텍스트-유형을 반영하며 미래시제의 독법을 취한다. 그루지아어 역본(Georgian version) 또한 카이사랴 계열 본문을 반영하며 미래시제 독법을 갖는다. 에티오피아어 그리고 고대 슬라브어(Old Slavonic) 역본들은 비잔틴 텍스트-유형을 대표하며, 마찬가지로 미래시제 독법을 취한다.

정리하면, 현재시제 독법에 대한 가장 강력한 증거는 바티카누스 사본일 것이다. 연대, 지리적 분포, 계보적 관계 등 다른 모든 증거는 텍스트 원본의 독법이 미래시제일 것이라는 추측을 뒷받침한다.

내적 증거

내적 증거에 대한 평가에는 두 종류의 가능성이 고려된다: 필사에 의한(transcriptional) 개연성 그리고 내재적(intrinsic) 개연성.[15] 필사에 의한 개연성은 서기의 활동과 관련되는 반면, 내재적 개연성은 본래 저자가 기록했을 가능성이 더 높은 것과 관련된다.

필사에 의한 가능성

본문 비평(text criticism)의 세 가지 원칙이 여기에 적용된다. 원본의

---

14 Ibid., 82.
15 참고. Ibid., 209-11.

독법일 가능성이 높다고 선호되는 일반적인 독법은 (1) 가장 어려운 독법, (2) 가장 짧은 독법, (3) 다른 독법들을 가장 잘 설명하는 독법이다. 이 경우에 독법의 길이는 문제가 안 되기 때문에('에스틴' 또는 '에스타이'), 두 번째 원칙은 논의에서 배제하기로 한다.

더 어려운 읽기. 이러한 원칙은 현재시제를 더 선호한다. 웨스트콧(Westcott)이 관찰한 바에 따르면 이 현재형은 "수정한 것처럼 보이지 않는다."[16] 하지만 때로 "더 어려운 읽기"는 지나치게 난해한 것일 수 있다. 이 경우에도 그렇게 보인다. 이미 논급했듯이, 본문 비평적 근거에 의해 현재시제를 택했던 이들도 의미론적으로는 미래시제로 설명해야 하는 상황에 놓인다(참고. 각주 2). 요한복음 7:39과 16:7의 관점에서 볼 때, 만약 요한복음 14:17에 예수께서 성령이 그들 안에 있다고 제자들에게 말씀한 것이라면, 그것은 예수께서 스스로 모순되는 말씀을 하신 것처럼 보일 수 있다(요 16:7, "그러나 내가 너희에게 실상을 말하노니 내가 떠나가는 것이 너희에게 유익이라 내가 떠나가지 아니하면 보혜사가 너희에게로 오시지 아니할 것이요 가면 내가 그를 너희에게로 보내리니"). 이에 블롬버그(Blomberg)는 현재시제 독법은 "아마도 받아들이기 너무 어려울 것"이라고 결론을 내린다.[17] 그러므로 대부분의 주석가들은 미래시제의 독법을 선택한다.[18]

---

16 B. F. Westcott, *The Gospel According to St. John*, 2 vols. (London: John Murray, 1908), 2:177-78.

17 C. Blomberg, *The Historical Reliability of John's Gospel* (Downers Grove: InterVarsity, 2001), 201 n. 291.

18 견본 (블롬버그와 함께), 참고. R. E. Brown, *The Gospel according to John*, 2 vols., AB 29, 29A (New York: Doubleday, 1966, 1970), 640; G. M. Burge, *John*, NIVAC (Grand Rapids: Zondervan, 2000), 396; D. A. Carson, *The Gospel according to John*, PNTC (Grand Rapids: Eerdmans, 1991), 509-10; and L. L. Morris, *The Gospel according to John*, rev. ed., NICNT (Grand

다른 독법들을 가장 잘 설명하는 독법. 어느 필사자가 현재형 '에스틴'을 미래형 '에스타이'로 바꾸면서, 요한복음 14:17c절을 문맥에 맞게 "조화시키는" 모습을 상상하는 것은 상대적으로 쉬운 일이다. 그것은 사본들에서 증명되는 미래시제 독법에 대한 적절한 설명이 될 수도 있다. 그러나 이러한 상상은 P^{66}와 D사본이 둘 다 미래시제 독법으로 수정되었는지에 대한 이유를 설명하지는 못한다. 만약 현재시제가 더 우세한 독법이라고 한다면, 미래시제를 증거하는 모든 사본들(스완슨[Swanson]은 20개 이상을 열거한다) 가운데서[19] 적어도 하나 정도는 미래형에서 현재형으로 "교정되는" 그런 비슷한 변화를 겪었을 것이라고 예상할 수 있다. 그러나 그런 수정들이 증거로 제시되는 경우는 없다.

그렇다면 그 현재형은 어디서 온 것인가? 미래시제가 원본의 독법임을 가정한다면, 그 최선의 설명은 그것이 필사자의 의도치 않은 실수로, 즉 우연한 변개로 보인다는 것이다. 아마도 단어의 어미 '-ai'를 '-in'로 잘못 읽는 과오를 범했을 수 있다. 또 다른 가능성은 의도치 않은 건너뛰기('parablepsis', 필사자의 눈이 필사 중에 혼동하여 원본의 다른 곳을 읽게 되는 현상) 그리고/또는 유사 어미 ('homoeoteleuton', 동일하거나 또는 유사한 어미를 갖는 단어들로 '의도치 않은 건너뛰기'의 빈번한 원인이 되는 현상)가 발생했을 수 있다는 것이다. 그래서 필사자가 다른 단어의 어미를 잘못 복사하게 된 경우이다.

Rapids: Eerdmans, 1995), 577 n. 52.

19   지면을 고려하여 미래시제로 읽는 사본들의 전체 목록을 도표를 비롯해 전술한 논의에서 상술하지 않았다. 스완슨은 미래시제의 독법을 다음과 같이 열거한다: P^{66c}, P^{75vid} a A D^c M K L M Q U D q Y 118 f^{13} 2 28 157 579 700 1071 1424 (*New Testament Greek Manuscripts: John*, 204).

요한복음 14:17에는 어미가 '-in'으로 끝나는 단어가 3번 나온다: '라베인(-in, "받다"), 그리고 '후민(-in, "너희")'은 두 차례. 이러한 오류는 단어 사이에 띄어쓰기 공간이 부족했거나, 초기 사본의 자료 품질이 열악했기 때문에 발생했을 수 있다.

내재적 개연성

미래시제 독법이 원본의 독법일 것에 대한 내재적 개연성은 높다. 예수께서는 자신이 '구하실' 것(미래형, '에로테소')이며, 아버지께서 파라클레토스를 '주실' 것(미래형, '도세이')이라고 말씀하신다(요 14:16). 요한복음 14장은 하나의 챕터로서 미래에 일어날 일들에 대해 다루고 있다: 예수는 한 처소를 예비하기 위해 '떠나실' 것이며, 제자들을 데려오기 위해 다시 '오실' 것이다(14:3); 예수를 믿는 사람은 예수께서 행하셨던 일을 자신도 '행할' 것이다(14:12); 예수께서는 제자들을 고아들처럼 버려두지 '않으실' 것이다(14:18). 하지만 그렇다고 해서 본문의 현재적 요소들마저 축소되지는 않는다(예. 요 14:7, "너희가 … 내 아버지도 알았으리로다. 이제부터는 너희가 그를 알았고[현재형] 또 보았느니라"). 요한복음 14장에는 미래시제와 현재시제의 요소가 모두 포함되어 있으며, 그 둘은 각각 어느 한쪽으로 융합되지 않는다.

요한복음 14:16의 미래에 대한 약속, 예수께서 아직 영광 받으시지 않았기 때문에 성령이 주어지지 않았다는 7:39의 진술, 그리고 예수께서 떠나시지 않는 한 성령께서도 오시지 않을 것이라는 16:7의 말씀은 쉽게 간과될 수 없는 본문의 견고한 증언을 형성한다. 따라서 이러한 내재적 개연성은 미래시제 독법이 원본의 독법임을 증명한다.

결론

외적, 내적 판단기준에 따르면 UBS⁴ 위원회의 결정과 마찬가지로, 미래시제 독법이 더 우세한 독법임에 분명하다.[20] 증거들을 감안하면, 위원회에 의해 부과된 "C" 등급 평가는 코덱스 바티카누스에 대한 신중한 존중에서 나온 결과처럼 보인다. 그러나 미래시제에 대한 사본 증거가 더 우세하다. 그리고 미래시제의 독법이 요한복음의 문맥에도 가장 잘 어울린다는 점은 바티카누스 사본에 대한 존중보다 더 무게감 있는 사실이다.

---

20 B. M. Metzger, *A Textual Commentary on the Greek New Testament*, 2d ed. (Stuttgart: Deutsche Bibelgesellschaft, 1994), 208.

부록 3
강한 바람과 오르간 음악 : 사도행전에 나타난 누가의 성령 신학

서론

이 책에서 우리는, 요한복음 20:22에 예수께서 제자들에게 숨을 내쉬며 성령을 받으라고 하셨을 때 그들에게 성령이 임하셨음을(내주하시게 되었음을) 주장했다. 사도행전 2장은 성령께서 제자들에게 권능으로 임하시는 장면을 상세히 묘사한다. 사도행전의 다른 본문에서는 그리스도인들이 성령으로 "가득 채워"('filled with') 또는 "충만하여"('full of') 졌다고 표현된다. 이 부록에서는 사도행전에서 누가가 성령의 임하심에 대해 소통하기 위해 사용하는 언어들을 이해하고자 할 것이다. 개인적으로는 우리가 사도행전에서 성령의 세 가지 사역에 대해 확인해 볼 수 있다고 믿는다. 첫째, 누가는 그리스도인 안에 지속적으로 진행 중인 성령의 내주하심의 경험을 묘사한다. 그러한 경험과 관련하여, 누가는 헬라어 동사 '플레로오'("fill", 행 13:52 개역개정. '충만하니라'), 그리고 "성령의 충만"('full of the Spirit')

이라는 어구에서 형용사형 '플레레스'(예. 행 6:3 개역개정. '충만하여')를 사용한다. 둘째, 누가는 내주하시는 성령의 권능을 입음으로 하나님의 진리의 말씀을 권위 있게 선포하는 그리스도인들을 보여준다. 이러한 장면을 묘사하기 위해 누가는 "성령으로 채워지는/감동되는"('filled with the Holy Spirit')이라는 어구에서 헬라어 동사 '핌플레미'('fill')를 사용한다(예. 행 2:4 개역개정. '성령의 충만함을 받고'). 셋째, 사도행전 2장, 8장, 10장, 19장에서 누가는 믿는 자들이 "성령으로 세례를 받는" 것을 보여준다. 이러한 성령 세례는 최초의 회심 또는 내주와 동일한 것이 아니며 또한 동시에 일어난 것도 아니다. 오히려 성령 세례는 하나님의 공개적 승인을 나타낸 징표였다. 그것은 먼저 예루살렘에 있던 신자들에게(행 2장), 이후 사마리아인들(행 8장)과 이방인들에게(행 10장), 그 후 세례 요한의 제자들에게(행 19장) 나타났다. 사도행전의 증거는 이처럼 총 네 차례에 걸친 각 그룹별 세례 사건 때에 그들이 예수 그리스도의 교회 전체를 대표해서 세례를 받은 것임을 암시한다. 본 연구는 누가와 요한이 서로 다른 표현을 사용했지만 사실상 같은 의미의 개념들을 전달하기 위한 것이었으며, 결국 누가와 요한 모두 성령의 사역에 대해 공통된 이해를 갖고 있었음을 증명할 것이다.

사도행전에 기록된 누가의 기사 도처에는 성령의 바람이 불고 있다. 때로 사도행전의 독자들은 오랫동안 기다려왔지만, 아직까지 한 번도 느낀 적이 없는 강력한 회오리바람을 느낄 것이다. 어떤 때는 마치 구약 성경의 어느 페이지에 나오는 바람처럼 친숙하게 느껴지는 돌풍도 있을 것이다. 그리고 이제는 당시의 급격한 바람이 결정적인 전환을 맞이했으며, 계속해서 잔잔한 순풍이 불어오고 있다는 것, 그리고 복음의 도를 따르는 모든 사람들 주위에 다가올 새로운 시대의 향기가 맴돌고 있다는 사실을 느낄 수 있다. 때로는 여러 유형의 바람이 동시에 불기도 하고, 때로는 특정한 기류가 또 다른 흐름에서 구별되기도 하고, 때로는 한 유형의 바람은 부는데 또 다른 바람은 불지 않기도 하지만, 거세게 휘몰아치든 혹은 잔잔하게 불든, 바람이 어떤 방식으로 오든, 사도행전에서 시작된 그것은 하나님에게서 불어오는 바람인 것이다.

이 급격한 바람은 누가가 성령의 기류를 전달하기 위해 채택한 그의 용어들과 어구들을 통해, 마치 오르간 파이프들을 통해 소리가 울리듯 공명하고 있다. 누가의 이러한 모든 노력이 사도행전이라는 거장의 오케스트라 연주에서 노래되고 있다. 누가의 신중한 어휘들은 사도행전을 통해 지금도 불고 있는 다양한 바람의 특징과 각각 조화를 이룬다. 본 연구를 통해 우리는 성령께서 연주하심에 따라 누가가 사용한 오르간 파이프에 주목하여, 각 바람을 가려내고, 바람을 서로 구별해내거나, 또는 그들이 함께 불고 있는 곳으로 같이 공감할 수 있기를 희망한다. 물론 "사도행전에서 명백하고 일관적인 하나의 성령론 교리를 도출해내려는 시도는 잘못된 것"[1]이라는 바레트(C. K. Barrett)의 지적도 정당하지만, 그러한 항변에도 불구하고 우리는 집중해서 귀 기울이고 들어야 한다. 여기에는 분명 음악이 연주되고 있다.

사도행전에는 성령의 수여를 묘사하는 아홉 개의 동사가 나타

---

[1] C. K. Barrett, *A Critical and Exegetical Commentary on the Acts of the Apostles*, 2 vols. (Edinburgh: T&T Clark, 1994, 1998), 115.

난다.[2] 성령의 주어짐(given), 받아짐(received), 부어지심(poured out), 내려오심(falling), 임하심(coming), 세례(baptizing), 충만히 채우심(filling)을 기술하는 이러한 동사들 외에도, 주를 믿는 자들이 "성령의 충만하여"진 상태로 네 차례 묘사된다.[3] 이러한 용법으로 성령의 세 가지 음색을 내고 있는 세 개의 각 파이프를 통해 성령의 소리가 울리고 있다.

누가가 성령의 현현을 묘사하고 있는 그 첫 번째이자 가장 기본이 되는 음색은 성부께서 약속하셨고,[4] 아들에 의해 수납되고 부어지는,[5] 그리고 회개하여 예수의 이름으로 세례를 받는 자들에게 제공되는, 종말론적 선물로서의 성령이다.[6] 둘째, 누가는 "성령의 충만함"(명사 '플레레스'와 동사 '플레로오'를 사용)이라는 표현을 사용하여 성령 안에 있는 그리스도인의 삶을 묘사한다. 이것은 사도행전에 나

---

2 (1) λαμβάνω("받다/receive") 2:33,38; 8:15,17,19; 10:47; 19:2. (2) δίδωμι("주다/give") 5:32; 8:18; 11:17; 15:8. (3) ἐκχέω / ἐκχύννω("붓다/pour out") 2:17-18,33; 10:45-46. (4) βαπτίζω("세례를 베풀다/baptize") 1:5; 11:16 (비교. 눅 3:16). (5) ἐπιπίπτω("내리다/fall upon") 8:16; 10:44; 11:15. (6) ἔρχομαι("임하다/come") 19:6. (7) ἐπέρχομαι("… 위에 임하다/come upon") 1:8. (8) πίμπλημι("가득 채우다/fill") 2:4; 4:8,31; 9:17; 13:9 (비교. 눅 1:15,41,67). (9) πληρόω("충만하게 하다/fill") 13:52. 던(J. D. G. Dunn)은 일곱 개의 어구들을 열거하는데, ἔρχομαι와 ἐπέρχομαι를 하나로, 그리고 훨씬 더 중요하게는, πίμπλημι와 πληρόω를 하나로 정리한다(*Baptism in the Holy Spirit* [Philadelphia: Westminster, 1970], 70). 아래에서 보듯이, 누가의 πίμπλημι 용례는 그의 πληρόω 용례와 구별된다(던 자신은 πίμπλημι와 πλήρης 용례 사이의 차이를 인지하지만[ibid., 71], 그들을 분리하여 나열하지는 않는다).

3 형용사 πλήρης("충만한/full")은 행 6:3,5; 7:55; 11:24의 "성령의 충만"이라는 표현에서 사용된다. 이 어법은 행 13:52의 동사 πληρόω의 사용과 대등하다; "제자들은 기쁨과 성령이 충만하니라." 비교. 행 6:5, "믿음과 성령이 충만한."

4 눅 24:49; 행 1:4-5.

5 행 2:33.

6 행 2:38.

타난 성령의 세 번째 현상, 즉 말씀의 영감 된 선포를 위해 그리스도인들이 "성령으로 채워지는/감동되는"(동사 '핌플레미'를 사용) 특별한 사건과는 구별되는 것이다. 이 제안 – 누가가 차용하는 표현에 따른 성령의 세 가지 현시 – 은 마샬(I. H. Marshall)이 주목했던 한 주제를 발전시키는 것으로,[7] 일부는 그 주제의 특색을 간과했고[8] 다른 이들은 그것을 축소하기도 했다.[9]

바람이 다양한 크기의 오르간 파이프를 통과할 때 각각 다른 소리가 나듯이, 누가가 사도행전에서 성령의 사역을 설명할 때 사용하는 용어들을 주의 깊게 관찰해 보면, 어떤 바람이 불고 있는지, 언제 그들이 함께 불고 있는지, 언제 혼자 불고 있는지 분별할 수 있다. 다음 단락들에서 우리는 사도행전에 나타난 성령의 세 가지 바람에 대해 자세히 살펴볼 것이다: 종말론적 선물로서 성령의 강

---

7 마샬(I. H. Marshall)은 다음 문헌에서 세 개가 아니라 두 개의 현시를 주장한다. "The Significance of Pentecost," *SJT* 30 (1977): 347-69,355. 바레트(C. K. Barrett)는 마샬이 설명하는 입장(πλήρης와 πίμπλημι 간의 구별)을 본래 브루스(F. F. Bruce)의 생각으로 여긴다. 그러나 브루스는 바레트가 인용하는 페이지에서 그다지 구체적이지 않는다. 바레트는 "이것은 누가를 원래보다 더 체계적으로 만들게 할 수 있다"고 논박한다(*Acts*, 226).

8 터너(M. Turner)는 다음과 같이 서술한다: "사도행전의 성령의 선물이 우리가 '예언의 영'으로 칭했던 그것이라는 점은 매우 분명하다"(M. Turner, "Holy Spirit," *NDBT*, 553). 터너가 "예언의 영"(Spirit of prophecy)으로 언급한 것은 필자가 여기서 제안한 성령의 첫 번째와 세 번째 현시 간의 중첩에 대략적으로 부합하다. 즉, 성령의 종말론적 선물과 영감 된 선포를 위한 특별한 충만 사이의 중첩이다. 또한 참고. id., "The Significance of Receiving the Spirit in Luke-Acts: A Summary of Modern Scholarship," *TJ* 2 (1981): 131-58; id., *Power from on High: The Spirit in Israel's Restoration and Witness in Luke-Acts* (Sheffield: Sheffield Academic Press, 1996).

9 상기 언급했듯이(각주 2번), 던은 πίμπλημι와 πλήρης 사이의 차이를 구분한다 (*Baptism*, 71). 그러나 그는 이 모든 어구들이 "동일한" 작용과 경험의 다른 '측면'들을 의미한다고 주장한다 – 최초의 개시, 즉 성령의 세례 베푸시는 사역"(*Baptism*, 72 [저자 강조]).

하고 급한 바람/강풍, 성령 충만한 그리스도인의 삶으로서 성령의 잔잔한 바람/미풍, 구약의 경험과 유사하게 성령의 특별한 감동으로 채우시는 권능으로서 성령의 부드러운 바람/서풍.

종말론적 선물

사도행전에서 '주다'(giving, 헬. '디도미')와 '받다'(receiving, 헬. '람바노')의 언어는 성령의 오심에 대한 이해에 있어 근본적으로 중요하다. 이러한 표현은 성부 하나님과 예수 그리스도께서 성령을 주시고, 예수를 믿는 자들은 성령을 받게 되는 양면적 현실을 반영한다.[10] 성령을 하나의 종말론적 선물로 간주하는 것은 래드(George Ladd)의 언급대로 성령의 강림을, "다가올 미래 시대와 관련한 종말론적 경험이 현재 시대로 역 도달했다"고 인정하는 것이다.[11]

누가가 사도행전에서 성령의 임하심을 전하기 위해 사용한 7개의 동사는 사도행전 2장, 8장, 10장, 그리고 19장에 기록된 네 가지 주요 "성령 세례"(baptisms in the Spirit) 사건에 주로 집중되어 있

---

10 성령에 대한 언급과 함께 누가의 δίδωμι 및 λαμβάνω 사용에 대해서는 각주 2번을 보라(또한 참고. δωρεά, 행 2:38; 8:20; 10:45; 11:17). 행 1:8에서 예수는 제자들에게 성령이 그들 위에 임하시면(ἐπέρχομαι) 그들이 권능을 받을 것이라고 말씀한다. 비교. 미 3:8, 여기서 선지자는, "나는 여호와의 영으로 말미암아 능력 … 충만해져서"라고 말한다. 이 문구에서 미가의 헬라어 번역은 동사 ἐμπίμπλημι를 차용한다.

11 G. E. Ladd, *A Theology of the New Testament*, rev. ed. by D. A. Hagner (Grand Rapids: Eerdmans, 1993 [1974]), 344. 비교. N. T. Wright, *The Resurrection of the Son of God*, Christian Origins and the Question of God 3 (Minneapolis: Fortress, 2003), 282.

다: (1) 세례하다; (2) 부어주다; (3) 오다; (4) [… 위에] 임하다; (5) [… 위에] 내려오다; (6) 주다; (7) 받다(참고. 각주 2번의 관련구절).[12] 여러 용어들과 함께, 우리는 이것을 누가의 가장 큰 오르간 파이프라고 생각할 수 있겠다. 여기서 유독 크게 울리는 음색들은 특별한 때를 위해 예비 되고 있다. 마치 교향곡의 전환을 알리는 신호탄처럼, 사도행전 2장, 8장, 10장, 19장에서 성령의 바람이 불어올 때, 구원 역사에 중요한 전환을 가져오는 움직임이 공명하는 것을 볼 수 있다. 그러한 용어들은 모두 매우 특별한 사건, 즉 성령 세례 사건이 일어나고 있음을 알리는 데 사용되고 있다.[13]

성령 세례

사도행전 1:5에서 누가는 예수께서 성령 세례에 관한 세례 요한의 약속을 다시 상기하셨음을 기록하고 있다. 예수께서는 유월절(부활하신 날)과 오순절 사이에, 40일 동안 아마도 간헐적으로 제자들에게 나타나 가르치신 것으로 보인다(행 1:3). 예수는 승천하시기 전에 제자들에게 "[지금부터] 몇 날이 못 되어"(1:5) 그들에게 성령-세례(Spirit-baptism)가 일어날 것을 예고하셨다. 그리고 사도행전 1:5에

---

12 이 동사들은 행 2, 8, 10, 19장 밖에서 성령에 대한 언급과 함께 사용되지만 항상 그 본문의 사건들과 관련된 언급에서 사용된다. 행 5:32의 δίδωμι는 아마도 여기서 유일한 예외일 수 있다.

13 성령의 임하심에 사용된 상당수의 언어는 액체 혹은 기체와 함께 행해지는 어떤 동작을 반영하는다: 붓다(ἐκχέω); 세례를 주다(βαπτίζω); 채우다(πληρόω). 또한 다른 동사들은 성령이 사람들 위에 내리심 또는 임하심을 묘사한다(ἐπιπίπτω, ἔρχομαι, and ἐπέρχομαι). 누가는 이러한 용어들을 사용해 성령의 오심을 묘사하는데, 그러한 표현은 메시아 예수의 높임 받으심(행 2:33), 예수께서 아버지로부터 약속의 성령을 받으심(눅 24:49; 행 1:4-5; 2:33), 그리고 예수께서 하나님이 부르신 모든 자들에게 성령을 부어주심(행 2:33,38-39; 8:16; 10:44; 11:15; 19:6)과 결합된다.

예고된 이 성령 세례는 사도행전 2장에 묘사된 그대로 오순절 날에 일어났다. 헬라어 동사 '밥티조'("baptize", 세례하다)가 사용되는 성령-세례에 대한 사도행전의 다른 유일한 언급은 베드로가 예수의 말씀을 인용하는 사도행전 11:16에 나타나 있다.[14] 누가가 "성령으로 세례"('baptism in the Spirit')라는 어법을 쓴 것이 단 두 차례였다는 사실을 감안하면(행 1:5; 11:16), 누가 자신이 그것을 매우 독특한 경험으로 생각했음을 짐작해 볼 수 있다.

누가는 오순절 사건을 예수께서 약속하신 성령 세례의 성취로 분명히 묘사하고 있고, 고넬료와 그의 가족이 성령으로 세례를 받았다는 사실에 물론 동의하고 있지만, 그럼에도 불구하고 사도행전 2장과 10장에서는 동사 '밥티조'를 사용하지 않고 있다. 누가는 이처럼 성령 세례가 명백한 사건 기사에서 다른 동사들을 사용하고 있기 때문에, 우리는 그러한 용어들이 '밥티조'란 단어와 의미상으로 중첩된다고 충분히 결론지을 수 있다.

개인적 견해로는, 성령의 이러한 첫 번째 현현을 가리켜, "성령의 종말론적 선물"(the eschatological gift of the Spirit)로 칭하고자 한다. 그 이유는 누가가 예수께서 승천하신 후에야 일어난 성령-세례(행 1:4-5, 9-11) 사건의 시점을 강조하는 것으로 보이기 때문이며, 이

---

14   신약의 성령-세례(βαπτίζω와 함께)에 대한 다른 유일한 언급들은 복음서에서 발견된다(마 3:11; 막 1:8; 눅 3:16; 요 1:33). 이것은 세례 요한이 자기 뒤에 오시는 이가 자기보다 더 우월하심을 암시했던 방식들 가운데 하나다(요 1:26-27, 30, 32-33). 이는 예수께서 요한보다 우월하시다는 것을 전달할 뿐만 아니라, 세례 요한이 자신의 뒤를 이어 오시는 그분이 그가 직접 세례를 베풀었던 방식과 비슷한 방식으로 그 백성에게 성령의 사역을 행하실 것이라고 믿었음을 나타낸다. 고전 12:13은 물 세례에 대한 언급처럼 보이며, 교회를 연합하시는 성령의 사역에 강조점을 두고 있다.

로써 마지막 때(말세)가 시작되었음이 암시되기 때문이다(행 2:17). 여호와께서는 에스겔을 통해 이같이 약속하셨다: "내가 너희를 여러 나라 가운데에서 인도하여 내고 여러 민족 가운데에서 모아 데리고 고국 땅에 들어가서"(겔 36:24; 비교. 신 30:3-5). 사도행전 2:5에서 누가는 "그때에 경건한 유대인들이 천하 각국으로부터 와서 예루살렘에 머물러 있더니"라며, 성령의 부으심 당시의 조짐을 신중하게 언급한다. 그리고 그 모인 자들의 출신 배경까지 일부 상술하고 있다(행 2:9-11). 여기서 말하고자 하는 요점은 요엘의 약속과 마찬가지로, 에스겔의 예언이 (적어도 최초로) 성취되고 있는 것으로 보인다는 점이다.[15] 따라서 하늘로 높임 받으신 예수는 이제 신자들에게 성령으로 세례를 집행하신다. 이 사건의 중요한 의의는 죽임 당하고 부활하신 예수를 따르는 자들을 하나님께서 친히 승인하셨으며, 이제부터 "말세"가 시작되었음(2:17)이 공언되고 있다는 점이다.

성령께서 너희에게 임하실 것이다

사도행전에서 누가는 사람들에게 성령의 "임하시는"('coming upon', 헬. '에페르코마이', '에르코마이'[coming] + '에피'[upon]) 현상을 단 두 차례 기술한다(1:8; 19:6). 사도행전 1:8에 예수께서는 제자들에게 "성령이 … 임하시면 "('에페르코마이') 그들이 권능을 받게 될 것을 말씀하신다. 그 성령은 사도행전 2장에서 제자들에게 임하셨다. 하지만 누가는 동사 '에페르코마이'를 다시 사용하지 않고 있다. 즉 이

---

15 대조. 터너(M. Turner)는, "누가는 자신의 성령론을 바울처럼 겔 36장의 성취 및 새 창조의 측면에서 서술하지 않으며, 오히려 욜 3.1-5(영역본. 2.28-32)의 측면에서 그것을 다루고 있다"고 주장한다(*Power from on High*, 352).

것은 누가가 차용하는 용어들이 '에페르코마이'와 의미상 중복된다는 것을 암시한다. "임하시다"라는 표현이 두 번째로 나타나는 곳은 사도행전 19:6에서다. 이미 믿고 있던(19:2) 에베소의 어떤 "제자들"(19:1)에게 바울이 성령 시대의 도래를 전한 후(19:2), 그들에게 손을 얹고 안수하자 "성령이 그들에게 임하셨다"('에르코마이' + '에피', 행 19:6). 예수께서 제자들에게 주신 약속, 그리고 에베소의 믿는 제자들의 경험에서 모두, 성령은 마지막 때의 시작을 알리는 표징으로 나타나신다(행 2:17; 19:2). 성령은 교회가 경험하는 종말론적 복이다. 바울의 표현대로, 성령은 우리 기업의 보증, 즉 우리에게 다가오는 미래에 대한 담보/증표가 되신다(엡 1:13-14).

내가 나의 성령을 부어줄 것이다

사도행전에서 헬라어 동사 '에크케오/에크쿠노'는 단 세 차례 사용된다(2:17,33; 10:45). 이 세 차례 모두 베드로와 관련되며, 요엘 3:1-5(영역/한역본. 2:28-32)의 성취를 의미한다는 점에서, 성령의 "부으심"(poured out)에 관한 세 언급 모두 종말론적 특징을 갖는다. 사도행전 2:16-21의 성령 강림에 관한 용어들은 요엘 3:1-5(영역/한역본. 2:28-32)에서 유래한 것이다.

오순절 날에 일어난 특이한 사건 현장에서(행 2:1-13), 베드로는 "이는 곧 선지자 요엘을 통해 말씀하신 것이다"(2:16)는 말로 사건에 대한 설명을 시작한다. 그는 이같이 인용한다: "하나님이 말씀하시기를 말세에,[16] 내가 내 영[성령]을 모든 육체에 부어 주리니('에크케

---

16 마소라 본문과 70인역 둘 다 "그리고 그 '후에'' 그 일이 일어날 것이다"(욜 3:1, 영역본. 2:28)라는 독법을 취하는 반면, 베드로는 "그 후에" 대신 "말세에/마지막 날들

오')"(행 2:17). "이는 곧 선지자 요엘을 통해 말씀하신 것"(2:16)이라는 진술과, 그 내용은 "말세[마지막 때]"(2:17)와 관련된 것이라는 언급을 통해, 베드로는 요엘에 의해 약속된 성령의 종말론적 부으심이 마침내 당시 현장에서 일어나고 있다는 사실을 명확히 증언한다. 이제 회개하고 예수의 이름으로 세례를 받는 모든 사람에게 성령이 주어진다(2:38). 이는 예수께서 하나님의 우편으로 높임 받으셨고, 아버지로부터 그 약속하신 것을 받으셨으며, 성령을 부어주심('에크케오') 때문이며, 그 결과 현재 무리들이 목격하고 듣고 있는 그 일이 일어난 것이다(2:33).

이후 베드로가 고넬료의 집에 복음을 선포하는 사도행전 기사에서(행 10:34-44), 우리는 "베드로와 함께 온 할례 받은 신자들이 이방인들에게도 성령 부어 주심으로 말미암아 놀라"는 장면을 보게 된다(10:45).

베드로가 할례 받지 않은 사람들과 함께 식사하기로 한 자신의 결정에 대해 변호할 때(행 11:3), 그는 자신의 메시지에 대한 무할례자들의 반응을 오순절 날 베드로 자신과 동료들이 겪었던 그 경험과 비교한다(11:15). 사도행전 10장에 이방인들이 경험한 성령의 "부어주심"(outpouring)은 사도행전 2장에서 천하 각국에서 온 유대인들이 경험했던 성령의 "부어주심"과 동일한 것이었다(2:5, 17-18). '에크케오'가 사도행전 10장에 사용될 때, 사도행전 2:16-36절에 베드로가 선언한 것처럼, 독자들은 요엘 3:1-5(영역/한역본. 2:28-32) 예언의 성취를 다시 한번 떠올리게 된다.[17] 따라서, 동사 '에크케

에"(행 2:17)라고 말한다.
17 명백하게도 베드로가 행 2장에서 요엘을 인용할 당시 그는 성령이 "모든 육체"에 부

오'는 종말론적 특징으로서의 성령의 선물을 강조하는 데 있어서, '밥티조', '에르코마이', '에페르코마이'와 의미상 중첩된다. 이 선물은 먼저는 유대인들에게(행 2장), 그리고 이후 이방인들에게도 곧 주어졌다(행 10장).

그들에게 성령이 내려오시다

사도행전 8장은 이렇게 전한다: "사마리아 백성들은 … 빌립이 하나님의 나라와 및 예수 그리스도의 이름에 관하여 전도함을 그들이 믿고 남녀가 다 세례를 받으니"(8:9, 12). 예루살렘에 있는 사도들은 사마리아도 하나님의 말씀을 받았다 함을 듣고 베드로와 요한을 그들에게 보낸다(8:14). 그곳에 도착한 두 사도는 "[사마리아 신자들이] 성령 받기를 기도"한다(8:15). 그리고 누가는 다음과 같이 설명한다: "이는 아직 한 사람에게도 성령 내리신['fallen upon', 헬. '에피핍토'] 일이 없고 오직 주 예수의 이름으로 세례만 받을 뿐이더라"(8:16). 곧이어 두 사도들이 사마리아인들에게 안수하자 그들은 성령을 받는다('receive', 헬. '람바노', 행 8:17).

사마리아인들이 처음 믿었을 때(행 8:12) 그리고 그들이 성령을 받게 된 시점(8:17) 사이에 이미 시간이 흘렀기 때문에, 이러한 성령의 임하심은 구원의 최초 경험에 수반되는 어떤 현상이기보다는, 하나님께서 이 사마리아인들을 메시아의 교회로 받아주셨음을 뜻하는 표시로 이해하는 것이 최선일 것으로 보인다. 따라서 하나님

어진다는 언급을(행 2:17) 남자와 여자, 젊은이와 늙은이, 노예와 자유인(2:17-18)을 모두를 의미하는 것으로 보았지만, 그들 모두 유대인들로 한정해서 생각했다. 베드로의 이러한 오해는 행 10장에서 이방인들에게 성령이 부어질 때 수정된다.

은 그들에게 종말론적 성령의 선물을 주셨다. 물론 이 당시에 성령은 예수의 이름으로 뿐 아니라(8:12), 어떤 면에서는, 예루살렘 사도들로 대표되는 그리스도 교회의 권위와 정통 안에서 그러한 승인 가운데 임하셨다(8:14-17).[18]

사도행전 10:44에 성령은 고넬료와 그의 집 "위로 내려오시는"(falling upon, '에피핍토') 것으로 묘사된다. 그리고 베드로는 어떤 일이 일어났는지를 설명하면서 이 동사를 다시 한번 사용하는데, 이때 그는 이 일을 사도행전 2장에 있었던 자신들의 경험과 비교한다(11:15, 헬. '에피핍토' / 개역개정. '임하시기를'). 따라서 '에피핍토'는 앞서 소개했던 동사들과 또한 의미상으로 중복되는 표현이다. 여기서의 쟁점은 하나님께서 이방인들과 사마리아인들을 받아주셨음을 확증하기 위한 종말론적 특징으로서의 성령 강림인 것이다.[19]

중복 표현의 요점

세례(행 1:5; 11:16), 임하심(1:8; 19:6), 부으심(2:17-18; 10:45), 내리심(8:16; 10:44)이라는 표현 모두가, 종말론적 선물로서의 성령 수여(예. 행 11:17)와 수납(예. 행 8:17)이라는 음색을 들려주는 커다란 오르간 연주의 일부를 구성한다. 성령으로 세례 받는 것에 대한 언급들은 세례 요한의 예언을 성취하며(행 1:5), 성령의 부어주심에 관한 언급들은 요엘의 예언을 성취한다(행 2:17). 성부 하나님은 그 아들에게 성령의 약속을 주셨고, 성자 하나님은 그를 믿는 사람들에게 성령을 부어 주셨다(행 2:33). 이 단락에서 논의된 일련의 용어들은,

---

18　또한 참고. Dunn, *Baptism*, 67.
19　참고. G. F. Hawthorne, "Holy Spirit," in *DLNT*, 493.

모두 성령 강림의 극적인 장면을 묘사하는 것으로, 종말론적 선물로서 성령을 주신 것을 설명하기 위해 사용되고 있다.

성령 세례와 회심?

사도행전 2장, 8장, 10장, 19장의 성령-세례는 회심 때에 일어나는 현상에 관한 설명이 아니다.[20] 래드(Ladd)는 다음과 같은 표준적인 해석을 제공한다: "우리는 구원에 이르는 믿음의 순간에 성령 세례가 발생하는 것이 정상적인 패턴이라는 결론을 내릴 수 있을 것이다."[21] 이러한 일반적인 합의에 반하여, 누가가 사용한 언어는 성령 세례가 교회의 역사상 매우 독특한 사건임을 나타내는 것처럼 보인다. 누가는 이 용어들의 그룹을 네 차례의 성령 세례와 관련해서만 사용한다. 이렇게 성령의 바람이 불 때 구원 역사의 여정이 앞으로 나아가는 것이 맞지만, 사도행전 본문의 취지는 성령으로 세례받은 사람들의 회심을 보여주는 것이 아니다. 이러한 생각은 직관에 반대되는 것처럼 보이지만, 그 근거는 강력하다고 할 수 있다. 누가는 사도행전에 최소한 15건의 회심 기사를 기록하고 있는데, 이 가운데 성령 세례 사건으로 묘사되는 기사는 하나도 없다.[22] 사도행전 2:38-39에서, 베드로는 믿는 자들에게 성령을 권하고 있지만, 그들의 회심을 보여주는 2:41의 기록에 따르면 앞서 2:1-4에서의 묘사와 같은 극적인 성령의 부으심에 대한 어떠한 암시도 볼 수 없다.

---

20 대조. Ladd (*Theology*, 384) and Dunn (*Baptism*, 72).
21 Ladd, *Theology*, 384.
22 참고. 행 2:47; 5:14; 6:7; 16:5; 17:11-12; 2:41; 4:4; 8:12-13,36-37; 9:35,42; 13:48; 16:14,31-34; 18:8.

십자가 이후의 시대를 살아가는 신자들은 회심과 더불어 성령의 내주하심을 경험하고 세상 끝 날까지 그 상태를 유지하게 되지만, 사도행전에서 누가가 성령 세례 또는 성령의 부으심에 대해 이야기할 때는 그것을 염두에 두고 말하는 것이 아니다. 성령 세례와 부으심의 현상은 이제 성령의 종말론적 선물이 주어졌다는 강력한 증거로서 나타난 것이다. 누가는 신자들 안에 내주하시는 성령의 바람을 전하는 또 다른 파이프(오르간이 내는 또 다른 음색)를 사용하고 있다(참고. 아래를 보라, "**성령 안에서의 그리스도인의 삶**"). "**성령의 충만**"('full of the Spirit', 헬. '플레레스' 또는 '플레로오' 사용)이라는 어구는 누가가 성령-세례의 웅장한 소리를 나타내기 위해 사용한, 여러 다양한 용어로 표현된, 성령의 종말론적 선물의 시대가 시작되었음을 알리는 커다란 오르간 파이프와는 구별되는 표현이다. 회심할 때의 일반적인 패턴을 말하자면, 그것은 신자들이 극적인 성령 세례를 체험하는 것과는 상관없이, 내주하시는 성령을 받는 것이다(참고. 각주 22번의 15건의 회심 기사 인용).

성령 세례의 각 사례를 보면, 성령이 그들 위에 임함으로 성령 세례를 받게 된 자들은 당시에 이미 신자였던 사람들이다.[23] 사도행전 1:6에서, 제자들이 예수께서 이스라엘의 나라를 회복시키시는 때가 이 때인지 물었던 것을 보면, 그들은 예수께서 메시아라는 사실을 믿었던 것이 분명해 보인다.[24] 사마리아인들은 성령께서 그들

---

23 또한 참고. W. McCown, "The Spirit in the Book of Acts," in *The Spirit and the New Age*, ed. L. Shelton and A. R. G. Deasley (Anderson, IN: Warner, 1986), 112-13.

24 본 연구에서 필자는 제자들이 예수께서 부활하신 그날에 내주하시는 성령을 받았다고 주장한 바 있다. 추가로, 필자의 다음 논문을 보라: "He Is with You and He

위로 내리시기 전에(행 8:16-17), 이미 그리스도를 믿었고 세례까지 받았다(8:12). 고넬료의 집에서도 그 이방인들이 먼저 믿은 후에, 성령이 그들에게 임했다(행 11:17).²⁵ 또한 누가는 에베소의 믿는 무리들을 "제자들"로 언급하는데, 그것은 신자들을 일컫는 표현이다.²⁶ 바울 역시, 성령께서 그들에게 임하시기 전에 이미 그들을 신자들로 간주한 것처럼 보인다(19:1-6). 그런데 여기서 던(Dunn)은 바울이 에베소의 제자들을 신자들로 간주한 점은 바울이 실수한 것이라고 제언한다.²⁷

하지만 그렇다면, 누가는 왜 굳이 그런 오류를 수정하지 않고 있는가? 누가는 바울처럼 그들을 실제 신자로 대하는 것 같은 인상

Will Be in You: The Spirit, The Believer, and the Glorification of Jesus" (Ph.D. diss., The Southern Baptist Theological Seminary, 2003).

25 행 11:17의 부정과거 분사, πιστεύσασιν("having believed")은 주동사 ἔδωκεν("[God] gave")의 동작 이전에 발생한 행위를 의미한다. 참고. BDF §339.

26 누가는 μαθητής("제자")라는 용어를 28회나 쓰고 있다. 각 경우마다 그것은 믿는 신자들을 지칭한다. 던(Dunn)은 행 19:1의 그 용례가 특별하다고 본다. 이는 비록 그가 부정대명사 τίς를 사용하고 있지만, 누가가 명사와 더불어 정관사를 쓰고 있지 않은 유일한 경우이기 때문이다(Baptism, 84). 이것은 매우 미묘한 차이지만 유효한 것일 수 있다. 만약 누가가 정관사를 생략함으로 이 제자들을 구별하려고 했다면, 아마도 너무 선명한 구분을 의도하지는 않았을 것이다. 아마도 "요한의 제자들" 혹은 단순히 다른 표현을 사용해 그들을 지칭하는 편이 누가에게 훨씬 더 수월했을 것이다. 바레트의 언급대로, "그 단어 자체가 그리스도인 제자들을 강력하게 암시하고 있다"(Acts, 893). 이 제자들의 독특한 점은 그들이 살았던 시대와 관련이 있다고 할 수 있다. 그들은 일어났던 모든 일에 대해 어떤 통보도 받지 못한 참된 신자들이었던 것으로 보인다. 그들의 문제는 그들이 잘못된 믿음을 가지고 있었다는 것이 아니라, 하나님이 예수 안에서 행하신 모든 일들에 대해 미처 인지하지 못했다는 점에 있다. 따라서 행 19:4에서 바울이 그들의 지식을 확장하자, 그들의 믿음은 새롭게 형성되었다기보다는 오히려 추가되었다. 그들은 불신앙의 상태에서 믿음의 상태로 넘어간 것이 아니라, 세례 요한이 선포했던 것을 믿는 믿음의 상태에서 세례 요한이 지목했던 바로 그 대상(예수)을 믿는 믿음의 상태로 진일보했던 것이다(행 19:4-5). 참고. A. Fernando, Acts, 505-06; J. A. Fitzmyer, The Acts of the Apostles, AB (New York: Doubleday, 1998), 643.

27 Dunn, Baptism, 84.

을 남기고 있다. 바울이 오류를 범한 것이라는 그러한 던의 주장은 '두 단계 체험'(two-stage experience)에 반하는 자신의 논거에 따른 것으로 보인다. 누가가 이 본문의 기사, 또는 성령 세례에 대한 다른 기사들을 회심 때 일어나는 일에 대한 하나의 규범적인 진술로 제시하지 않는다는 사실을 우리가 인정한다면, 바울이 마치 오류를 범한 것처럼 우리가 추측할 필요도 없게 된다. 누가는 유독 사도행전 2장, 8장, 10장, 19장에서만 성령 세례라는 표현을 사용하며, 다른 본문에서는 사람들의 회심을 묘사할 때 성령 세례라는 표현을 사용하지 않고 있다. 따라서 성령 세례 당시의 그러한 현상들은 매우 특별한 예외적 사례들이었음을 강력하게 함의하고 있다.

이러한 성령-세례의 기사는 하나님의 공개 승인을 나타내기 위해 주어진 것이지, 회심 때 발생하는 현상을 서술하기 위한 것이 아닙니다.[28] 사도행전 2장에는 그리스도의 교회가 최초로 세상에 선을 보이고 있으며, 성부 하나님은 아들 예수를 메시아로 믿는 자들 가운데 친히 함께하고 계심을 보여 주신다. 사도행전 8장에 사마리아인들이 소개된 것은 예전에 '사마리아식 유대교'(Samaritan Judaism)가 존재했던 것처럼, 사마리아식 기독교가 또 다시 따로 존재하지는 않을 것을 보여주기 위함이며, 여기서 사도들은 하나님께서 사마리아인들까지 받아주셨음을 확인하고 있다. 사도행전 10장에는 이방인들이 할례 여부와 상관없이 성령을 받는 모습이 사도들에게 보이게 된다. 이것은 매우 큰 논란이 되는 중대한 사안으로, 누가는 해당 이야기를 세 차례나 반복해서 들려주고 있다(행 10장, 11

---

28 참고. D. Jackson, "Luke and Paul: A Theology of One Spirit from Two Perspectives," *JETS* 32 (1989): 336, 338.

장, 15장).²⁹ 그리고 19장에서, 세례 요한의 제자들은 요한이 예언했던 그 일이 예수 안에서 이뤄졌음을 보게 되고, 본문을 읽는 독자들은 이스라엘 선지자들의 예언에 대한 믿음은 그 예언의 내용이 되시는 예수 그리스도를 믿는 믿음으로 귀결되어야함을 깨닫게 된다.³⁰ 성령 세례를 받기 전에 이 사람들이 모두 신자였다는 사실은 성령의 두 단계 사역을 논증하는 것이 아니다. 성령 세례에 대한 각 기사들의 고유한 특징은 그러한 사건과 현상을 마치 모범적인 회심 기사인 것처럼 간주할 수 없음을 나타낸다.³¹ 한편 어떤 이들은 누가가 자신의 언급 여부와 상관없이, 모든 회심의 순간마다 성령-세례가 발생한 것으로 독자들이 추론하게끔 의도한 것이라고 주장한다.³² 그러나 이러한 주장은 사도행전 본문에 의해 지지되는 정당한 신학적 추론이 아니다.

---

29 브루스(F. F. Bruce)가 언급한 대로, "유대 신자들이 현장에 없는 상황에, 그러한 외적인 현상 없이는, 성령이 그들에게 임하신 그 현실을 아마도 베드로 자신도 쉽게 받아들이기 어려웠을 것이다"(*The Book of the Acts*, rev. ed. NICNT [Grand Rapids: Eerdmans, 1988], 217).

30 참고. F. R. Harm, "Structural Elements Related to the Gift of the Holy Spirit in Acts," *Concor J* 14 (1988): 28, 38; W. Russell, "The Anointing with the Holy Spirit in Luke-Acts," *TJ* 7 (1986): 62-63.

31 브루스(F. F. Bruce)는 누가의 성령 세례 기사에서 명확한 패턴이 결여되어 있음을 유용한 방식으로 증명한다(예. 그 현상은 때로는 며칠 후에[행 8장], 때로는 몇 달 후에[행 10장], 때로는 손을 얹고 안수함으로[행 8장], 때로는 그렇게 하지 않고도[행 10장] 나타나고 있다.) ("Luke's Presentation of the Spirit in Acts," *CTR* 5 [1990]: 27)

32 Dunn, *Baptism*, 90; M. Turner, *The Holy Spirit and Spiritual Gifts*, rev. ed. (Peabody, MA: Hendrickson, 1998), 45.

성령 안에서의 그리스도인의 삶

누가는 스데반, 바나바, 그리고 제자들을 "성령 충만"한 자들로 묘사하고(행 6:5; 7:55; 11:24; 13:52), 집사들에게도 동일한 기대가 있었음을 언급한다(행 6:3).[33] 이 또 다른 오르간 파이프는 오순절의 강하고 급한 바람처럼 비범한 현상이 동반되는 폭발적 권능의 바람 소리를 내기 위한 용도는 아니다(2:2). 오히려 이 파이프는 성령의 지속적인 임재(continual presence)를 위해 고안된 것이며, 그것은 박해로 인해 낙담해 있는 그리스도인들에게 예기치 못한 기쁨(행 13:52), 평안(7:59), 박해자들에 대한 용서(7:60)의 감정들을 경험하게 한다. 이것은 어떤 황홀경을 발현하는 소리가 아니라 꾸준한 기질적 특징을 나타내는 음악이라고 할 수 있다. 누가는 관련된 두 단어를 차용하여 그리스도인의 삶의 특징을 묘사하는 데 쓰고 있다. '플레레스/플레로오' 파이프에서 울리는 소리는 "성령-세례" 바람을 위한 더 큰 파이프의 울림과는 차이가 있다. 이들은 '핌플레미' 파이프의 음색과는 또 다르다(참고. 아래를 보라).[34] 이 성령의 바람은 사도행전의 모든 그리스도인의 삶 전역에서 불고 있는 것으로 보인다. 다른 말로 하면, 그들은 자신들의 삶에서 성령의 변함없는 임재를 특징으로 하는 사람들이었다(행 5:32; 9:31; 13:52).

---

33 누가는 형용사 πλήρης를 사용해, 집사들, 스데반, 바나바에 대해 묘사한다(행 6:3,5; 7:55; 11:24). 그러나 동사 πληρόω는 제자들의 생활양식을 묘사할 때 사용된다(13:52).

34 일부 학자들은 누가의 이러한 πλήρης / πληρόω 사용을 그의 πίμπλημι 용례와 동일시하기도 한다. 참고, 예. G. W. Bromiley, "Holy Spirit," in *ISBE*, 4:733; R. Schippers, "plhrovw," in *NIDNTT*, 1:739.

막스 터너(Max Turner)는 사도행전 2장에 베드로의 설교가 "모든 그리스도인들에게 주어진 성령은 요엘에 의해 약속된 '예언의 영'"임을 함의한다고 주장한다.[35] 그러나 터너의 이러한 주장은 사안을 지나치게 단순화한 것이며, 사실상 설득력이 없다고 할 수 있다. 먼저 그는 사도행전 2:38-39에 베드로가 요엘의 "예언의 영"(Spirit of prophecy)을 군중들에게 제시한다고 주장한다.[36] 그러나 제자들, 곧 교회에 속한 모든 그리스도인들은 "성령 충만한" 자들로 묘사될 수 있는 만큼(행 13:52), 베드로가 제시했던 것은 마지막 때에 주어질 "성령의 종말론적 선물"이었다고 말하는 것이 더 정당해 보인다. 물론 그들 모두가 선지자가 아니었다는 점 또한 명확히 드러나 있다. 만에 하나 터너의 주장이 옳다고 한다면, 사도행전에서 선지자들을 특별한 자들로 제시할 필요가 있겠는가? 즉, 모든 그리스도인들에게 예언의 영(선지자의 영)이 주어졌다고 한다면, 누가는 왜 독자들에게 특정 그리스도인을 지칭해 그들이 선지자라고 언급하고 있겠는가(예. 행 11:27; 13:1; 15:32)?

터너의 두 번째 논거는 사도행전의 나머지 본문에서 성령이 묘사되는 방식에 기초한다.[37] 사도행전의 본문에서 성령이 여러 예언적 활동에 영향을 미치는 것으로 묘사된 것은 분명한 사실이다. 그러나 성령께서 위로(행 9:31)와 기쁨(13:52)을 주시는 등의 여러 비-예언적 사역 또한 행하신다는 사실을 배제해서는 안 된다.

따라서 성령을 종말론적 선물/복의 측면에서 설명하는 것이 더

---

35   Turner, *Power from on High*, 349.
36   Ibid.
37   Ibid., 349-50.

타당해 보인다. 이러한 설명은 성령을 받았지만 예언하지 않는 사람들까지도 포함할 수 있을 만큼 충분히 폭넓은 묘사를 제공하기 때문이다. 누가의 '플레레스' 및 '플레로오'의 용례는 이처럼 또 다른 차원에서 그리스도인의 삶에 나타난 성령의 현시를 증언하기 위한 것이다. 이제 우리는 누가의 '플레레스' 용례를 먼저 살펴본 후, 다시 '플레로오' 용례를 살펴볼 것이다.

누가의 '플레레스' 용례

누가는 그리스도인의 삶을 특징적 모습을 명시하기 위해 형용사 '플레레스'를 사용한다. 사도행전에는 성령이 아닌 다른 무엇으로 충만한 상태에 있는 사람들에 대한 묘사가 세 차례 등장한다. 도르가는 "선행과 구제하는 일이 심히 많은['충만한'/'full'']" 사람으로 소개된다(행 9:36). 즉, 도르가의 삶의 방식은 선행과 구제의 삶으로 특징되고 있는 것이다.[38] 한편, 바울은 마술사 엘루마를 가리켜 그가 마귀의 자식이자 모든 의의 원수가 될 뿐 아니라, "모든 거짓과 악행이 가득한['충만한'/'full']" 사람이라며 그를 꾸짖는다(행 13:10). 여기서 바울은 엘루마의 어떤 특정한 거짓말이나 악한 행위를 지적하고 있는 것이 아니라 그의 삶의 방식 전반을 책망하는 것이다.[39] 세 번째로, 사도행전 19:28에서 에베소의 은장색들은 바울이 자신들의 사업에 피해를 입힐 것이라는 생각에 "분노가 가득하여

---

38 또한 참고. Turner, *Power from on High*, 166-67.
39 폴힐(J. B. Polhill)에 따르면, "이것은 엘루마가 총독 서기오 바울과 함께 있을 때 자신의 모든 거짓 주장들로 그를 속이면서 행한 모든 행위인 것이다"(*Acts*, NAC [Nashville: Broadman, 1992], 294).

['충만하여'/'full']"졌다고 묘사된다(19:28). 여기서의 '플레레스' 용례는 아마도 누가의 '핌플레미' 용례와 유사한 것일 수 있다. 그러나 이 직공들은 약 두 시간에 걸쳐 계속 폭언하며 소란을 피우고 있기 때문에 어떤 면에서 그들은 그러한 행동으로 특징되고 있다고 볼 수 있는 것이다(19:34). 터너는 "동사의 연어 현상"(verbal collocation)이 '플레레스'의 이러한 변칙적 사용을 초래했다고 제언한다. 터너는, "사도행전 19:28의 '분노가 가득하여져서'(γενόμενοι πλήρεις θυμοῦ)는 단순히 ἐπλήσθησαν θυμοῦ에 대한 일종의 문체적 변형일 뿐이다"라고 말한다.[40]

"성령이 충만한 ['플레레스']" 이들로 구성된 집사들의 간택(행 6:3), 바로 그러한 사람으로서 스데반에 대한 묘사(6:5), 바나바에 대한 비슷한 묘사(11:24) 등 이 모든 사례는 성령의 계속되는 사역으로 특징되는 그리스도인의 삶을 함의한다.[41] 이들의 삶에는 특별한 열매가 특징적으로 나타났으며, 그러한 특징이 성령 충만한 그들의 모습에 더해진다. 예를 들어, 스데반은 "믿음과 성령이 충만한 사람"으로 묘사된다(행 6:5). 이와 비슷하게, 바나바는 "착한 사람이요 성령과 믿음이 충만한 사람"으로 묘사된다(11:24). 마찬가지로, 제자들은 "기쁨과 성령이 충만"한 자들로 표현된다(13:52). 이러한 사례들은 "예언적 권능의 수여 … 는 누가-행전의 다른 모든 본문에서 [성령이] 드러나는 유일하게 명확한 관념"이라는 키너(Keener)의 주장에 위배되는 것이다.[42] 바울도 믿음(faith, 개역개정, '충

---

40   Turner, *Power from on High*, 167.
41   참고. Bruce, *Acts*, 121, 227.
42   C. S. Keener, *The Spirit in the Gospels and Acts* (Peabody, MA: Hendrickson,

성'[faithfulness])과 착함(goodness. 개역개정. '양선')과 기쁨(joy. 개역개정. '희락')을 성령의 열매에 포함시키고 있다는 점 또한 주목할 만한 부분이다(갈 5:22-23).

사도행전 7:55의 성령 충만과 관련하여, 우리는 이것이 스데반의 삶의 방식에 대한 서술로 의도된 것인지 혹은 성령의 극적으로 강화된 활동에 대한 묘사로 의도된 것인지 여부를 정확히 단정할 수 없다. 우리는 해당 구절에서 다음과 같은 진술을 읽는다: "스데반이 성령 충만하여(헬. '휘파르콘 데 플레레스 프뉴마토스 하기우') 하늘을 우러러 주목하여 하나님의 영광과 및 예수께서 하나님 우편에 서신 것을 보고." 여기서 '존재하다'를 뜻하는 헬라어 '휘파르코'의 분사형태["being"/'… 한 상태']는, 해당 동사가 존재 양식을 가리키고 있는 것을 감안하면(참고. 빌 2:6), 스데반의 지속적인 생활양식을 서술한 것으로 풀이된다. 심지어 사도행전 7:55의 '플레레스'의 용례가 설령 누가의 '핌플레미'의 용례에 더 가깝다고 할지라도,[43] 그 일반적인 패턴은, 누가가 "성령 충만한"이라는 어구에 형용사 '플레레스'를 사용할 때는 그가 성령의 사역으로 특징되는 삶을 염두에 두고 있다는 것이다. 이와 관련해 마샬(I. H. Marshall)은 다음과 같이 설명한다: "그 형용사 '플레레스'는 성령으로 충만한 한 인물의 상태를 묘사하기 위해 사용되고 있다 … 따라서 그것은 한 개인의 성품에 일부분으로 자리하는 일종의 영구적인 천성을 의미하게 된다. 이 형용사와 밀접하게 연관되는 동사 '플레로오'는 사도행전에서 성령과 관련하여 단 한 차례만 사용되고 있다 … 그것은 미완료 시제

1997), 191.
43 참고. G. Delling, "πλήρης κτλ," in *TDNT*, 6:285.

로 사용되며 … 그 시제는 계속 이어지는 과정임을 암시한다."⁴⁴ 이러한 언급과 함께, 이제 누가의 '플레로오' 용례를 살펴볼 시점이 되었다.

누가의 '플레로오' 용례

성령의 열매로 특징되는 삶의 동일한 개념은 "성령 충만"('full of the Spirit', 행 13:52)의 표현에서 누가가 유일하게 사용한 동사 '플레로오' 용례에 관한 최선의 설명을 제공한다. 박해를 받고 있는 상황 속에서 교회의 보편적인 경험은 "제자들이 기쁨과 성령으로 충만히 채워진 상태(being filled with)"라는 진술로 묘사된다.⁴⁵ 기쁨과 성령 충만(fullness in the Spirit)은 교회의 모습을 특징짓고 있다.⁴⁶ 그

---

44 Marshall, "Significance," 355.
45 누가는 이러한 상태가 "그 제자들"의 모습이었다고 기록한다. 그러나 특정 제자들의 이름이 거론되지는 않는다. 따라서 이것은 아마도 모든 제자들을 통칭한 것일 수 있다. 일부 학자들은 그 "제자들"이 단지 바울과 바나바만 의미하는 것으로 생각하기도 한다. 예. Fitzmyer (*Acts*, 522) 및 Hawthorne ("Holy Spirit," 496). 그러나 행 13:52의 "그 제자들"에 대한 이 같은 언급의 어느 측면에서든, 누가는 바울과 바나바를 그들이 사역하는 대상들과 구분하며, 행 14:4에서 바울과 바나바를 "제자들"이 아니라 "그 사도들"로 언급한다(또한 참고. 행 13:50; 14:1,3). 브루스의 언급에 따르면, "그들이 남겨둔 그 회심자들은 … 내주하시는 그리스도의 성령이 허락하신 기쁨으로 충만해졌던 것이다"(*Acts*, 269); 참고. B. Witherington, *The Acts of the Apostles* (Grand Rapids: Eerdmans, 1998), 417.
46 사도 바울이 엡 5:18에서, "오직 성령으로 충만함을 받으라"고 권면할 때, 그는 πληρόω를 사용한다. 여기서 바울은 급히 임하는 강한 성령의 권능으로 감동 감화 받을 것을 명하는 것이 아니다. 성령의 열매로 특징되는 삶의 방식을 살아갈 것을 촉구하는 것이다. 바울은 "성령으로 충만함"의 의미가 무엇인지를 분명하게 강조하기 위해 그다음 이어지는 분사 구문들을 의도했을 가능성이 농후하다("서로에게 시편으로 말하며 … 너희 마음에서 주를 향해 노래하고 선율을 만들며, 주 예수 그리스도의 이름으로 항상 감사드리며 … 그리스도를 경외함으로 서로에게 복종하며"[엡 5:19-21]). 따라서 누가에게도 그렇듯이, 바울에게 있어서 "성령의 충만함"(동사 πληρόω 사용)이란 의미는 성령 안에서 살아가는 그리스도인의 삶의 특징을 지칭하는 것이다.

러나 이러한 사실과 반대로, 터너는 다음과 같이 언급한다: "누가는 모든 그리스도인들이 똑같이 '성령 충만'하다고 믿지 않는다: 엄밀히 말해 이러한 은유는 특히 성령의 강력한 역사로 특징되는 특정 인물들을 평범한 그리스도인들로부터 구별해내기 위해 사용되고 있다(행 6:3을 보라!)."[47] 그러나 터너의 이러한 판단은 사도행전 13:52과 일치될 수 없다는 점에서 틀린 것이다. 그의 추론에는 분명한 결함이 발견된다. 물론, 남들보다 특히 더 은사가 눈에 띄는 그리스도인들이 있었다는 점에는 의심의 여지가 없다. 하지만 그렇다고 해서 특별히 눈에 띄지 않는 그리스도인들은 성령으로 충만하지 않은 자들이었음을 의미하는 것은 아니다.

누가는 신자들의 생활양식을 성령의 열매가 그 특징인 것으로 묘사함으로써, 비록 그가 그들과 같은 방식으로 언급하는 것은 아니지만, 모든 그리스도인에게 성령의 내주하심이 있다는 요한과 바울의 관점에 동의를 표하고 있다(참고. 요 14:16-17; 고전 6:19). 누가는 '플레레스'/'플레레오'가 사용된 "성령의 충만"이라는 표현으로 성령 안에 있는 그리스도인의 삶의 특징을 명시하고 있다.

---

47 Turner, *Power from on High*, 169.

[도표 4] 겹치는 지점들의 표

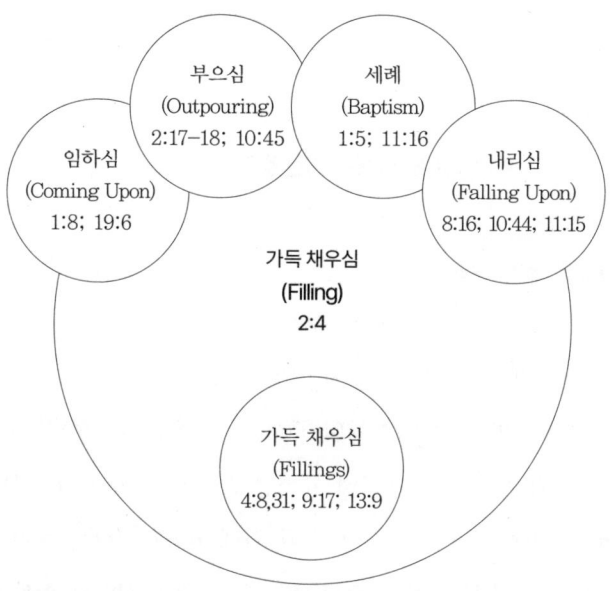

 '플레레스'/'플레레오'의 용례를 사용해 "성령 충만한" 그리스도인들을 묘사하는 이러한 본문에는 성령 세례가 아닌 다른 무엇이 감지되고 있다. 즉, 하나님의 공개 승인을 드러내는 극적인 현시가 아니라, 성령의 임재로 특징되는 그리스도인의 생활양식이 함의되고 있는 것이다. 성령 세례의 용어들은 의미적으로 '플레레스'/'플레레오'와 겹치지 않는다. 그러나 모든 신자들이 성령의 내주하심을 경험하게 된 시대는 넓은 의미에서 오순절 날에 일어난 성령 세례 사건에 의해 개막되었다고 볼 수 있다.[48] 그러므로 이 용어들이 서로

---

48 이렇게 언급하는 까닭은 예수께서 부활하신 날에 믿는 남은 자들이 성령의 내주하심을 경험했을 가능성을 열어두기 위함이다(요 20:22).

중첩되는 것은 아니지만, '성령 안에서의 그리스도인의 삶'은 구원 역사에 나타난 '성령 세례 사건'에 후속적으로 이어지는 것이다.

영감 된 선포를 위한 충만히 채우심

누가의 '핌플레미' 용례

누가는 최소한 네 (또는 논란이 있지만 다섯) 차례에 걸쳐, 동사 '핌플레미'의 한 형태를 사용해, 전에 이미 성령을 받았던 그리스도인들을 성령으로 "가득/충만히 채워진"(filled) 상태로 묘사한다. 등장인물들의 "성령으로 가득/충만히 채워진"(filled with the Spirit) 상태를 묘사하기 위해 이 동사가 사용된 각 사례마다 비범한 일들이 뒤따르고 있다. 복음의 영감 된 선포(행 2:4; 4:8,31), 시력의 회복과 추후의 선포(9:17), 또는 권세 있는 책망(13:9-11) 등이 그러한 예라고 할 수 있다.[49] '플레레스/플레레오'가 사용된 "성령의 충만"이라는 표현이 대개는 신자들의 삶의 양식을 특징적으로 진술하는 데 사

---

[49] 물론, 행 9:17에서 바울은 행 4:8의 베드로가 보여준 방식대로 그 즉시 말씀 선포를 시작하지는 않는다. 그러나 그는 얼마 후 곧 그렇게 하게 되며(참고. 행 9:20), 행 9:17은 아마도 바울이 사역을 위해 "기름부음/안수"(anointing)받은 사건일 수 있다. 이와 관련해 쉘턴(B. Shelton)은 다음과 같이 주장한다: "'성령으로 채워짐' 또는 "성령의 충만함'이라는 표현은 주로 예수에 관하여 영감 된 증언을 하는 일 혹은 마귀를 대적하는 일이 일어나고 있음을 암시하는 것이다"("'Filled with the Holy Spirit' and 'Full of the Holy Spirit': Lucan Redactional Phrases," in *Faces of Renewal*, ed. P. Elbert [Peabody, MA: Hendrickson, 1988], 81). 쉘턴은 '플레레스/플레레오'와 '핌플레미' 간의 차이를 구분하지 않는다. 그러나 '핌플레미'에 대하여 마샬(Marshall)은 다음과 같이 언급한다: "그것은 특히 예언적 영감 속에서 발언을 하거나, 혹은 설교를 전달하기 전에 성령의 감동하심을 받을 때 사용된다 … 어떤 방식의 충만이 또 다른 방식의 충만과 양립하지 못하는 것은 아니다" ("Significance," 355).

용된다고 한다면, 동사 '핌플레미'는 성령의 권능이 '일시적으로 충만'(temporary bursts)해진 상태를 묘사하기 위해 사용되고 있다.

사도행전에서 '핌플레미'의 다른 사례들은 이 동사로 묘사된 "가득/충만히 채워짐"(fillings)의 일시적 성격을 드러낸다. 나면서 못 걷게 된 사람을 베드로가 예수의 이름으로 치유한 것에 대해, 모든 백성이 "경외심과 놀라움으로 가득했다"(filled with, 개역개정. '심히 놀랍게 여기며 놀라니라')"고 서술한다(행 3:10). 사도들의 사역의 막대한 성공과 영향력에 대해(5:12-16), 대제사장과 사두개인들은 "마음에 시기가 가득하여" 졌다(5:17). 또한 비시디아 안디옥의 유대인들도 바울의 설교에 대한 대중들의 반응을 보자 "시기가 가득하여" 졌다(13:45). 마지막으로, 에베소의 폭동 때는 "온 시내가 요란하여" 졌다(즉, '도시가 혼돈으로 가득해졌다'. 행 19:29).[50]

사도행전 2:4은, "그들이 다 성령의 충만함을 받고[헬. '에플레스테산'] 성령이 말하게 하심을 따라 다른 언어들로 말하기를 시작하니라"고 보도한다. 여기서 말하는 요지는 이때부터 그리스도인의 삶의 방식이 방언하는 것으로 특징되었다는 의미가 아니다. 사도행전에서 방언으로 말하는 사례는 단 두 차례 더 언급되며, 둘 다 "세례"를 배경으로 한다(행 10:46; 19:6). 오순절 사건 이후로 그리스도인들은 평소처럼 일상의 언어를 계속해서 사용했다(참고. 행 14:11; 21:37). 그러므로 이러한 "가득/충만히 채우심"의 기사는 눈에 보이고(행 2:3) 귀에 들리는(2:6,8) 일시적 충만함으로 이해되어야 한다. 이것은 성령의 종말론적 선물을 부어주심 가운데 증언되는 하나님

---

50   유사한 관찰 참고. Turner, *Power from on High*, 166-69.

의 공개 승인이 강력하게 현시되어 나타난 현상이다. 이것을 사도들과 그들 동료들의 회심에 따른 사건으로 해석해서는 안 된다. 그들은 사도행전 1장에서부터 이미 믿는 신자들이었다.[51] 또한 이러한 충만히 채우심은 지속적으로 진행되는 내주하심의 경험과는 구별되는 현상이다. 베드로는 거듭해서 충만히 채워짐을 경험했고(행 4:8), 교회도 그러했으며(4:31), 바울도 마찬가지로 그것을 반복적으로 경험했다(9:17; 13:9).[52] 이러한 각 사례에서, "가득/충만히 채워진"('핌플레미') 사람들은 그 전에 이미 성령을 받은 경험이 있었다. 이러한 관찰에 따라서 얻을 수 있는 한 가지 부수적 결과는 사도행전 4:8이 사도행전 2:4과 서로 충돌될 이유가 없는 것처럼 사도행전 2장이 요한복음 20:22의 해석에 어떤 난점도 제공하지 않는다는 것이다.[53]

누가는 특정 사역(대개 그것은 말씀의 선포이다)을 위한 특별한 감동/감화를 암시하기 위해 성령의 충만과 관련된 '핌플레미'를 일관성 있게 사용하고 있다. 예를 들면, 천사가 사가랴에게 메시아의

---

51 누가는 120명이 성령을 받고 방언한 사실을 지적하고자 의도한 것으로 보인다(행 1:15; 2:1). 이 그룹은 베드로가 일어나 무리들에게 설교할 당시에는 열두 명으로 한정된다(2:14).

52 Hawthorne, "Holy Spirit," 493-94.

53 요 20:22이 행 2장과 조화를 이루는 데 방해가 되는 난점을 제거하기 위한 시도로, 요 20:22를 "행동으로 나타낸 비유"(acted parable) 또는 "상징적 약속"(symbolic promise)으로 해석하는 것은 AD 553년 제5차 세계 공의회에서 이단적인 해석으로 단죄되었다. 그럼에도 불구하고 최근에 일부 복음주의 학자들은 이러한 해석을 찬동해왔다: D. A. Carson, *John*, PNTC (Grand Rapids: Eerdmans, 1991), 651-55; A. J. Köstenberger, *Encountering John* (Grand Rapids: Baker, 1999), 186; Ladd, *Theology*, 325; B. Witherington, *John's Wisdom* (Louisville: Westminster/John Knox, 1995), 340. 그러나 누가의 πίμπλημι 사용은 이러한 해석을 불필요하게 한다.

길을 예비할 선지자-선구자로서 그 아들 요한이 성령으로 충만하게 될 것임을 전하는 장면에 '핌플레미'라는 동사가 채택되고 있다(눅 1:15). 누가는 세례 요한의 모친 엘리사벳과 동정녀 마리아 사이의 예언적 인사를 소개할 때, 다시 한 번 이 동사를 사용한다(눅 1:41). 이후 세례 요한의 출생에 때맞춰 그 부친 스가랴는 성령 충만함으로 예언하게 되고, 누가는 이 순간에도 '핌플레미'를 써서 그 충만함의 경험을 묘사한다. 누가가 자신의 복음서에서 '핌플레미'라는 용어를 사용해 특정 인물을 성령으로 "가득/충만히 채워진" 상태로 표현한 부분은 이 구절들이 전부다. 각 사례마다 예언적 현상이 제시되고 있다. 약속된 그 아이는 장차 선지자가 될 것이고(눅 1:15), 엘리사벳은 마리아를 주의 모친으로 칭하며 축복한다(눅 1:41-45). 그리고 스가랴는 구원자께서 이루실 구원에 대해 예언한다(눅 1:67-79). 누가의 '핌플레미' 용례는 구약의 헬라어 역본에서 '엠핌플레미'가 사용되는 것에 부합한다. 구약은 몇몇 본문에서 특정 인물과 관련된 묘사 때 그가 "성령으로 가득/충만히 채워졌다"고 언급하는데, 여기서 히브리어 동사 '말레'("가득 채우다"/fill)는 헬라어 '핌플레미'의 한 형태로 번역된다(출 28:3; 31:3; 35:31; 신 34:9 – 모두 '엠핌플레미' 차용).

겹치는 지점

'핌플레미' 용례의 의미가 '플레레스'/'플레로오' 용례의 의미와 중첩되는 유일한 개념은, 사도행전 7:55에 그 용례들이 같이 사용되는 것처럼 보이는 지점의 예외와 함께, 성령으로 감동/감화된('핌플레미') 사람들이 또한 성령의 열매로 특징되는 삶을 산다는 부분에 있다. 즉, 그러한 사람들은 "성령의 열매로 가득['플레레스'/'플레로오']하다"는 것이다. 하지만 권능 수여를지칭하기 위해 '핌플레미'라는 용어가 일관성 있게 사용된 것을 감안하면, 성령의 이 두 가지 사역을 동일시하는 것이 최선의 해석은 아닐 것이다. 한편으로, 성령은 모든 그리스도인과 함께 거하시고 그들의 삶에서 열매를 맺으신다('플레레스'/'플레로오'). 또 다른 한편으로, 성령의 지속적 임재를 경험하는 사람들은 그들의 삶의 어느 특정한 시점에서, 어떤 특정한 임무의 수행을 위한 특별한 능력을 덧입게 된다('핌플레미').

우리는 "성령-세례" 어구로 이뤄진 음색과 특별한 권능 수여를 보여주기 위한 '핌플레미' 어구로 이뤄진 음색 사이에 유의미하게 들리는 하나의 중복되는 지점을 사도행전 2:4에서 엿볼 수 있다. 오순절 날에, "그들은 다 성령의 충만함을 받았다['핌플레미'/'filled']"(행 2:4). 이 사건은 사도행전 1:5에서는 성령의 "세례"로, 그리고 1:8에서는 성령의 "임하시는"(coming upon) 현상으로 각각 칭했던 사건이었다. 또한, 고넬료의 집에서 일어난 성령의 "내리심"('falling upon', 행 10:44)과 "부으심"('pouring out', 행 10:45)의 사건은 사도행전 11:17에 나오는 오순절에 비유된다. 마지막으로, 사도행전 19:6에 나타난 방언과 예언의 현상은 사도행전 2장의 성령 "충만"의 경험을 환기시킨다. 비록 성령 세례(행 1:5)가 성령의 "충만함"(2:4)으로 나타나고 있지만, 모든 성령 "충만"(fillings)이 전부 성령 "세례"(baptisms)라는 추론은 보장될 수 없다.[54] 오순절 날에는 두 종류의 오르간 파이프를 통해 함께 음악 소리가 흘러들어오고 있

---

54 그러나 반대로 호손(Hawthorne)은 이렇게 서술한다: "성령 세례와 성령 충만은 동일한 현상이다" ("Holy Spirit," 494).

지만, 그럼에도 불구하고 그 다른 선율들이 구별될 수 있다는 것이다. 사도행전 1:5에 언급된 성령-세례가 2:4에서는 성령으로 충만히 채운 현상으로 나타났다. 그러나 성령 세례는 자신의 교회를 공개적으로 드러내시는 하나님의 방법인 것으로 보이며(행 2:6), 충만히 채우심은 영감 된 말씀의 선포를 불러일으키고 있다(2:14-41). 사도행전 4:8,31, 9:17, 13:9의 성령으로 "가득/충만히 채우심"은 결코 성령의 세례, 또는 부으심 등으로 언급되지 않는다. 또한 성령 세례와 부으심이 그러한 사례들에서 나타난 현상과 비교의 대상이 되지도 않는다. 사도행전 4:31의 성령 "충만"과 관련해, 브루스는 이렇게 언급한다: "그것은 성령의 새로운 충만[fresh filling]이었지만, 그렇다고 새로운 세례[fresh baptism]라고 할 수는 없을 것이다."[55]

성령 세례와 부으심의 현상들은 사도행전 2장의 오순절에 일어난 사건과 비유되고 있다. 이는 사도행전 2장에서 하나님께서 교회를 "이끌어내신"(즉, 밖으로 드러내신/bringing out) 것처럼, 사도행전 8장에서 사마리아인들, 10장에서 이방인들, 그리고 19장에서 세례 요한의 제자들을 각각 "이끌어내셨기"(즉, 안으로 들이셨기/bringing in) 때문이다. 하나님께서 오순절 날에 교회에게 승인 도장을 찍어주신 것처럼, 사마리아인과 이방인과 요한의 제자들에 대한 이러한 "영입들"(inbringings) 또한 확실한 인증을 필히 수반해야 했다. 사마리아인들과 유대인들은 그들 사이의 오래된 적대감이 반드시 없어져야 한다는 사실을 확신해야 했다(참고. 요 4:9). 할례자들은(행 11:2) 이방인들이 할례를 받지 않고도 예수 그리스도의 교회로 받아들여

---

55 Bruce, *Acts*, 100.

졌다는 사실을 확신해야 했다. 그리고 한편으로, 세례 요한의 제자들은 요한이 전에 약속 했던 성령 세례의 시대가 실제로 임했다는 확신을 갖게 되었다(행 19:4-6).[56] 성령 세례는 일종의 충만함(filling)으로 현시 될 수 있지만, 누가는 성령의 충만이 세례와 같은 현상이라고 암시하지는 않는다(참고. 행 4:8,31; 9:17; 13:9).[57]

성령 세례가 갖는 뚜렷한 목적, 그리고 성령 충만의 특별한 효력을 감안한다면, 베드로가 산헤드린 앞에서 성령으로 "충만"했다는 표현을(행 4:8) 그가 성령으로 또 다시 "세례" 받았다는 의미인 것으로 해석하기 어렵다는 것이다.[58] 성령 세례의 각 사례들은 성령의 종말론적 선물을 새로운 국면으로 확장해 나가는 데 사용되었다. 반면, 성령 충만의 각 사례들은 사역을 위해 능력을 덧입는 결과를 낳았다. 여기서 서로 중첩되는 부분들에 대해서는 앞의 도표에서 그림으로 설명하고 있다.

결론

사도행전에서 성령의 수여를 표현할 때 사용하는 동사들은 특징적으로 구별되는 성령의 세 가지 현상을 반영하고 있다: '종말론적 선

---

56 참고. Jackson, "Luke and Paul," 337.
57 행 2:38에 대한 해설에서, 브루스(F. F. Bruce) 다음과 같이 설명한다: "우리 주께서 특별 권한으로 수여하시는 성령 세례는, 엄밀히 말해서, 오순절 날에 단번에 발생한 어떤 사건이라고 할 수 있다"(*Acts*, 70).
58 던(Dunn)은 다음과 같이 서술한다: "해당 표현에 담긴 심상은 오순절에 단번에 수여된 성령의 이따금 발생하는 특별한 '충전'(topping up)을 오히려 더 함의한다"(*The Acts of the Apostles* [Valley Forge, PA: Trinity, 1996], 52-53).

물로서의 성령', '성령으로 특징되는 그리스도인의 생활', 그리고 '영감 된 말씀 선포를 위한 성령의 특별한 충만함.' 또한 성령의 종말론적 선물의 분배를 묘사하는 데 있어 몇 가지 동사들이 중복 사용된다(헬. '람바노', '디도미', '에크케오', '밥티조', '에피핍토', '에르코마이', '에페르코마이'). 성령 안에서의 그리스도인의 삶의 특징을 나타내고자 할 때, 누가는 "성령의 충만"('full of the Spirit')이라는 어구에 '플레레스'/'플레로오'를 사용한다. 그리고 사도행전의 그리스도인들이 사역을 위한 권능을 입을 때면, 누가는 "성령으로 [가득/충만히] 채워진"('filled with the Spirit')이라는 어구에 '핌플레미'를 사용한다(한글 번역에는 그 차이가 잘 드러나지 않는다-옮긴이).

물론 이 세 개의 범주가 사도행전에서 들려오는 다채로운 성령의 노래 소리를 모두 다 설명해 주는 것은 아니지만[59] 그들은 누가가 사용하는 동사들을 통해 전달되는 성령의 다양한 활동과 사역의 윤곽들을 보여준다. 주께서 우리 가운데 역사하심으로 우리 또한 '플레레스 프뉴마토스 하기우'로 특징되는 그리스도인들이 되기를 소망한다.[60]

---

59   예를 들면, 사도행전 다른 본문에서 우리는 성령이 하나님과 동일시되는 것과(행 5:3-4), 예수께서 성령으로 기름부음 받으신 것을 읽게 된다(10:38). 성령으로 말미암아 초대교회의 선지자들이 영감 된 발언을 하였고(행 6:10; 11:28; 21:4,11 [πίμπλημι가 이 구절들에서 사용된다]), 행 8:39-40에서 성령은, 마치 에스겔이 경험한 것과 다르지 않은 방식으로, 빌립을 이끌어 이동시키신다(겔 8:3; 11:1,24; 또한 참고. 왕상 18:12; 왕하 2:16). 성령은 성경의 화자가 되시고(행 1:16; 4:25; 28:25), 선교의 주동자 되시며(행 10:19; 11:12; 13:2,4), 선교자들의 안내자가 되시고(8:29; 16:6,7; 20:23), 신학적 논의의 공통 참여자 되시며(행 15:28), 교회 지도자들의 임명자 되시고(행 20:28), 교회의 위로자가 되신다(행 9:31).

60   필자가 개인적으로 감사를 표하는 인사들이다: Thomas R. Schreiner, Jay E. Smith, Robert H. Stein, Randall K. J. Tan, David A. Thomas, Brian J. Vickers. 이 부록의 글을 읽고 유익한 비평들로 제언해 주었다. 2004년 3월, 텍사스 주 댈러스의 성서문헌 학회(Society of Biblical Literature)의 남서 지부 모임에서 초고가 발제되었다.

참고 문헌

요한 문헌 관련

Barrett, C. K. The Gospel According to St. John. 2d ed. Philadelphia: Westminster, 1978.

_____. The Gospel of John and Judaism. Translated by D. M. Smith. Philadelphia: Fortress, 1975.

Beasley-Murray, G. R. John. 2d ed. Word Biblical Commentary. Nashville: Thomas Nelson, 1999.

Bernard, J. H. The Gospel According to St. John. 2 vols. International Critical Commentary. Edinburgh: T & T Clark, 1928.

Betz, O. Der Paraklet. Arbeiten zur Geschichte des Spätjudentums und Urchristentums. Leiden: Brill, 1963.

Blomberg, Craig L. The Historical Reliability of John's Gospel: Issues and Commentary. Downers Grove: InterVarsity, 2001.

Brown, R. E. The Gospel According to John. 2 vols. Anchor Bible. New York: Doubleday, 1966, 1970.

Bruce, F. F. The Gospel of John. Grand Rapids: Eerdmans, 1983.

Bultmann, Rudolf. The Gospel of John. Translated by G. R. Beasley-

Murray. Edited by R. W. N. Hoare and J. K. Riches. Philadelphia: Westminster, 1971.

Burge, Gary M. The Anointed Community: The Holy Spirit in the Johannine Tradition. Grand Rapids: Eerdmans, 1987.

_____. John. NIV Application Commentary. Grand Rapids: Zondervan, 2000.

Carson, D. A. The Farewell Discourse and Final Prayer of Jesus. Grand Rapids: Baker, 1980.

_____. The Gospel According to John. Pillar New Testament Commentaries. Grand Rapids: Eerdmans, 1991.

Casurella, Anthony. The Johannine Paraclete in the Church Fathers: A Study in the History of Exegesis. Beiträge zur Geschichte der biblischen Exegese 25. Tübingen: Mohr Siebeck, 1983.

Charlesworth, J. H., ed. John and Qumran. London: Chapman, 1972.

Coloe, Mary L. God Dwells with Us: Temple Symbolism in the Fourth Gospel. Collegeville, MN: Liturgical Press, 2001.

Culpepper, R. A. Anatomy of the Fourth Gospel: A Study in Literary Design. Philadelphia: Fortress, 1983.

de la Potterie, I. The Hour of Jesus. Translated by D. G. Murray. New York: Alba House, 1989.

_____. La Vérité dans Saint Jean. 2 vols. Rome: Biblical Institute Press, 1977.

Dodd, C. H. Historical Tradition in the Fourth Gospel. Cambridge: Cambridge University Press, 1963.

_____. The Interpretation of the Fourth Gospel. Cambridge: Cambridge University Press, 1953.

Ellis, E. Earle. The World of St. John: The Gospel and the Epistles. New

York: UPA, 1995 (1965).

Franck, E. Revelation Taught: The Paraclete in the Gospel of John. Coniectanea Biblica, New Testament Series 14. Lund: Gleerup, 1985.

Frey, Jörg. Die johanneische Eschatologie: Das johanneische Zeitverständnis. Band II. WUNT 110. Tübingen: Mohr Siebeck, 1998.

_____. Die johanneische Eschatologie: Die eschatologische Verkündigung in den johanneischen Texten. Band III. WUNT 117. Tübingen: Mohr Siebeck, 2000.

_____. Die johanneische Eschatologie: Ihre Probleme im Spiegel der Forschung seit Reimarus. Band I. WUNT 96. Tübingen: Mohr Siebeck, 1997.

Haenchen, Ernst. John. 2 vols. Translated by Robert W. Funk. Hermeneia. Philadelphia: Fortress, 1984.

Hanson, Anthony Tyrrell. The Prophetic Gospel: A Study of John and the Old Testament. Edinburgh: T&T Clark, 1991.

Hengel, Martin. The Johannine Question. Translated by J. Bowden. London: SCM, 1989.

Holwerda, D. E. The Holy Spirit and Eschatology in the Gospel of John. Kampen: Kok, 1959.

Hoskyns, E. C. The Fourth Gospel. Edited by F. N. Davey. 2d ed. London: Faber and Faber, 1947.

Howard, W. F. Christianity According to St. John. Studies in Theology. London: Duckworth, 1943.

Johnston, G. The Spirit-Paraclete in the Gospel of John. Society for New Testament Studies Monograph Series 12. Cambridge: Cambridge University Press, 1970.

Kerr, Alan R. The Temple of Jesus' Body: The Temple Theme in the Gospel of John. Journal for the Study of the New Testament Supplement Series 220. New York: Sheffield, 2002.

Koester, Craig R. Symbolism in the Fourth Gospel: Meaning, Mystery, Community. Minneapolis: Fortress, 1995.

Köstenberger, Andreas J. Encountering John: The Gospel in Historical, Literary, and Theological Perspective. Grand Rapids: Baker, 1999.

_____. John. In vol. 2 of Zondervan Illustrated Bible Backgrounds Commentary. Edited by Clinton E. Arnold, 2–216. Grand Rapids: Zondervan, 2002.

Kysar, Robert. John, The Maverick Gospel. Atlanta: John Knox, 1976.

Lindars, Barnabas, ed. The Gospel of John. New Century Bible. London: Oliphants, 1972

Moloney, Francis J. The Gospel of John. Sacra Pagina 4. Collegeville, MN: Liturgical Press, 1998.

Morris, Leon. The Gospel According to John. Revised Ed. New International Commentary on the New Testament. Grand Rapids: Eerdmans, 1995.

_____. Jesus is the Christ: Studies in the Theology of John. Grand Rapids: Eerdmans, 1989.

_____. Studies in the Fourth Gospel. Grand Rapids: Eerdmans, 1969.

Porsch, F. Pneuma und Wort: Ein exegetischer Beitrag zur Pneumatologie des Johannesevangeliums. Frankfurter Theologische Studien 16. Frankfurt: Knecht, 1974.

Ridderbos, Herman. The Gospel of John: A Theological Commentary. Translated by John Vriend. Grand Rapids: Eerdmans, 1997.

Robinson, J. A. T. The Priority of John. Edited by J. F. Coakley. London: SCM, 1985.

Schlatter, Adolf. Der Evangelist Johannes: Wie er spricht, denkt und glaubt. Dritte Auflage. Stuttgart: Calwer Verlag, 1960.

Schnackenburg, Rudolf. The Gospel According to St. John. 3 vols. Translated by K. Smith. New York: Crossraod, 1968, 1979, 1982.

Schnelle, Udo. Das Evangelium nach Johannes. Theologischer Handkommentar zum Neuen Testament 4. Leipzig: Evangelische Verlagsanstalt, 1998.

Smalley, S. S. John, Evangelist and Interpreter. 2d ed. Carlisle, UK: Paternoster, 1998.

Smith, D. M. John. Abingdon New Testament Commentaries. Nashville: Abingdon, 1999.

_____. The Theology of the Gospel of John. New Testament Theology. Cambridge: University Press, 1995.

Talbert, Charles H. Reading John: A Literary and Theological Commentary on the Fourth Gospel and the Johannine Epistles. Reading the New Testament Series. New York: Crossroad, 1992.

Thompson, M. M. The God of the Gospel of John. Grand Rapids: Eerdmans, 2001.

Van Belle, Gilbert. Les parenthèses dans l'Évangile de Jean. Studiorum novi testamenti auxilia XI. Leuven: University Press, 1985.

Westcott, Brooke Foss. The Gospel According to St. John: The Greek Text with Introduction and Notes. 2 vols. London: John Murray, 1908.

Windisch, Hans. The Spirit-Paraclete in the Fourth Gospel. Biblical Series 20. Translated by James W. Cox. Philadelphia: Fortress, 1968.

기타

Alexander, Philip S. "Torah and Salvation in Tannaitic Literature." In Justification and Variegated Nomism. Vol. 1. Edited by D. A. Carson and Mark A. Seifrid, 261–302. Tübingen: Mohr Siebeck, 2001.

Alexander, T. Desmond. "Royal Expectations in Genesis to Kings: Their Importance for Biblical Theology." Tyndale Bulletin 49 (1998): 191–212.

──────. "From Adam to Judah: The significance of the family tree in Genesis." Evangelical Quarterly 61 (1989): 5–19.

──────. "Further Observations on the Term 'Seed' in Genesis." Tyndale Bulletin 48 (1997): 363–367.

──────. "Seed." In New Dictionary of Biblical Theology, eds. T. Desmond Alexander, Brian S. Rosner, D. A. Carson, Graeme Goldsworthy, 769–773. Downers Grove: InterVarsity, 2000.

Armerding, C. "The Holy Spirit in the Old Testament." Bibliotheca Sacra 92 (1935): 277–91, 433–41.

Averbeck, R. E. "Tabernacle." In Dictionary of the Old Testament Pentateuch. Edited by T. D. Alexander and D. W. Baker, 807–27. Downers Grove: InterVarsity, 2003.

Barrett, C. K. "The Holy Spirit in the Fourth Gospel." Journal of Theological Studies 1 (1950): 1–15.

──────. "The Holy Spirit in the Gospel Tradition." Expository Times 67 (1955–56): 142–45.

Bauckham, Richard, ed. The Gospels for All Christians: Rethinking the Gospel Audiences. Grand Rapids: Eerdmans, 1998.

Beale, G. K. "Did Jesus and His Followers Preach the Right Doctrine from the Wrong Texts?" Themelios 14 (1989): 89–96.

Beasley-Murray, G. R. "John 3:3, 5: Baptism, Spirit and the Kingdom." Expository Times 97 (1986): 167–70.

Belleville, Linda. "'Born of Water and Spirit:' John 3:5." Trinity Journal 1 (1980): 125-41.

Bennema, Cornelis. "The Giving of the Spirit in John's Gospel-A New Proposal?" Evangelical Quarterly 74 (2002): 195-213.

Blaising, Craig A. and Darrell L. Bock. Progressive Dispensationalism: An Up-to-Date Handbook of Contemporary Dispensational Thought. Wheaton, IL: Bridgepoint, 1993.

Block, Daniel I. "Empowered by the Spirit of God: The Holy Spirit in the Historiographic Writings of the Old Testament." The Southern Baptist Journal of Theology 1 (1997): 42-61.

_____. "The Prophet of the Spirit: The Use of RWH in the Book of Ezekiel." Journal of the Evangelical Theological Society 32 (1989): 27-49.

_____. The Book of Ezekiel. 2 vols. New International Commentary on the Old Testament. Grand Rapids: Eerdmans, 1997, 1998.

Briggs, Charles A. "The Use of jwr in the Old Testament." Journal of Biblical Literature 19 (1900): 132-45.

Brown, Raymond E. "The Paraclete in the Fourth Gospel." New Testament Studies 13 (1967): 113-32.

_____. "The Qumran Scrolls and the Johannine Gospel and Epistles." Catholic Biblical Quarterly 17 (1955): 403-19.

Carson, D. A. "The Function of the Paraclete in John 16:7-11." Journal of Biblical Literature 98 (1979): 547-66.

_____. "The Purpose of the Fourth Gospel: John 20:31 Reconsidered." Journal of Biblical Literature 106 (1987): 639-51.

_____. "Understanding Misunderstandings in the Fourth Gospel." Tyndale Bulletin 33 (1982): 59-91.

_____. Divine Sovereignty and Human Responsibility. Grand Rapids: Baker, 1994.

Childs, Brevard S. Biblical Theology of the Old and New Testaments: Theological Reflection on the Christian Bible. Minneapolis: Fortress, 1992.

Chilton, Bruce. "John XII 34 and Targum Isaiah LII 13." Novum Testamentum 22 (1980): 176-78.

Clements, R. E. God and Temple. Oxford: Basil Blackwell, 1965.

Collins, Jack. "A Syntactical Note (Genesis 3:15): Is the Woman's Seed Singular or Plural?" Tyndale Bulletin 48 (1997): 139-148.

Collins, John J. The Scepter and the Star: The Messiahs of the Dead Sea Scrolls and Other Ancient Literature. Anchor Bible Reference Library. New York: Doubleday, 1995.

Cortes, J. B. "Yet Another Look at John 7:37-39." Catholic Biblical Quarterly 29 (1967): 75-86.

Davies, J. G. "The Primary Meaning of PARAKLHTOS." Journal of Theological Studies 4 (1953): 35-38.

de Jonge, M. "Jewish Expectations about the 'Messiah' According to the Fourth Gospel." New Testament Studies 19 (1972-73): 246-70.

de la Potterie, I. "L'Esprit Saint dans L'Evangile de Jean." New Testament Studies 18 (1971-72): 448-51.

_____. "Naître de l'eau et naître de l'Esprit: Le texte baptismal de Jn 3,5." Sciences ecclésiastiques 14 (1962): 417-43.

_____. "Parole et esprit dans S. Jean." In L'Évangile de Jean: Sources, rédaction, theologie. Edited by M. de Jonge, 177-201. Leuven: University Press, 1977.

_____. "The Truth in Saint John." In The Interpretation of John. ed. Edited by J. Ashton, 67-82. Edinburgh: T&T Clark, 1997.

de la Potterie, I., and S. Lyonnet. The Christian Lives by the Spirit. Translated by J. Morris. New York: Alba House, 1971.

Dreytza, Manfred. Der theologische Gebrauch von RUAH im Alten

Testament: Eine wort- und satzsemantische Studie. Giessen: Brunnen, 1990.

Dumbrell, W. J. "Spirit and Kingdom of God in the Old Testament." Reformed Theological Review 33 (1974): 1-10.

Dunn, James D. G. Baptism in the Holy Spirit: A Re-examination of the New Testament Teaching on the Gift of the Spirit in relation to Pentecostalism today. Philadelphia: Westminster, 1970.

_____. The Christ and the Spirit: Christology. 2 vols. Grand Rapids: Eerdmans, 1998.

Evans, C. A. "New Testament Use of the Old Testament." In New Dictionary of Biblical Theology. Edited by T. Desmond Alexander, Brian S. Rosner, D. A. Carson, Graeme Goldsworthy, 72-80. Downers Grove: InterVarsity, 2000.

_____. "Obduracy and the Lord's Servant: Some Observations on the Use of the Old Testament in the Fourth Gospel." In Early Jewish and Christian Exegesis. Edited by C. A. Evans and W. F. Stinespring, 221-36. Atlanta: Scholars Press, 1987.

Fee, Gordon D. God's Empowering Presence: The Holy Spirit in the Letters of Paul. Peabody, MA: Hendrickson, 1994.

Feinberg, John S. "Salvation in the Old Testament." In Tradition and Testament. Edited by John S. Feinberg and Paul D. Feinberg, 39-77. Chicago: Moody, 1981.

Ferguson, Sinclair B. The Holy Spirit. Contours of Christian Theology. Downers Grove: InterVarsity, 1996.

Fredricks, Gary. "Rethinking the Role of the Holy Spirit in the Lives of Old Testament Believers." Trinity Journal 9 (1988): 81-104.

Fuller, Daniel P. The Unity of the Bible: Unfolding God's Plan for Humanity. Grand Rapids: Zondervan, 1992.

Goldingay, John. "Was the Holy Spirit Active in Old Testament Times?" Ex auditu 12 (1996): 14–28.

Goldsworthy, Graeme. According to Plan: The Unfolding Revelation of God in the Bible. Downers Grove: InterVarsity, 2002.

Green, Michael. I Believe in the Holy Spirit. Grand Rapids: Eerdmans, 1975.

Grogan, G. W. "The Experience of Salvation in the Old and New Testaments." Vox evangelica 5 (1967): 4–26.

Hamilton, James M. Jr. "God with Men in the Prophets and the Writings: An Examination of the Nature of God's Presence." Scottish Bulletin of Evangelical Theology 23.2 (2005): 166–93.

_____. "God with Men in the Torah." Westminster Theological Journal 65 (2003): 113–33.

_____. "N. T. Wright and Saul's Moral Bootstraps: Newer Light on 'The New Perspective'." Trinity Journal 25 (2004): 139–55.

_____. "Old Covenant Believers and the Indwelling Spirit: A Survey of the Spectrum of Opinion." Trinity Journal 24 (2003): 37–54.

_____. "The Center of Biblical Theology: The Glory of God in Salvation through Judgment?" Tyndale Bulletin 57 (2006): 57–84.

_____. "The One Who Does Them Shall Live By Them: Leviticus 18:5 in Galatians 3:12." Gospel Witness (August 2005): 10–14.

_____. "Were Old Covenant Believers Indwelt by the Holy Spirit?" Themelios (2004): forthcoming.

Harris, Murray J. "Appendix: Prepositions and Theology in the Greek New Testament." In The New International Dictionary of New Testament Theology. 4 vols. Edited by Colin Brown, 3:1171–1215. Grand Rapids: Zondervan, 1986.

Hasel, Gerhard. The Remnant: The History and Theology of the Remnant Idea from Genesis to Isaiah. Andrews University Monographs V.

Berrien Springs, MI: Andrews University Press, 1972.

Hengel, Martin, and Roland Deines. "E. P. Sanders' 'Common Judaism,' Jesus, and the Pharisees." Translated by Daniel P. Bailey. Journal of Theological Studies 46 (1995): 1–70.

Hildebrandt, Wilf. An Old Testament Theology of the Spirit of God. Peabody, MA: Hendrickson, 1995.

Hodges, Z. "Rivers of Living Water–John 7:37–39." Bibliotheca Sacra 136 (1979): 239–48.

Hooke, S. H. "The Spirit Was Not Yet (Jn 7:39)." New Testament Studies 9 (1963): 372–80.

Horton, Michael S. Covenant and Eschatology: The Divine Drama. Louisville: Westminster John Knox, 2002.

Hoskins, Paul. "Jesus as the Replacement of the Temple in the Gospel of John." Ph.D. diss., Trinity Evangelical Divinity School, 2002.

House, Paul R. Old Testament Theology. Downers Grove: InterVarsity, 1998.

Isaacs, Marie E. "The Prophetic Spirit in the Fourth Gospel." Heythrop Journal 24 (1983): 391–407.

Janowski, Bernd. "Ich will in eurer Mitte wohnen." In Jahrbuch für Biblische Theologie, Band 2, Der eine Godd der beiden Testamente, 165–93. Neukirchener Verlag, 1987.

Jobes, Karen H., and Moisés Silva. Invitation to the Septuagint. Grand Rapids: Baker, 2000.

Koester, Craig R. "Hearing, Seeing, and Believing in the Gospel of John." Biblica 70 (1989): 327–48.

_____. "Messianic Exegesis and the Call of Nathaniel (John 1.45–51)." Journal for the Study of the New Testament 39 (1990): 23–34.

_____. "Topography and Theology in the Gospel of John." In Fortunate the Eyes that See, eds. A. B. Beck, A. H. Bartelt, P. R. Raabe, and C. A. Franke, 436–48. Grand Rapids: Eerdmans, 1995.

_____. The Dwelling of God: The Tabernacle in the Old Testament, Intertestamental Jewish Literature, and the New Testament. Catholic Biblical Quarterly Monograph Series 22. Washington, DC: Catholic Biblical Association of America, 1989.

Köstenberger, Andreas J. "Frühe Zweifel an der johanneischen Verfasserschaft des vierten Evangeliums in der modernen Interpretationsgeschichte." European Journal of Theology 5 (1995): 37–46.

_____. "Jesus as Rabbi in the Fourth Gospel." Bulletin for Biblical Research 8 (1998): 97–128.

_____. "Jesus the Good Shepherd Who Will Also Bring Other Sheep (John 10:16): The Old Testament Background of a Familiar Metaphor." Bulletin for Biblical Research 12 (2002): 67–96.

_____. "The Greater Works of the Believer According to John 14:12." Didaskalia 6 (1995): 36–45.

_____. "The Seventh Johannine Sign: A Study in John's Christology." Bulletin for Biblical Research 5 (1995): 87–103.

_____. "What Does It Mean to Be Filled with the Spirit? A Biblical Investigation." Journal of the Evangelical Theological Society 40 (1997): 229–40.

Lacomara, Aelred. "Deuteronomy and the Farewell Discourse (Jn 13:31 – 16:33)." Catholic Biblical Quarterly 36 (1974): 65–84.

Ladd, George E. A Theology of the New Testament. Rev. ed. Edited by Donald A. Hagner. Grand Rapids: Eerdmans, 1993.

Levison, J. R. "Holy Spirit." In Dictionary of New Testament Background. Edited by Craig A. Evans and Stanley E. Porter, 507–15. Downers

Grove: InterVarsity, 2000.

Lewis, Arthur H. "The New Birth under the Old Covenant." *Evangelical Quarterly* 56 (1984): 35–44.

Lys, Daniel. *Rûach: Le Souffle dans L'Ancien Testament*. Paris: Presses Universitaires de France, 1962.

Malatesta, E. "The Spirit/Paraclete in the Fourth Gospel." *Biblica* 54 (1973): 539–50.

March, W. Eugene. "God With Us: A Survey of Jewish Pneumatology." *Austin Seminary Bulletin: Faculty Edition* 83 (1967): 3–16.

McKelvey, R. J. "Temple." In *New Dictionary of Biblical Theology*. Edited by T. Desmond Alexander, Brian S. Rosner, D. A. Carson, Graeme Goldsworthy, 806–11. Downers Grove: InterVarsity, 2000.

_____. *The New Temple: The Church in the New Testament*. Oxford Theological Monographs. Oxford: Oxford University Press, 1969.

Menken, Maarten J. J. "Observations on the Significance of the Old Testament in the Fourth Gospel." *Neotestamentica* 33 (1999): 125–43.

_____. "The Origin of the Old Testament Quotation in John 7:38." *Novum Testamentum* 38 (1996): 160–75.

Mounce, W. D. "The Origin of the New Testament Metaphor of Rebirth." Paper presented at the annual meeting of the Evangelical Theological Society, December, 1982.

Neve, Lloyd. *The Spirit of God in the Old Testament*. Tokyo: Seibunsha, 1972.

Packer, J. I. *Keep in Step with the Spirit*. Grand Rapids: Revell, 1984.

Paige, T. "Holy Spirit." In *Dictionary of Paul and His Letters*. Edited by G. F. Hawthorne and R. P. Martin, 404–13. Downers Grove: InterVarsity, 1993.

Pettegrew, L. D. The New Covenant Ministry of the Holy Spirit. New York: University Press of America, 1993.

Pollard, T. E. "The Father-Son and God-Believer RelationshipsAccording to St John: a Brief Study of John's Use of Prepositions." In L'Évangile de Jean: Sources, rédaction, theologie. Edited by M. de Jonge, 363-69. Leuven: University Press, 1977.

Poythress, V. S. "Johannine Authorship and the Use of Intersentence Conjunctions in the Book of Revelation." Westminster Theological Journal 47 (1985): 329-36.

_____. "Testing for Johannine Authorship by Examining the Use of Conjunctions." Westminster Theological Journal 46 (1984): 350-69.

_____. "The Use of the Intersentence Conjunctions De, Oun, Kai, and Asyndeton in the Gospel of John." Novum Testamentum 26 (1984): 312-40.

Preuss, H. D. "ich will mit dir sein!" Zeitschrift für die alttestamentliche Wissenschaft 80 (1968): 139-73.

Pryke, John. "'Spirit' and 'Flesh' in the Qumran Documents and Some New Testament Texts." Revue de Qumran 5 (1965-66): 345-60.

Pryor, John W. "Jesus and Israel in the Fourth Gospel." Novum Testamentum 32 (1990): 201-18 Sailhamer, J. H. "Genesis." In vol. 2 of The Expositor's Bible Commentary. Edited by F. E. Gaebelein, 3-284. Grand Rapids: Zondervan, 1990.

_____. "Creation, Genesis 1-11, and the Canon." Bulletin for Biblical Research 10 (2000): 89-106.

_____. "Messiah and the Hebrew Bible." Journal of the Evangelical Theological Society 44 (2001): 5-23.

Sandys-Wunsch, John, and Laurence Eldredge. "J. P. Gabler and the Distinction Between Biblical and Dogmatic Theology: Translation, Commentary, and Discussion of His Originality." Scottish Journal of

Theology 33 (1980): 133-58.

Schaper, Joachim. "The Pharisees." In The Cambridge History of Judaism. Edited by William Horbury, W. D. Davies, and John Sturdy, 402-27. Cambridge: University Press, 1999.

Schnelle, Udo. "Johannes als Geisttheologe." Novum Testamentum 40 (1998): 17-31.

Schoemaker, W. R. "The Use of jWr in the Old Testament, and of pneu'ma in the New Testament: A Lexicographical Study." Journal of Biblical Literature 23 (1904): 13-67.

Schreiner, Thomas R. Paul, Apostle of God's Glory in Christ: A Pauline Theology. Downers Grove: InterVarsity, 2001.

Silva, Moisés. "Approaching the Fourth Gospel." Criswell Theological Review 3.1 (1988): 17-29.

Simon, W. B. "The Role of the Spirit-Paraclete in the Disciples' Mission in the Fourth Gospel. Ph.D. diss., The Southern Baptist Theological Seminary, 2002.

Simpson, Ian G. "The Holy Spirit in the Fourth Gospel." Expositor 4 (1925): 292-99.

Skarsaune, Oskar. In the Shadow of the Temple. Downers Grove: InterVarsity, 2002.

Snaith, N. H. "The Meaning of 'The Paraclete.'" Expository Times 57 (1945): 47-50.

Thomas, John Christopher. "The Fourth Gospel and Rabbinic Judaism." Zeitschrift für die Neutestamentliche Wissenschaft 82 (1991): 159-82.

Thompson, M. M. "Eternal Life in the Gospel of John." Ex auditu 5 (1989): 35-55.

Toon, P. Born Again: A Biblical and Theological Study of Regeneration. Grand Rapids: Baker, 1987.

Turner, M., and G. M. Burge. "The Anointed Community: A Review and

Response." Evangelical Quarterly 62 (1990): 253–68.

Turner, Max M. B. "The Concept of Receiving the Spirit in John's Gospel." Vox Evangelica 10 (1977): 24–42.

_____. "The Significance of Spirit Endowment for Paul." Vox Evangelica 9 (1975): 56–69.

_____. Power from on High: The Spirit in Israel's Restoration and Witness in Luke–Acts. Sheffield: Sheffield, 1996.

_____. The Holy Spirit and Spiritual Gifts. Rev. ed. Peabody, MA: Hendrickson, 1998.

Van Pelt, M. V., W. C. Kaiser Jr., and D. I. Block. "jWr." In New International Dictionary of Old Testament Theology & Exegesis. 5 vols. Edited by Willem A. VanGemeren, 3:1073–1078. Grand Rapids: Zondervan, 1997.

VanGemeren, Willem A. "The Spirit of Restoration." Westminster Theological Journal 50 (1988): 81–102.

_____. The Progress of Redemption: From Creation to the New Jerusalem. Grand Rapids: Baker, 1988. New ed., The Biblical and Theological Classics Library. Carlisle: Paternoster, 1995.

Vawter, Bruce. "Ezekiel and John." Catholic Biblical Quarterly 26 (1964): 450–58.

Vos, Geerhardus. Biblical Theology: Old and New Testaments. Grand Rapids: Eerdmans, 1948; reprint, Edinburgh: Banner of Truth Trust, 1996.

Wallace, Daniel B. "Greek Grammar and the Personality of the Holy Spirit." Paper presented at the annual meeting of the Institute for Biblical Research, November 17, 2001.

Walter, Peter W. L. Jesus and the Holy City. Grand Rapids: Eerdmans, 1996.

Ware, Bruce A. "Rationale for the Distinctiveness of the New Covenant

Work of the Holy Spirit." Paper presented at the annual meeting of the Evangelical Theological Society, November, 1988.

_____. "The New Covenant and the People(s) of God." In Dispensationalism, Israel and the Church: The Search for Definition. Edited by C. A. Blaising and D. L. Bock, 68-97. Grand Rapids: Zondervan, 1992.

Warfield, Benjamin B. "The Spirit of God in the Old Testament." In Biblical Doctrines. New York: Oxford University Press, 1929. Reprint, Edinburgh: Banner of Truth Trust, 1988.

Weinfeld, M. "Jeremiah and the Spiritual Metamorphosis of Israel." Zeitschrift für die alttestamentliche Wissenschaft 88 (1976): 17-56.

Weisman, Z. "The Personal Spirit as Imparting Authority." Zeitschrift für die alttestamentliche Wissenschaft 93 (1981): 255-34.

Wenham, David. "A Historical View of John's Gospel." Themelios 23 (1998): 5-21.

_____. "Spirit and Life: Some Reflections on Johannine Theology." Themelios 6 (1980): 4-8.

_____. "The Enigma of the Fourth Gospel: Another Look." Tyndale Bulletin 48 (1997): 149-78.

Wenham, G. J. "Deuteronomy and the Central Sanctuary." In A Song of Power and the Power of Song. Sources for Biblical and Theological Study 3. Edited by D. L. Christensen, 94-108. Winona Lake: Eisenbrauns, 1993.

Wifall, Walter. "Gen 3:15—A Protoevangelium?" Catholic Biblical Quarterly (1974): 361-65.

Williams, Sam K. "Justification and the Spirit in Galatians." Journal for the Study of the New Testament 29 (1987): 91-100.

Wise, M. O. "Temple." In Dictionary of Jesus and the Gospels. Edited by Joel B. Green and Scot McKnight, 811-17. Downers Grove: InterVarsity, 1992.

Wood, Leon J. The Holy Spirit in the Old Testament. Grand Rapids:

Zondervan, 1976.

Wright, G. E., H. H. Nelson, and L. Oppenheim. "The Significance of the Temple in the Ancient Near East." Biblical Archeologist 7 (1944): 41-88.

Wright, N. T. Jesus and the Victory of God. Christian Origins and the Question of God 2. Minneapolis: Fortress, 1996.

_____. The New Testament and the People of God. Christian Origins and the Question of God 1. Minneapolis: Fortress, 1992.

인명 색인

A

Abbott, E. A. 155, 176, 245
Ådna, J. 279
Alexander, R. H. 107
Alexander, T. D. 201, 265
Allen, R. B. 74
Ambrose 38
Anderson, A. A. 157, 212
Arnold, B. T. 85
Ashton, J. 135, 136, 167
Athanasius 38
Augustine 45, 62
Averbeck, R. E. 53, 85, 86, 89

B

Baloian, B. 82
Barr, J. 24
Barrett, C. K. 31, 59, 63, 144, 147, 151, 154, 156, 158, 159, 175, 198, 215, 216, 217, 218, 225, 228, 230, 252, 285, 288, 306, 319, 323, 336, 338
Barth, M. 265
Barton, J. 82
Beale, G. K. 53, 110, 111
Beasley-Murray, G. R. 58, 146, 155, 156, 158, 162, 168, 175, 177, 182, 183, 189, 215, 217, 218, 223, 225, 230, 244, 250, 261, 269, 288
Behm, J. 135, 136, 137, 138, 139, 143, 147
Belleville, L. 131, 248, 252, 253, 262
Bennema, C. 220, 262, 263
Berkhof, L. 252
Bernard, J. H. 128, 164, 168, 171, 181, 184, 188, 190, 214, 216, 218, 246, 248, 250, 269, 284, 286, 323
Betz, O. 146, 157
Beyer, B. E. 85
Blaising, C. A. 56, 63

Block, D. I.   23, 37, 45, 47, 58, 63, 70, 76, 77, 80, 82, 95, 106, 114, 230, 319
Blomberg, C. L.   31, 184, 218, 330
Bock, D. L.   56, 63
Boice, J. M.   214
Booth, S.   182
Borchert, G. L.   288
Bornkamm, G.   146
Bouman, H. J. A.   215
Braumann, G.   142, 143, 144
Breck, J.   146, 157
Brensinger, T. L.   89
Brodie, T. L.   223, 224, 225, 247
Bromiley, G. W.   352
Brouwer, W.   163
Brown, L.   252
Brown, R. E.   59, 63, 128, 147, 157, 162, 198, 212, 272, 282, 319, 330
Bruce, F. F.   167, 186, 218, 230, 238, 289, 297, 338, 351, 355, 365, 366
Brueggemann, W.   89
Bruner, F. D.   233
Büchsel, F.   173
Budd, P. J.   74
Bultmann, R.   146, 155, 159, 162, 215, 221
Burge, G. M.   60, 63, 128, 147, 148, 164, 168, 175, 180, 181, 183, 184, 215, 217, 218, 220, 221, 224, 251, 252, 262, 330
Byrne, B.   275

C
Calvin, J.   45, 46, 63, 91, 248, 256

Carson, D. A.   56, 57, 63, 100, 130, 131, 151, 155, 159, 173, 184, 201, 213, 214, 215, 216, 217, 218, 219, 222, 223, 244, 250, 253, 258, 259, 261, 284, 330, 362
Childs, B.   203, 207
Clements, R. E.   84, 108, 117, 308
Collins, J. J.   201, 211
Coloe, M. L.   84, 224, 225, 273, 274, 275, 279, 283, 288, 292, 293, 298, 308
Comfort, P. W.   87, 323
Cortés, J. B.   224
Cripps, R. S.   71
Cyril of Jerusalem   38

D
Davies, J. G.   136, 138, 143, 145, 282
Davies, W. D.   280
De Jonge, M.   209
de la Potterie, I.   167, 171, 179, 217, 220, 248
Delitzsch, F.   91, 207, 266
Delling, G.   356
Demarest, B.   116
Dever, M.   314
Dimant, D.   211
Dreytza, M.   80, 115
Dumbrell, W. J.   71, 77, 80, 89, 93, 98, 99, 107, 111
Dunn, J. D. G.   143, 144, 184, 185, 198, 223, 337, 346, 347, 349, 351, 366

E

Edwards, Jonathan 40
Eichrodt, W. 89, 146, 199, 200, 267, 282
Elliott, M. A. 157
Engelhard, D. H. 202
Eppstein, V. 285
Erickson, M. 51, 56, 63
Evans, C. A. 201, 285

F

Fee, G. D. 234, 325
Feinberg, C. L. 96
Ferguson, S. 41, 63
Fernando, A. 349
Ferreira, J. 290
Fitzmyer, J. A. 349, 357
Fowler, W. G. 225
Fox, M. V. 109
Frame, J. M. 304, 308
Franck, E. 146, 166
Fredricks, G. 38, 58, 63
Frey, J. 161, 168, 197, 198, 221
Fuller, D. P. 42, 43, 63, 303, 304

G

Garcia-Martínez, F. 201, 211
Giblet, J. 143
Giesbrecht, H. 289
Goldingay, J. 92
Goldsworthy, G. 22, 200, 243
Goodwin, Thomas 40, 63
Goppelt, L. 286
Grayston, K. 135, 137
Green, M. 56, 63, 82

Greenlee, J. H. 327
Grogan, G. W. 48, 63, 69, 100, 206
Grudem, W. 47, 49, 63
Guthrie, D. 128, 182, 229, 230, 248, 252, 304

H

Haenchen, E. 216
Hafemann, S. J. 45, 86
Hanson, A. T. 201
Harm, F. R. 187, 351
Harman, A. M. 281
Harris, M. J. 253, 261
Hartley, J. E. 82
Hastings, J. 138, 139, 140, 141, 143, 144
Hawthorne, G. F. 346, 357, 362, 364
Hildebrandt, W. 83
Hill, D. 91, 227
Hodges, Z. 224
Hoeferkamp, R. 166, 223
Holwerda, D. E. 129, 160, 166, 171, 179, 182, 185
Hooke, S. H. 224
Horton, M. 30, 1121
Hoskins, P. 84, 224, 273, 280, 282, 283, 284, 285, 287, 288
Hoskyns, E. C. 249, 282
House, P. 205
Howard, W. F. 217
Hunt, W. B. 160
Hurtado, L. W. 202, 209, 214

J

Jackson, D. 350, 366
Janowski, B. 68
Jobes, K. H. 138, 139
Johansson, N. 146
Johnson, B. D. 273
Johnston, G. 144, 158

K

Keener, C. S. 17, 232, 355
Keil, C. F. 74, 77, 82, 97, 98, 99, 101, 266
Keown, G. L. 97, 99
Kerr, A. R. 273, 275, 278, 279, 282, 284, 292, 300
Kipp, J. L. 185, 217, 270, 279
Klein, R. W. 77
Koch, R. 75
Koester, C. R. 86, 279, 280, 282
Köstenberger, A. J. 16, 22, 139, 184, 208, 220, 246, 247, 282, 285, 291, 295, 297, 300, 362
Kowalski, J. A. 251
Kremer, J. 147

L

Ladd, G. E. 47, 63, 184, 198, 221, 222, 339, 347, 362
Leaney, A. R. C. 146, 155
Levison, J. R. 157, 210
Lewis, A. H. 45, 56, 104, 105
Lieu, J. 282, 283
Luther, Martin 54, 55, 63
Lyonnet, S. 171
Lys, D. 114

M

Mann, T. W. 68
Mansure, A. L. 136
March, W. E. 95, 118
Marcus, J. 224
Marshall, I. H. 338, 356, 357, 360
Martens, E. A. 90, 200
Mason, R. 111
Mathews, K. A. 265, 266
McCaffrey, J. 294
McConville, J. G. 86
McCown, W. 348
McKelvey, R. J. 90, 224, 238, 280, 281, 282, 284, 287, 289, 292, 293, 300, 308
Menken, M. J. J. 224
Merrill, E. H. 265
Mettinger, T. N. D. 86, 88, 89, 110
Metzger, B. M. 223, 324, 325, 327, 333
Michaelis, W. 155
Miller, P. D. 80
Moloney, F. J. 151, 169, 215, 216, 228, 230, 245
Montague, G. T. 74
Morris, L. 129, 130, 132, 135, 143, 154, 155, 156, 157, 168, 171, 178, 184, 212, 223, 229, 286, 330
Motyer, J. A. 43, 63, 92, 206
Mounce, W. D. 255, 262
Müller, U. B. 143

N

Neusner, J. 209, 277
Neve, L. 74, 75

Ng, Wai-Yee 223
Nicholson, G. C. 181
Nickelsburg, G. W. E. 210
Niehaus, J. J. 86
Novatian 54, 62

O
O'Rourke, J. J. 162
Oehler, G. F. 51, 63
Origin 140 224
Osborne, G. R. 238
Oswalt, J. N. 91, 204
Owen, John 40, 47, 63

P
Pate, C. M. 158, 212
Payne, J. B. 23, 43, 63
Pettegrew, L. D. 51, 63
Piper, J. 295
Plantinga, A. 21
Polhill, J. B. 354
Porsch, F. 127, 155, 171, 217, 218, 220
Porter, C. L. 325
Preuss, H. D. 69, 89, 90
Pryke, J. 212

R
Rea, J. 51, 63, 77, 105, 118
Ridderbos, H. N. 139, 145, 147, 148, 218, 251, 298
Riesenfeld, H. 143
Ross, A. P. 281
Russell, W. 351
Ryrie, C. C. 40, 49, 58, 63

Rys, D. 74

S
Safrai, S. 277, 278
Sailhamer, J. 201, 266
Sanders, E. P. 209, 284
Sasse, H. 222
Satterthwaite, P. E. 197
Scalise, P. J. 97, 99
Schäferdiek, K. 249
Schippers, R. 352
Schlatter, A. 122, 29, 155, 159, 173, 208, 223, 282
Schnackenburg, R. 128, 145, 147, 149, 155, 215, 216, 218, 219, 249, 261, 323
Schnelle, U. 31, 167, 247
Schürer, E. 209
Schweizer, E. 128, 129
Scobie, C. H. H. 22
Shelton, J. B. 360
Sheriffs, D. 85
Silva, M. 138, 139
Simon, W. B. 144, 228
Skarsaune, O. 125, 130, 199, 211, 216, 226, 235, 237, 246, 273, 277, 296
Smalley, S. S. 148, 170, 216, 221, 225, 230, 236, 238, 239, 249
Smith, D. M. 158
Smothers, T. G. 97, 99
Snaith, N. 143, 153
Stenger, W. 175
Strong, J. T. 89
Stuhlmacher, P. 30
Suurmond, J. J. 151, 152, 198

Swanson, R. 323, 325, 331

T

Taylor, John 22
Tenney, M. C. 162
Terrien, S. 84
Tertullian 62, 216
Tew, G. T. 225, 271
Thatcher, T. 162
Thomas, J. C. 171, 184
Thompson, M. M. 252, 270
Tigay, J. H. 75
Toon, P. 51, 63, 248
Trumbower, J. A. 249
Turner, M. 147, 171, 190, 232, 234, 338, 342, 351, 353, 354, 355, 358, 361

V

Van Belle, G. 162
Van Groningen, G. 204
Van Tilborg, S. 216
VanGemeren, W. A. 51, 52, 63, 70, 155, 306
von Rad, G. 88
Vos, G. 308

W

Walker, P. W. L. 234, 238, 239, 276, 294, 299, 308
Walton, J. H. 238
Walvoord, J. F. 49, 58, 63
Ware, B. A. 51, 63, 165, 383
Warfield, B. B. 43, 63
Weinfeld, M. 96, 97, 102, 114, 115

Weisman, Z. 74
Wenham, D. 127, 223, 236, 276
Wenham, G. J. 86, 89, 238
Westcott, B. F. 13, 137, 151, 161, 162, 164, 173, 215, 216, 225 284, 297, 326, 330
Westerholm, S. 86, 87, 89, 226, 274, 278
Whitacre, R. A. 323
Wifall, W. 201
Williams, S. K. 234
Wills, G. A. 311
Wilson, I. 89
Wilson, M. R. 284
Windisch, H. 146
Wise, M. O. 278
Witherington, B. 184, 285, 286, 357, 362
Wood, I. F. 71 154, 276
Wood, L. J. 43, 44, 63, 71, 83, 87
Woodbridge, P. D. 81
Wright, N. T. 30, 198, 235, 275, 277, 339

Y

Yates, J. E. 232
Young, F. W. 166, 201

성경 색인

창세기
1:2　214
2:7　117, 183, 317, 318, 319, 320, 321
2:17　265
3:6　265
3:7-8　265
3:8-19　265
3:15　201, 203, 265, 266
3:15-16　266
3:20　265
3:24　52
4:1　266
4:25　266
6:5　25
6:9　27
12:8　309
13:4　309
15:6　263
17:1　27

21:12　304
21:20　304
21:22　27
24:40　27
26:3　27
26:25　309
28:12　281
28:13-15　281
28:15　27
28:16-17　281
28:17　85
28:17-22　309
28:19　281
31:5　27
39:2-3, 21, 23　27
41:38　73, 75

출애굽기
3:12　27
4:17　85

14:19　92, 93
14:19-20　92
15:17　85
19:6　100
23:19　85
24:10-11　101
24:12　97
25:8　109, 300
25:16　97
25:30　288
25:31-40　288
28:3　188, 363
29:7　202
29:42-45　67
29:45　300
31:1-5　71
31:3　188, 363
31:13　86
33:9　279
35:21　74

35:30-35 71
35:31 188, 363
40:20 97
40:34 279
40:34-38 27, 85, 87, 283

레위기
20:8 27
21:8,15,23 27
22:9,16,32 27
26:9-13 86
26:11 280
26:11-12 300
26:12 57

민수기
9:15-16 92
9:15-23 86
11:14 73
11:16 73
11:17 73, 91
11:20 107
11:25 74, 75, 81
11:26 74
11:29 74, 82
14:24 74, 114
14:42 107
16:22 74
17:4 85
24:2-3 81
27:12-14 75
27:15-17 75
27:16 74
27:18 23, 48, 75 212
27:18-19 75

31:8 81
35:34 295

신명기
1:42 107
4:8 98
10:5 97
10:16 102, 103
11:32 98
12:5 129, 226, 235, 277, 309
12:11 67
13:1-5 285
16:16 309
17:15 202
18:18 202
18:20-22 285
29:4 103
30:3-5 342
30:6 102, 103, 305
31:6 27, 316
31:11 67
31:26 97
34:9 48, 75, 188, 363

여호수아
1:5,9 27
3:5,10 107
4:6 107
18:7 107
24:23 107

사사기
2:18 75
3:10 76, 81

6:12 27
6:34 76
9:8,15 202
11:29 76, 81
13:25 77
14:6,19 77, 79, 80
15:14 77, 79, 80
15:19 74

사무엘상
9:16 202
10:1 77
10:6 77, 79
10:10 77, 78, 79, 80
10:10-13 78
11:1-11 78
11:6 78, 79, 80
13:14 202
16:3 202
16:13 205
16:13-14 202
16:14 79, 80
16:16 81
16:18 80
16:23 78
18:10 78, 80
18:12,14 27
19:20,23 81
19:20-24 81
28:16-17 79

사무엘하
7:13 202
24:16-25 87

열왕기상
1:38-40 72
6:11-13 295
6:13 87
7:14 71
8:9 97
8:10-11 87, 283
8:11 27
8:13 67
8:27 57, 90
8:27,30 90
8:57-58 118, 397
9:6 98
17:21 320
18:12 367
21:5 74

열왕기하
2:16 367
12:2-3 88
12:4-16 89
13:23 27
14:3-4 88
15:3-4,34-35 88
18:7 27
18:22 89
22:4-7 89
23:27 94

역대상
12:19 76

역대하
15:1 81
20:14 81

24:20 81

느헤미야
9:20,30 83, 101

욥기
16:2 136, 138, 139, 140, 142, 145

시편
2:2 205
9:11 89
11:4 89
20:2 89
22:3 90
23:6 90
24:5 164
51:10-11 47
51:11 40, 43, 80, 161
69:9 285
69:21 285
73:17 89, 118, 307
74:2 67
84:1 84
84:10 89, 226
87:6 266
106:33 92
107:7 165
110:1 205
119:25 267
122:1 309
132:7 112
137:5-6 309
142:10 164
143:10 164

150:1 90

잠언
30:1 266
31:1 266

아가
2:12 214

이사야
4:2 204
4:2-4 204
4:4 203
8:18 67
11:1 203, 204
11:1-2 204
11:2 72, 203, 210
11:2-5 203
11:6-9 203
12:3 239
17:21 210
17:36,37 210
17:44 210
32:1 206
32:1-5 206
32:9-12 206
32:13-4 206
32:15 70, 95, 198, 206, 207
32:15-20 207
40:3 203, 211
41:23 165
42:1 72, 204
44:3 70, 95, 198, 206, 251
44:7 165, 166

48:16 72, 125, 198
48:21 293
53:3 27, 49
53:7 288
53:12 220
55:3 267, 271, 305
59:21 56, 81
61:1 72, 125, 198, 199, 204
61:2 205
61:4-5 205
61:8 205
63:9 92
63:10 92, 161
63:11 92, 161
63:14 165

예레미야
3:16 97
4:4 103
5:21 306
6:10 26, 103, 262, 305
7:4,14-15 90
9:16 102
9:23,24 102
9:25 101, 104
9:25,26 102
12:7 94
17:9 25
18:18 98
29:8 107
31:31 96, 102
31:31-33 101
31:31-34 96, 99, 105, 309
31:34 56, 98, 237

32:38 57

에스겔
1:1 105
2:2 48, 81, 95
3:12,14,24 81
3:24 48
7:26 98
8:3 81, 367
10:18 110
11:1,5,24 81
22:26 98
36:24 106, 110, 342
36:25-26 251
36:26,27 105, 106, 107, 108, 112, 113, 213, 236, 237
36:27 95, 107, 109, 110, 111, 112, 115, 118, 206, 207
37:1 81
37:1-14 109, 112
37:14 198, 206
37:9 183, 317, 318, 320
37:24 207
37:26-28 108, 110
37:27 57, 280
39:28-29 207
39:29 70, 95, 198, 205
43:1-9 108
43:5 81
47:1 293
47:1-2 239
47:1-12 225, 229

다니엘
4:8-9,18 48, 81
5:11 48, 81

호세아
4:5-6 98

요엘
2:28-29 70, 82, 95, 198, 206
3:1-2 198, 206, 207
3:1-5 208, 342, 343
3:17 280
3:17,21 67
4:18 229

아모스
5:6 80

미가
3:8 48, 72, 81, 123, 339
3:11 98
6:4 101

학개
1:13 27
2:3 93
2:4 93
2:5 27, 69, 72, 91, 93, 107, 110
2:7-9 93
2:11 98

스가랴

2:10 57
2:14 280
12:9 207
12:10 70, 206, 207, 208
14:8 229, 239, 288, 293

말라기

2:6-7 98

마태복음

3:11 203, 232, 341
3:16 214, 233
11:14 233
17:10-12 233
18:15-17 313
18:20 25, 309
21:12-17 233
26:61 99

마가복음

1:7 232
1:8 203, 341
1:10 214, 233
1:15 233
8:31-10:45 208
9:11-13 233
9:45,47 250

누가복음

1:15 337, 363
1:15,41,67 337
1:17 233
1:41 337, 363
1:41-45 363
1:67-79 363
2:25-26,38 233
3:16 203, 232, 337, 341
3:19 172
3:22 214, 233
23:46 220
24:49 337, 340

요한복음

1:1 176, 216
1:1-2 169
1:1-3 125
1:9 216
1:11 170
1:11-13 250
1:13 250
1:14 209, 225, 283, 308
1:15 169
1:17 290
1:18 61, 290
1:23 203, 216, 288
1:26-27 232, 341
1:29 216, 284, 287, 288, 296, 297
1:31 215
1:32 132, 214, 215, 233
1:32-33 123, 125, 133, 192, 199, 215, 219
1:32-34 214, 216, 219, 283, 288
1:33 119, 125, 132, 147, 159, 165, 198, 203, 215, 216, 220, 341
1:33-34 297
1:34 214, 216
1:41 150, 189, 216
1:45 150, 216
1:49 150, 216
1:51 216, 281, 282, 283
2:11 119, 150
2:12-19 282
2:13-22 28, 279, 283, 284
2:14 284
2:15-16 285
2:16 120, 285, 287
2:17 162
2:17-21 308
2:18 285
2:18-21 226, 228, 283
2:18-22 283
2:19 278, 286, 287, 289
2:19-22 279, 287
2:20 287
2:20-21 287
2:21 229, 273, 287, 308
2:21-22 54
2:22 30, 162, 198, 212, 260, 261, 285, 287
2:24 176
2:39 221
3:1-12 153, 244, 260
3:2-5 249
3:3 22, 126, 245, 246, 249, 260
3:3,5 179, 250
3:3-6 28
3:3-8 104, 154, 245, 248, 249, 256, 304, 320

3:3,5,15 250
3:5 23, 123, 245, 248, 250, 260
3:5-8 22, 192
3:6 250
3:6-8 247
3:8 123, 126, 250, 265
3:10 255, 260, 267
3:11-12 245
3:14 181, 230
3:16-17 169
3:17-18 174
3:18 174, 177
3:20 22, 171, 172
3:27 218
3:28,29,30,31-36 217, 218
3:34 218, 271
4:9 228, 365
4:10 223, 224, 225, 293
4:10-14 120, 224, 226, 239, 288
4:14 224, 298
4:20-24 283
4:21 28, 226
4:21-23 129, 308
4:21-24 32, 84, 151, 192, 226, 232, 282, 289
4:22 221
4:23 120, 123, 127, 133, 156, 199, 221, 222, 223, 225, 230
4:24 127, 129, 130, 131, 133, 156
4:27 150
4:39 169

5:21 119, 147
5:22-23 119, 147
5:24 27, 179, 221
5:25 147, 179, 199, 221, 230
5:26 176
5:30 174
5:32 119, 169
5:36 169
5:39 169, 290
6:34 288
6:40,63 101
6:44,65 153, 250
6:63 22, 27, 28, 119, 123, 125, 126, 127, 128, 133, 147, 192, 220, 255, 256, 268, 269, 270, 271, 304
6:66-69 179
6:68 268, 271
7:14 119, 147
7:24 174
7:37 228, 288, 293
7:37-39 28, 120, 223, 224, 226, 228, 229, 258
7:38 224, 228, 239, 270, 288, 293, 298
7:39 22, 23, 25, 32, 42, 43, 44, 46, 48, 50, 54, 56, 57, 60, 62, 101, 117, 118, 123, 127, 133, 132, 153, 154, 159, 180, 181, 182, 189, 197, 198, 199,

200, 223, 224, 225, 226, 227, 228, 229, 230, 240, 244, 253, 255, 256, 257, 258, 259, 260, 262, 265, 268, 270, 271, 293, 296, 303, 306, 308, 316, 321, 323, 330, 332
8:12 119, 186, 288
8:18 119, 147
8:28 119, 175, 181
8:31-32 162
8:34 22, 24, 25, 153, 171
8:36 153
8:43 269
8:44 23,24
8:46 171, 172
8:51 246
10:17-18 177
10:38 212, 289, 367
11:16 150
11:50 287, 296
11:50-51 288
12:16 30, 162, 181, 198, 260, 261
12:17 170
12:23 177, 181, 211, 230
12:24,33-34 181
12:31 177
12:33 260
12:45 283
12:49-50 165
13:7 198, 260
13:19 119, ,147, 165, 198,

260
13:31 119, 120, 176, 181, 230, 296
13:31-33 167
13:33-38 149
13:37 149, 150
14:1 149, 155
14:2 294
14:2-3 149, 294
14:3 119, 332
14:6 129, 156, 221
14:7 159, 332
14:10 289, 291
14:15 153, 295
14:12 149, 332
14:13-14 291
14:15-24 160
14:16 49, 120, 134, 137, 154, 155, 156, 161, 168, 332
14:15-17 44, 124, 148, 149, 154, 155, 156, 159, 160, 190, 227, 308, 313, 313
14:16-17 22, 28, 62, 150, 188, 191, 193, 306, 358
14:17 25, 28, 32, 41, 42, 48, 50, 56, 57, 60, 68, 100, 116, 119, 123, 129, 133, 147, 150, 155, 156, 159, 160, 164, 170, 178, 179, 180, 189, 226, 227, 228, 229, 255,

256, 271, 275, 291, 293, 294, 307, 316, 322, 323, 324, 325, 326, 330, 331, 332
14:18 332
14:20 28, 119, 147, 291
14:20-23 155
14:21-24 151, 160
14:23 29, 100, 119, 147, 294, 295, 300, 314
14:25-26 159, 160, 163, 164, 167, 171
14:26 119, 120, 123, 147, 148, 156, 161, 162, 167, 168, 179, 193, 198
15:1-7 291
15:1-17 168
15:11 160
15:18-25 168
15:19 179
15:20 168, 170, 180
15:26 119, 120, 123, 124, 134, 147, 148, 155, 168, 169, 171, 179, 180, 193, 199
16:6 170, 181
16:7 22, 25, 50, 57, 62, 120, 134, 168, 180, 181, 230, 296, 303, 308, 321, 323, 330, 332
16:7-11 124, 148, 170, 173, 174
16:8 22, 172, 173, 174,

179, 180
16:8-10 174, 179, 276
16:8-11 121, 178, 180, 193
16:9 174, 177
16:9-11 173
16:11 177
16:12 163, 164, 178
16:12-15 59, 163, 167, 178, 193
16:13 119, 123, 147, 148, 155, 156, 164, 165, 166, 178, 178, 180
16:14 119, 125, 147, 148, 167, 168, 169, 178, 180
16:15 148, 167, 169
16:16 175
16:19 177
16:20 175, 182
16:26 291
16:27 151, 153
16:30 150
17:1,5 176
17:6 161, 179
17:8 128, 150
17:18 274, 291
17:24 147
17:25 174
18:36 250
19:28 285
19:30 29, 123, 220, 273, 287, 289, 290, 297
20:9 30, 162, 198, 260, 261

20:17 181, 182
20:19 182, 183, 297
20:19-23 183
20:20 183
20:21 183, 274, 291, 296, 297
20:21-22 297
20:21-23 296, 298, 306, 308
20:22 28, 32, 117, 120, 123, 133, 180, 183, 184, 185, 188, 189, 190, 191, 198, 199, 220, 223, 226, 227, 228, 256, 263, 275, 293, 297, 306, 309, 317, 320, 321, 334, 359, 362
20:23 183
20:28 191
20:30 30, 213
20:31 161, 213, 374
21:24 30
21:25 30

사도행전

1:3 340
1:4-5 337, 340, 341
1:5 186, 340, 341, 346, 359, 364, 365
1:6 348
1:8 337, 339, 342, 346, 359, 364
1:9-11 341
1:15 362
1:16 367
2:1 362
2:1-4 347
2:1-13 343
2:2 246
2:3 361
2:4 187, 188, 335, 360, 364
2:5 342, 344
2:6 365
2:6,8 361
2:9-11 342
2:14 362, 365
2:16 343, 344
2:16-21 343
2:16-36 344
2:17 212, 342, 343, 344, 345, 346
2:17-18,33 70, 337, 345, 346, 359
2:22 212
2:27 246
2:33 212, 212, 337, 340, 344, 346
2:36 212
2:38 212, 337, 339, 344, 366
2:38-39 347, 353
2:41 186, 347,
3:10 361
4:8 186, 187, 188, 190, 337 359, 360, 362, 365, 366
4:25 367
4:31 186, 359, 360, 362, 365, 366
5:3-4 367
5:12-16, 17 361
5:32 337, 340, 352, 353
6:3 335, 353, 355, 358
6:3,5 337, 352
6:5 186, 187, 337, 352, 355
6:10 367
6:13 99
7:55 187, 337, 352, 356, 363
7:59, 60 352
8:9,12 345
8:12 345, 346, 347, 349
8:14 345, 346
8:14-17 346
8:15 337, 345
8:15-19 337
8:16 337, 340, 345, 349, 359
8:17 345, 346, 349
8:20 339
8:29 367
8:31 165
8:39-40 367
9:17 186, 187, 337, 359, 360, 362, 365
9:31 352, 353, 367
9:36 354
10:19 367
10:34-44 344
10:38 212, 367
10:44 337, 340, 346, 359, 364

10:44-46　337
10:45　339, 343, 344, 346, 359, 364
10:46　337
10:47　337
11:2　365
11:3　344
11:12　367
11:15　337, 340, 344, 346, 359
11:15-17　337
11:16　337, 341, 346, 359
11:17　337, 339, 346, 349, 364
11:24　187, 337, 352, 355
11:28　367
13:2,4　367
13:9　186, 187, 337, 359, 362, 365, 366
13:9-11　360
13:10　354
13:45　361
13:52　187, 334, 337, 352, 353, 355, 357, 358
14:4　357
14:24-25　309
15:8　337
15:28　367
16:6,7　367
19:1　343, 349
19:1-6　349
19:2　337, 343
19:4　349
19:4-5　349
19:4-6　366

19:6　337, 340, 342, 343, 346, 361, 364
19:28　354 355, 359
19:29　361
19:34　365
20:23　367
20:28　367
21:4,11　367
21:28　99
28:25　367

로마서
1:26-32　116
2:25-29　26
2:29　102, 262
3:10-18　25
4:16-18　27
5:5　70
8:1-4　153
8:1-17　235
8:9-11　23, 25, 47, 133
8:10　238
10:17　101
10:19-21　236
10:19-25　236
11:5　100
12:1-2　235

고린도전서
3:16　25, 28, 100, 235, 275, 307
6:19　28, 100, 133, 226, 229, 235, 275, 295, 300, 307, 308, 358
10:5　100

12:13　341
15:22　265

고린도후서
6:16　25, 57, 110, 235, 300

갈라디아서
2:9　235
3:9　22
3:14, 28-29　234
3:23　234
3:25　23
4:4-6　234
5:22-23　356

에베소서
1:13-14　239, 343
1:14　267
2:1　24, 50, 116
2:5　104
2:20-22　235
2:21-22　28
3:16,17　57
4:30　314
5:18　103, 357
5:19-21　357

골로새서
2:11-13　24, 262

데살로니가전서
5:19　314

디모데전서
3:15　235

디모데후서
3:16　72
4:8　310

디도서
1:1　316
3:6　70

히브리서
1:2　236
1:1-2　61
9:6-10:18　98
9:22　296
9:25-28　296
10:10-18　29
11:16　310

베드로전서
1:11　72, 82, 95, 237
1:23　27
2:5　28, 300
2:5-6　237
2:9　100, 235, 237

베드로후서
1:4　256
1:21　72, 237

요한일서
2:1　134, 155
2:1-2,20,27　99
2:27　162
3:24　100, 237
4:6　155

4:13　100, 237
5:6　155, 156

요한이서
2　156
9　162

유다서
11　81
15　172

요한계시록
1:6　100
2:5　314
3:12　238
3:14-21　57
7:15　110
7:17　165
11:1-2　238
20:2,10-15　178
21:3,22　110
21:3　52, 111, 239
21:9-22:5　111
21:22　110, 222
22:1　239
22:17,20　310

주제 색인

ㄱ

교회의 권징 310-314
교회의 정회원 311
구약에서의 물
· 정화 28, 106
· 성전으로부터 225, 227, 238, 287, 292-293
· 예배 28, 29, 222, 225, 228, 277, 286
· 영과 진리로 127, 129, 221, 222
구약에서의 성령의 역할 55-57, 68-69, 186-188
· 영구히 거하시지 않는 성령 199, 221, 226-231
· 준비시키시고 권능으로 임하시는 성령의 사역 58, 77-81
구약의 기대
· 다윗의 통치자 201-205
· 새 언약을 위한 95-100
· 성령의 내주하심 98, 105-117, 197-198
· 마음에 새겨진 하나님의 법 96-99,
104-105
· 성령으로 기름부음 받은 메시아 198-200
· 성령의 권능을 입은 메시아 217-220
· 성령의 부으심 206-209
구름기둥과 불기둥 91, 93
구원론 39-44
· 성령과 인간의 능력 39-40, 53-55, 153-154, 247-250, 257-258, 262-263, 268-272, 304-309, 318-320
구원의 역사 53-55, 347
· 구원 역사의 중심 사건 289-290
기름부음 202, 203, 204, 205

ㄴ

내주하심 22, 28, 37, 69-70, 95, 99, 112, 117-119, 189-191, 198-199, 230-231, 235, 239, 240, 252, 291-293, 304

- 옛 언약의 신자들 39, 41-42, 44, 51, 58, 60-63, 72, 81, 92, 95, 117-119, 303-304, 306-308, 316, 318
- 일시적으로 특별한 개인들에게 72, 81
- 성령이 내주하시는 때(시기) 24-25, 199, 221, 226-231, 240, 303-309

ㅁ

마음의 할례 24, 26, 52, 101, 103, 104, 112-115, 257, 262, 268, 305

마음에 할례 받지 못한 자 24, 26, 52, 101, 103, 115

만인제사장 310

메시아 대망
- 신약에서 213
- 위경에서 210
- 쿰란사본에서 211

물과 성령 23, 131, 247, 248, 251, 253, 261, 311

물세례 214, 251-252, 340-341

ㅂ

보혜사
- 진리의 영 150, 155-158, 211
- 신적 임재 149, 154, 190
- 새로운 능력을 가져오심 256-257, 271, 305
- 의미 134
- 책망하시는 사역 148, 170-180
- 높이시는 사역 173-180
- 증언하시는 사역 119, 125, 147, 148, 156, 168-171, 179, 237, 243
- 보혜사인 이유 134-148,

- 가르치시는 사역 101, 119, 147, 156, 159, 161-167, 170, 178-179
- 종말론적 선물 134-148, 192
- 보혜사와 예수의 영광받으심 180-183
- 주어진 시간 183-193, 226-231

ㅅ

사도행전에서
- 내려오시는 성령 337, 342, 345-346, 359, 364
- 성령의 가득 채우심 334, 354-355, 359, 360-365, 367
- 성령의 충만 73, 118, 185, 334, 335, 337, 357, 358, 360-362, 364, 366-367
- 성령의 부으심 342-344, 346-348, 359, 364-365
- 성령을 소유하는 범위에 대해 70, 222

산당 87-90

새로운 성전
- 예수에게서 28, 278-289
- 새 언약 아래 신자들에게서 28, 272-277, 289-299
- 신약 공동체에서 273-277

새로운 탄생 24, 26, 28, 126, 131, 152, 154, 244-261

새 언약
- 예레미야에서 96-105
- 성령의 사역 28, 47, 50-51, 125
- 성전 25, 231-232, 307-309

생기 317

생수 223-225, 228-229, 239, 270, 288

성령
- 종말론적 복으로서 105-117, 197,

207, 229-230, 240
・생명의 수여자로서 126, 270-272, 320
・책망하시는 사역 148, 170-180
・능력을 입히시는 사역 26-27, 39-40,
　　　152-154, 249-250, 257, 263-264,
　　　269-271, 304-305, 319
・가르치시는 사역 101, 119, 147, 156,
　　　159, 161-167, 170, 178-179
・증언하시는 사역 119, 125, 147, 148,
　　　156, 168-171, 179, 237, 243
・요한복음 1-12장에서
　　　생명을 수여하시는 성령 126, 270-
　　　272, 320
　　　성령과 메시아 124-125
　　　성령의 영역 124, 127-132
・신약에서
　　　요한계시록 238-239
　　　공동서신 236-237
　　　바울서신 234-236
　　　공관복음 232-233
성령세례 125-126, 131-133, 184-190,
　　　192, 215-218, 231-234, 250-251,
　　　334-335, 339-343, 347-353,
　　　359, 363-366
・사도행전에서 나타나는 23-24, 32-
　　　33, 37-38, 54-56, 347-353
성령의 이름
・상담자 137
・위로자 137
・조력자/돕는 자 141-146
・매개자/중재자(Mediator) 141-146
・중재자(Intercessor) 141-146
성막 25, 85-86
성전 25, 84, 86-90, 99, 307
・시편에서 나타나는 성전의 중심성 89

・성전 정화 284-286
・성전의 사역 272-278
성육신 279
세대주의 신학 38, 49, 58, 60-61
세례자 요한 214-215, 218, 233
속죄 제사 273, 274
신명기 역사 88
신약과 구약에서 성령의 내주하심에 관
　　한 제안들
・완전 연속성 입장 39
・완전 불연속성 입장 58
・논의의 근거(뿌리) 37
・불연속성보다는 연속성 입장 44
・연속성보다는 불연속성 입장 53
・일부 연속성 및 일부 불연속성 입장 51
・모호한 불연속성 입장 59

ㅇ
아담과 하와 265
야곱의 사다리 282
야훼의 이름 86-90, 128, 278
언약 신학 38, 60, 61
에스겔의 예언 69-70, 95-97, 105-117,
　　　206-209, 317-321
예수 안에서의 믿음
・믿는 능력 27, 178, 179, 307,
・예수 안에서의 믿음의 결과 332
・새로운 성전을 세우다 84
・예수를 믿지 않는 죄 174, 177, 179
・선행하는 내주하심(preceeding indwelling)
　　　132, 153, 154, 230, 231, 277, 278,
　　　279
・여호와의 싹('Branch' of Yahweh) 203
예수의 이름 149, 161, 167-168, 337

옛 언약 신자들의 인내 24-29
오순절 340-344, 359
요엘의 예언 82, 207
원시복음 265
유다의 유언서 157
이사야의 예언 201-202, 204-205
인간의 타락 24, 238, 305, 318

ㅋ
쿰란사본 146, 157, 209

ㅌ
타락의 저주 201, 265

ㅍ
필사에 의한 가능성 331

ㅈ
정치지도자 72
· 요셉 73
· 70인의 장로 73
· 여호수와 75
· 사사들 75-77
· 다윗 79
· 사울 77
· 선지자 81
· 발람 81
· 요엘 82
· 갑자기 강하게 임하는 77
종교개혁 39, 60
종말 199, 203, 204, 207, 208, 238, 239
· 요한복음에서의 종말 213-215, 220-231
중생 23, 24, 68, 105, 113, 154, 243, 250, 252
· 구약과 신약에서의 중생 26, 27
· 아담과 하와의 중생 52, 265, 266, 317, 318, 320
· 중생을 가능하게 하는 힘 27, 75, 76, 249, 258
지구라트 281

ㅎ
하나님의 사자(천사) 281
하나님의 어린양 216, 222, 239, 284, 288, 296
하나님의 임재 24-29
· 그의 백성 가운데 24, 67-70, 83-84, 91-94, 107-118, 294, 307
· 예수 안에 149-150, 224-225, 228-229, 278-289
· 성막 안에 84-94
· 성전 안에 85-92, 287
· 하나님의 임재의 본질에 관한 궤적 51, 53
헬라어
· 아노텐 247
· 밥티조 341, 345, 367
· 에크케오/에크쿠노 343, 344, 367
· 엠푸사오 317, 320
· 람바노 227, 339, 345, 367
· 파라클레토 134-148
· 핌플레미 186, 187, 188, 356, 360-364
· 플레레스/플레로오 187, 335, 337, 348, 352-356, 364, 367

- 프뉴마 43, 123, 128, 155, 164, 219,
  247, 251, 317
- 스케네/스케누 280

히브리어
- 하와 265-266
- 라바쉬 75-77
- 말레 363
- 나함 138
- 루아흐 73-76, 109, 115, 117, 319
- 짤라흐 75-77, 79-81
- 쩨마흐 202-204

God's Indwelling Presenc

하나님의 내주하심

초판 발행 2024년 9월 13일

지은이 제임스 해밀턴
옮긴이 김태형
펴낸이 박지나
펴낸곳 지우
출판등록 2021년 6월 10일 제399-2021-000036호
이메일 jiwoopublisher@gmail.com
인스타그램 instagram.com/jiwoopub
페이스북 facebook.com/jiwoopublisher
유튜브 youtube.com/@jiwoopub

ISBN 979-11-93664-06-3   03230

ⓒ 지우

- 신저작권법에 따라 보호를 받는 저작물이므로 무단 전재와 무단 복제를 금합니다.
- 이 책의 전부 또는 일부를 이용하려면 반드시 저자와 지우의 동의를 받아야 합니다.
- 잘못 만들어진 책은 구입하신 서점에서 교환해 드립니다.

지우
겸손하고 선한 그리스도인들을 위한
좋은 책을 만듭니다.